农业碳排放与粮食生产管理

李炳军　孟凡琳　侯　建　等◎著

中国农业出版社

北　京

内 容 简 介

　　农业高质量发展离不开低碳农业和高质量粮食生产，探索农业碳排放和粮食生产管理是实现农业高质量发展的基础性工作，不完整、不确定信息广泛存在于这个过程中，部分信息已知、部分信息未知的情形也时常涌现，解决好这些问题，灰色模型技术具有独特的适用性和优势。

　　《农业碳排放与粮食生产管理》在系统梳理和分析灰色模型技术农业应用相关文献的基础上，拓展和深化已有研究成果，以灰色模型技术原理融入解决农业碳排放和粮食生产管理实际问题的实施过程及效果判断为主线，重点阐述灰色模型技术如何有效应用于分析农业碳排放、农业碳效率时空演变以及气象要素、科技创新、多源要素对粮食生产的作用程度及效率问题，系统辨识粮食供需的多维结构平衡及粮食供需缺口的关键因素问题，深度剖析农业碳排放、气象要素、科技创新对低碳农业发展及粮食生产管理演化趋势的影响。本书是李炳军及其团队多年来在灰色模型技术农业应用领域相关研究成果的系统总结，同时，也融入了国内外同行的相关前沿成果。

　　本书可供从事灰色系统理论研究、应用的教学人员和专业科技人员、管理人员（尤其是农业科学研究人员和管理人员）参阅，亦可作为本科生及研究生，特别是高等农林院校农学类专业、农林经济管理专业、管理科学与工程专业学生的学习参考书。

前 言·
FOREWORD

　　本书是"河南省高校哲学社会科学基础研究重大项目（2024‑JCZD‑21）"和"河南省高校人文社会科学研究一般项目（2024‑ZZJH‑025）"的部分研究成果，集成了作者多年来对灰色模型技术应用研究的思考和理念，融合了作者多年来将灰色系统思想、理论、方法运用于分析解决现实系统问题，特别是农业问题的实践内容。

　　自灰色系统理论提出以来，经过几十年的发展、创新和完善，已经形成了较为系统完整的理论和方法体系，并广泛成功应用于社会、经济、农业、工业、生态、军事、教育等领域。农业高质量发展离不开低碳农业和高质量粮食生产，探索农业碳排放和粮食生产管理是实现农业高质量发展的基础性工作，不完整、不确定信息广泛存在于这个过程中，部分信息已知、部分信息未知的情形也时常涌现，解决好这些问题，灰色模型技术具有独特的适用性和优势。本书内容侧重于灰色模型技术在农业碳排放和粮食生产管理领域的具体应用，总体上突出灰色模型技术与实际问题的结合，强调应用背景分析，在保证系统性、完整性、逻辑关系合理性的情况下，淡化复杂的数学分析和模型技术原理的介绍。在分析农业碳排放和粮食生产管理所涉及的若干量化关系时，尽管从纵向和截面维度都能收集到不少样本信息，但相对于不同研究目的的需求来说，依然存在信息（数据）不完整、信息（数据）间关系不确定、信息（数据）获取不可靠、相对于大数据需求而言的少数据等问题，这些问题用数学形式表达时一般表现为灰信息、随机信息、模糊信息和粗糙信息等已知的4种单式不确定性信息形式。限于时间和篇幅，本书仅对涉及灰信息和确定性信息的问题进行研究，采用灰色模型技术进行量化表达和分析；而对于涉及其他类型不确定性信息的内容，待在以后其他成果中体现。

　　全书共分9章。第一章主要梳理分析灰色模型技术的农业应用情况；第二章主要介绍农业碳排放时空特征及其影响因素的时空动态演变；第三章主要分析农业碳效率时空特征及其影响因素与驱动因子分析；第四章主要讨论粮食

1

生产多源要素及其作用路径分析；第五章以小麦为研究对象，主要探讨小麦多源要素效率及增产潜力评估；第六章主要介绍气象要素特征及对小麦和玉米生产的影响；第七章主要介绍粮食生产与科技创新；第八章分析粮食供需平衡的多维结构关系；第九章预测农业碳排放、气象灾害、科技创新及其对粮食生产变化趋势的影响。在介绍具体方法的应用时，对案例中数据的时效性不过分强调，着重点在于阐述清楚方法原理与实践的有效结合。

本书由李炳军提出总体写作方案并组织撰稿，孟凡琳、孙康参与了方案的讨论，最后由李炳军修改定稿。其中，李炳军执笔第一章；孟凡琳、张爽爽执笔第二章；侯建、赵琼珑执笔第三章；孟凡琳、曹斌执笔第四章；孟凡琳执笔第五章、第九章；侯建执笔第六章、第七章；侯建、孙康执笔第八章。本书吸纳了河南农业大学管理科学与工程专业硕士研究生王天慧、杨卫明、朱晓宵、张淑华、张一帆、李文艳以及农村发展专业研究生孙康等人毕业论文的部分内容，整理添加了李炳军及其研究团队的相关学术研究成果。

在本书的撰写过程中，作者从许多国内外学者的研究成果中汲取了营养，得到了启示，甚至直接或间接地引用了他们的成果，特别是在相关的基本知识、基本方法等方面引用较多（已在参考文献中尽可能地列出）。除所列参考文献被引用外，难免还有一些引用或借鉴过的文献可能被疏漏而未被列出，在此对疏漏的文献作者表示真诚地歉意！同时，一本好的专著，需要不断磨砺，反复完善提高，但由于灰色系统理论尚处在发展阶段，其涉及的模型技术又非常复杂、丰富和广泛，且与农业高质量发展，特别是低碳农业、粮食生产管理相结合，具有很强的实践性，需要从方法和问题等方面进行一系列系统创新，限于我们的水平，书中的观点等方面难免有错误和不妥之处，敬请广大读者批评指正。

李炳军
2023 年 11 月 15 日

目 录

CONTENTS

第一章　灰色模型技术的农业应用

农业发展受不完整、不确定信息的广泛影响，具有典型的灰色系统特征。灰色模型技术为解决农业发展过程中部分信息已知、部分信息未知问题提供了新的技术手段。自 1982 年灰色系统理论提出以来，学者们越来越重视灰色系统理论应用于农业发展过程中的现实问题，相继发表了一系列研究成果。本章首先运用文献计量分析法对灰色模型在农业生产中应用的相关研究进行可视化描述及多维系统性分析；然后，分别对灰色关联分析模型、灰色聚类评估模型、灰色预测模型、灰色决策模型在农业发展中的应用研究情况进行梳理，归纳总结灰色模型技术在农业科学研究中的热点、前沿问题及未来发展趋势。

第一节　灰色模型应用于农业的多维分析

灰色系统理论是中国学者邓聚龙教授创立的基于灰信息的处理来挖掘新信息资源的本土原创学说。灰色模型技术是灰色系统理论的重要内容以及解决具有灰信息系统特征问题的重要手段，它针对一个不甚明确的、整体信息不足的系统，通过对信息的提取、收集、处理，建立起描述和揭示灰信息间量化关系的模型，为使系统的因素由不明确到明确，由知之甚少发展到知之较多提供技术基础。自 1985 年第一篇关于"灰色系统与农业"的学术论文发表以来，有大量文献从不同角度证明和诠释灰色模型技术与农业科学研究相互融合的合理性和有效性。为全面系统地掌握灰色模型技术在农业科学研究中的应用情况，本节选取中国知网（CNKI）数据库、科学引文索引（Web of Science）核心合集、蛛网学术（SpiScholar）等数据库中 1990—2021 年的相关文献，运用文献计量分析法和可视化统计图表对相关文献的时间分布、期刊分布及高发文作者和机构、高引用文献等方面进行多维系统性分析和可视化描述。

一、年度发表相关文章的统计分析

对中英文关键词"灰色关联、灰色评价、灰色聚类、灰色预测、灰色决策"与"农业、种植业、渔业、养殖业、畜牧业"等进行搭配搜索，时间范围在 1990—2021 年。通过对研究对象进行清洗筛选，得到 1990—2021 年发表的相关学术论文共计 2 150 篇。

年度文章发表量统计如图 1-1 所示，灰色模型技术应用于农业科学研究的文章发表量在 1990—2021 年整体呈现上升态势，说明关于农业相关领域的研究在不断增加，正逐步成为灰色模型技术应用方向的研究热点，相关研究体系的构建也在稳步推进。1990—

2006 年文章发表量较少且呈现波动中增长的趋势，该阶段后期文章发表量持续增长但年际差异也较小，仍处于灰色系统理论在农业应用研究的萌芽期。此外，该阶段中期于1998—2001 年一直处于相对较低的研究热度。2007—2016 年文章发表量明显增多，其中2007 年是与前一阶段的分隔点。2017—2021 年相关文章发表量快速增长，文章发表数量于 2021 年达到高峰，为 218 篇，较上一年增幅达到 47.3％。通过以上分析可知，在整个研究阶段中，尽管个别年份文献发表数量有所回落，但整体上仍呈逐年增多的趋势，不同的是前期波动中平稳增长，后期波动中快速增长，说明灰色模型技术在农业科学研究中的应用一直备受专家学者的关注。

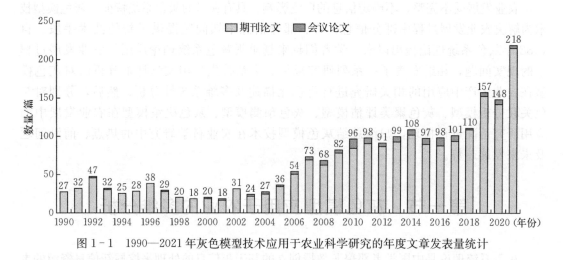

图 1-1　1990—2021 年灰色模型技术应用于农业科学研究的年度文章发表量统计

二、文章发表量大的作者分析

文章发表量大的作者即在这一领域具有一定影响力的作者，关注文章发表量大的作者有利于及时了解该领域发展现状，捕捉研究热点。通过检索筛选灰色模型技术在农业科学应用领域中的国内外文献发现，文章发表量大的作者包括李炳军、毕守东、邹运鼎等，文章发表量排序如表 1-1 所示（作者署名不限于第一作者），这些学者是灰色模型技术在农业科学应用领域的核心领军研究者，在该领域具有较强影响力。其中，来自河南农业大学的李炳军教授致力于研究灰色关联分析、灰色评价及灰色预测在粮食生产方面的应用（朱晓宵、李炳军，2019；杨卫明、李炳军，2018；叶璟等，2014；Li 等，2018；Zhu 等，2020）；安徽农业大学的毕守东与邹运鼎以及来自上海海洋大学的陈新军，主要将灰色关联分析与灰色预测模型分别运用到农业病虫害及渔业资源的研究中；罗党教授致力于灰色评价以及灰色预测模型的创新，并将其应用到农业灾害的研究中；云南省农业科学院甘蔗研究所的经艳芬、桃联安、安汝东、周清明、董立华等，深入合作探究了灰色系统在作物品种选择、病虫害防治、农艺性状等方面的应用；安阳工学院的郭瑞林主要研究灰色模型技术在小麦育种学的应用等；门可佩、王学萌等分别在农业现代化、农业生态规划、农业灾害、农业推广等方面进行了大量研究。通过分析发现，文章发表量大的作者之间较少存在合作关系，说明相关领域研究仍处于分散状态，研究合作关系较弱，研究团队规模较小。

表1-1 1990—2021年基于灰色模型技术的农业科学应用研究文章发表量排序

文章发表量/篇	作者	作者单位	文章发表量/篇	作者	作者单位
50	李炳军	河南农业大学	16	郭瑞林	安阳工学院
38	毕守东	安徽农业大学	13	桃联安	云南省农业科学院甘蔗研究所
37	邹运鼎	安徽农业大学	12	安汝东	云南省农业科学院甘蔗研究所
30	陈新军	上海海洋大学	11	周清明	云南省农业科学院甘蔗研究所
22	许自成	河南农业大学	11	董立华	云南省农业科学院甘蔗研究所
17	罗 党	华北水利水电大学	9	门可佩	南京信息工程大学
17	经艳芬	云南省农业科学院甘蔗研究所	8	王学萌	山西省农业科学院

三、文章发表量大的机构分析

对文章发表量大的机构进行统计分析，能够反映出该领域内研究力量的分布情况。灰色系统理论在国内外都具有较为广泛的研究，通过检索筛选国内外相关研究文献发现，不同时期的灰色模型技术，在农业科学应用领域的文章发表量较多的机构主要集中在中国，排在前四位的是河南农业大学、甘肃农业大学、东北农业大学、西北农林科技大学。从研究机构的类型上看，该领域文章发表量在76篇及以上的机构类型比较单一，均集中在各大高校。作为农产品主要输出区、粮食主产区的河南，在农业科研方面极具实力，同时，作为灰色系统理论领军人物的刘思峰教授，曾任教于河南农业大学，为该校培养了大量的灰色系统理论研究者，奠定了该高校基于灰色理论的农业科学研究基础，文章发表量遥遥领先。从地域来看，该领域的研究机构分布比较广泛，在中国东、中、西部均有文章发表量大的机构，说明灰色模型技术在农业科学中的应用研究得到了学者们的广泛认可（表1-2）。

表1-2 1990—2020年基于灰色模型技术的农业科学应用研究文章发表量大的机构

名称	分布地区	文章发表量/篇
河南农业大学	中国中部	203
甘肃农业大学	中国西部	186
东北农业大学	中国东北	166
西北农林科技大学	中国西部	157
南京农业大学	中国东部	125
中国农业大学	中国东部	94
四川农业大学	中国西部	92
新疆农业大学	中国西部	76

四、高引用文献分析

在一段时期内被引用的次数可以反映出某篇文献在相关领域内的重要性和影响力，被引用次数高，说明文献在该领域内占据着重要的位置或得出过重要结论。通过对现有国内外文献的统计筛选，得到灰色系统理论在农业科学应用研究中的主要高引用文献情况如表1-3所示。中国作为农业与人口大国，孕育了大量的农业科研工作者和管理者，中国学者基于灰色模型技术在农业科学应用领域的研究也较为丰富，相关外文文献虽有一定的传播率，但中文文献的传播率相较更高。农作物新品种或品系的综合评估是现代育种工作的重要环节，而决定品种优劣的指标在实际应用中往往具有小样本、贫信息等特征，因此，早在1989年就有学者以杂交小麦为例，对灰色关联分析法在作物新品种评估中的应用做了初步的探讨，并得到了同行的广泛认同（刘录祥等，1989）。耕地是农业生产的基本资源和条件，李灿等（2013）通过利用灰色关联分析法筛选出影响土地利用绩效的重点因素，为土地利用绩效评价提供了思路。李炳军在灰色系统理论创新及其在农业科学领域应用方面有颇多研究，早在2000年就将灰色系统理论应用到农业主导产业的评价中，并构建了农业主导产业选择的灰色模型。邓聚龙于1985年发表"灰色系统与农业"一文，首次提出灰色系统理论在农业方面的应用，为后期大量研究工作者在该领域的研究奠定了坚实的基础。从已发表的文献研究内容上看，灰色关联分析在农业生态环境、品种评价、农业灾害风险、粮食生产等方面的研究更具有广泛性（表1-3）。

表1-3　1990—2021年基于灰色模型技术的农业科学应用研究的高引用文献

被引频次	作者	年份	期刊名称	篇名
739	刘录祥，孙其信，王士芸	1989	中国农业科学	灰色系统理论应用于作物新品种综合评估初探
399	李灿，张凤荣，朱泰峰，奉婷，安萍莉	2013	农业工程学报	基于熵权TOPSIS模型的土地利用绩效评价及关联分析
276	王士强，胡银岗，余奎军，周琳璘，孟凡磊	2007	中国农业科学	小麦抗旱相关农艺性状和生理生化性状的灰色关联度分析
213	邓聚龙	1985	山西农业科学	灰色系统与农业
133	阎伍玖	1999	环境科学研究	区域农业生态环境质量综合评价方法与模型研究
109	党耀国，赵庆业，刘思峰，李炳军	2000	农业技术经济	农业主导产业评价指标体系的建立及选择
108	韩路，贾志宽，韩清芳，刘玉华	2003	西北农林科技大学学报（自然科学版）	苜蓿种质资源特性的灰色关联度分析与评价
103	杨雪，谈明洪	2014	自然资源学报	近年来北京市耕地多功能演变及其关联性
102	孙建卫，黄贤金，马其芳	2007	江西农业大学学报	基于灰色关联分析的区域农业循环经济发展评价——以南京市为例
96	张星，郑有飞，周乐照	2007	生态学杂志	农业气象灾害灾情等级划分与年景评估

灰色关联分析、灰色评价、灰色预测和灰色决策模型技术是灰色系统理论最经典和最核心的内容，也是应用最广泛的模型技术，将这4种模型技术从不同研究视角对农业科学研究中的应用情况进行归纳梳理后，见表1-4。

表1-4 灰色系统理论在农业科学研究中应用情况归纳梳理

研究方法	研究内容	应用类别及占比
灰色关联分析模型	气象灾害因素，性状因素，作物品种的评价、筛选和育种	种植业（37.11%）
	影响地表径流系数的因素，主要绿化树种生态功能评价，林下植被物种多样性	林业（10.91%）
	猪肉质量与养猪业的经济效益	畜牧业（4.80%）
	鱼类特征分析	渔业（2.68%）
	生产要素，技术要素，农业产业结构	农业经济（44.50%）
灰色评价模型	农业结构，农业产量，栽培方式，农业技术，区域优势	农业生产（9.83%）
	良种选育，果品选优，品种审定，农艺性状，农产品物理特性	质量评价（28.90%）
	农业水资源，耕地资源，生物质能，农业污染风险，生态气候	资源与生态环境评估（27.75%）
	科技创新，农业技术进步，农机设备，农业科技服务能力	农业机械化（10.40%）
	农业效率，农业企业，农产品供应链，乡村振兴	农业产业化（14.45%）
	气象灾害，风险承受能力，灾情评估，质量安全	农业风险评估（8.67%）
灰色预测模型	气象产量预测，粮食总产量，粮食损失量，人均粮食占有率	粮食产量预测（61.83%）
	渔业发展趋势，渔业产业结构，水产品产量	渔业经济（6.56%）
	农业产业结构优化，粮食产量结构，可持续农业	农业发展趋势，农业结构（4.91%）
	畜产品供需，畜产品价格，饲料产量，水产养殖区域规划	畜牧业（5.74%）
	谷类作物，经济作物，棉花价格，蔬菜价格	农作物种植（20.96%）
灰色决策模型	农产品区域优势，农业资源配置优化	农业发展（34.95%）
	生物性状，农艺标准，农机适配	品种决策（33.01%）
	粮食需求，土地复垦，土地集约	种植结构规划（10.68%）
	农业技术，机械类型，农业机器人路径优化	农业机械化（4.85%）
	经营模式，农产品供应链	农业产业化（16.51%）

第二节 灰色关联分析模型与农业发展关键因素识别

灰色关联分析模型是一种先通过计算各点的关联系数，再采用数学手段得到各子因素相对于母因素的关联度的系统分析方法，在因素识别和解析方面具有优势。以下分别对灰色关联分析模型在种植业、林业、畜牧业、渔业，及农业经济领域关键因素识别中的应用情况进行梳理。

一、在种植业关键因素识别中的应用

在种植业方面，以农作物为研究对象，应用灰色关联分析法的研究较多，成果十分显著（Sun 等，2019；Tan 等，2019），其研究主要体现在以下方面：气象灾害因素对作物产量的影响（蔡波等，2017；刘芳等，2015；张星，2007；姜晓清等，2015），性状因素对作物产量的影响（刘文婷等，2020；Han 等，2019；赵鹏涛等，2017），农作物品种评价、筛选及育种研究（Zhu 等，2021；Jia 等，2020；施伟等，2012）。

在气象灾害因素对农作物产量影响方面的研究，Song 等（2014）采用灰色关联法分析了近 51 年来河南省冬小麦需水量的影响因素。王秋京等（2015）、高姣姣等（2016）利用灰色关联分析法探讨了主要农业气象灾害对粮食产量的影响因素。林志宇等（2016）、于小兵等（2019）从受灾范围和灾害强度两方面构建了灰色关联分析法的数理模型，分别分析了气象灾害对山东省、福建省农作物产量的影响。彭传梅（2017）运用灰色关联度分析从轻灾、中灾及重灾 3 种不同灾害程度视角，分别研究了河南省气象灾害与粮食单产及 5 种特定粮食作物的关联程度。Ning 等（2017）测算了山西省 5 个代表性地点在不同生态条件下，谷子综合品质与环境因子的灰色关联度。赵凯娜等（2017）分析了冬小麦生育期各气候要素与河南省县域冬小麦产量关联度的时空变化特征。Li 等（2018）建立气象因子集和灰色关联分析模型，以河南省为例双重分析了气象因子对冬小麦不同生育期的影响。张森（2021）针对川中丘陵区春玉米生育期内早期干旱、后期高温多雨的特殊气候生态条件，采用灰色关联度分析法研究了郑单 958、仲玉 3 号玉米倒伏和产量对气象因子的响应程度。杨宁（2020）对山东省枣庄市 2011—2018 年夏季玉米产量与主要气象因子进行了灰色关联分析。

在性状因素对作物产量的影响研究方面（刘红杰等，2017；卓武燕等，2016），李永洪等（2007）、许波等（2013）应用灰色关联分析法，对多个玉米杂交种的各个主要农艺性状与产量进行了关联度分析。吴晓丽等（2012）、侯小峰等（2014）、任雅琴等（2018）将多个冬小麦品种（系）的性状与其产量关联度进行了分析，以发现对产量影响最大的农作物性状。张恩盈等（2011）对 8 个玉米品种淀粉含量和穗部性状的关系进行了灰色关联分析，为普通玉米育种和高淀粉玉米育种提供了理论依据。Tang 等（2021）分析了不同施氮量和播种量下，生长性状对直播水稻产量的关联影响。吕伟等（2021）采用灰色关联分析法，对影响芝麻产量的主要农艺性状进行了评价。梁万鹏等（2022）利用灰色关联度分析法，对 14 个紫花苜蓿品种的 10 个农艺性状与产量进行了综合评价。萧自位等（2022）对小粒种咖啡主要农艺性状与单株产量的关联进行了分析。

在农作物品种评价、筛选及育种研究方面（郑建敏等，2012；孟丽梅等，2011），高素玲等（2006）应用灰色关联分析法对 2005 年河南省展示的 7 个春性小麦品种的 11 个主要性状进行了综合评定。王永士等（2009）应用灰色关联分析理论，对河南省安阳市目前种植面积较大的 7 个强筋小麦品种的 11 个性状进行了综合分析。Jaggan 等（2020）采用灰色关联分析法，对 11 个不同马铃薯品种制作的薯条的综合品质进行了评价。Wang 等（2022）运用灰色关联分析和熵权法对茶叶品种进行了综合评价。贾雨真等（2022）为了筛选适宜榆林风沙草滩区种植的紫花苜蓿品种，使用灰色关联分析与隶属函数分析对 20 个国内外紫花苜蓿品种的主要农艺性状进行了评价，筛选出了综合性能表现较好的 6 个紫花苜蓿品种。黄婷（2023）利用灰色关联分析法、DTOPSIS 法（逼近理想解排序法）与模糊概率法，筛选出综合性状优良的玉米姊妹系。杨锦越等（2021）利用灰色关联分析和聚类分析对不同品种玉米进行评价，筛选出了最适宜西南地区的玉米品种。叶建强等

（2022）对不同来源毛木耳品种的农艺性状表现进行了灰色关联分析，为优质柳州螺蛳粉的开发提供了优良的毛木耳品种。通过对以上研究分析发现，大多数学者根据研究对象的特点，基于不同的研究视角，选择现有的不同单一类型的灰色关联度模型［尤其是邓氏关联度（张冀等，2020；刘美茹等，2021）］进行分析，其研究特点侧重于以灰色关联为方法媒介，从而得到有价值的研究结果。

二、在林业关键因素识别中的应用

在林业方面，灰色关联分析的应用成果较少，且研究较为分散（张宏伟等，2016；刘静等，2019；陈哲华等，2017）。

张洪江等（2006）为探索影响地表径流系数因素的主次关系，利用灰色系统理论对重庆缙云山不同植被类型的草本层盖度、枯落物厚度、灌木层盖度和郁闭度影响地表径流的因素进行了灰色关联分析。张春锋（2007）在对哈尔滨市主要绿化树种的生态功能进行综合描述和量化评估中，较全面、系统地介绍了灰色关联分析法在树种综合评价中的应用。张波（2010）从蒸散耗水角度对黄土区刺槐林地土壤水分剖面进行垂直分层测定，以山西吉县蔡家川为例，对 0～150 cm 土层分层连续测定土壤水分，综合利用灰色关联分析法和有序聚类法对各土层不同时间蒸散耗水特性进行了研究。李际平（2011）为确定杉木林、阔叶林核心及其边缘林下植被物种多样性的影响程度，对西洞庭湖区物种调查数据进行了灰色关联分析。王晓康（2014）运用灰色关联分析法对影响产流产沙的因子进行对比分析，发现不同林分条件对产流产沙的影响存在差异。肖恩邦（2017）为了研究黄土区人工林地土壤水分特征曲线及土壤水势特征，以陕北黄土区人工刺槐林地为研究对象，运用灰色关联分析法分析了表层、中层、深层及 4—10 月土壤水势灰色关联度。谢春平等（2021）利用灰色关联度分析和主成分分析方法，基于 19 个生物气候指标，对浙江楠（*Phoebe chekiangensis*）在江苏省 13 个地级市的引种气候适宜性进行了综合评估。

三、在畜牧业关键因素识别中的应用

在畜牧业方面，与林业较为相似，其研究成果相对于种植业也较少，且利用灰色关联进行研究的成果也相对分散（李牲岫等，2010；刘艳华等，2007；虞泽鹏，1998），这些研究主要在考虑影响养殖业的主要因素后，对牲畜质量和养殖业经济效益的分析。

皮文辉（2001）与唐爱发（2000）分别将灰色关联分析法应用于优质细毛羊育成种公羊的选种以及杂种猪群的猪肉品质分析中，以期为细毛羊选种和撒坝猪杂交模式的选择提供科学、准确的方法。焦丽萍（2001）利用灰色关联及通径分析，探讨了日本鹌鹑若干体尺性状与体重的关系。韦春波（2010）对 DHI 测定的主要指标进行了灰色关联分析，定量地分析了奶牛产奶量与各指标的关系密切程度，为 DHI（奶牛生产性能测定）指标的科学利用提供了重要的理论依据与科学指导。Ma 等（2017）应用灰色关联分析和 TOPSIS（全称为 Technique for Order Preference by Similarity to an Ideal Solution，即逼近理想解排序法）计算各养猪场候选点的总体贴近度，根据总体贴近度大小对候选点的优劣进行排序，构建选址决策模型。温鹏等（2022）对易县某鸡舍的 13 项环境指标与舍内肉鸡生长指标进行灰色关联分析，为后续鸡舍综合环境评价模型的构建以及舍内环境调控提供了参考。

四、在渔业关键因素识别中的应用

在渔业方面，相较于前 3 个领域，其关于渔业方面的研究成果最少，灰色关联分析的应用主要体现在鱼类性状分析方面，如苏胜彦等（2011）进行了 3 个鲤群体杂交后代生长性状的灰色关联分析。刘永新等（2014）运用灰色关联分析法研究了牙鲆形态性状与体质量的关系，结果表明，全长、体长、尾柄高和躯干长与体质量的关联度最大，是培育高产牙鲆的重要评价指标。黄小林（2018）采用灰色关联分析法对卵形鲳鲹的 10 个形态性状与体质量的关系进行了分析。黄小林（2019）通过灰色关联分析网箱养殖点的篮子鱼形态性状与体质量关系，发现与体质量关联度最高的前 3 个形态性状为体长、全长和体高。张新明（2022）通过通径分析、灰色关联分析等方法，研究了鹰爪虾各性状和体重之间的关系。张晓华（2021）、闫卉果等（2022）基于通径分析和灰色关联分析，分别分析了岩原鲤和中华草龟的性状与体质量的关系，为岩原鲤和中华草龟选育提供了参考。张忠等（2022）通过灰色关联聚类分析法，研究了全球各渔区渔获量与总渔获量以及各渔区渔获量之间的关系，并确定了同类型渔区中影响渔获量大小的主要鱼种类型。

相对于种植业来说，林业、畜牧业、渔业领域灰色关联分析的应用较少，主要原因在于种植业是农业的基础，在我国农业各领域中，产值占比最大，而且农作物种类繁多，特性差异较大，更容易受到各种外在或内在因素的影响，这就为学者提供了大量的研究视角，因此灰色关联分析在此领域的应用更为多样和广泛。

五、在农业经济关键因素识别中的应用

农业经济是社会经济发展过程中不可或缺的一部分，其范围十分广泛，不仅涉及种植业、林业、畜牧业、渔业四大领域，且与农村、农民有着密切关联，灰色关联分析法在农业经济领域的应用也十分丰富。

灰色关联分析在农业经济方面的研究成果主要体现在生产要素（温馨，2020）、技术要素（张淑华等，2021；宋喜芳等，2020）对粮食产量的影响和农业产业结构的研究（赵丽娟等，2015；龚新蜀等，2015；刘立平，2014）两个方面。关于生产要素及技术要素对粮食产量影响的研究，渠丽萍等（2017）建立了粮食生产与相关因素的灰色关联模型，结果表明，有效灌溉面积、粮食单位面积产量、粮食作物播种面积和农药使用量是湖北省粮食生产的四大驱动因素。Li 等（2017）通过对西北河西走廊粮食作物灌溉水生产率主要驱动因子进行灰色关联分析发现，单位灌溉用水、施肥和农膜在粮食作物的整个生长周期具有主导作用。张宏乔等（2017）、杨淑杰等（2018）将农业机械化划分为两级指标，运用灰色关联法分析了农业机械化对粮食作物产量的影响。同时，大量学者也运用灰色关联分析法对影响粮食综合生产能力的主要因素进行了分析（王春辉等，2014；王晨筱等，2015；白云涛等，2016；牛亮云等，2012）。关于农业产业结构方面的研究，王妍等（2015）对山东省农业生产总值与各农业生产部门产值进行灰色关联分析，并运用 GM（1，1）模型（灰色系统理论中最基础的预测模型，适用于小样本、贫信息、不确定性系统的短期预测）进行了趋势预测，同时也对相关预测值进行了灰色关联分析，比较实际数据的关联度与预测值关联度的异同，深入分析了其发生变化的原因。徐杰（2018）基于灰色关联分析，研究了我国海洋渔业产业结构。袁萍（2019）提出基于灰色关联分析的绿色

农业产业结构优化模型，计算了决策因子与产业结构之间的灰色关联度，根据分析结果构建农业产业结构优化模型，实现绿色农业产业结构的调整和优化。赵奇（2020）运用灰色关联分析，测算了河南省产业结构与产值间的关联度。除上述方面外，灰色关联分析模型也用于农民增收（陈兵建等，2018；刘宇翔，2016；赵奇，2016）、低碳农业发展（赵培华，2013）、粮食安全（孟凡琳等，2015）、农业可持续发展（傅琳琳等，2020；崔和瑞等，2005）、乡村振兴（李刚等，2021；何正燕等，2021）、农业经济发展（雷玲等，2011；任永泰等，2020）等方面。

第三节　灰色评价模型与农业发展水平评估

灰色评价模型通过建立指标观测值与评价结果之间某种不确定的映射关系，以达到综合评价的目的。本节对灰色评价模型在农业生产发展、农产品品质评价、资源与生态环境评估、农业现代化、农业产业化以及农业风险评估等方面的研究进行梳理。

一、在农业生产发展水平评估中的应用

在农业生产发展方面，为了实现新粮库运营的科学评价，程云喜（2005）运用灰色系统理论建立了国家新建粮库经营绩效的数学评价模型。Li 等（2008）运用灰色关联聚类理论对河南省农业结构进行了研究，得出了影响河南省农业结构的主要因素，为河南省农业结构战略性调整和农业产量的准确预测提供了科学依据。Mu 等（2008）通过对灰色系统评价法和聚类分析法的比较，阐明了灰色系统评价法在经济问题分析中的优越性，并运用灰色系统评价法，对 9 种农产品及不同地区农业发展总体情况进行了比较分析，为政府制定农业生产发展战略提供了决策依据。兰肇华等（2015）基于灰色评价模型探究了农业技术推广效率对水稻产量的影响。在农产品栽培方式等方面，DU 等（2020）以选取冬油菜适宜的栽培方式为研究对象，采用主成分分析法、灰色关联分析法和熵权与理想溶液相似排序法相结合的动态排序技术，对作物生产指标进行了综合评价。

二、在农产品品质评价中的应用

农产品品质是影响产品商品性的关键因素，也是良种选育和果品选优的重要参考依据。灰色评价方法作为一种多元定量方法，已被广泛应用于农产品品种的审定以及品质的评价等研究领域。在品种审定以及评价方面，Pang（1995）利用灰色模糊聚类方法对小麦品种（亲本）进行分类，为评价小麦种质资源的可用性提供了理论依据，为复杂系统的分选和聚类提供了一种新的方法。吴德祥等（1998）基于灰色多层次综合评价分析，对新品种进行全面的评价，且最终评价结果与安徽省农作物品种审定委员会审定的结果一致，证明了灰色多层次综合评价方法在农作物品种审定方面的有效性。Su 等（2017）和 Tian 等（2017）分别基于灰色变权理论和灰色效应测度评价模型，对烟草物流项目的综合效益和物性特征进行了综合评价，丰富和完善了烟草物流业和烟草质量评价体系。昝凯等（2018）为了给鉴定和评价大豆新品种（系）提供依据和方法，应用灰色关联分析法和

DTOPSIS（全称为 Dynamic Technique for Order Preference by Similarity to an Ideal Solution，即动态逼近理想解排序法）法对参加 2014 年河南省夏大豆区域试验的 14 个品种（系）进行综合分析评价，将各参试品种的综合性状优劣进行排序，分析了两种方法在综合评价方面的优劣，并验证了灰色评价模型的有效性。Yan（2017）、Li 等（2021）、黄潇等（2021）利用灰色综合分析方法以及灰色定权聚类方法建立综合评价模型，对紫薯品种、鲜枣果实以及小米品质性状进行了分析评价。

三、在资源与生态环境评估中的应用

在资源与生态环境评估方面，不少从事农业科学的研究人员利用各类灰色评价模型，对农业水资源、耕地、生物质能等资源进行了综合的评估，旨在为农业生产提供科学依据。

为确保水资源的有效利用，黄初龙等（2006）运用灰色聚类法探析 SUAAWR（半湿润干旱农业缺水区）地域分异规律及其主导因素，进而评价农业水资源可持续利用水平。在水土资源可持续发展方面，Liu 等（2019）基于灰色关联综合评价模型对区域农业水土资源组合（CRAWSR）系统的恢复力和可持续发展水平进行了评价。不少学者也通过对不同灌溉方式、用水管理模式的研究，探究农业用水利用效率及对产量的影响（吴新新，2015；张超等，2017；Sun 等，2017）。Li 等（2020）提出了基于白化权数灰色聚类的节水灌溉方案评价方法，针对节水灌溉方案评价指标信息的模糊性以及指标要素与评价指标之间的内在联系和相互影响，为节水灌溉方案的评价和优化提供了一种新的方法。Yan 等（2020）提出了一种基于三角白度权函数灰色聚类的农田浸水评价方法，实例分析表明，该方法用于农田浸水评价是合理且可行的。

耕地是农业生产的根本和主要载体，耕地红线是粮食安全的大坝，保护耕地就是保护粮食生产。"藏粮于地、藏粮于技"战略强调科学合理利用耕地资源，为确保粮食产能提供新思路。不少学者采用灰色评价方法对耕地进行综合评价，为保护耕地提供技术支撑。为了定量化、定位配置和土地适宜性评价，Han（1998）运用灰色系统相关理论和模糊数学，结合聚类分析形成的灰色聚类分析方法，对土地集约程度和利用效率进行了研究，结果表明，土地利用效率和集约程度与结论相关。魏永华等（2011）利用灰色关联投影法对黑龙江西部风沙土区保护性耕作技术进行综合评价，为黑龙江西部风沙土区农业水土资源可持续利用提供了技术支撑。高瑞等（2014）以河南省三门峡市种植区土壤为对象，利用灰色聚类方法进行植烟适宜性评价，与传统的适宜性评价方法相比，灰色聚类法根据指标确定权重，所得结论更为客观、合理。王枫和董玉祥（2015）在土地利用功能类型划分的基础上，构建了基于可持续发展三维度理念的土地利用多功能评价指标体系，采用灰色关联投影法和障碍度模型对土地利用多功能动态及其障碍因子进行了分析。戴媛媛等（2020）通过构建土地利用多功能评价指标体系，采用灰色关联投影模型对长沙市 2007—2017 年土地利用多功能性进行了分析与评价。关于水资源与土地资源的可持续发展，张松等（2019）采用改进灰色聚类法对水田及旱地土壤中重金属污染进行评价，并利用健康风险评价探讨两种用地土壤中重金属污染对附近人群健康影响程度，为保护生态环境，促进粮食生产能力建设与可持续增长提供了技术支撑。张宝玺等（1992）应用灰色聚类法，对农田林网的各个不同位置进行各气象要素考察，评价了农田防护林生态气候效益。张文红和陈森发（2003）确定了农业生态环境质量评价的指标体系，提出了应用层次灰色分析法评价农业生态环境质量的方法步骤及农业生态环境质量的等级划分，并开发了相应的综合评价支持系统，为更加客观准确地反映矿区耕地的损毁程度，更好地服务于耕地保护与土地复垦提供了新方法。蒋知栋等（2013）构建了基于主导限制性指标和相对限制指数的灰色聚类评价模型（Grey Clustering Method Dominant Restrictive Indicator & Relatively Restrictive Index），对矿区耕地损毁程度进行评价，在了解耕地损毁现状、编制土地复垦方案、确定赔偿责任范围等方面有较好的应用价值。樊毅斌等（2014）基于灰色聚类决策综合评价建立了牛羊对草场的"啃食模型"，为遏制草场恶化起到了借鉴作用。

利用生物质技术将农作物秸秆等生物质转化为成型燃料，可以扩大生物质的应用范围，提高生物质的利用效率，基于此思想，Wang 等（2015）根据灰色关联分析和层次分析法的理论，建立了生物质成型燃料系统综合评价的数学模型，该模型为大型生物质成型燃料系统的方案选择和运行提供了参考。Yi 等（2021）学者运用灰色关联分析模型与耦合度模型，建立了反映社会经济发展系统特征的评价指标体系，分析生态环境与社会经济协调的关键因素及协调程度，结果表明，农业投入的生态足迹和农业污染物是制约社会经济发展的重要因素。

四、在农业现代化水平评估中的应用

在农业现代化水平评估方面，不少学者通过构建农业现代化水平评价的指标体系，应用灰色评价法从系统科学的角度去分析农业现代化实现程度，为国家制定现代农业发展规划提供了有力支持（乌东峰等，2009；王淑英等，2011；苟万里等，2018）。科技创新是实现农业生产现代化、农业技术进步的主要途径，刘红峰等（2014）基于层次分析法构建农业科技创新评级指标体系及权重，将灰色关联分析法、灰色可见度函数与层次分析法相结合，构建多层次灰色评价法，层层定性、定量分析农业科技创新的系统状态与协同演化发展路径，科学有效地将复杂的农业科技创新系统的有机过程统一起来。张平等（2014）综合运用模糊评价与灰色评价方法，对 21 世纪以来中国农业科技国际合作现状进行评价，并提出相关对策建议，以期为农业科技国际合作政策的制定提供借鉴参考。Dong 等（2018）学者基于灰色综合评价模型，对农业科技创新能力进行了评价分析，研究结论为决策部门制订农业科技发展规划提供参考。现代化的农机设备是农业现代化的形式依托，是传统农业转型升级的重要基础（Xu 等，2019），Li 等（2018）运用灰色关联分析建立了玉米机械化生产评价指标体系，利用灰色层次分析法确定各指标的权重系数，得出玉米机械化生产的综合评价值，为提高玉米机械化生产的技术水平和应用水平提供了理论依据。同样，通过对农业科技服务能力（朱春江等，2016）与农业高科技项目（韩培培等，2017）的综合评价，有助于促进现代化农业、智慧农业、精准农业的发展。

五、在农业产业化水平评估中的应用

农业综合开发产业化为农业增效、农民增收和农村经济繁荣发挥了重要作用，不少学者通过分析影响农业产业发展的因素，评价农业产业发展水平（佟光霁等，2014；李刚等，2021）。王一晗等（2005）构建了农机企业竞争力的评价指标体系，提出基于灰色系

统理论对农机企业竞争力进行综合评价的方法，为农机企业提高竞争力提供依据。郭海丽等（2012）从对农业增加值和农民人均纯收入贡献的视角出发，利用灰色综合关联度分析方法，分析了农业综合开发产业化经营项目各项资金投入与农业增加值增长和农民人均纯收入增长的不同关联度。Tang等（2019）通过构建基于中心点混合可能性函数的灰色聚类评价模型，对茶叶相关非物质文化遗产旅游开发潜力进行了评价，为农业产业化的发展提供了一定的参考。王凯旋和杨玉中（2020）结合灰色聚类和模糊综合评价构建了农产品供应链绩效评价模型，结果表明，该方法不仅能够客观评价供应链整体绩效，还可以分层次多角度进行评价，指出不同方面存在的问题及改进方向。朱新球和赵慧达（2021）运用灰色聚类分析方法，从经济能力、物流发展潜力、服务能力和地理要素等4个方面对中国福建水产品冷链物流流通的网络布局进行了设计。

六、在农业风险评估中的应用

在农业风险评估方面，已有文献对农业气象灾害的研究，主要是运用各种类型的灰色评价方法，集中在主要影响因素的选取（Bie Qiang等，2020）、风险承受能力（Wang等，2013；Sun等，2022）、灾情评估（Wang等，2010；徐冬梅等，2016）、质量安全（黄潇等，2016）等方面进行了大量的研究。乔红波等（2014）通过主成分分析方法、灰色聚类分析方法与支持向量机等方法，通过近地成像光谱图像可以准确监测小麦全蚀病的病情，对小麦全蚀病的治理有指导意义。金菊良等（2019）为定量评价区域农业旱灾脆弱性强弱程度、识别影响其强度变化的主要指标，通过改进差异度系数的计算方法，建立了基于灰色关联度和联系数耦合的区域农业旱灾脆弱性评价模型，对区域农业旱灾脆弱性进行动态评估。依力亚斯江·努尔麦麦提等（2019）学者以新疆维吾尔自治区为研究靶区，基于遥感与GIS技术（地理信息系统技术）获取评价因子空间集，运用Pearson相关性分析法（一种用于衡量两个变量之间线性相关程度的统计方法）及灰色系统分析法构建土壤盐渍化风险评价模型，为干旱区绿洲的土地资源管理、农田系统的合理布局提供了参考依据。舒英格等（2020）考虑农业生态环境脆弱性评价中不同评价级别内各指标之间同、异、反的关系，运用灰色三角白化权集对分析模型对喀斯特山区农业生态环境脆弱性，进行了评价分析。Lou等（2020；2021）先后构建了基于面板数据的灰色云聚类模型与粒子群灰色聚类系数向量模型，对河南省农业干旱灾害风险进行了评估，与传统的灾害风险评估模型相比，证明了模型的合理性和有效性，为干旱灾害风险评估提供了技术模型支持，有助于为干旱灾害的缓解提出建议。Xu等（2021）基于灰色物元分析方法（灰色系统理论与物元分析法），建立了农业干旱风险评价模型，为农业干旱灾害风险评估提供了一种新的方法。

第四节　灰色预测模型与农业发展趋势预测

灰色预测模型是灰色系统理论的重要组成部分，在面对数据具有信息不确定性特征时，具有优越的建模性能，已发展成为预测理论的一个新研究分支，成功应用于许多领域的实际生产和科学研究中。本节梳理了灰色预测模型在粮食产量预测、渔业经济产业预测、农业结构预测、农业发展态势预测、畜牧业发展预测、种植业发展预测等方面的相关研究。

一、在粮食产量预测中的应用

在粮食产量预测方面，考虑到粮食生产系统是一个受多种因素共同作用的包含灰性、随机性、不确定性的复杂非线性动态系统（马创等，2020），根据粮食生产影响因素数据特点和灰色模型的优势，可采用不同的灰色系统理论方法加以解决。1984 年，邓聚龙首次提出了用于预测粮食产量的灰色预测模型，此后，学者们针对灰色预测模型在粮食产量预测方面开展了一系列研究（李纲，2010；王晓喆等，2010；陈静彬，2011；左慧婷等，2018）。其中，因灰色线性回归组合预测模型能够同时描述既有线性趋势又有指数增长趋势序列的优势，成为了多数学者的研究热点（陈祺琪等，2012；刘静等，2015；李军成等，2010；耿德祥等，2009）。此外，也有不少学者尝试通过建立不同的组合预测模型来提高粮食产量预测精度，如姚作芳等（2009）采用最优加权法，建立了灰色预测与马尔科夫模型相结合的组合预测模型。杨梅等（2013）在对小麦产量线性规律和非线性规律充分挖掘的基础上，提出了灰色支持向量机预测模型，解决了小麦产量复杂多变的预测问题。Chen 等（2015）建立了基于 BP 神经网络修正的灰色组合预测模型，并将其应用于中国粮食产量的预测。Fan 等（2021）、胡雪冰等（2021）分别采用加权马尔科夫方法的混合代谢灰色预测模型和 GM 系列模型，用以预测中短期粮食产量和消耗量，并得到了较高的预测精度。GM（1，1）模型是灰色预测模型的基础和核心，该模型是依原始离散非负数据列，通过一次累加生成削弱数据列的随机性，并通过建立微分方程模型进行预测建模。赵晓东等（2007）、任新平等（2010）均认为 GM（1，1）模型建模简单且预测精度高，在预测粮食产量、气候变化、农田灾害等方面具有较大的实用意义。刘国壁等（2009）将灰色 GM（1，1）模型与 BP 神经网络相结合，应用于安徽省蚌埠市小麦产量的预测，同样达到了提高粮食产量预测精度的效果。Liu 等（2010）采用灰色 GM（1，1）模型对未来人均粮食份额进行了预测研究。2006 年，李春生（2006）提出了基于粮食生产的灰色预测、控制、管理的 GM（1，N）模型，预测并揭示了粮食生产特点与质量安全控制规律。此后，许多学者针对传统 GM（1，N）模型进行改进，提出了具有更高粮食产量预测精度的预测模型，如王秀（2011）将灰色关联分析与 GM（1，N）模型相结合，得到了与粮食产量发展趋势更相近的拟合结果。Wei 等（2016）针对传统 GM（1，N）模型的缺陷，提出了一种基于多驱动变量发展趋势的优化 TMGM（1，N）模型，粮食产量预测结果表明，新模型的输出精度高于传统 GM（1，N）模型。张模蕴等（2020）同样也运用此类方法对湖南省粮食产量进行了预测研究，通过对预测结果进行分析讨论，提出了确保湖南省粮食稳产增产的相关政策建议，为确保粮食数量和质量安全提供了理论依据。

二、在渔业经济产业预测中的应用

在渔业经济产业预测方面，由于渔业经济相关统计工作起步晚，指标和数据不完善，致使其样本量少，加之渔业资源可持续利用评价的标准具有很多不确定性，导致一般数理统计分析方法往往难以奏效。学者们采用灰色预测理论对中国渔业经济产业进行了深入探讨，其成果十分显著（高清廉等，1999；闫永斌等，2020）。应用领域主要包括水产品产量预测、渔业发展趋势、产业结构调整等。赵昕等（2011）结合灰关联模型和GM（1，1）模型建立了渔业经济发展因素影响力评价模型。李良波（2011）基于1990—2009年浙江省宁波市海水产品产量的历史统计数据，建立了基于海洋捕捞和海洋养殖等水产品总量的GM（1，1）模型，对浙江省宁波市海水产品产量进行了短期预测。解明阳等（2019）运用文献计量学对灰色系统理论在渔业科学中的应用研究进行了系统的整理与分析，对未来的发展趋势与存在的问题进行了讨论。解明阳等（2020）又根据1995—2017年西北太平洋柔鱼渔业生产统计数据，运用灰色灾变预测方法对灾变年份进行预测，其结果为渔业生产企业和管理部门提供了参考。鲁泉等（2021）基于对中国渔业发展不同发展阶段的划分，建立了多种灰色GM（1，1）预测模型，并对其预测性能进行对比筛选，采用最优模型预测了中国渔业未来发展趋势。

三、在农业结构、农业发展态势预测中的应用

在农业结构、农业发展态势预测方面，2002年，柴强等（2002）以甘肃省张掖市为研究对象，结合灰色预测法和灰色关联分析法研究了该市农业结构的发展趋势，剖析了现有农业结构存在的问题，提出了优化农业结构的基本策略。黄成毅等（2008）运用灰色系统理论及其他相关预测方法，对未来年期内耕地供需的动态变化情况进行了科学的预测与模拟分析。王瑞娜等（2007）采用灰色关联分析法，对辽宁省的农林牧渔总产值结构、粮食产量结构和肉类产量结构进行了初步分析，确定了贡献较大的因子，并进一步运用GM（1，1）模型对其所研究的序列发展趋势进行模拟和预测，其结果动态地反映了辽宁省农业产业结构的发展情况，为促进辽宁省农业经济可持续发展和科学决策提供了理论依据。李晔（2009）采用灰色关联聚类与灰色预测模型相结合的方法，对影响河南省农业结构的关键因素做了深入探讨。此外，李晔等（2006）采用类似的方法对河南省农业经济发展趋势进行了分析和探讨。叶莉莉等（2021）构建了累积时滞非线性多变量离散灰色ATNDGM（1，N）模型，研究发现，该模型在河南省农业产值的预测中具有较高的拟合精度，能够有效处理具有时滞非线性特征的小样本多变量系统预测问题。

四、在畜牧业发展预测中的应用

在畜牧业发展预测方面，主要涉及畜产品价格预测（范娟娟等，2019）、畜产品需求与供给预测（李光等，2010）等。刘莉等（2007）运用灰色系统理论和方法，基于畜禽粪便当年产量数据，构建了畜禽粪便产量发展的GM（1，1）灰色预测模型，为制订和调整生态敏感区域畜禽养殖业区域规划提供了科学决策依据。王洋等（2009）采用灰色预测理论，对黑龙江省畜禽养殖环境承载能力进行了分析预测，结果表明，目前黑龙江省畜禽养殖环境承载能力较强，但下降趋势明显。赵霞等（2018）采用灰色关联分析法对四川省畜产品与畜牧业收入进行了初步分析和探讨，并进一步运用灰色GM（1，1）模型对畜牧业收入与畜产品的结构进行了预测研究。冯慧翎等（2020）将灰色GM（1，1）模型应用于2021—2025年四川省畜产品供给的预测研究，认为灰色预测模型预测精度较高，结果可靠性强。李阳等（2021）综合运用灰色预测理论、成分分析法、BP神经网络建立了多维度组合预测模型，对我国猪肉价格进行了有效预测。

五、在种植业发展预测中的应用

在种植业发展预测方面，主要涉及饲料产量预测（韦春波等，2016）以及粮食作物、经济作物的产量预测，学者们通过对灰色预测模型的改进和选择在豆薯产量预测方面做了进一步的探讨。范震等（2016）提出了一种改进 GM（1，N）大豆价格预测模型，实证结果表明，预测精度较高，能够较好地掌握大豆价格的变化规律，其研究结果为大豆价格市场预测及国家宏观政策的制定提供了理论指导。彭世广等（2020）通过不同灰色预测模型间精度对比，筛选得到了适用于中国大豆进口量及进口额预测的最优模型，为中国大豆产业的经营和管理提供了一定的科学依据。伦闯琪等（2021）则将 ARIMA 模型与 GM（1，1）模型相结合，并将其应用于马铃薯批发市场价格的预测，发现组合预测模型能更好地发挥各单一模型的优势，使预测误差最小化，提供稳定的预测性能。灰色预测模型在经济作物中的应用主要是针对棉花产量的预测，此外，在油菜产量（徐飞，2011）、可可产量（Quartey‑Papafio 等，2021）、核桃产量（冯亚枝等，2021）预测等方面也有所涉及。禾军等（1995）通过对灰色 GM（1，1）模型进行的二次改进，提高了棉花产量的预测精度。周祖亮（2021）构建了 GM（1，1）修正模型、BP 神经网络、SVM 方法、聚类分析等多尺度组合预测模型应用于棉花价格走势的预测，研究结果为棉农植棉及纺织行业原材料的采购提供了参考。同样，灰色预测理论在蔬菜市场价格预测和花卉物流预测等方面也得到了广泛的研究（Li 等，2014；An P，2021）。

灰色预测模型除在上述应用领域广泛研究以外，在农业的其他应用领域中也有所涉及，包括林业经济产业（焦有权等，2020）、农业气象灾害（阎苗渊等，2012）、耕地压力（金鑫等，2021；付春燕等，2020）、粮食种植面积（张小允等，2018）、农业碳排放（白义鑫等，2021；Rehman 等，2021；Shabani 等，2020）、农业节水灌溉（王春宏等，2019；刘晓艳，2020；Xu 等，2021；王冠智等，2021）、农机总动力（张伏等，2019；Feng 等，2021）、农民增收（Xu 等，2021）、粮食灾损量评估（栾健等，2016；Luo 等，2021；张国政等，2021）等。

第五节　灰色决策模型与农业发展策略选择

灰色决策模型是指含有灰信息的决策模型以及在决策过程中结合灰色系统理论的模型的统称，是处理不完全和不确定系统的多目标、多准则分类与优选问题的有效方法。大量的研究工作丰富、扩展了灰色决策模型，并将该模型应用于农业科学研究，主要集中在农业发展决策、品种决策与种植结构规划及农业机械化发展决策、农业产业化发展等领域。

一、在农业发展决策中的应用

在农业发展决策方面，学者们有的通过应用灰色决策模型探究各区域农业发展方向（Zhou，2007；齐建双等，2021），有的通过改进灰色决策模型筛选更适合的技术手段（门宝辉等，2004），为农业可持续发展和政府决策提供科学依据。Mu 等（2007）在对我国农业发展进行区域比较的基础上，运用多目标局势灰色决策方法，分析了我国主要农产品的区域比较优势。Li 等（2018）基于改进的灰靶决策方法，选取内蒙古典型草原生态区作为代表区域，从全球和地方两个角度对生态安全进行了时空评估。朱晓宵和李炳军（2019）考虑不同属性及不同时间对对象的影响，采用熵权法确定不同时间各属性的权重，将偏差与灰熵结合以确定不同时间的权重，并将其与邓氏关联分析模型结合，构建出三维动态多属性灰关联决策模型的优化算法，通过实例分析了河南省农业发展状况评价，并证明了模型的有效性。Li 等（2020）针对区域农业系统可持续发展判断标准不够等问题，运用变异系数 R 聚类灰色关联优势（VC－RC－GCA）模型和专家知识，构建黑龙江省农垦资源利用现状评价指标体系，通过对比 R 聚类灰色关联优势模型（RC－GCA）的筛选结果与人水和谐指标体系的特点，验证了基于 VC－RC－GCA 模型建立的指标体系的合理性和可靠性。杜红梅和柳馨凯（2021）运用灰色局势决策法对湖南省不同生猪养殖规模进行了最优化选择。

二、在品种决策与种植结构规划中的应用

在品种决策与种植结构规划方面，张国良等（1997）学者将灰色决策模式运用到土地复垦系统中，通过构建复垦决策语言模型，构建了复垦规划设计体系，证明了灰色决策模型的科学性和适用性。Liu 等（1998）根据灰色系统理论中的加权灰色局势决策方法，对国外几个主要猪品种进行了综合分析评价，为猪品种的评价提供了一种较客观的量化分析方法。Wang 等（1997）、余文远等（2015）运用灰色局势决策法分别对芝麻品种和大豆新品种的主要性状指标进行了综合分析和评价。杨付新等（1999）和 Guo 等（2010）基于系统采用模块化程序设计思想，将多目标灰色决策等多种方法编入系统，设计出一款用于农作物品种测定的软件，该软件简单易操作，为农作物品种区域实验数据统计分析提供了技术支持。陈洪梅（2004）为分析云南省 2001—2002 年玉米区域实验（南部组）的试验精度，运用灰色综合评判法对参选品种进行评价；结果表明，云南省南部组区域试验的整体水平较高，模型分析结果与生产实际基本相符。郭永忠（2007）采用灰色局势决策分析方法对玉米品种的生物性状进行综合评价，客观全面地反映出每个品种的性状特征，更加准确地评价了参试品种的优劣。曹锐（1992）运用灰色决策理论，构建粮食种植决策分析体系，为合理配置有限的人力、物力和财力以及有效提高粮食总产量提供了理论依据。武雪萍（2008）根据灰色多目标规划的方法和原理，以河南省洛阳市种植结构为研究对象，以提高水资源利用率、利用效率和节水增效为核心，综合考虑经济效益、生态社会效益和节水效益，研究建立了一套节水型种植结构优化灰色多目标规划模型和方法。Li 等（2013）基于土地集约利用评价的不确定性，运用灰色系统理论，提出了城镇土地集约利用评价的多层次灰色局势决策模型。Gao（2018）提出了小麦品种区域试播产量的灰色统计决策评价方法，为小麦品种区域试播评价提供了一种实用方法。同样，不少学者运用灰色局势决策、灰色多层次决策对烟草的品种选择、卷烟质量等决策方面进行了大量的研究，灰色决策法为烤烟新品种的综合评价提供了一种较为全面的量化分析方法（孟祥东等，2010；贾方等，2016）。

三、在农业机械化发展决策中的应用

在农业机械化发展决策方面，刘超等（2012）依据灰色系统理论，在分析多目标灰色

局势决策方法和明确农业机械经营项目、经营模式和经营目标的基础上，建构了农业机械经营模式多目标灰色局势决策模型，并在实际中加以应用，以期推动农业机械化的发展。夏来坤等（2019）采用熵值赋权的 DTOPSIS 法和灰色局势决策法，综合评价玉米品种的宜机收性，筛选适宜黄淮海玉米产区的机械收粒玉米新品种，为该区域宜机收玉米品种的选育和推广提供了参考依据。Chen 等（2021）在机器视觉系统的基础上，提出了一种新的温室黄瓜机器人导航路径拟合算法，提出了一种新的灰度因子，在图像分割决策中的精度更高。

四、在农业产业化发展决策中的应用

在农业产业化发展方面，针对农业经营规模、农产品供应链、农业技术等领域，运用灰色多目标局势决策法（Wang 等，2010；Zhu 等 2011）、灰靶决策（曲丽丽等，2014）等方法，从不同侧面对农业产业化发展进行了研究。范克钧等（1993）运用灰色多目标局势决策法，对固原县农业经营规模的"适度"进行科学的量化研究，为有关部门进行决策提供了科学依据。Wang 等（2009）通过分析动态价格的特点，应用灰色系统理论，研究了两阶段易腐农产品供应链的动态合作机制，建立了农产品供应链灰色博弈模型，设计了动态协作机制对系统进行优化。Jiao 等（2016）提出了一种基于灰靶理论中区间数信息熵的投资决策模型。选取某地区农业新兴技术投资进行实证分析，结果表明，基于区间灰数信息熵和可能性度的多属性决策方法，能有效地降低区间灰数信息对决策结果的影响，提高属性权重计算的合理性和备选投资方案决策的综合性，最终实现在模糊信息环境下合理的投资决策过程。Shanker 等（2021）将灰色决策试验和评价实验室与分析网络过程相结合，开发一个层次结构来衡量新型冠状病毒肺炎（COVID-19）大流行对易腐食品供应链（PFSCs）的影响，为大流行期间影响 PFSCs 的各种因素之间的关系提供了分析支持。

国内外学者基于灰色系统模型关于农业科学领域的研究成果较为丰富，应用范围涉及农业科学的不同方面，充分说明了灰色系统模型技术在此领域具有可行性和有效性，同时具有很大的应用前景。

本 章 小 结

通过对 1990—2021 年中国知网（CNKI）数据库、Web of Science、SpiScholar 等数据库收录的相关文献分析，发现灰色模型技术在农业科学研究领域具有广阔的前景；农业高等院校和科研院所是灰色模型技术应用于农业科学研究领域的主要研究力量，且具有一定的传承性；灰色模型技术具有广泛的适用性和较高精准性，是解决农业发展中不确定性问题的重要技术手段。

参 考 文 献

白义鑫，王霖娇，盛茂银，2021. 黔中喀斯特地区农业生产碳排放实证研究 [J]. 中国农业资源与区划，42（03）：150-157.

白云涛，林巧文，2016. 农业资源利用与粮食综合生产能力的灰色关联分析——以河北省为例 [J]. 中国农业资源与区划，37（09）：57-61.

蔡波，胡凯，傅青，2017. 气象灾害对江西省不同季水稻产量影响的灰色关联分析 [J]. 广东农业科学，

44（07）：1-7.

曹锐，1992. 松嫩平原27县（市）粮食作物种植发展的灰色决策［J］. 东北农学院学报，（04）：376-383.

柴强，黄高宝，2002. 灰色分析法在优化农业结构中的应用——张掖市农业结构调整方略研究［J］. 农业系统科学与综合研究，（1）：27-29，33.

陈兵建，吕艳丽，2018. 连片深度贫困地区农民收入的灰色关联分析——以甘肃临夏州为例［J］. 甘肃高师学报，23（05）：58-61.

陈洪梅，杨峻芸，谭静，2004. 玉米区域试验精确度分析及品种的灰色综合评判［J］. 西南农业学报，4（A1）：228-232.

陈静彬，2011. 基于粮食安全水平的湖南省粮食单产预测［J］. 系统工程，29（5）：113-117.

陈祺琪，李君，梁保松，2012. 基于灰色多元线性回归的河南省粮食产量预测［J］. 河南农业大学学报，46（04）：448-452.

陈哲华，杨超裕，邓冬旺，等，2017. 广东省森林覆盖率的影响因素分析和模型预测——基于灰色关联分析和GM（1，1）模型［J］. 林业与环境科学，33（05）：101-106.

程云喜，2005. 基于灰色系统的国家新粮库运营绩效评价［J］. 中国流通经济，（10）：25-27.

崔和瑞，赵黎明，薛庆林，2005. 基于耗散结构理论的区域农业可持续发展系统分析［J］. 系统辩证学学报，（01）：60-65.

戴媛媛，朱翔，贺清云，等，2020. 基于灰色关联投影模型的长沙市土地利用多功能性评价［J］. 科技和产业，20（04）：73-79.

杜红梅，柳馨凯，2021. 考虑粪污资源化利用湖南生猪养殖的最优规模选择［J］. 湖南师范大学自然科学学报，44（03）：34-39.

樊毅斌，杨涛，2014. 基于啃食模型视角的草场可持续利用政策评价研究［J］. 科技管理研究，34（24）：248-252.

范娟娟，余文静，张婷，等，2019. 基于灰色预测模型的甘肃畜牧业碳排放测度［J］. 电脑知识与技术，15（02）：219-220.

范克钧，张俊海，1993. 固原县农业适度经营规模的灰色决策［J］. 农业系统科学与综合研究，4（03）：202-204，208.

范震，马开平，姜顺婕，等，2016. 基于改进GM（1，N）模型的我国大豆价格影响因素分析及预测研究［J］. 大豆科学，35（5）：847-852.

冯慧翎，罗璐曦，陈文宽，等，2020. 基于GM模型的四川省畜产品供给预测分析［J］. 中国农业资源与区划，41（2）：267-274.

冯亚枝，胡彦蓉，刘洪久，2021. 临安山核桃产量的Lasso-灰色预测模型研究［J］. 林业资源管理，（1）：94-102.

付春燕，董晓峰，2020. 基于背景值修正的灰色模型在土地人口承载潜力中的应用——以河西走廊地区为例［J］. 兰州大学学报（自然科学版），56（4）：477-485.

傅琳琳，毛小报，毛晓红，等，2020. 浙江农业可持续发展水平与区域差异综合评价——基于高质量发展视角［J］. 浙江农业学报，32（10）：1880-1889.

高姣姣，徐刚，2016. 重庆市气象灾害与农作物单产的灰色关联度分析［J］. 西南大学学报（自然科学版），38（02）：32-36.

高清廉，邱天霞，宋协法，等，1999. 山东省海洋渔业结构调整研究［J］. 青岛海洋大学学报（自然科学版），（02）：47-55.

高瑞，邵艳玲，乔红波，等，2011. 灰色聚类法在植烟土壤适宜性评价中的应用［J］. 烟草科技，（07）：76-79.

高素玲，曹雯梅，2006. 应用灰色系统理论综合评价春性小麦新品种［J］. 河南农业科学，（08）：31-33.

耿德祥，孙惠合，汪顺勤，2009. 灰色线性回归在冬小麦产量长期预测中的应用 [J]. 安徽农业科学杂志，37（24）：11337-11338，11344.

龚新蜀，胡志高，2015. 基于灰色关联分析的鄯善县农业产业结构优化 [J]. 北方园艺，（22）：206-210.

苟万里，杨路华，许欣然，等，2018. 改进共原点灰色聚类评价方法在灌区节水改造中的应用 [J]. 排灌机械工程学报，36（11）：1147-1151.

郭海丽，王礼力，李敏，2012. 农业综合开发产业化经营项目投资绩效评价——基于灰色综合关联度的分析 [J]. 西北农林科技大学学报（社会科学版），12（05）：53-60.

郭永忠，杨彩霞，邹军，等，2007. 灰色局势决策在玉米品种综合评价中的应用 [J]. 西北农业学报，（04）：92-95.

韩培培，温明振，李文，等，2017. 基于灰色综合评价的农业高科技投资项目风险评价研究 [J]. 北方园艺，（22）：180-185.

禾军，1995. 用灰色系统 GM（1，1）模型预测棉花生产 [J]. 棉花学报，（2）：70-72.

何正燕，张艳荣，2021. 贵州省马铃薯产业与乡村振兴耦合协调发展研究 [J]. 资源开发与市场，37（05）：583-588，628.

侯小峰，左联忠，王彩萍，等，2014. 冬小麦产量与主要农艺性状的灰色关联度分析 [J]. 甘肃农业科技，（05）：5-7.

胡雪冰，陈文宽，2021. 基于 GM 模型的四川粮食产量影响因素及"十四五"供需预测分析 [J]. 中国农机化学报，42（06）：130-136.

黄成毅，邓良基，李宏，等，2008. 基于灰色系统理论的区域耕地供需动态变化预测与模拟——以四川盆地中部丘陵区为例 [J]. 四川农业大学学报，（01）：64-69.

黄初龙，邓伟，杨建锋，2006. 中国东北地区农业水资源利用水平灰色聚类评价 [J]. 干旱区研究，（02）：229-235.

黄婷，张思亲，王治中，等，2023. 基于灰色关联度、DTOPSIS 与模糊概率法的玉米姊妹系综合评价 [J]. 分子植物育种，21（15）：

黄潇，2016. 冷冻鱼糜质量安全的灰色聚类评估 [J]. 食品与发酵工业，42（04）：204-208.

黄潇，张洪，蔡颖慧，2021. 基于灰色定权聚类的小米品质综合评价 [J]. 食品安全质量检测学报，12（16）：6667-6673.

黄小林，张殿昌，林黑着，等，2018. 池塘养殖卵形鲳鲹早期形态性状与体质量的灰色关联分析 [J]. 南方农业学报，49（05）：1016-1022.

黄小林，张栋国，林黑着，等，2019. 网箱养殖点篮子鱼形态性状与体质量灰色关联分析 [J]. 水产科学，38（01）：61-66.

贾方方，宋瑞芳，王芳，等，2016. 基于变异系数法的灰色关联决策模型在烤烟品质评价中的应用 [J]. 中国农学通报，32（04）：124-128.

贾雨真，徐伟洲，雷莉，等，2022. 榆林风沙草滩区不同紫花苜蓿农艺性状的综合评价 [J]. 黑龙江畜牧兽医，（07）：97-104.

姜晓清，周丽，范君，等，2015. 气候变化对宜宾市主要粮食产量的影响分析 [J]. 中国农学通报，31（17）：241-245.

蒋知栋，李晶，高杨，等，2013. 基于改进灰色聚类模型的矿区耕地损毁程度评价 [J]. 中国生态农业学报，21（06）：765-771.

焦丽萍，赵宗胜，廖和荣，等，2001. 鹌鹑体尺与体重性状间相互关系的分析 [J]. 石河子大学学报（自然科学版），（03）：225-227，245.

焦有权，冯吉，杨林林，等，2020. 面向松树生长量的灰色模型 GM（1，1）预测研究 [J]. 数学的实践与认识，50（21）：83-88.

金菊良，张浩宇，陈梦璐，等，2019. 基于灰色关联度和联系数耦合的农业旱灾脆弱性评价和诊断研究 [J]. 灾害学，34 (01)：1 - 7.

金鑫，李维刚，2021. 黑龙江省耕地压力指数分析及趋势预测 [J]. 东北农业大学学报，52 (03)：76 - 86.

兰肇华，代玲莉，2015. 农业技术推广效率对湖北水稻产量影响研究 [J]. 理论月刊，(02)：129 - 134.

雷玲，苏夏琼，王礼力，2011. 陕西省农业生产条件现代化与农业经济发展的灰色关联分析 [J]. 农业现代化研究，32 (05)：585 - 587，591.

李灿，张凤荣，朱泰峰，等，2013. 基于熵权 TOPSIS 模型的土地利用绩效评价及关联分析 [J]. 农业工程学报，29 (05)：217 - 227.

李春生，2006. 粮食生产灰色系统预测控制 [J]. 中国粮油学报，(3)：473 - 479.

李刚，李双元，平建硕，2021. 基于改进熵值 TOPSIS 灰色关联度模型的青海省乡村振兴评价及障碍因子分析 [J]. 中国农业资源与区划，42 (12)：115 - 123.

李纲，2010. 山东省枣庄市耕地灰色预测与粮食安全评价 [J]. 国土与自然资源研究，129 (5)：49 - 50.

李光，余霜，2010. 灰色 GM (1, 1) 模型在贵州省畜产品产量预测中的应用 [J]. 安徽农业科学，38 (18)：9391 - 9392，9395.

李际平，赵春燕，袁晓红，等，2011. 杉阔间物种多样性影响因子灰色关联分析 [J]. 中南林业科技大学学报，31 (10)：10 - 14，20.

李军成，陈国华，石小芳，2010. 基于灰色多元线性回归的粮食产量预测 [J]. 安徽农业科学，38 (16)：8281 - 8282.

李良波，2011. 宁波市海水产品产量预测与对策 [J]. 中国渔业经济，29 (3)：114 - 117.

李牲岫，邹天红，于忠强，等，2010. 奶牛 DHI 测定指标与其产奶量的灰色关联分析 [J]. 中国奶牛，(08)：32 - 34.

李阳，王晓光，2021. 基于 PCA - GM - BP 神经网络的猪肉价格预测分析 [J]. 数学的实践与认识，51 (5)：56 - 63.

李晔，梁保松，陈振，等，2006. 灰色系统模型在河南农业经济发展中的应用 [J]. 河南农业大学学报，(4)：432 - 435.

李晔，刘芳，袁旭，等，2009. 河南省农业结构灰色回归预测模型研究 [J]. 农业系统科学与综合研究，25 (1)：1 - 4.

李永洪，谢戎，李乾平，等，2007. 糯玉米鲜穗产量与穗部性状灰色关联度分析 [J]. 山东农业科学，(01)：8 - 11.

梁万鹏，何振富，李晓莉，等，2022. 紫花苜蓿新品种主要农艺性状与产量灰色关联度分析 [J]. 饲料研究，45 (08)：86 - 89.

林志宇，田贵良，2016. 气象灾害对福建粮食产量影响的灰色关联分析 [J]. 中国农业气象，37 (01)：77 - 83.

刘超，白玲，2012. 基于灰色局势决策的农业机械经营模式优选模型 [J]. 云南农业大学学报（自然科学），27 (04)：562 - 565，572.

刘芳，李炳军，胡丽平，2015. 河南省小麦产量气象影响因素的灰色关联分析 [J]. 河南科学，33 (01)：49 - 54.

刘国璧，程伟，赵姝，等，2009. 基于灰色神经网络的粮食预测 [J]. 安徽农业科学杂志，37 (26)：12362 - 12363.

刘红峰，刘惠良，2014. 基于灰色关联的两型农业科技创新测度研究 [J]. 湖南科技大学学报（社会科学版），17 (01)：102 - 110.

刘红杰，倪永静，任德超，等，2017. 不同灌水次数和施氮量对冬小麦农艺性状及产量的影响 [J]. 中国农学通报，33 (02)：21 - 28.

刘静，李禾，郭建英，等，2019. 基于灰色关联分析的砒砂岩区不同林龄沙棘的改土效应［J］. 水土保持通报，39（04）：127-133.

刘静，朱达荣，2015. 考虑自变及因变影响的农机总动力组合预测模型［J］. 农机化研究，37（04）：230-236.

刘莉，孙振钧，刘成国，等，2007. 灰色理论 GM（1，1）模型在畜禽粪便产量预测中的应用［J］. 农业环境科学学报，（A2）：728-730.

刘立平，2014. 河南省农业产业结构调整与农业机械化灰色关联分析［J］. 农机化研究，36（07）：39-41，45.

刘录祥，孙其信，王士芸，1989. 灰色系统理论应用于作物新品种综合评估初探［J］. 中国农业科学，（03）：22-27.

刘美茹，张仙美，张权，等，2021，20 个芝麻品种单株产量相关性状的灰色关联分析及其综合评价［J］. 山东农业科学，53（07）：19-26.

刘树声，胡志民，杨枫，等，1998. 加权灰色局势决策在猪品种评价中的应用［J］. 家畜生态，（03）：12-14.

刘思峰，党耀国，方志耕，等，2010. 灰色系统理论及其应用（第五版）［M］. 北京：科学出版社.

刘文婷，张新军，杨才，等，2020. 裸燕麦营养品质的差异性及形成因子解析［J］. 作物杂志，（05）：140-147.

刘晓艳，2020. 基于灰色关联分析与 BP 神经网络的农业灌溉预测［J］. 数学的实践与认识，50（8）：287-291.

刘艳华，宋乃平，王磊，等，2007. 退耕和禁牧影响下宁夏原州区畜牧经济的灰色关联分析［J］. 水土保持通报，（01）：29-33.

刘永新，刘英杰，周勤，等，2014. 牙鲆主要生长性状与体质量的灰色关联度分析［J］. 中国水产科学，21（2）：205-213.

刘宇翔，2016. 农民合作社功能结构与农民收入灰色关联分析［J］. 西北农林科技大学学报（社会科学版），16（06）：59-65.

鲁泉，陈新军，2021. 改革开放 40 年来中国渔业产业发展及十四五产量预测［J］. 上海海洋大学学报，30（2）：339-347.

吕伟，文飞，韩俊梅等，2021. 芝麻产量与相关农艺性状的灰色关联分析［J］. 种子，40（07）：110-114.

栾健，周玉玺，2016. 基于灰色预测模型的山东省粮食灾损量评估及灾害关联度分析［J］. 农业现代化研究，37（6）：1068-1075.

伦闰琪，罗其友，高明杰，等，2021. 基于组合模型的我国马铃薯价格预测分析［J］. 中国农业资源与区划，42（11）：97-108.

马创，袁野，尤海生，2020. 基于灰色——马尔可夫模型的农产品产量预测方法［J］. 计算机科学，47（A1）：535-539.

门宝辉，梁川，赵燮京，2004. 评价地区可持续发展的灰色关联投影法［J］. 南京理工大学学报（自然科学版），4（01）：75-79.

孟凡琳，王娜，李炳军，2015. 基于灰色关联分析的河南省粮食安全影响因素双层诊断［J］. 河南农业大学学报，49（03）：411-416.

孟丽梅，杨子光，张珂，等，2011. 灰色关联度分析法在小麦新品种综合评价上的应用［J］. 江西农业学报，23（05）：12-14.

孟祥东，张学杰，赵铭钦，等，2010. 灰色局势决策在烤烟品种综合评价中的应用［J］. 中国农业大学学报，15（01）：95-98.

牛亮云，侯博，吴林海，2012. 基于灰关联熵的中国农业能源投入与粮食产出关系研究［J］. 财贸研究，23（02）：45-53.

彭传梅，2017. 河南省农业气象灾害对粮食产量影响的灰色关联度分析［J］. 江西农业学报，29（04）：

106 - 110.

彭世广，耿献辉，2020. 基于 ARIMA 和 GM（1，1）模型的中国大豆进口量及进口额预测 [J]. 大豆科学，39（4）：626 - 632.

皮文辉，杨永林，倪建宏，2001. 灰色关联分析在细毛羊选种中的运用 [J]. 新疆农业科学，（A1）：29 - 31.

齐建双，夏来坤，黄保，等，2021. 基于熵权的 DTOPSIS 法和灰色局势决策法在玉米品种区域试验中的应用探讨 [J]. 作物杂志，4（01）：60 - 67.

乔红波，师越，司海平，等，2014. 基于近地成像光谱的小麦全蚀病等级监测 [J]. 农业工程学报，30（20）：172 - 178.

曲丽丽，张婷，2014. 新常态下金融服务于农业产业化研究——基于灰靶决策方法的融资渠道综合评价 [J]. 学术交流，4（12）：115 - 118.

渠丽萍，杨慧，2017. 湖北省粮食生产时空变化及灰色关联动态分析 [J]. 国土资源科技管理，34（04）：45 - 53.

任新平，2010. 河南省粮食生产能力预测 [J]. 安徽农业科学，38（8）：4236 - 4237.

任雅琴，吕金仓，郭艳萍，等，2018. 小麦产量与主要农艺性状的灰色关联度分析 [J]. 陕西农业科学，64（01）：21 - 24.

任永泰，于浩然，刘慧，等，2020. 基于因子分析与灰色关联的生态农业经济竞争力评价——以黑龙江省为例 [J]. 生态经济，36（12）：85 - 92，153.

施伟，昌小平，景蕊莲，2012. 不同水分条件下小麦生理性状与产量的灰色关联度分析 [J]. 麦类作物学报，32（04）：653 - 659.

舒英格，彭文君，周鹏鹏，2020. 基于灰色三角白化权集对分析模型的喀斯特山区农业生态环境脆弱性评价 [J]. 应用生态学报，31（08）：2680 - 2686.

宋喜芳，姚海荣，张小飞，等，2020. 陕西省粮食产量影响因素的灰色关联分析——基于面板数据的实证研究 [J]. 中国农学通报，36（28）：158 - 164.

苏胜彦，董在杰，曲疆奇，等，2011. 3 个鲤群体杂交后代生长性状的灰色关联及复合杂交后代的体重预测分析 [J]. 水产学报，35（1）：20 - 26.

唐爱发，连林生，田允波，2000. 撒坝猪肉质综合评定的灰色关联分析 [J]. 养猪，（01）：29 - 30.

佟光霁，张晶辉，2014. 基于灰色多层次模型的多功能农业发展水平评价——以哈尔滨市为例 [J]. 辽宁大学学报（哲学社会科学版），42（03）：70 - 76.

王晨筱，龚敏，李晓，2015. 黑龙江省粮食生产灰色关联分析和预测 [J]. 安徽农业科学，43（23）：323 - 325.

王春宏，张芮，侯庆丰，等，2019. 世行可持续农业发展项目灌溉水利用效率测算与影响因素分析 [J]. 水利规划与设计，（09）：35 - 40，86.

王春辉，周生路，吴绍华，等，2014. 基于多元线性回归模型和灰色关联分析的江苏省粮食产量预测 [J]. 南京师大学报（自然科学版），37（04）：105 - 109.

王枫，董玉祥，2015. 基于灰色关联投影法的土地利用多功能动态评价及障碍因子诊断——以广州市为例 [J]. 自然资源学报，30（10）：1698 - 1713.

王冠智，粟晓玲，张特，等，2021. 基于 DWT - WFGM（1，1）- ARMA 组合模型的农业用水量预测 [J]. 灌溉排水学报，40（11）：106 - 114.

王凯旋，杨玉中，2020. 绿色农产品供应链绩效评价的灰色聚类——模糊综合模型及应用 [J]. 数学的实践与认识，50（02）：111 - 119.

王莲花，卫双玲，王韵，等，1997. 灰色局势决策在芝麻品种分析中的应用 [J]. 河南农业大学学报，（02）：86 - 89.

王秋京，马国忠，李宇光，等，2015. 黑龙江省主要农业气象灾害特征及其对粮食产量影响的灰色关联分析 [J]. 南方农业学报，46（05）：823 - 827.

王瑞娜，唐德善，2007. 基于灰色理论的辽宁省农业产业结构优化研究 [J]. 农机化研究，152（12）：5-8.

王淑英，2011. 基于灰色定权聚类的河南省农业现代化发展水平评价 [J]. 河南农业大学学报，45（04）：487-492.

王晓康，张毓涛，张新平，等，2014. 天山中部不同林分对产流产沙影响的灰色关联分析 [J]. 干旱区研究，31（04）：696-701.

王晓喆，延军平，张立伟，2011. 河南省气候生产力时空分布及粮食产量预测 [J]. 农业现代化研究，32（2）：213-216.

王秀，2011. 灰色预测模型粮食产量预测比较研究 [J]. 农机化研究，33（9）：78-80.

王妍，高强，金炜博，2015. 基于灰色系统理论的山东省农业产业结构优化研究 [J]. 山东农业科学，47（03）：144-147，153.

王洋，李翠霞，2009. 黑龙江省畜禽养殖环境承载能力分析及预测 [J]. 水土保持通报，29（1）：187-191.

王一晗，汪波，2005. 基于灰色系统的农机企业竞争力综合评价研究 [J]. 中国农机化，（06）：53-56.

王永士，郭瑞林，贺德先，等，2009. 灰色关联度分析法在安阳市强筋小麦适宜品种筛选中的应用 [J]. 麦类作物学报，29（02）：271-274.

韦春波，李牲岫，贾永全，等，2010. 奶牛 DHI 测定指标与其生产性能的灰色关联分析 [J]. 黑龙江八一农垦大学学报，22（01）：106-109.

韦春波，李洋洋，高颖超，等，2016. 灰色预测法在黑龙江饲料产量预测中的应用 [J]. 饲料工业，37（23）：61-64.

魏永华，李月兴，2011. 基于灰色关联投影法的保护性耕作技术模式综合评价 [J]. 农业系统科学与综合研究，27（03）：316-320.

温鹏，李若兰，李丽华，等，2022. 基于灰色关联分析的鸡舍综合环境评价主要影响因子及其权重研究 [J]. 中国家禽，44（01）：51-59.

温馨，2020. 基于灰色模型的黑龙江省粮食产量影响因素分析 [J]. 粮食科技与经济，45（10）：25-27.

乌东峰，张世兵，滕湘君，2009. 基于灰色理论的现代多功能农业评价研究——以湖南省湘潭市为例 [J]. 农业技术经济，（06）：105-112.

吴德祥，路曦结，胡政文，等，1998. 皖棉 10 号的丰产性及灰色多层次综合评价 [J]. 中国农学通报，4（03）：52-53.

吴晓丽，包维楷，2012. 不同类型冬小麦综合性状与产量间灰色关联分析 [J]. 西南农业学报，25（02）：372-378.

吴新新，2015. 基于灰色关联投影法的干旱区春玉米适宜灌溉方式评价 [J]. 浙江水利水电学院学报，27（04）：38-41.

武雪萍，吴会军，庄严，等，2008. 节水型种植结构优化灰色多目标规划模型和方法研究——以洛阳市为例 [J]. 中国农业资源与区划，29（06）：16-21.

夏来坤，齐建双，谷利敏，等，2019. 基于熵权的 DTOPSIS 法和灰色局势决策法在宜机收玉米品种综合评价中的应用 [J]. 南方农业学报，50（09）：1953-1959.

萧自位，白学慧，马关润，等，2022. 小粒种咖啡主要农艺性状与产量关系分析 [J]. 南方农业学报，53（01）：166-172.

肖恩邦，孙保平，陈串，等，2017. 陕北黄土区人工刺槐林地土壤水势特征 [J]. 水土保持学报，31（03）：129-133.

谢春平，刘大伟，吴显坤，等，2021. 基于灰色关联度分析的浙江楠在江苏的适宜引种地评估 [J]. 云南农业大学学报（自然科学），36（02）：330-337.

解明阳，陈新军，2019. 基于文献计量学的灰色系统理论在渔业科学中的应用研究进展 [J]. 海洋湖沼通报，170（5）：117-126.

解明阳，陈新军，2020. 西北太平洋柔鱼丰度的灰色灾变预测 [J]. 海洋学报，42 (4)：40-46.

徐冬梅，李璞媛，王文川，等，2016. 基于改进灰色聚类方法的农业旱灾脆弱性分析 [J]. 灌溉排水学报，35 (08)：87-91.

徐飞，2011. 灰色预测模型在我国油菜产量预测中的应用 [J]. 安徽农业科学，39 (7)：3854-3855.

徐杰，张兰婷，2018. 基于灰色关联分析的我国海洋渔业产业结构 [J]. 海洋开发与管理，35 (10)：55-59.

许波，潘正茂，冯晓曦，等，2013. 玉米杂交种产量与主要农艺性状的灰关联熵分析 [J]. 种子，32 (01)：83-86.

闫卉果，董智玲，李雨，等，2022. 基于通径分析和灰色关联分析岩原鲤形态特征与体质量的关系 [J]. 西南大学学报（自然科学版），44 (05)：74-81.

闫永斌，陈新军，汪金涛，等，2020. 东南太平洋茎柔鱼资源丰度灰色预测研究 [J]. 渔业科学进展，41 (05)：46-51.

阎苗渊，马细霞，杨丽莉，等，2012. 基于灰色灾变及拓扑预测的干旱预测模型 [J]. 人民黄河，34 (7)：71-72，75.

杨付新，龙腾芳，付小琼，等，1999. 农作物品种区域试验数据统计分析软件介绍 [J]. 计算机与农业，(03)：29-31.

杨锦越，任洪，赵晓燕，等，2021. 灰色关联分析和聚类分析在玉米品种综合评判中的应用 [J]. 种子，40，(12)：107-115.

杨梅，李广，2013. 小麦产量预测模型的仿真研究 [J]. 计算机仿真，30 (10)：382-385.

杨宁，孔令刚，甄铁军，等，2020. 夏玉米产量与主要气象因子灰色关联度分析 [J]. 农学学报，10 (11)：37-42.

杨淑杰，李玉波，2018. 吉林省农业机械化与粮食产量灰色关联分析 [J]. 中国农机化学报，39 (08)：101-107.

杨卫明，李炳军，2018. 基于灰色组合模型的我国粮食生产影响因素差异分析 [J]. 广东农业科学，45 (09)：151-156，173.

姚作芳，刘兴土，杨飞，等，2009. 组合预测模型在东北地区粮食产量预测中的应用 [J]. 华北农学报，24 (A2)：215-219.

叶建强，蓝桃菊，黄卓忠，等，2022. 不同来源毛木耳的农艺性状及其灰色关联度分析 [J]. 西南农业学报，35 (02)：310-318.

叶璟，李炳军，刘芳，2014. 弱化缓冲算子对 GM (1，1) 模型的预测效应及适用性 [J]. 系统工程理论与实践，34 (09)：2364-2371.

叶莉莉，谢乃明，罗党，2021. 累积时滞非线性 ATNDGM (1，N) 模型构建及应用 [J]. 系统工程理论与实践，41 (09)：2414-2427.

依力亚斯江·努尔麦麦提，师庆东，阿·都拉·阿不力孜，等，2019. 灰色评估模型定量评价于田绿洲土壤盐渍化风险 [J]. 农业工程学报，35 (08)：176-184.

于小兵，陈虹，吉中会，等，2019. 山东省农业气象灾害与主要农作物产量的灰色关联分析 [J]. 灾害学，34 (03)：103-108.

余文远，李霖超，2015. 运用灰色局势决策法综合评价鲜食大豆新品系 [J]. 湖南农业科学，4 (10)：26-28.

虞泽鹏，1998. 不同胎次仔猪与肥育性能的灰色关联分析 [J]. 农业系统科学与综合研究，(02)：149-150.

袁萍，2019. 基于灰色关联分析的绿色农业产业结构优化模型研究 [J]. 环境科学与管理，44 (08)：176-180.

昝凯，周青，张志民，等，2018. 灰色关联度和 DTOPSIS 法综合分析河南区域试验中大豆新品种（系）的农艺性状表现 [J]. 大豆科学，37 (05)：664-671.

张宝玺，金广涛，张国林，1992. 用灰色聚类法评价农田防护林生态气候效益 [J]. 沈阳农业大学学报，(A1)：76-80.

张波，张建军，李轶涛，等，2010. 黄土区刺槐林地土壤水分剖面的垂直分层 [J]. 中国水土保持科学，8（04）：39-44.

张超，郑恩楠，张忠学，2017. 基于灰色关联投影模型大豆高产栽培调亏灌溉制度评价 [J]. 节水灌溉，4（06）：38-40，45.

张春锋，殷鸣放，刘海荣，等，2007. 灰色关联度分析在树种综合评价中的应用 [J]. 西北林学院学报，（01）：70-73.

张恩盈，魏志刚，宋希云，2011. 8个玉米品种淀粉含量和穗部性状的灰关联度分析 [J]. 山东农业科学，（10）：15-17，25.

张伏，陈天华，王亚飞，等，2019. 最优选型配置方法在农业机械中的应用 [J]. 中国农机化学报，40（05）：187-192.

张国良，张绍良，1997. 矿区土地复垦灰色决策模式研究 [J]. 中国矿业大学学报，（01）：54-58.

张国政，申君歌，2021. 基于多周期时间序列的灰色预测模型及其应用 [J]. 统计与决策，37（09）：14-19.

张宏乔，2017. 农业机械化因素对粮食产量影响的实证分析——以河南省为例 [J]. 科技和产业，17（11）：127-132，147.

张宏伟，黄剑坚，2016. 雷州附城镇无瓣海桑林天然更新格局及其影响因子的灰色关联分析 [J]. 林业与环境科学，32（02）：63-67.

张洪江，孙艳红，程云，等，2006. 重庆缙云山不同植被类型对地表径流系数的影响 [J]. 水土保持学报，（06）：11-13，45.

张模蕴，肖国安，2020. 基于优化灰色模型的湖南省粮食产量预测方法改进研究 [J]. 湘潭大学学报（哲学社会科学版），44（3）：118-122.

张平，于珊珊，邬德林，2014. 政策视角下我国农业科技国际合作效果评价研究 [J]. 科技进步与对策，31（07）：120-124.

张森，徐开未，裴丽珍，等，2021. 川中丘陵区气象因子与玉米倒伏和产量的灰色关联度分析 [J]. 四川农业大学学报，39（05）：666-673，680.

张淑华，黄高彦，张一帆，等，2021. 基于灰色关联分析的关键粮食生产技术筛选 [J]. 河南农业大学学报，55（02）：356-363.

张松，吴先亮，王兴富，等，2019. 剑河县水田及旱地土壤重金属污染特征与评价 [J]. 有色金属（冶炼部分），（07）：78-83.

张文红，陈森发，2003. 农业生态环境灰色综合评价及其支持系统 [J]. 系统工程理论与实践，4（11）：119-124，134.

张小允，李哲敏，2018. 基于GM（1，1）模型的中国小杂粮种植面积预测分析 [J]. 中国农业资源与区划，39（9）：81-86.

张晓华，鲍传和，2021. 基于通径分析与灰色关联度分析的中华草龟形态性状与体质量的关系探讨 [J]. 安徽农业科学，49（24）：127-131，154.

张新明，程顺峰，2022. 鹰爪虾形态性状和体重的通径分析及灰色关联分析 [J]. 渔业科学进展，43（01）：153-162.

张星，2007. 主要气象灾害对福建粮食生产影响的灰色关联分析 [J]. 中国农业气象，（01）：105-107.

张冀，任海龙，王豪杰，等，2020. 新疆红花地方种种子含油率与主要农艺性状间的灰色关联分析 [J]. 分子植物育种，18（05）：1637-1648.

张忠，余为，陈新军，等，2022. 基于灰色关联的全球海洋渔业资源开发状况评价 [J]. 上海海洋大学学报，31（03）：812-820.

赵凯娜，宁晓菊，秦耀辰，等，2017. 县域冬小麦生育期气候要素与产量的灰色关联分析—以河南省为例 [J]. 中国农业气象，38（11）：729-737.

赵丽娟，杨辉，辛立秋，2015. 基于灰色关联分析的黑龙江省农业产业结构优化升级 [J]. 黑龙江畜牧兽医，(24)：19-21.

赵培华，2013. 基于灰色关联分析的河南省低碳农业影响因素研究 [J]. 河南农业科学，42 (08)：167-170.

赵鹏涛，赵小光，马永强，等，2017. 小麦产量及其相关性状的综合分析 [J]. 江西农业学报，29 (06)：16-19.

赵奇，李玉华，杨玉珍，等，2016. 2005—2013 年河南省农民收入影响因素的灰色关联分析 [J]. 安徽农学通报，22 (15)：7-8，120.

赵奇，罗青，陈丽培，等，2020. 河南省农业产业结构优化的灰色关联分析 [J]. 贵州农业科学，48 (12)：148-150.

赵霞，刘琦云，蒙永亨，2018. 基于灰色模型的四川省畜牧业产品结构与收入研究 [J]. 黑龙江畜牧兽医，548 (8)：1-5.

赵晓东，王汉雄，2007. 中小范围内粮食产量灰色模型预测 [J]. 安徽农业科学杂志，(14)：4314-4315.

赵昕，宋玉，2011. 基于灰色理论的渔业经济发展因素影响力评价 [J]. 中国渔业经济，29 (4)：128-134.

郑建敏，李浦，廖晓虹，等，2012. 四川冬小麦产量构成因子初步分析 [J]. 作物杂志，(01)：105-108.

周祖亮，殷春武，2011. 基于灰色新陈代谢模型的我国棉花产量预测 [J]. 安徽农业科学，39 (08)：5036-5037.

朱春江，骆汝九，许强，等，2016. 现代农业及农村新型科技服务能力灰色聚类评价 [J]. 江苏农业科学，44 (09)：524-527.

朱晓宵，李炳军，2019. 基于 DEA 模型的河南省玉米气象效率研究 [J]. 陕西农业科学，65 (11)：79-84.

朱晓宵，李炳军，2019. 基于熵权法的三维动态灰关联优化算法 [J]. 数学的实践与认识，49 (17)：203-212.

朱新球，赵慧达，2021. 水产品冷链物流流通网络布局设计——以福建省为例 [J]. 物流技术，40 (03)：45-49，58.

卓武燕，张正茂，刘苗苗，等，2016. 陕西中等肥力水田小麦主要农艺性状与产量的相关分析 [J]. 湖北农业科学，55 (03)：559-563.

左慧婷，娄运生，李忠良，等，2018. 不同气候带典型区域水稻产量主控气候因子分析及预测 [J]. 自然灾害学报，27 (5)：114-125.

Bie Q，Xie Y W，2020. The constraints and driving forces of oasis development in arid region：a case study of the Hexi Corridor in northwest China [J]. Scientific Reports，10 (1)：17708.

Chen J，Qiang H，Wu J，et al.，2021. Navigation path extraction for greenhouse cucumber-picking robots using the prediction-point Hough transform [J]. Computers and Electronics in Agriculture，180：105911.

Chen Q T，Zhang C，2015. Grey prediction of China grain production with TEI@I methodology [C]. 2015 IEEE International Conference on Grey Systems and Intelligent Services (GSIS)：253-260.

Dong F，Qi B，Jie Y，2018. Comparative static analysis of provincial agricultural science and technology level based on grey clustering [J]. GREY SYSTEMS-THEORY AND APPLICATION，8 (4)：481-493.

Du Y D，Cui B J，Zhang Q，et al.，2020. Utilizing comprehensive decision analysis methods to determine an optimal planting pattern and nitrogen application for winter oilseed rape [J]. Journal of Integrative Agriculture，19 (9)：2229-2238.

Fan C，Chen F F，Lin H，et al.，2021. Grain yield Prediction Based on the Metabolic Grey-Markov Integration Model [J]. Journal of Grey System，33 (2)：95-108.

Feng N，Chen Z G，Song T T，2021. Evaluation of digitization level of agricultural machinery based on grey neural network [C]. 2021 International Conference on Electronic Communications，Internet of Things and Big Data：171-174.

GAO W H，2018. Grey Statistical Decision-making for Estimate of the Regional Wheat Trials Yield [C].

3rd International Conference on Electrical, Automation and Mechanical Engineering: EAME 2018, Xi an, China, 24 - 25, June 2018, 127: 325 - 355.

Guo W, Zhao C J, Huang W J, et al., 2012. Grey Comprehensive Evaluation Model of Wheat Medium - and Low - yield Zoning via Remote Sensing Monitoring Data (Article) [J]. Journal of Grey System, 24 (2): 143 - 156.

Han D, Liu S, Du Y, et al., 2019. Crop Water Content of Winter Wheat Revealed with Sentinel - 1 and Sentinel - 2 Imagery [J]. Sensors, 19 (18): 4013.

Han J C, 1998. Research on grey assembling analysis of contemporary land exploitation [J]. Systems Engineering - Theory & Practice, (7): 103 - 106, 140.

Jaggan M, Mu T, Sun H, 2020. The effect of potato (Solanum tuberosum L.) cultivars on the sensory, nutritional, functional, and safety properties of French fries [J]. Journal of Food Processing and Preservation, 44 (12): 14912.

Jia H, Wang Z, Zhang J, et al., 2020. Effects of biodegradable mulch on soil water and heat conditions, yield and quality of processing tomatoes by drip irrigation [J]. Journal of Arid Land, 12 (5): 819 - 836.

JIAO Z B, LIU H D, 2016. Project investment decision - making concerning agricultural emerging technologies based on interval grey entropy and possibility degree [J]. Agro Food Industry Hi - Tech, 27 (6): 47 - 52.

Li B, Wang T, Meng F, 2018. Double quantitative analysis of the effects of meteorological factors on winter wheat yield at different growth stages based on grey relational analysis (Article) [J]. Journal of Grey System, 30 (1): 31 - 43.

Li B, Wang T, Meng F, 2018. Double quantitative analysis of the effects of meteorological factors on winter wheat yield at different growth stages based on grey relational analysis (Article) [J]. Journal of Grey System, 30 (1): 31 - 43.

Li H, Wei T J, 2021. Evaluation of fruit quality of fresh - eating jujube based on principal component and gray correlation analysis [J]. Non - wood Forest Research, 39 (01): 60 - 67.

Li S N, Wu F, Zhang Y F, 2020. Research on evaluation of water - saving irrigation scheme based on whitening grey fixed weight cluster [J]. Water Saving Irrigation, 4 (3): 39 - 40.

Li X C, Zhang G B, Yuan Z, et al., 2013. The Pattern Of Multi - layer Grey Situation Decision In Intensive Land Use Evaluation For Towns [C]. IEEE International Conference on Grey Systems and Intelligent Services: 248 - 252.

Li X S, Li H, Liu D, et al., 2020. Connotation analysis and evaluation index system construction of regional agricultural soil and water resource composite system harmony [J]. Journal of Cleaner Production, 263: 121438.

Li X, Li X B, Wang H, et al., 2018. Spatiotemporal assessment of ecological security in a typical steppe ecoregion in inner Mongolia [J]. POLISH JOURNAL OF ENVIRONMENTAL STUDIES, 27 (4): 1601 - 1617.

Li X, Tong L, Niu J, et al., 2017. Spatio - temporal distribution of irrigation water productivity and its driving factors for cereal crops in Hexi Corridor, Northwest China [J]. Agricultural Water Management, 179: 55 - 63.

Li Y, Zhang R, Liu B, et al., 2008. A Study on Model of Regional Structure in Agriculture Based on Cluster of Grey Incidence [C]. Proceedings of the 15th International Conference on Industrial Engineering and Engineering Management: 2037 - 2040.

Liu D, Qi X C, Qiang F, et al., 2019. A resilience evaluation method for a combined regional agricultural water and soil resource system based on Weighted Mahalanobis distance and a Gray - TOPSIS model [J]. Journal of Cleaner Production, 229: 667 - 679.

Luo D, Ye L, Sun D, 2020. Risk evaluation of agricultural drought disaster using a grey cloud clustering model in Henan province, China [J]. International Journal of Disaster Risk Reduction, 49: 101759.

Luo D, Zhang G Z, 2021. A multiperiod grey prediction model and its application [J], Journal of Intelligent and Fuzzy Systems, 40 (6): 11577 - 11586.

Luo D, Zhang M, Wang X, 2021. Multi - stage Grey Intelligent Clustering Model [J]. JOURNAL OF GREY SYSTEM, 33 (1): 74 - 97.

Ma C, Yang Y, Wang J, et al., 2017. Determining the location of a Swine farming facility based on grey correlation and the TOPSIS method [J]. Transactions of the ASABE, 60 (4): 1281 - 1289.

Mu Y Y, 2008. Analysis on the grey system evaluation of China's agricultural regional development [C]. 2008 IEEE International Conference on Systems, Man and Cybernetics, 2480 - 2485.

Mu Y Y, Wang X M, 2007. A grey decision - making analysis on regional comparative advantages of agricultural produce of China [C]. 2007 IEEE International Conference on Grey Systems and Intelligent Services, Nanjing, China: 759 - 763.

Ning N, Yang Y, Hong J, et al., 2017. Correlation between grain quality of foxtail millet and environmental factors on multivariate statistical analysis [J]. Chilean Journal of Agricultural Research, 77 (4): 303 - 310.

Pang C M, 1995. Application of grey fuzzy clustering in Wheat Parent classification [J]. Journal of Triticeae Crops, (2): 39 - 43.

Quartey - Papafio T K, Javed S A, Liu S, 2021. Forecasting cocoa production of six major producers through ARIMA and grey models [J]. Grey Systems, 11 (3), 434 - 462.

Rehman E, Ikram M, Rehman S, et al., 2021. Growing green? Sectoral - based prediction of GHG emission in Pakistan: a novel NDGM and doubling time model approach [J]. Environment, Development and Sustainability, 23 (8): 12169 - 12191.

Shabani E, Hayati B, Pishbahar E, et al., 2021. A novel approach to predict CO_2 emission in the agriculture sector of Iran based on Inclusive Multiple Model [J]. Journal of Cleaner Production, 279: 123708.

Shanker S, Barve A, Muduli K, et al., 2021. Enhancing resiliency of perishable product supply chains in the context of the COVID - 19 outbreak [J]. International Journal of Logistics Research and Applications, 25 (9): 1219 - 1243.

Song N, Sun J S, Wang J L, et al., 2014. Temporal and spatial variation of water requirement of winter wheat and its influencing factors in Henan Province, China [J]. The Journal of Applied Ecology, 25 (6): 1693 - 1700.

Su W B, Pan R, Gong W C. et al., 2017. Evaluation of comprehensive effects of tobacco logistics project based on grey theory [J]. Acta Tabacaria Sinica, 23 (06): 107 - 114.

Sun H Y, Wang S F, Hao X M, 2017. An Improved Analytic Hierarchy Process Method for the evaluation of agricultural water management in irrigation districts of north China [J]. Agricultural Water Management, 179 (SI): 324 - 337.

Sun H, Dang Y, Mao W, 2019. Identifying key factors of regional agricultural drought vulnerability using a panel data grey combined method [J]. Natural Hazards, 98 (2): 621 - 642.

Sun H, Fang L, Dang Y, et al., 2022. Identifying influence patterns of regional agricultural drought vulnerability using a two - phased grey rough combined model [J]. Grey Systems: Theory and Application, 12 (1): 230 - 251.

Tan F，He L，Zhu Q，et al.，2019. Characterization of Different Types of Agricultural Biomass and Assessment of Their Potential for Energy Production in China [J]. BIORESOURCES，14 (3)：6447 - 6464.

Tang J C，Chen Q H，Hao R Q，et al.，2021. The effects of different nitrogen application and seeding rates on the yield and growth traits of direct seeded rice (Oryza sativa L.) using correlation analysis [J]. Applied Ecology and Environmental Research，19 (1)，667 - 681.

Tang X Z，Xie N M，2019. Research on the evaluation of tourism development potential of tea intangible cultural heritage based on grey clustering [J]. Grey Systems：Theory and application，9 (3)：295 - 304.

Tian M C. Deng X H，Lu Z S，et al.，2017. Gray effect measure and principal component analysis - based comprehensive evaluation for physical properties of flue - cured tobacco leaves from Xiangxi Area [J]. Journal of Nuclear Agricultural Sciences，31 (01)：187 - 193.

Wang C L，Zhang J，Ning F，et al.，2010. Grey Fixed Weight Clustering Method - Based Agricultural Drought Disaster Situations Assessment and Regionalization in Northwestern Liaoning Province [C]. Annual Meeting of Risk Analysis Council of China Association for Disaster Prevention.

Wang H F，Guo W，Wang J H，et al.，2013. Exploring the Feasibility of Winter Wheat Freeze Injury by Integrating Grey System Model with RS and GIS [J]. Journal of Integrative Agriculture，12 (7)：1162 - 1172.

Wang L，Sun X，Dang F，2009. Dynamic Cooperation Mechanism in Supply Chain for Perishable Agricultural Products under One - to - Multi [C]. In Advances in Neural Networks - ISNN 2009：6th International Symposium on Neural Networks，Wuhan，China，May 26 - 29.

Wang N L，Zhang X M，2010. Optimization of the Location of the Agricultural Logistics and Distribution Center Based on the Multi - Objective Gray Correlation [C]. International conference on engineering and business management，2763 - 2765.

Wang Z W，Lei T Z，Chang X，et al.，2015. Optimization of a biomass briquette fuel system based on grey relational analysis and analytic hierarchy process：A study using cornstalks in China [J]. Applied Energy，157：523 - 532.

Wang Z，Yang P，Peng H，et al.，2021. Comprehensive evaluation of 47tea [Camellia sinensis (L.) O. Kuntze]germplasm based on entropy weight method and grey relational degree [J]. Genetic Resources and Crop Evolution，68 (8)：3257 - 3270.

Wei L，Dang Y G，2016. The optimized grey model GM (1，N) based on the development trends of driving variables and its application [C]. 2016 IEEE International Conference on Systems，Man and Cybernetics (SMC)：235 - 240.

Xin L，2018. EVALUATION INDEX SYSTEM OF MECHANIZED MAIZE PRODUCTION [J]. IN-MATEH - Agricultural Engineering，55 (2)：121 - 130.

Xu H F，Xu K X，Yang Y J，2021. Risk assessment model of agricultural drought disaster based on grey matter element analysis theory [J]. Natural Hazards，107 (3)：2693 - 2707.

Xu H，Zhong W，Wang C，et al.，2019. Quantitative analysis and evaluation of manipulation comfort of tractor gear shifting based on combined methods [J]. Human Factors and Ergonomics in Manufacturing and Service Industries，29 (4)：285 - 292.

Xu Y，Thien Sang L，Wang K，2021. Prediction of Farmers' Income in Hebei Province Based on the Fractional Grey Model (1，1) [J]. Journal of Mathematics，2021：4869135.

Xu Y，Wang H，Hui N L，2021. Prediction of Agricultural Water Consumption in 2 Regions of China Based on Fractional - Order Cumulative Discrete Grey Model [J]，Journal of Mathematics，2021：3023385.

Yan B，Gao M，Gao Z W，et al.，2020. A farmland immersion evaluation method based on grey clustering

［J］. E3S Web of Conferences，199：00014.

Yan Z，Zhang X H，Wang Z R，2017. Application of grey multidimensional relation analysis in evaluation of purple sweet potato varieties ［J］. Crops，（04）：58－62.

Yang Y，Wang L，Yang F，et al.，2021. Evaluation of the coordination between eco‐environment and socioeconomy under the "Ecological County Strategy" in western China：A case study of Meixian ［J］. Ecological Indicators，107585.

Zhou S T，2007. Application of grey statistical method in oilfield water injection ［J］，Fault‐Block Oil and Gas Field，5：36－38，98.

Zhu J J，Ma H J，Zhang X，et al.，2021. Effects of potassium‐solubilizing bacteria promoting the growth of Lycium barbarum seedlings under salt stress ［J］. The Journal of Applied Ecology，32（4）：1289－1297.

Zhu X，Zhang S，Li B，2020. Prediction of continuous rain disaster in Henan Province based on Markov model ［J］. Discrete Dynamics in Nature and Society，7519215.

Zhu Y J，Gao X Y，Yang M，2011. Grey decision‐making on optimization of Heilongjiang forestry industrial structure ［J］. Journal of Northeast Forestry University，39（4）：113－115.

第二章 农业碳排放时空特征分析

农业碳排放是温室气体的重要来源，受多种因素的影响。基于时间、空间、时空角度对农业碳排放进行量化分析，核算不同时间、不同区域的农业碳排放量，分析农业碳排放量的变化趋势，能够对碳排放情况形成清晰认知。影响农业碳排放的因素也存在时空差异，基于碳排放量的测算结果，辨识主要影响因素、分析时空变化特征，能够对碳排放的产生原因形成客观认知。研究农业碳排放及其影响因素能够为降碳减排提供理论依据，有助于有针对性地制定碳减排政策，从而助力"双碳"目标的实现。

第一节 农业发展中的碳排放

为实现降碳减排，减少温室气体的排放，世界各国都制定了碳减排政策，尽管如此，碳排放现状依然有待改善，农业作为我国第一产业，促进其碳减排更是势在必行。对我国农业碳排放现状的整体把握有助于从宏观层面厘清农业碳排放现状。河南省是我国农业大省，在我国农业低碳发展中扮演着重要角色，并且河南省农业碳排放现状具有较强的代表性，分析其农业碳排放现状对其他省份具有借鉴意义。本节首先梳理碳排放相关政策，然后分析全国和河南省的农业碳排放现状，最后基于理论层面对现有农业碳排放相关研究进行综述。

一、碳排放相关政策

气候变化，特别是全球气候变暖，是 21 世纪人类发展面临的最严峻的问题之一，直接或间接地影响自然和社会经济系统，也影响着人类可持续发展。为了更有效地抑制全球变暖趋势，《联合国气候变化框架公约》应运而生，于 1992 年 6 月开放签署，于 1994 年 3 月正式生效。该公约主要确立了应对气候变化的最终目标，并明确了发达国家应承担率先减排与向发展中国家提供资金和技术帮扶的义务。1997 年《京都议定书》的签订和 2016 年《巴黎协定》的签署与实施，标志着人类社会开始通过法规的形式对温室气体排放进行限制，参与签署的国家无论是发达国家还是发展中国家，都需要承诺减排目标并履行相应的减排义务。欧盟是应对气候变化开展低碳发展的倡导者和先行者，2019 年 12 月，欧盟委员会公布了《欧洲绿色协议》，协议包括出台首部《欧洲气候法》，并将 2050 年实现碳中和的目标纳入其中；2023 年 4 月，欧盟碳边境调节机制通过投票，该机制旨在限制高碳排放产品在欧盟境内的流通，加大对碳排放的限制力度。英国也非常重视气候变化问题，2012 年 5 月，英国工程与自然科学研究委员会和英国能源与气候变化部，宣布斥资 1 300 万英镑成立英国碳捕集与封存研究中心。德国是世界上最早开始重视环境问题的发达国家之一，1972 年德国就已制定和颁布《废弃物处理法》；2021 年，德国启动了全国燃料排放交易体系，以减少供暖和运输部门的碳排放。

我国作为负责任大国，在应对气候变化方面积极提高国家自主贡献力度，于 2009 年首次提出碳减排的目标，并在实际发展中不断进行政策的更新拓展。梳理近年来我国碳排放的相关政策，有助于了解碳减排的发展方向与速度。2009 年，哥本哈根气候大会，我国首次提出，到 2020 年实现单位国内生产总值（GDP）二氧化碳排放相对于 2005 年降低 40%～45% 的目标。2015 年，巴黎气候大会，我国提出了到 2030 年左右，单位 GDP 二氧化碳排放相对于 2005 年降低 60%～65%，并争取实现碳达峰的目标。2020 年 9 月 22 日，在第七十五届联合国大会一般性辩论会上，我国承诺碳排放力争于 2030 年前达到峰值，努力争取 2060 年前实现碳中和，形成碳达峰、碳中和的"3060 目标"规划。2021 年 3 月《政府工作报告》则进一步将"扎实做好碳达峰、碳中和各项工作"列为重点工作之一。2022 年 3 月《政府工作报告》中再次强调改善生态环境，推动绿色低碳发展，表明政府对环境、气候变化问题的高度重视。在各行业领域，也采取了不同减碳措施。为实现"双碳"目标，各领域也出台了节能减排系列措施。工业领域，2023 年 2 月，《工业节能监察办法》开始施行，明确规定工业节能监察实施内容、实施程序和处置措施。能源领域，2023 年 4 月，国家能源局印发《2023 年能源工作指导意见》，部署大力发展风电和太阳能发电、加强化石能源清洁高效开发利用等任务，深入推进能源绿色低碳转型。交通领域，2023 年 8 月，《汽车行业稳增长工作方案（2023—2024 年)》印发，方案提出支持扩大新能源汽车消费，促进老旧汽车报废、更新和二手车消费等交通运输绿色低碳发展措施。由这一系列的政策和举措可以看出，在每一个关乎全球温室气体减排工作推进的关键节点，中国政府都真抓实干促减排，完美展现一个大国的责任和担当。

农业是对气候变化最为敏感的产业，也是温室气体的主要排放源之一。我国高度重视农业碳排放，制定了一系列农业碳减排政策。涉及农业碳减排的政策，最早可追溯到 2007 年 6 月发布的《中国应对气候变化国家方案》，2011 年 11 月，国务院发布的《中国应对气候变化的政策与行动（2011)》白皮书，进一步强调提高农业灌溉效率、推广农田节水技术及启动实施土壤有机质提升补贴项目，对农业碳减排提出了新要求。2015 年 5 月印发的《全国农业可持续发展规划（2015—2030 年)》统筹了未来农业可持续发展的总体要求、重点任务等内容，是中国农业可持续发展的纲领性文件。其中提到鼓励使用有机肥、生物肥料和绿肥种植，到 2020 年全国化肥利用率提高到 40%，努力实现化肥施用量零增长；推广高效、低毒、低残留农药、生物农药和先进施药机械，努力实现农药施用量零增长。2015 年 8 月修订通过的《中华人民共和国大气污染防治法》将控制农业生产经营活动排放的碳排放纳入减污降碳治理中。中共中央办公厅、国务院办公厅于 2017 年 9 月印发的《关于创新体制机制推进农业绿色发展的意见》将绿色发展理念正式纳入农业现代化进程。随着生态文明建设的不断深入，2021 年 8 月，农业农村部等六部门联合出台《"十四五"全国农业绿色发展规划》，对"十四五"时期我国农业绿色发展作出系统部署和具体安排，规划要求推进有机肥替代化肥，推行绿色防控，健全畜禽养殖废弃物资源化利用制度，推进绿色种养循环与秸秆综合利用，从而加强农业面源污染防治。2021 年 10 月，国务院发布《2030 年前碳达峰行动方案》，再次明确推进农业农村减排固碳，合理控制化肥、农药、地膜使用量，实施化肥农药减量替代计划。2022 年 1 月国务院印发的《"十四五"节能减排综合工作方案》中，对化肥、农药的利用率提出新的高标准要求，到 2025 年，农业主要碳源中的化肥、农药利用率均达到 43% 以上。2022 年 6 月 30 日，农业农村部、国家发展和改革委员会联合印发《农业农村减排固碳实施方案》，方案更加细化地明确了农业农村减排固碳工作的 6 项任务和 10 项行动。2023 年 2 月，新华社受权发布《中共中央 国务院关于做好 2023 年全面推进乡村振兴重点工作的意见》，提出推进农业绿色发展，加快农业投入品减量增效技术推广应用，推进水肥一体化，建立健全秸秆、农膜、农药包装废弃物、畜禽粪污等农业废弃物收集利用处理体系。2023 年 7 月召开的全国生态环境保护大会再次强调，要积极稳妥推进碳达峰碳中和。总体来看，我国在践行农业碳减排中不断革新方法，不断拔高要求，不断完善体系，已形成较为完善的农业碳减排政策体系。

二、农业碳排放现状

把握农业碳排放现状与特点是研究农业碳排放的基础，我国各省份的农业生产结构和资源禀赋不同，因此农业碳排放现状也不尽相同。河南省作为我国重要的农业大省、粮食大省，研究其农业碳排放对其他省份具有借鉴意义和指导作用，因此，更需要密切关注其农业碳排放现状。下面基于实际情况，梳理全国以及河南省的农业碳排放现状。

1. 我国农业碳排放现状

改革开放 40 多年来，我国农业发展不断迈向新高度，但农业生产取得巨大成就的同时，也付出了很大代价。我国农业前期的高速增长主要依赖农药、化肥、农膜、农机等农业资源的过度使用，不仅导致土壤退化、水体富营养化、生物多样性锐减等生态环境问题频发，也产生了大量的温室气体。近 10 年来，我国农业碳排放量总体呈"先上升、后下降"的两阶段变化趋势。其中，2012—2015 年，我国农业碳排放量持续上升，由 2012 年的 $26\,810.38 \times 10^4$ t 增至 2015 年的 $27\,796.89 \times 10^4$ t，增长幅度为 3.68%。主要增长地区为西部地区和中部地区，中部地区的河南、山东、河北和安徽以及东部地区的江苏，5 个省份的农业碳排放量排在前五位。河南、山东、河北一直是我国碳排放量较多的地区，3 省碳排放量之和占全国的比例高达 25.9%。2015—2020 年，我国农业碳排放量大幅下降，降幅为 7.97%。东部地区农业碳排放量在 2015 年以后下降幅度较大，而中部地区农业碳排放量以 2015 年为拐点，在此之后开始下降（张希栋等，2023）。2020 年我国农业碳排放占碳排放总量的 7%，《2023 中国农业农村低碳发展报告》显示，2022 年我国农业生产总碳排放量只占全国碳排放量的 6.7%，虽然所占比重比之前年份有所下降，但是仍然显著高于发达国家，究其原因，是我国农业生产总体上处于一种"高碳"的粗放经营状态，在现有农业生产技术水平下，农业产出对农资投入的依赖性很强，呈现出由投入决定产出的传统要素驱动特征。农业碳排放在"量"上虽然处于下降趋势，但在"质"的层面——即碳减排效率上有待提升，造成这一现象的主要原因是化肥、农药等农业生产投入要素使用量大且利用率低，农用塑料薄膜、柴油等的使用产生大量碳排放。化肥利用率一般仅在 30%～40%，而发达国家化肥利用率普遍为 50%，部分国家更是高达 70%（邓远建等，2022）。农业生产活动投入的农资是产生碳排放的主要因素，而约束农资投入及提高产出的效率是改善农业碳排放现状的关键。随着"双碳"目标的逐步推进，实现农业碳减排仍需做出更大努力。

2. 河南省农业碳排放现状

河南省耕地面积稳定在 1.1 亿亩[①]以上，在保障粮食安全的同时，也导致了较高程度

[①] 亩：非我国法定计量单位，是中国市制土地面积单位，1 亩≈666.667 平方米≈0.066 7 公顷。

的农业碳排放。虽然制定了一些政策制约农业碳排放，并且也取得了一定成效，但是依然面临一些问题，主要体现在以下 3 个方面。

一是农产品高需求和由此带来的高农资投入之间的矛盾。随着经济发展，社会对农产品的要求越来越高，要求数量和质量双提升，促使农业生产规模、开发强度持续提高，加上农业生产资料（以下简称"农资"）投入进一步提高的必然性，可能带来更多的碳排放。农资投入是产生二氧化碳的重要来源，农业生产过程中投入了大量农药和化肥等各种农用物资，这虽然可以提高粮食的产量，推动农业的发展，但也造成了农业碳排放量过多的问题。我国化肥和农药的平均施用强度处于超标状态，据统计，2020—2022 年我国化肥施用强度均值分别为 313 kg/hm²、308 kg/hm²、298 kg/hm²，均超出国际公认标准（225 kg/hm²）[1]。据联合国粮农组织（FAO）统计，2021 年我国平均耕地的农药施用量是 1.90 kg/hm²，远高于瑞典（0.73 kg/hm²）、挪威（0.88 kg/hm²）及丹麦（1.25 kg/hm²）[2]。化肥和农药的长期过量施用，产生了大量的农业碳排放，农资（化肥、农药、农膜等）的减量使用有待提升。

二是农业经营规模小造成碳减排困难。河南省农业经营规模较小、农产品种类多，导致碳排放测算比较困难，对下一步针对碳排放出台激励性政策、形成碳交易市场也造成了阻碍，进而导致小规模的农业经营主体缺乏来自政策和市场的减排激励，在生产过程中过分追求农业产出，一定程度上忽略了农业生产过程中的降碳减排。

三是农业碳减排机制不健全。河南省没有完善的碳监测体系，绿色低碳技术攻克及推广能力薄弱，农业减碳路径尚未明晰。

可见，河南省在农业碳减排方面任重道远，应当密切关注农业碳减排中存在的问题，在提供粮食保障的同时更要兼顾绿色发展。河南省不仅要在粮食产量方面走在前列，在绿色农业的发展方面也必须走在前端，走农业可持续发展的道路，才能夯实保障粮食安全的基石，也为"双碳"目标的实现贡献河南力量。

三、农业碳排放的相关研究

农业碳排放是指农业生产造成的二氧化碳、甲烷等温室气体排放，农业碳排放量是衡量低碳农业发展的重要指标。近年来，为了更好地探究农业低碳之路，越来越多的学者开始围绕农业碳排放问题展开研究，并形成了大量的研究成果。根据本章所研究的农业碳排放及其影响因素的时空特征分析，对现有研究文献从农业碳排放测算、农业碳排放时空特征分析、农业碳排放影响因素分析 3 个方面进行梳理。

1. 农业碳排放测算

农业碳排放具有多源性特点，国内外众多学者选取不同的农业碳源进行了农业碳排放测算。伍国勇等（2020）选取农药、化肥、薄膜、柴油、农作物播种面积、有效灌溉面积这 6 类碳源来测算种植业产生的碳排放量，并基于此分析了中国种植业碳生产率空间关联格局及其影响因素。Rong 等（2022）认为土地利用是农业碳排放的来源，选取了化肥施用、农业灌溉、农机使用、农药消耗、农膜对中国农业土地利用产生的碳排放进行了测算。贾敏等（2023）同样选取农资投入（农药、化肥、薄膜、柴油）及农作物播种面积、

---

① 国家统计局，https://www.stats.gov.cn/sj/ndsj/.
② FAO 数据库，http://www.fao.org./faostat/en/#data/RP.

有效灌溉面积作为农业碳排放测算指标，对河北省 2000—2019 年农业碳排放量和碳排放强度进行了测算，结果表明，河北省农业碳排放量呈现升降交替的趋势，2000—2007 年碳排放量急剧增加，从 535.16 万 t 增加至 785.09 万 t，2008 年碳排放量大幅降至 694.28 万 t，随后至 2015 年碳排放量稳定小幅波动，2016—2019 年间碳排放量又开始呈下降趋势。范振浩等（2023）在农资投入的基础上又加入农田土壤利用作为碳源之一，用联合国政府间气候变化专门委员会（Intergovernmental Panel on Climate Change，IPCC）碳排放系数法和清单法综合测算了江苏省 1990—2020 年碳排放量。随着研究内容的深入以及研究视角的拓展，学者们基于大农业视角展开了丰富研究。董红敏（2008）最先将农业碳排放源分为农田活动、水稻种植和畜禽养殖三大类，对我国农业温室气体排放进行了较为系统的研究。洪业应（2015）同样是从农业投入、牲畜养殖业和种植业 3 个方面构建碳排放测算体系，牲畜养殖业中根据西藏实际农业生产情况选取牛、猪、羊 3 个主要牲畜品种，以此测算西藏农业碳排放情况。田云等（2022）基于大农业范畴考察农业碳排放量，从农业能源利用、农用物资投入、水稻种植、畜禽养殖 4 个方面对中国农业碳排放量进行了测算，在碳源选择时考虑到了水稻种植和畜禽养殖，测算指标更加全面。

2. 农业碳排放时空特征分析

根据研究区域的不同，将"农业碳排放时空特征分析"的研究分为 4 类，分别是国家层面、区域层面、省级层面及县级层面。在国家层面，金书秦等（2020）分析了我国总体的农业碳排放阶段性特征，将其划分为 3 个较明显的阶段。Wen 等（2022）综合采用碳计量学和排放因子法构建了农业碳源清单，测算并分析了 1991—2019 年我国农业碳排放总量及其时间、空间演化特征。葛继红等（2023）测算了 2010—2020 年我国农业碳排放量，并对其变动趋势进行分析，研究发现了 2010—2020 年我国农业碳排放总量总体呈上升趋势但存在年际波动，且 2016 年的农业碳排放量处于近年来最高值。区域层面，徐丽杰（2023）分析了黄河流域 2005—2020 年农业碳排放的时空特征，研究结果表明黄河流域农业碳排放总量呈现先上升后下降的趋势，近年来农业碳减排效果显著。李绵德等（2022）研究了河西走廊 20 个市（县）2000—2020 年农业碳排放时空特征，发现该地区农业碳排放呈现缓慢上升状态，农业碳排放重心缓慢向东南方向转移，但仅在张掖市内迁移。省级层面，李波等（2019）测算了 1993—2017 年湖北省农业生产活动产生的碳排放量，并分析农业碳排放的时空特征，发现在此样本考察期间，湖北省各市（州）农业碳排放的地区差距明显扩大。邱子健等（2022）利用排放因子法对江苏省 2000—2019 年农业碳排放量进行估算，结果表明，江苏省 2000—2019 年的二氧化碳排放当量整体呈现"降低—升高—降低"的趋势，在 2005 年实现了碳达峰。县级层面，周一凡等（2022）测算了 2009—2019 年河北省 168 个县农业碳排放量，结果表明，河北省农业碳排放整体呈下降趋势。

3. 农业碳排放影响因素分析

农业生产是一个复杂的系统过程，在这个过程中，农业碳排放的影响因素有很多，国内外学者们从多角度、多层次对影响农业碳排放的各种因素展开研究。陈银娥（2018）根据我国 26 个省份 1997—2014 年的面板数据，构建了中国农村机械化、制造业发展水平与中国农村碳排放量关系的联合三次函数模式，发现农产品机械化程度的提高促使农业碳排放增加。胡川（2018）采用 2003—2014 年我国 30 个省份的面板数据进行实证研究，发现农业政策对农业碳排放起到显著的抑制作用。李慧（2019）从八大经济区角度测算了各区域的省域农业碳排放量，并基于地理加权回归模型分析农业对外开放度、农业机械化程度、人均农业 GDP 这 3 个因素对我国 31 个省份碳排放的影响，研究结果表明，农用机械总动力对碳排放具有正向影响，农业对外开放度、人均农业 GDP 对大部分省份碳排放具有负向影响。胡婉玲等（2020）通过 EKC（全称为 Environmental Kuznets Curve，即环境库兹涅茨曲线）检验发现，农业生产效率和农村人口对中西部地区具有碳减排作用，农业产业结构、产业结构、地区经济发展水平和城镇化则具有增排作用。张金鑫（2020）根据 LMDI（全称是 Logarithmic Mean Divisia Lndex Method，即对数平均迪氏指数分解法）的分解方法探究影响我国农业碳排放的因素，从 LMDI 分解来看，全国及东部农业碳排放的影响因素是相同的，生产效率、农业产业结构和农村人口是 3 个减排因素，产业结构、地区经济发展水平和城镇化是 3 个增排因素，但是对于中部和西部而言，农业生产效率和农村人口是 2 个减排因素，农业产业结构、产业结构、地区经济发展水平和城镇化是 4 个增排因素。田成诗等（2021）在分析中国农业碳排放时空特征的基础上，探究了其数量变化的主要成因，发现经济增长是农业碳排放量增加的关键动因。Qin 等（2023）通过研究绿色信贷对农业碳排放的空间效应及其影响机制发现，绿色信贷不仅能显著抑制农业碳排放，还能通过空间溢出效应限制周边地区的农业碳排放。Zwane 等（2023）采用完全修正的面板普通最小二乘法和动态最小二乘法，考察了可再生能源消费、农业经济增长对非洲农业碳排放的影响。Li 等（2023）探究了农业技术进步对中国农业碳排放和碳汇的影响，结果表明农业技术水平对碳排放具有显著影响。

第二节　农业碳排放测算框架

在上述农业碳排放现状及国内外相关研究的基础上，分析农业碳排放来源，建立农业碳排放测算方法体系，为测算农业碳排放奠定基础。

一、农业碳排放来源

农业生产具有多样性和复杂性，这导致农业碳排放源多种多样，包含种植业、养殖业以及为两者提供辅助性活动的广义农业，其碳源可分为三大类，一类是农地利用碳排放，即人类利用农地开展生产活动引发的碳排放，主要包括：化肥、农药、农膜等农用物资使用的碳排放；农用电力、柴油和汽油等能源使用导致的碳排放；农地利用过程中的翻耕、化肥残留等引发的碳排放；另一类是农作物种植碳排放，主要指种植水稻（包括早、中、晚稻）、青稞、小麦（春、冬小麦）、豆类、薯类、油料、蔬菜类等生产过程中直接或间接引起的甲烷排放；最后一类是畜禽养殖碳排放，主要是由于畜禽，尤其是反刍家畜的肠道发酵及粪便管理过程产生的甲烷、氧化亚氮等温室气体排放。这三大类碳源占中国农业碳排放总量的 3/4，是碳减排的主要关注对象。

研究中计算农业碳排放时，将上述三大类碳源进行了取舍：第一类农地利用碳排放中选取了 6 种碳源，一是化肥施用过程中直接或间接导致的碳排放；二是农药使用造成的碳排放；三是农膜利用造成的碳排放；四是由于使用农业机械时，化石燃料（以农用柴油为主）直接或间接消费所造成的碳排放；五是在农业生产中，由于翻耕破坏了土壤有机碳库而导致的有机碳释放；六是农业灌溉过程需要电能，也会消耗化石能源从而释放二氧化碳。由于相关研究成果表明水稻已成为我国最主要的甲烷排放源，同时，闵继胜等（2012）研究指出："旱田生态系统中的甲烷气体排放量极少"。在第二类碳源中仅选取水稻种植。种植业作为广义农业中最基础和最重要的部分，对农业碳排放的影响也最为显著，本研究中仅以种植业为研究对象。所以，不考虑第三类畜禽养殖碳排放。综上，共选取化肥、农药、农膜、柴油、翻耕、农业灌溉、水稻种植这 7 种碳源来测算农业碳排放。

二、碳排放测算方法

碳排放测算可以量化碳排放，对于了解区域碳排放量和变化情况至关重要。基于测算结果可以分析碳排放时空特征、探究影响因素，找出潜在的减排环节和方式，是有效开展各项碳减排工作的基本前提。

碳排放测算方法主要有排放因子法、质量平衡法、实测法 3 种。排放因子法是用导致温室气体排放的生产或消费活动的活动量乘以活动水平对应的系数，得到温室气体排放量，该方法适用于国家、省份等较为宏观的测算层面。质量平衡法是根据每年用于国家生产生活的新化学物质和设备，计算为满足新设备能力或替换去除气体而消耗的新化学物质份额，此方法更多用在工业生产过程中。实测法基于排放源实测基础数据，汇总得到相关碳排放量，包括现场测量和非现场测量。现场测量一般通过连续监测浓度和流速直接测量其排放量，非现场测量则通过采集样品送到有关监测部门，利用专门的检测设备和技术进行定量分析。

农业碳排放测算方法主要有 5 种，分别是碳排放系数法、生命周期法、投入产出法、模型模拟法、实地测量法。碳排放系数法是依据相关系数，并结合各地区的宏观经济数据，估算出相应的碳排放量。生命周期法通过界定农业系统边界，基于碳排放因子，测算边界内全部农业生产活动产生的碳排放量，从而得到农业生产生命周期内所有物质或活动的碳足迹。投入产出法，主要是利用投入产出表，通过列昂惕夫逆矩阵变换得到农业生产投入品及上游阶段的能源需求，进而根据能源排放因子，测算农业碳排放量。模型模拟法以生物地球化学过程为基础，融合农业生态系统中的关键过程与控制因子，将有限的点位观测案例扩展到较大区域尺度，为定量计量农业系统碳氮循环、测算农业碳排放提供了切实可行的方法（夏四友等，2020）。模型模拟法主要有反硝化—分解模型（Denitrification－Decomposition model，DNDC）、洛桑碳模型（Rothamsted Carbon model，Roth C）、稻田甲烷排放模型（CH_4 MOD）以及区域氮循环模型（IAP－N）等。实地测量法通过对排放源的现场实测数据进行汇总，得到最终的碳排放量（旷爱萍等，2020）。

目前我国尚未有农业碳排放的官方统计数据，鉴于当前农业碳排放测算研究中最为常见的方法是碳排放系数法，本节也采用这一方法测算河南省农业碳排放量。碳排放系数法来源于 IPCC 的《国家温室气体清单指南》，其测算流程是在构建农业碳排放测算指标体系，即确定主要农业碳排放来源的基础上，将农业碳排放源活动水平与排放系数相乘，得到各农业碳源碳排放量，相加得到碳排放总量。农业碳排放的估算公式为：

$$E = \sum E_i = \sum T_i \times \delta_i \qquad (2-1)$$

式中，E 为农业碳排放总量，E_i 为各农业碳源的碳排放量，T_i 为各农业能源消耗量或水稻种植面积，δ_i 为各农业碳源的碳排放系数，i 指农业碳排放来源，分别为化肥、农药、农膜、柴油、翻耕、农业灌溉，水稻种植。其中，计算碳排放量所用到的翻耕面积使用当年农作物总播种面积代替，农业灌溉面积使用农业有效灌溉面积来代替。这七大碳源数据主要来源于 2002—2022 年《河南省统计年鉴》。根据李波等（2011）的研究成果，各农业碳排放源及系数如表 2-1 所示。

表 2-1　农业碳排放源、系数及参考来源

碳排放源	碳排放系数	参考来源
化肥	0.895 6 kg/kg	West 等（2002）、美国橡树岭国家实验室
农药	4.934 1 kg/kg	美国橡树岭国家实验室
农膜	5.18 kg/kg	南京农业大学农业资源与生态研究所
柴油	0.592 7 kg/kg	政府间气候专门委员会
翻耕	312.6 kg/km²	中国农业大学生物与技术学院
农业灌溉	266.48 kg/km²	West 等（2002）
水稻种植	17.85 g/m²	闵继胜和胡浩（2013）

注：水稻种植产生的甲烷排放系数为 17.85 g/m²，为便于计算农业碳排放总量，将水稻排放的甲烷乘以 25 换算成二氧化碳，并与其他农业碳排放源产生的碳排放进行加和求得碳排放总量。

三、农业碳排放影响因素识别模型

灰色系统理论是一种系统的分析方法，能够解决信息不确定性问题。灰色关联分析法作为重要的灰色模型方法之一，其基本思想，是根据系统行为序列与系统因素序列曲线几何形状的相似程度，来判断不同序列之间是否具有紧密联系。曲线的几何特征越相似，系统行为序列与系统因素序列之间的关联度就越大，系统行为序列受到系统因素序列的影响程度也就越大，则该系统因素序列即为主要的影响因素，反之则为次要影响因素（刘思峰等，2015）。该方法主要用来解决多因素和非线性问题，适用范围广，对样本数量、样本规律是否明显等没有要求，方便计算分析。本章的研究对象跨越了时间和区域，参考杨振等（2022）的研究，采用灰色综合关联度分析方法研究农业碳排放七大碳源投入量和农业碳排放量之间的关联关系。

设定农业碳排放量为系统行为序列 $X_0 = \{x_0(1), x_0(2), \cdots, x_0(n)\}$，将化肥、农药、农膜、柴油、翻耕、农业灌溉、水稻种植的投入量作为相关因素序列，分别记为 X_1、X_2、$\cdots$、X_k，$k = \{1, 2, \cdots, l\}$，则 $X_i = \{x_i(1), x_i(2), \cdots, x_i(n)\}$，其中 $i = 1$，2，$\cdots$，n 为时间序列长度，$n = 21$。具体的分析步骤如下：

（1）灰色绝对关联度。灰色绝对关联度表示农业碳排放量序列 X_0 与七大碳源投入序列 X_i 之间的相似程度，X_i 与 X_0 越相似，灰色关联度就越大，反之，则越小。令 X_0^0、X_i^0 分别为农业碳排放量序列 X_0 与七大碳源投入序列 X_i 的始点零化象。

$$X_0^0 = \{x_0(1) - x_0(1), x_0(2) - x_0(1), \cdots, x_0(n) - x_0(1)\}$$
$$= \{x_0^0(1), x_0^0(2), \cdots, x_0^0(n)\} \tag{2-2}$$

$$X_i^0 = \{x_i(1) - x_i(1), x_i(2) - x_i(1), \cdots, x_i(n) - x_i(1)\}$$
$$= \{x_i^0(1), x_i^0(2), \cdots, x_i^0(n)\} \tag{2-3}$$

令 $|s_0|$、$|s_i|$ 和 $|s_i-s_0|$ 为：

$$|s_0| = \left| \sum_{t=2}^{n-1} x_0^0(t) + \frac{1}{2} x_0^0(n) \right| \tag{2-4}$$

$$|s_i| = \left| \sum_{t=2}^{n-1} x_i^0(t) + \frac{1}{2} x_i^0(n) \right| \tag{2-5}$$

$$|s_i-s_0| = \left| \sum_{t=2}^{n-1} \left[x_i^0(t) - x_0^0(t) \right] + \frac{1}{2} \left[x_i^0(n) - x_0^0(n) \right] \right| \tag{2-6}$$

从而得到 X_0 与 X_i 的灰色绝对关联度 ε_{0i}：

$$\varepsilon_{0i} = \frac{1 + |s_0| + |s_i|}{1 + |s_0| + |s_i| + |s_i-s_0|} \tag{2-7}$$

（2）灰色相对关联度。灰色相对关联度表示农业碳排放量序列 X_0 与碳源投入序列 X_i 相对于始点的变化速率之间的联系，变化速率越接近，灰色相对关联度越大，反之则越小。令 X'_0、X'_i 分别为序列 X_0 与 X_i 的初值象。

$$X'_0 = \left\{ \frac{x_0(1)}{x_0(1)}, \frac{x_0(2)}{x_0(1)}, \cdots, \frac{x_0(n)}{x_0(1)} \right\} = \{ x'_0(1), x'_0(2), \cdots, x'_0(n) \} \tag{2-8}$$

$$X'_i = \left\{ \frac{x_i(1)}{x_i(1)}, \frac{x_i(2)}{x_i(1)}, \cdots, \frac{x_i(n)}{x_i(1)} \right\} = \{ x'_i(1), x'_i(2), \cdots, x'_i(n) \} \tag{2-9}$$

则 $X_0'^0$、$X_i'^0$ 分别为序列与 X'_0、X'_i 的始点零化象。

$$X_0'^0 = \{ x'_0(1) - x'_0(1), x'_0(2) - x'_0(1), \cdots, x'_0(n) - x'_0(1) \}$$
$$= \{ x_0'^0(1), x_0'^0(2), \cdots, x_0'^0(n) \} \tag{2-10}$$

$$X_i'^0 = \{ x'_i(1) - x'_i(1), x'_i(2) - x'_i(1), \cdots, x'_i(n) - x'_i(1) \}$$
$$= \{ x_i'^0(1), x_i'^0(2), \cdots, x_i'^0(n) \} \tag{2-11}$$

令 $|s'_0|$、$|s'_i|$ 和 $|s'_i-s'_0|$ 为：

$$|s'_0| = \left| \sum_{t=2}^{n-1} x_0'^0(t) + \frac{1}{2} x_0'^0(n) \right| \tag{2-12}$$

$$|s'_i| = \left| \sum_{t=2}^{n-1} x_i'^0(t) + \frac{1}{2} x_i'^0(n) \right| \tag{2-13}$$

$$|s'_i-s'_0| = \left| \sum_{t=2}^{n-1} \left[x_i'^0(t) - x_0'^0(t) \right] + \frac{1}{2} \left[x_i'^0(n) - x_0'^0(n) \right] \right| \tag{2-14}$$

从而得到 X_0 与 X_i 的灰色相对关联度 γ_{0i}：

$$\gamma_{0i} = \frac{1 + |s'_0| + |s'_i|}{1 + |s'_0| + |s'_i| + |s'_i-s'_0|} \tag{2-15}$$

（3）灰色综合关联度。灰色综合关联度既可以体现农业碳排放量序列 X_0 与碳源投入序列 X_i 的相似程度，又能反映出 X_0 与 X_i 相对于始点的变化速率的接近程度，能够较为全面地表征碳源投入量和碳排放量之间的联系是否紧密，灰色综合关联度 ρ_{0i} 的表达式为：

$$\rho_{0i} = \theta \varepsilon_{0i} + (1-\theta) \gamma_{0i} \tag{2-16}$$

其中，$\theta \in [0, 1]$，而在灰色综合关联度中，θ 一般取 0.5，故本章也取 θ 为 0.5。

第三节　河南省农业碳排放的特征分析

本节以河南省 18 市（县）的农业碳排放为研究对象，采用上一节中的碳排放测算方法，计算 2001—2021 年河南省农业碳排放量，并基于计算结果分析河南省农业碳排放的时序特征、空间特征、时空特征。

一、河南省农业碳排放时序特征分析

对河南省 2001—2021 年不同碳源的农业碳排放量、农业碳排放总量进行了测算，测算结果如表 2-2 所示。

表 2-2　河南省不同碳源农业碳排放量及农业碳排放总量

单位：万 t

年份	化肥	农药	农膜	柴油	翻耕	农业灌溉	水稻种植	碳排放总量
2001	395.61	48.58	48.74	49.50	4.10	127.00	185.61	859.15
2002	419.88	50.33	51.07	50.44	4.18	127.97	209.47	913.34
2003	419.04	48.70	51.18	50.13	4.28	127.70	224.46	925.50
2004	441.67	49.93	52.53	51.48	4.32	128.69	226.92	955.64
2005	464.05	51.86	56.15	53.22	4.35	129.62	228.08	987.32
2006	484.01	55.06	61.33	55.14	4.37	131.08	254.96	1 045.96
2007	510.21	58.22	65.58	57.14	4.40	132.06	267.75	1 095.36
2008	538.86	58.77	67.70	58.80	4.43	132.95	269.83	1 131.35
2009	563.04	59.90	73.25	61.76	4.44	134.12	272.79	1 169.29
2010	586.75	61.63	76.15	63.95	4.48	135.40	272.59	1 200.94
2011	603.37	63.50	78.53	63.96	4.49	137.25	275.01	1 226.13
2012	612.98	63.30	80.39	65.83	4.50	138.72	277.46	1 243.19
2013	623.67	64.19	86.92	67.21	4.56	132.42	272.65	1 251.62
2014	632.07	64.09	84.69	68.75	4.61	135.95	274.29	1 264.45
2015	641.33	63.50	83.92	67.98	4.65	142.14	275.05	1 278.57
2016	640.38	62.17	84.49	66.62	4.66	142.84	274.04	1 275.74
2017	632.92	59.55	81.48	64.49	4.61	143.63	274.46	1 261.13
2018	620.46	56.05	79.15	61.59	4.62	144.12	276.86	1 242.85
2019	597.11	52.89	78.11	59.32	4.59	145.31	275.16	1 212.50
2020	580.33	50.53	78.58	57.71	4.61	148.88	275.37	1 196.00
2021	559.45	48.06	72.73	56.48	4.60	151.41	265.65	1 158.38
平均占比（%）	48.41	4.99	6.25	5.24	0.39	12.01	22.72	—

注：平均占比指研究期（2001—2021 年）的平均占比。

从表 2-2 可以看出，2001—2021 年河南省农业碳排放总量中，化肥产生的碳排放占了很大的比例，达到 48.41%，约占农业碳排放量的一半，这说明在农业生产过程中，化肥施用产生的碳排放是河南省农业碳排放的第一大来源。碳排放的第二大来源则是水稻种植，水稻种植碳排放近 21 年的平均占比约为 22.72%，与化肥碳排放的占比相差较大。而农业灌溉、农膜、柴油和农药对河南省农业碳排放的贡献较低，平均碳排放占比较少，分别为 12.01%、6.25%、5.24%、4.99%，翻耕产生的碳排放占比仅为 0.39%，占比最少。由此可以预见，控制河南省农业碳排放的关键在于控制化肥产生的碳排放。

根据"中华人民共和国国民经济和社会发展五年计划纲要"，将规划内容研究期划分为"十五"时期（2001—2005 年）、"十一五"时期（2006—2010 年）、"十二五"时期（2011—2015 年）、"十三五"时期（2016—2020 年）、"十四五"的开局之年 2021 年。由于"十四五"时期只能获取 2021 年这一年的数据，因此将 2021 年合并到"十三五"时期进行分析。图 2-1 为河南省各碳源碳排放量从"十五"到"十三五"时期的变化情况。从变化趋势来看，各碳源碳排放量不是恒定的，而是在不断发生变化的。波动最大的是化肥碳排放量，波动值为 245.72×10^4 t。化肥碳排放量从 2001 年（395.61×10^4 t）起逐年上升，至"十二五"期末的 2015 年到达顶峰（641.33×10^4 t）；2015—2021 年化肥施用量连年减少，2021 年化肥碳排放量降至 559.45×10^4 t。产生这一变化趋势的原因是 2015 年农业部正式启动了"减肥减药"行动，河南省积极响应，深入推进化肥零增长行动，初步构建起主要农作物减量增效施肥技术模式；2016 年全年完成测土配方施肥近 1 亿亩次，机械施肥 8 400 万亩次，秸秆还田 10 546 万亩，有机肥施用 6 551 万亩次，化肥使用量相较于 2015 年有所下降，并于此后各年份继续推进化肥减量增效行动，化肥碳排放量连年下降。波动最小的是翻耕，其碳排放量最大、较小的年份分别是 2001 年（4.10×10^4 t）、2015 年（4.65×10^4 t），波动值为 0.55×10^4 t，这与各年份农作物播种面积相对稳定密不可分，可见河南省的土地利用体系已然比较完善。

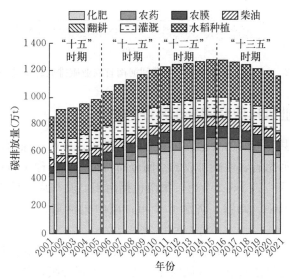

图 2-1　"十五"至"十三五"时期河南省农业碳排放
变化趋势及各碳源碳排放分布

"十五"至"十三五"时期，河南省农业碳排放总量测算结果如图 2-2 所示。整体来看，"十五"到"十三五"时期，河南省农业碳排放总量呈现先增后减的变化趋势，从"十五"开局之年即 2001 年的 859.15×10^4 t 先增后降至 2021 年的 $1\ 158.38 \times 10^4$ t，年均增长率为 1.66%。分阶段来看，大体可以划分为两个阶段，第一阶段是"十五"至"十二五"时期，第二阶段是"十三五"时期（含 2021 年）。在第一阶段，碳排放总量持续上升，在"十二五"时期收官之年即 2015 年到达顶峰，峰值为 $1\ 278.57 \times 10^4$ t，而"十五"

时期期初，河南省农业碳排放量仅为 859.15×10^4 t，从阶段初至阶段末增幅为 48.82%。这与此阶段的经济发展状况密不可分，这一阶段中，我国的经济处于体制转型和发展转型的双重转型阶段，地区经济发展迅速的同时，人口总体规模扩大和经济活动频繁也随之而来，在此背景下，河南省农业碳排放总量也在不断上升。第二阶段内，碳排放总量呈平稳下降态势，从"十三五"时期开局之年即 2016 年的 $1\,275.74 \times 10^4$ t 下降至 2021 年的 $1\,158.38 \times 10^4$ t，降幅为 9.20%。这表明，该时期在国家环保政策和绿色发展政策的指引下，河南省农业生产开始向低碳农业转型，碳排放总量得到有效控制，河南省农业减排任务取得初步成效。

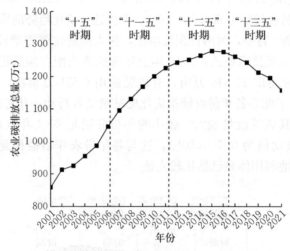

图 2-2 "十五"至"十三五"期间河南省农业碳排放总量动态变化

二、河南省农业碳排放空间分布特征分析

将河南省各市（县）按照所处地理位置划分为豫东、豫西、豫南、豫北、豫中 5 个区域，在此基础上探究河南省农业碳排放的空间分布特征。其中豫东包括开封、商丘、周口 3 个市；豫西包括洛阳、三门峡 2 个市；豫南包括南阳、驻马店、信阳 3 个市；豫北包括安阳、新乡、焦作、濮阳、鹤壁、济源 6 个市；豫中包括郑州、平顶山、许昌、漯河 4 个市。

根据豫东、豫西、豫南、豫北、豫中五大区域 2001—2021 年农业碳排放量的年平均值，运用自然间断点分级法对五大区域农业碳排放量进行分级，各区域农业碳排放量由少到多的排列顺序依次为：豫西、豫中、豫北、豫东、豫南。其中，豫南地区的年均碳排放量最高，为 488.09×10^4 t，其次是豫东（246.69×10^4 t）、豫北（223.26×10^4 t）、豫中（130.41×10^4 t），年均碳排放量最低的是豫西地区，为 43.73×10^4 t。年均碳排放量最高的豫南地区大约是年均碳排放量最低的豫西地区的 11 倍。区域间的差异主要和各地区组成城市的产业结构有关。就年均碳排放量最高的豫南地区而言，信阳、南阳、驻马店 3 个市都是农业大市，2021 年，信阳生产总值 $3\,064.96$ 亿元，农业产值为 $1\,183.39$ 亿元，占比 38.61%；南阳生产总值 $4\,342.22$ 亿元，农业产值为 $1\,305.97$ 亿元，占比 30.08%；驻马店生产总值 $3\,257.36$ 亿元，农业产值为 573.30 亿元，占比 17.6%，大规模的农业生产导致农药、化肥、农用机械等农资投入较多，产生了大量的碳排放，导致豫南地区农业碳排放量较多。而对于年均碳排放量最低的豫西地区，由洛阳、三门峡两个市组成，这两个市的碳排放量都比较低，洛阳的年均碳排放量为 30.6545×10^4 t，三门峡的年均碳排放量为 13.0756×10^4 t。三门峡以工业为主，而制造业是洛阳的支柱产业之一，作为中国著名的重型机械制造基地，洛阳的农业占比也较低，所以，豫西地区农业碳排放量较少。

为了进一步探究河南省碳排放空间分布特征，本节具体分析各碳源对五大区域碳排放量的贡献度。各碳源碳排放量占此区域碳排放总量的比例如图 2-3 所示。

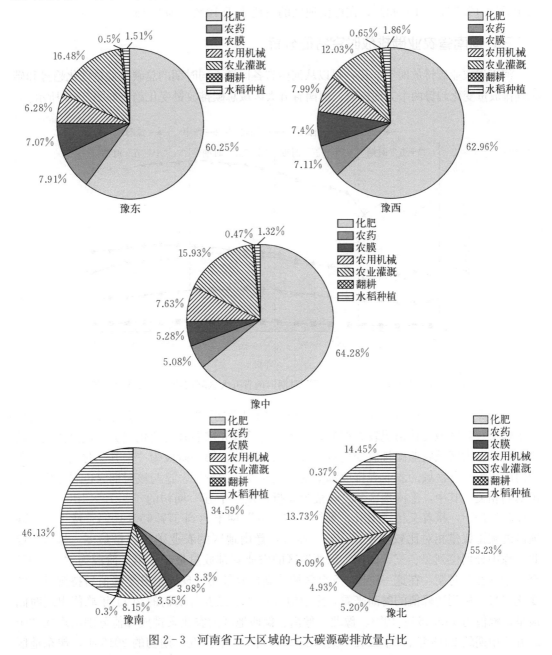

图 2-3　河南省五大区域的七大碳源碳排放量占比

由图2-3可知，总体上，河南省五大区域除豫南外，化肥使用产生的碳排放占比最大，其中，豫中地区化肥碳排放占比最大，高达64.28%，豫东、豫西地区的化肥碳排放占比相对较大，均在60%以上；五大区域中，翻耕产生的碳排放占比最小，均在1%以下。农药在豫东、豫西地区的占比接近，分别为7.91%、7.11%，高于豫北、豫中地区的5.20%、5.08%，在豫南地区占比最低，为3.30%。农膜在五大区域的占比分别为7.07%、7.40%、3.98%、4.93%和5.28%。农用机械在豫西、豫中占比相对较高，分别为7.99%、7.63%，约为豫南地区3.55%的2倍，在豫东、豫北的占比为6.28%、6.09%。农业灌溉在豫东、豫西、豫北、豫中的占比均在10%以上，分别为16.48%、12.03%、13.73%、15.93%，在豫南地区的占比小于10%，为8.15%。

三、河南省农业碳排放时空特征分析

河南省农业碳排放时空变化，可以从河南省各区域不同时期的总碳排放量变化趋势和碳源碳排放量变化趋势两个方面探究。河南省五大区域总碳排放量变化趋势如图2-4所示。

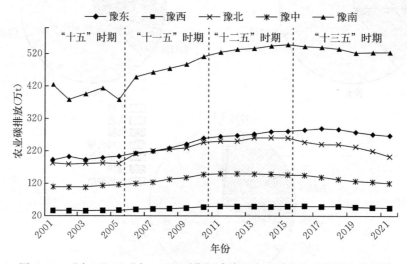

图2-4　"十五"至"十三五"时期河南省五大区域农业碳排放变化趋势

从图2-4可以看出，河南省五大区域在"十五"至"十三五"期间农业碳排放均出现了峰值。各区域变化情况较为相似，大体上均呈现先增后减的变化趋势。从具体变化趋势来看，五大区域农业碳排放变化特征分为两个阶段。第一阶段为"十五"时期，这一阶段河南省大部分区域的农业碳排放都呈现不规律变化的特征，这与该时期绿色农业生产意识薄弱相关。其中，豫南地区的变化最为波折，从"十五"期初的424.79×10^4 t下降至378.58×10^4 t，接着又持续上升，最终在"十五"期末达到377.65×10^4 t；豫中、豫西地区的碳排放量相对比较稳定。在这一阶段，豫南地区的农业碳排放量最多，豫东、豫北、豫中分别位列二、三、四位，豫西地区的农业碳排放量最少；第二阶段为"十一五"至"十三五"时期，在这一阶段，5个区域的碳排放量均呈现先上升至峰值后持续下降的变化趋势。从到达峰值的时间来看，豫中地区在"十二五"期初的2011年峰值出现时间最早，峰值为149.266×10^4 t。豫北、豫南、豫西地区的农业碳排放峰值分别出现在"十二五"中期的2013年、"十二五"期末的2015年、"十三五"期初的2016年，豫东地区出现农业碳排放峰值时间最晚，为"十三五"期中的 2017 年，峰值为 289.081×10⁴ t。豫西地区的碳排放总量一直处于最低水平，平均占河南省总量的 3.87％，豫南地区的碳排放总量一直处于最高水平，平均占河南省总量的 43.03％，接近一半的占比，这主要是因为豫南地区区域较大，且其中的南阳、信阳、驻马店都是农业大市。同时，将各区域研究期期初、期末的碳排放量进行比较可以得出，在"十三五"期末，五大区域的碳排放量均比"十五"期初碳排放量多，即碳排放量总体呈现增长态势。增幅最多的是豫东地区，从"十五"期初的 191.22×10⁴ t 增至"十三五"期末的 266.77×10⁴ t，增幅为 39.51％，增幅较少的是豫中、豫北地区，豫中地区从"十五"期初的 108.91×10⁴ t 增至"十三五"期末的 120.63×10⁴ t，增幅为 10.76％，豫北地区从"十五"期初的 182.24×10⁴ t 增至"十三五"期末的 202.78×10⁴ t，增幅为 11.27％。

为了进一步探究农业碳排放组成，计算了河南省各区域不同时期七大碳源碳排放量占此地区碳排放总量的比例。计算结果如表 2-3 所示。

表 2-3　河南省各区域不同时期七大碳源碳排放量占比

单位：％

地区	时期	化肥	农药	农膜	柴油	翻耕	灌溉	水稻种植
豫东		55.94	9.23	5.42	6.59	20.24	0.59	1.99
豫西		65.18	6.41	3.95	7.54	13.82	0.76	2.33
豫南	"十五"时期	34.96	3.64	1.76	3.49	8.87	0.36	46.93
豫北		51.19	5.52	1.05	7.15	16.41	0.42	18.25
豫中		61.66	4.96	3.33	8.18	17.95	0.57	3.36
豫东		50.39	8.60	5.93	6.41	17.36	0.52	1.79
豫西		64.50	7.02	5.74	8.05	11.95	0.69	2.04
豫南	"十一五"时期	34.37	3.42	2.88	3.46	7.95	0.31	47.62
豫北		54.24	5.54	2.31	6.28	13.07	0.36	18.20
豫中		64.87	5.66	4.13	7.93	15.54	0.48	1.39
豫东		60.92	8.10	8.01	6.34	14.81	0.45	1.37
豫西		62.30	7.55	8.93	8.21	10.74	0.61	1.66
豫南	"十二五"时期	35.45	3.26	5.19	3.66	7.60	0.28	44.56
豫北		54.60	5.00	7.29	5.90	12.13	0.33	14.75
豫中		65.15	5.20	6.86	7.60	14.12	0.43	0.65
豫东		62.87	6.50	8.06	5.95	15.03	0.46	1.15
豫西		61.38	7.12	9.00	7.90	12.28	0.61	1.71
豫南	"十三五"时期	33.78	3.05	5.14	3.58	8.34	0.29	45.83
豫北		59.21	4.90	7.40	5.44	14.03	0.37	8.65
豫中		64.78	4.58	6.11	7.03	16.57	0.45	0.47

由表 2-3 可知，总体而言，化肥在各个时期对各个区域的碳排放量影响均最大，影响最小的是灌溉。具体来看，化肥这一碳源产生的碳排放量在豫东地区的占比从"十五"时期的 55.94％下降至"十一五"时期的 50.39％，接着在"十二五""十三五"时期接连上升至 62.87％。化肥碳排放量占豫西地区碳排放量的比重从"十五"时期的 65.18％连续下降至"十三五"时期的 61.38％。在豫南地区，化肥碳排放量占比呈波动性变化，从"十五"时期的 34.96％下降至"十一五"时期的 34.37％，在"十二五"时期又上升至 35.45％，"十三五"时期又下降至 33.78％。在豫北地区，化肥碳排放量占比呈上升趋势，由"十五"时期的 51.19％逐期上升至"十三五"时期的 59.21％。在豫中地区，化肥碳排放量占比由"十五"时期的 61.66％逐期上升至"十二五"时期的 65.15％，并在"十三五"时期出现小幅度下跌。农药产生的碳排放量在豫东地区的占比最大，从"十五"时期的 9.23％逐期下降至"十三五"时期的 6.50％，而在豫南地区的占比最小，同时也是呈逐年下降趋势。农膜产生的碳排放量占区域总碳排放量的比重总体呈逐期上升趋势。柴油产生的碳排放量在五个区域的占比从时期变化来看，总体趋于稳定趋势，碳排放量在各时期占比变化不大，在豫中地区的占比最高，在豫南地区的占比最低。翻耕是在除豫南区域外，其他 4 个区域的碳排放量占比是继化肥之后第二大的碳源。灌溉这一碳源的碳排放量在各地区碳排放总量中的占比最低。水稻种植这一碳源产生的碳排放量在不同地区的占比差异最大，这与各地区的农业种植结构息息相关，在豫南地区的占比最大，在豫东、豫西、豫中 3 个地区的占比较小。

第四节　河南省农业碳排放影响因素时空动态演变

农业碳排放受多种因素的影响，识别影响碳排放量的关键因素，有利于因地制宜地制定降碳减排政策，赋能河南省农业低碳发展。本节基于"十一五"至"十三五"时期 4 个阶段，运用灰色综合关联度分析法，分别将五大区域不同碳源投入量与碳排放总量进行关联分析。首先，从时间维度分析影响河南省农业碳排放的关键因素；其次，从空间维度将碳源因素对各区域碳排放的影响进行量化和分析；最后进行综合时空分析。

一、农业碳排放影响因素时序特征分析

河南省农业碳排放从"十五"到"十三五"时期影响因素时序变化如图 2-5 所示。从时间维度纵向比较各时期影响因素，可以看出每个时期对碳排放影响最大、最小的碳源因素是不同的。"十五"时期，化肥对河南省碳排放量的影响最大，关联度为 0.997 6，影响最小的是翻耕，关联度为 0.829 2；"十一五"时期农用机械的影响最大，关联度为 0.989，农业灌溉的影响最小，关联度为 0.837 3；"十二五"时期农业灌溉的影响最大，关联度为 0.975 6，农膜的影响最小，关联度为 0.897 9；"十三五"时期化肥的影响最大，关联度为 0.951 2，农药的影响最小，关联度为 0.799 7。同时，从时间维度横向比较同一碳源在不同时期对河南省农业碳排放量的影响，其关联度也在发生变化。从影响的大小来看，化肥的影响相对较大，关联度均值为 0.964 7，翻耕的影响相对较小，关联度均值为

0.886 8；从波动的稳定性趋势来看，化肥的影响最为稳定，且一直居于关联度较大因素行列，控制化肥在农业生产中的碳排放量是制定相关政策的重点之一。农膜、水稻种植的影响趋势相对稳定，农药的影响趋势波动较大。

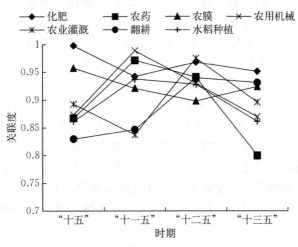

图 2-5　河南省农业碳排放影响因素时序变化

二、农业碳排放影响因素空间分布特征分析

首先计算 2001—2021 年间，豫东、豫西、豫南、豫北、豫中各区域七大碳源量各自的均值，将其作为因素序列，将各区域碳排放量作为行为序列，利用灰色综合关联分析法分析碳源投入量对区域碳排放量的影响，得到河南省各区域农业碳排放影响因素关联度(表 2-4)。

表 2-4　农业碳排放影响因素关联度

关键因素	豫东	豫西	豫南	豫北	豫中
化肥	0.865 6	0.894 5	0.926 5	0.854 5	0.871 9
农药	0.639 0	0.807 1	0.879 1	0.872 0	0.871 3
农膜	0.731 3	0.614 8	0.630 3	0.591 8	0.657 3
农用机械	0.869 1	0.808 6	0.982 3	0.704 4	0.842 6
农业灌溉	0.568 1	0.671 6	0.841 2	0.603 0	0.677 2
翻耕	0.680 6	0.773 7	0.729 0	0.681 4	0.592 4
水稻种植	0.903 1	0.920 0	0.868 3	0.582 8	0.607 7

从不同碳源对同一地区碳排放量的影响来看，豫东地区，水稻种植的影响最大，关联度为 0.903 1，农业灌溉的影响最小，关联度为 0.568 1，水稻种植对豫东地区碳排放量的关联度约为农业灌溉的 1.6 倍。豫西地区，水稻种植的影响最大，关联度为 0.920 0，农药和农用机械的影响较为相似，农膜的影响最小，关联度为 0.614 8。豫南地区，农用机械对碳排放量的影响最大，关联度为 0.982 3；其次是化肥，关联度为 0.926 5；影响最小的是农膜，关联度为 0.630 3。豫北地区，影响最大的两个因素是农药和化肥，关联度分别为 0.872 0、0.854 5。豫中地区，化肥、农药、农用机械这 3 个因素的影响较大，关联

度分别为 0.871 9、0.871 3、0.842 6，翻耕这一因素的影响最小，关联度为 0.592 4。

从同一碳源对不同区域碳排放量的影响来看，化肥这一因素的关联度均值最大，为 0.882 6，位于第二至六位的分别是农用机械（0.841 4）、农药（0.813 7）、水稻种植（0.776 4）、翻耕（0.691 4）、农业灌溉（0.672 2），农膜这一因素的关联度均值最小，为 0.645 1。化肥对豫南地区的影响最大，关联度为 0.926 5，高于 5 个地区的平均值。农药对豫南地区的影响最大，关联度为 0.879 1，对豫东地区的影响最小，关联度为 0.639 0。农膜对豫东地区的影响最大，关联度为 0.731 3，对豫北地区的影响最小，关联度为 0.591 8。农用机械对豫南地区的影响最大，关联度为 0.982 3，对豫北地区的影响最小，关联度为 0.704 4。农业灌溉对豫南地区的影响最大，关联度为 0.841 2，对豫东地区的影响最小，关联度为 0.568 1。翻耕对豫西地区的影响最大，关联度为 0.773 7，对豫中地区的影响最小，关联度为 0.592 4。水稻种植对豫西地区的影响最大，关联度为 0.920 0，对豫北地区的影响最小，关联度为 0.582 8。同一碳源对五大区域碳排放量影响大小的波动幅度也不同，水稻种植的波动幅度最大，关联度最大和最小相差 0.337 2，化肥影响的波动幅度最小，关联度最大和最小仅相差 0.072 0，各区域化肥的关联度平均值最大，且维持稳定趋势。

三、农业碳排放影响因素时空特征分析

从"十五"到"十三五"时期，河南省各区域农业碳排放影响因素变化趋势如图 2-6～2-10 所示。

豫东地区农业碳排放影响因素时序变化如图 2-6 所示。"十五"时期农药对豫东碳排放量的影响最大，关联度为 0.948，影响最小的是农膜，关联度为 0.842 3；"十一五"时期水稻种植的影响最大，关联度为 0.984 1，翻耕的影响最小，关联度为 0.805 1。"十二五"时期农业机械的影响最大，关联度为 0.966 6，农药的影响最小，关联度为 0.898 3。"十三五"时期农业灌溉的影响最大，关联度为 0.978 8，水稻种植的影响最小，关联度为 0.572 3。同时，同一碳源在不同时期对豫东地区农业碳排放量的影响也在发生变化。从关联度的大小来看，化肥的影响相对较大，水稻种植的影响相对较小；从波动的稳定性趋势来看，化肥、农膜、农业灌溉的影响趋势相对稳定，水稻种植的影响趋势波动较大。

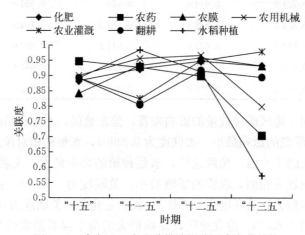

图 2-6　豫东地区农业碳排放影响因素变化趋势

豫西地区农业碳排放影响因素时序变化如图 2-7 所示。"十五"时期对豫西地区农业碳排放影响最大的是农业灌溉，关联度为 0.981 2，影响最小的是农膜，关联度为 0.730 4；"十一五"时期影响最大的是化肥，关联度为 0.976 8，影响最小的依然是农膜，关联度为 0.771 7，相比"十五"时期农膜的关联度依然是最小，不过比上一时期的影响度增长了 0.041 3；"十二五"时期影响最大的是翻耕，关联度为 0.993 4，影响最小的是农药，关联度为 0.861 5；"十三五"时期影响最大的是农用机械，关联度为 0.981 6，影响最小的是水稻种植，关联度为 0.598，这也是各影响因素在 4 个时期影响度的最小值。从同一碳源在不同时期的关联度波动情况来看，化肥的关联度波动最小，4 个时期的关联度分别为 0.947 4、0.976 8、0.983 3、0.978 5，波动不大且整体而言，关联度在缓慢增加。水稻种植的关联度波动最大，从"十五"时期的 0.777 8 急速上升到"十一五"时期的 0.946 9，又在"十二五""十三五"时期持续下降，"十二五"时期缓慢下降至 0.876，"十三五"时期急速下降至 0.598 0。

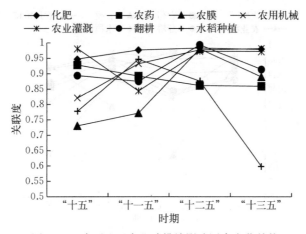

图 2-7　豫西地区农业碳排放影响因素变化趋势

豫南地区农业碳排放影响因素时序变化如图 2-8 所示。"十五"时期对豫南地区农业碳排放影响最大的因素是水稻种植，关联度为 0.987 4，影响最小的因素是农膜，关联度

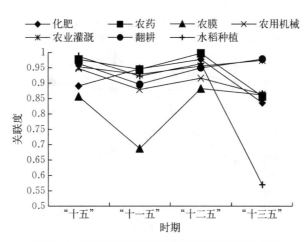

图 2-8　豫南地区农业碳排放影响因素变化趋势

为0.8563；"十一五"时期影响最大的因素是化肥，关联度为0.9459，农药的影响仅次于化肥，关联度为0.9445，影响度最小的是农膜，关联度为0.6871；"十二五"时期农药的关联度上升为最大，为0.9972，农膜的关联度最小为0.8821；"十三五"时期，翻耕对这一碳源的影响最大，关联度为0.9785，农业灌溉次之，关联度为0.9742。而在4个时期，水稻种植这一因素的关联度波动最大，农业灌溉的波动程度最小。

豫北地区农业碳排放影响因素时序变化如图2-9所示。"十五"时期对豫北地区农业碳排放影响最大的因素是水稻种植，关联度为0.9617，影响最小的因素是翻耕，关联度为0.8839；"十一五"时期影响最大的因素是农药，关联度为0.9757，影响最小的因素是农膜，关联度为0.6393；"十二五"时期影响最大的因素是农业机械，关联度为0.9751，影响最小的因素与上期相同，均为农膜，关联度为0.7976；"十三五"时期影响最大的是农膜，关联度为0.9284，影响最小的是水稻种植，关联度为0.6439。关联度波动最大的因素是水稻种植，波动最小的是化肥。

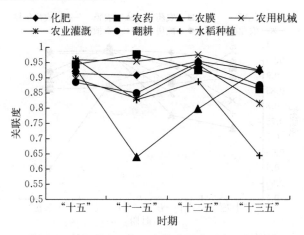

图2-9 豫北地区农业碳排放影响因素变化趋势

由图2-10可以看出，"十五""十一五""十二五"期间，对豫中地区农业碳排放影响较大的因素分别是农用机械（关联度为0.9775）、化肥（关联度为0.9427）、翻耕（关

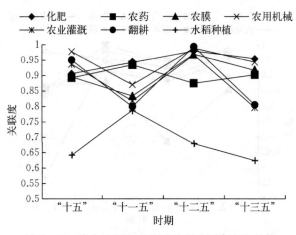

图2-10 豫中地区农业碳排放影响因素变化趋势

联度为 0.993 5), "十三五"期间仍然是化肥 (关联度为 0.954 6), 对豫中地区农业碳排放的影响最大; "十五"到"十三五"期间对豫中地区农业碳排放影响最小的因素都是水稻种植, 不过关联度在发生变化, 分别为 0.642 2、0.787 4、0.678 9、0.624 1。

综合图 2-6~2-10 来看, 对于同一区域, 在不同时段的最大影响因素也是在发生变化的, 且没有明显规律, 究其原因, 可能与当年的具体生产情况相关, 每年的农业生产都在发生变化。"十五"至"十三五"期间, 对各区域农业碳排放影响因素关联度大小排序分别是: 豫东地区为农药、水稻种植、农用机械、农业灌溉; 豫西地区为农业灌溉、化肥、翻耕、农用机械; 豫南地区为水稻种植、化肥、农药、翻耕; 豫北地区为水稻种植、农药、农用机械、农膜; 豫中地区农用机械和翻耕分别对"十五"和"十二五"期间农业碳排放影响最大, 化肥是"十一五"和"十三五"期间农业碳排放影响最大的因素。

本 章 小 结

本章在梳理碳排放政策、现状的基础上, 利用 IPCC 碳排放系数法测算河南省农业碳排放量并进行时空特征分析; 基于测算结果, 构建碳排放影响因素的指标体系, 采用灰色综合关联分析法分析探讨了各因素对河南省农业碳排放的影响程度及其时空特征, 为河南省农业碳减排提供理论依据。

参 考 文 献

陈银娥, 陈薇, 2018. 农业机械化、产业升级与农业碳排放关系研究——基于动态面板数据模型的经验分析 [J]. 农业技术经济, (05): 122-133.

邓远建, 超博, 2022. 灰水足迹视角下我国省域农业生态效率及其影响因素 [J]. 中国农业科学, 55 (24): 4879-4894.

董红敏, 李玉娥, 陶秀萍, 等, 2008. 中国农业源温室气体排放与减排技术对策 [J]. 农业工程学报, 24 (10): 269-271.

范振浩, 邢巍巍, 卜元卿, 等, 2023. 江苏省种植业碳排放的测算及达峰分析 [J]. 水土保持学报, 37 (05): 78-85.

葛继红, 孔阿敬, 王猛, 2023. "双碳"背景下中国农业碳排放分布动态及减排路径 [J]. 新疆农垦经济, (04): 44-52.

洪业应, 2015. 西藏农业碳排放的实证研究: 测算、时空分析及因素分解 [J]. 数学的实践与认识, 45 (19): 65-73.

胡川, 韦院英, 胡威, 2018. 农业政策、技术创新与农业碳排放的关系研究 [J]. 农业经济问题, (09): 66-75.

胡婉玲, 张金鑫, 王红玲, 2020. 中国农业碳排放特征及影响因素研究 [J]. 统计与决策, 36 (5): 56-62.

贾敏, 陈英伟, 2023. 基于新型支持向量回归模型的河北省农业碳排放测算及预测研究 [J]. 农业与技术, 43 (01): 141-146.

金书秦, 牛坤玉, 韩冬梅, 2020. 农业绿色发展路径及其"十四五"取向 [J]. 改革, (02): 30-39.

旷爱萍, 胡超, 2020. 广西农业碳排放影响因素和趋势预测 [J]. 西南林业大学学报 (社会科学), 4 (2): 5-13.

李波, 杜建国, 刘雪琪, 2019. 湖北省农业碳排放的时空特征及经济关联性 [J]. 中国农业科学, 52 (23): 4309-4319.

李波, 张俊飚, 李海鹏, 2011. 中国农业碳排放时空特征及影响因素分解 [J]. 中国人口·资源与环境,

21 (8)：80 - 86.

李慧，李玮，姚西龙，2019. 基于 GWR 模型的农业碳排放影响因素时空分异研究 [J]. 科技管理研究，39 (18)：238 - 245.

李绵德，周冬梅，朱小燕，等，2023. 河西走廊 2000 - 2020 年农业碳排放时空特征及其影响因素 [J]. 农业资源与环境学报：(4) 1 - 17.

刘思峰，杨英杰，吴利丰，等，2014. 灰色系统理论及其应用（第七版）[M]. 北京：科学出版社.

闵继胜，胡浩，2012. 中国农业生产温室气体排放量的测算 [J]. 中国人口·资源与环境，22 (7)：21 - 27.

邱子健，靳红梅，高南，等，2022. 江苏省农业碳排放时序特征与趋势预测 [J]. 农业环境科学学报，41 (3)：658 - 669.

田成诗，陈雨，2021. 中国省际农业碳排放测算及低碳化水平评价——基于衍生指标与 TOPSIS 法的运用 [J]. 自然资源学报，36 (02)：395 - 410.

田云，尹忞昊，2022. 中国农业碳排放再测算：基本现状、动态演进及空间溢出效应 [J]. 复印报刊资料（农业经济研究），(7)：104 - 127.

伍国勇，孙小钧，于福波，等，2020. 中国种植业碳生产率空间关联格局及影响因素分析 [J]. 中国人口·资源与环境，30 (05)：46 - 57.

徐丽杰，董珍溪，2023. 黄河流域农业碳排放时空特征及空间效应分析 [J]. 华北水利水电大学学报（社会科学版），39 (02)：9 - 18.

杨振，李泽浩，2022. 中部地区碳排放测度及其驱动因素动态特征研究 [J]. 生态经济，38 (05)：13 - 20.

张金鑫，胡婉玲，王红玲，2020. 湖北省农业碳排放的时序特征与影响因素分析 [J]. 湖北农业科学，59 (24)：67 - 74.

张希栋，杨程博，刘静，2023. 我国农业碳排放时空演变特征研究 [J]. 环境保护，51 (C1)：42 - 48.

周一凡，李彬，张润清，2022. 县域尺度下河北省农业碳排放时空演变与影响因素研究 [J]. 中国生态农业学报（中英文），30 (04)：570 - 581.

Li S L, Wang Z Z, 2023. The Effects of Agricultural Technology Progress on Agricultural Carbon Emission and Carbon Sink in China [J]. AGRICULTURE - BASEL, 13 (4)：793.

Qin L G, Liu S Q, Hou Y, et al., 2023. The spatial spillover effect and mediating effect of green credit on agricultural carbon emissions：Evidence from China [J]. Frontiers in Earth Science, 10：1037776.

Rong T Q, Zhang P Y, Zhu H R, et al., 2022. Spatial correlation evolution and prediction scenario of land use carbon emissions in China [J]. Ecological Informatics, 71 (Suppl C)：101802.

Wen S B, Hu Y X, Liu H M, 2022. Measurement and spatial - temporal characteristics of agricultural carbon emission in China：an internal structural perspective [J]. Agriculture, 12：1749.

West T O, Marland G, 2002. A synthesis of carbon sequestration, carbon emissions, and net carbon flux in agriculture：Comparing tillage practices in the United States [J]. Agriculture, Ecosystems and Environment, 91 (1 - 3)：217 - 232.

Zwane T T, Udimal T B, Pakmoni L, 2023. Examining the drivers of agricultural carbon emissions in Africa：an application of FMOLS and DOLS approaches [J]. Environmental Science and Pollution Research, 30：(56542 - 56557).

第三章 农业碳效率时空特征分析

农业产出既有期望产出又有非期望产出，碳排放是非期望产出的重要组成部分。农业碳效率是描述农业生产过程中期望产出、非期望产出与要素投入之间关系的重要指标，农业碳效率的大小是农业可持续发展水平的重要体现，对农业碳效率进行有效量化分析，有助于为农业生产降碳增效政策的制定提供理论基础。农业碳效率受多种因素影响，同一因素在不同时间、不同区域对农业碳效率的影响程度也不同，对影响农业碳效率的若干因素进行具体分析，明确何种因素对农业碳效率起关键作用，对于提升农业碳效率至关重要。综上所述，通过对农业碳效率的时空演进特征及影响因素进行科学分析，可为寻求农业低碳可持续发展路径和实现农业高质量发展提供理论依据。

第一节 农业碳效率的研究现状

随着人们对农业碳排放认识的不断深入，学者们开始从碳排放与农业经济增长耦合方面开展大量研究。农业碳效率作为连接农业经济产出与碳排放的纽带，已成为学术界重点关注的问题。纵观已有文献，国内外学者对农业碳效率的相关研究主要集中于农业碳效率内涵、农业碳效率评价、农业碳效率影响因素等方面。

一、农业碳效率内涵

效率最初属于物理概念，意为有用功率与驱动功率的比值。经济学中，效率是反映生产单元或者经济系统产出对投入，或收益对成本的比值，主要考核生产过程中资源使用的有效性，后被拓展至不同领域，尤其是在生态、管理等领域中。生态效率又称环境效率，Schaltergger 和 Sturm 最早于 1990 年提出这一概念，意为增加的价值与增加的环境影响的比值，此概念首次将经济与生态问题集成。此后，世界可持续发展工商理事会（WBCSD）和经济合作与发展组织（OECD）将生态效率进行了拓展，将其视为"在地球承载能力范围内的资源环境投入与满足人类生产生活需求的产出之间相互协调的关系"，目前这一定义已被广泛接受，已成为衡量"自然—经济—社会"复合系统可持续发展水平的重要工具。农业生态效率是生态效率在农业领域的拓展与延伸，其内涵是指在保证农业经济发展的前提下，减少农业资源投入和环境污染，提倡一种以"高效、节源、减污"为理念的生态农业发展模式。农业碳效率以碳排放作为非期望产出，是农业生态效率的一个重要组成部分，主要用于衡量农业生产过程中要素投入及经济产出与碳排放之间的关系，是表征农业低碳发展水平的关键指标。

目前学者们对农业碳效率的概念暂未达成一致的观点，史磊刚（2011）、黄景裕（2014）认为农业碳效率是指农业生产过程中作物产量或经济产值与碳排放量之间的比值；Zhou 等（2010）、王群伟等（2010）、尚杰等（2022）将农业碳效率看作是在农业生产中既定投入与经济产出中理想状态下，最少碳排放量与实际碳排放量之比；高鸣等（2015）、田云等（2020）将碳排放约束下的农业生产率看作农业碳效率。无论哪种概念，共同点都是将农业碳排放作为非期望产出，纳入农业生产投入产出指标体系中，充分考虑碳排放作用下农业活动的经济价值。也就是说，相同农业投入下经济产出越高且碳排放量越少的地区，其农业碳效率越高。可见，农业碳效率是反映农业经济产出与碳排放协同耦合程度的重要指标，提高农业碳效率是实现农业低碳可持续发展的重要途径。

二、农业碳效率评价

1. 农业碳效率测算方法

农业碳效率测算方法主要有比值分析法、随机前沿分析法、数据包络分析法等。

比值分析法在一定程度上反映了经济发展对环境造成的影响，被学者用来测算兼顾环境效益和经济效益的农业碳效率。史磊刚等（2011）、黄景裕等（2016）将利用比值分析法测算农业碳效率，他们将农业碳效率细分为碳的生产效率、碳的经济效率和碳的生态效率，其中碳的生态效率是指农作物碳汇总量与碳排放量的比值；碳的生产效率是指主要农作物产量与碳排放量的比值；碳的经济效率是指农业总产值与碳排放量的比值。比值法仅从产出角度出发，把农业生产过程中期望产出与非期望产出的比值作为农业碳效率，忽略了投入端，导致农业生产过程的要素投入与产出分离，不能反映真实的农业碳效率，所以这种方法在农业碳效率测算中有一定的局限性。

随机前沿分析法（Stochastic Frontier Analysis，SFA）最早由 Aigner（1977）在前沿效率框架下提出的一种参数分析方法，根据前沿生产函数的不同可分为基于柯布—道格拉斯函数的 SFA 和基于超越对数函数的 SFA 两种形式。随机前沿分析法充分考虑到随机误差项对个体效率的作用，评估结果较准确，被较多学者应用于效率的计算，也有少部分学者用其测算农业碳效率，如程琳琳等（2018）构建超越对数函数的 SFA，将农业碳排放、农业资本存量、农业劳动力及农作物播种面积作为投入变量，以农林牧渔业实际总产值为产出变量测算农业碳效率；杨龙等（2020）将农药使用量、化肥使用量、农膜使用量、柴油使用量、耕地面积作为投入变量，将农业产值与农业碳排放的比值作为产出变量，基于超越对数函数的 SFA 测算农业碳效率。但该方法只适用于多投入、单产出问题，当投入指标之间存在复杂相关性时，评价精度和结果往往会受到影响，且不适用于多产出的效率评价。

数据包络分析法（Data Envelopment Analysis，DEA）是 Charnes 和 Cooper 1978 年基于相对效率提出的一种非参数分析方法，旨在评价"多投入多产出"模式下决策单元间的相对有效性（Charnes 等，1978）。传统的 DEA 模型［如 CCR 模型（Constant Return to Scale Model，即规模报酬不变模型）］和 BCC 模型（Bonker - Charnes - Cooper Model，即规模报酬可变模型）在评价效率时未考虑投入和产出的松弛问题，当存在投入或产出的非零松弛时，测算效率值会偏高，Tone（2001）于 2001 年提出了非径向、非角度的 SBM 模型（Slack - based measure，SBM），上述问题得以克服。但 SBM 模型的结果介于 0 和

1之间，无法对多个有效率的决策单元进行比较，于是 Tone（2002）在 2002 年又提出了超效率 SBM 模型，能够进一步识别达到有效单元之间的差异。数据包络分析法不依赖于预先确定的模型或估计参数，无需对数据进行无量纲化处理，克服了人为确定权重对测量结果的主观性影响，使用起来十分方便，因此在农业碳效率评价问题中得到广泛应用。如吴贤荣等（2020）、Shan 等（2022）运用 SBM 模型测算农业碳效率；Yang 等（2022）使用超效率 SBM 模型测算了长江中游城市群县域一级的农业碳效率；尚杰等（2022）、谭涛等（2023）利用考虑非期望产出的超效率 SBM 模型测算农业碳效率；Zhang 等（2023）利用三阶段超效率 SBM - DEA 模型测算我国农业碳效率。还有学者将数据包络分析与 Malmquist 指数或 Malmquist - Luenberger 指数模型相结合测算农业碳效率，从静态和动态两方面分析其变化，如 Zhang 等（2020）用 BCC - Malmquist 指数模型测算我国"一带一路"沿线省份的农业碳效率；Wang 等（2021）选择超效率 CCR 模型和 Malmquist 指数模型评价我国农业碳效率；朱道才等（2023）将 SBM 和 Malmquist 模型结合，对安徽省各市农业碳效率进行测算；钱力等（2023）利用 EBM - GML 模型测算我国各省份农业碳效率；杨琳焱等（2023）基于 SBM - GML 模型测算我国各省份农业碳效率。

此外，农业碳效率是在农业生态效率的基础上提出的，一些农业生态效率测算方法也对农业碳效率的测算有很大参考价值，如生命周期评价法、能值分析法等。生命周期评价法用于评价产品从生产到废弃的整个生命周期中，能源和资源消耗以及废物排放对环境造成的潜在影响，钟方雷等（2017）、吴晓雨（2021）引入生命周期评价法分别获得小麦、玉米的非期望产出生态指标，进而再测算小麦、玉米的生态效率。能值分析法通过能值转换率把生态经济系统内不可比的不同类型的能量转换为相同标准的太阳能值，以衡量整体效益，凌立文等（2015）采用能值分析法测算了 2000—2010 年广东省 67 个县级市的生态效率；张艳红（2017）通过能值分析法测算了 2014 年大湘西农业生态效率。

2. 农业碳效率评价指标选取

通过梳理现有评价农业碳效率的文献发现，学者们基于研究角度的不同，在投入产出指标的选择上存在一定的差异。

在投入指标选取上，冯飞等（2023）考虑到农业碳排放主要是在生产要素投入和使用中产生的，把土地投入、化肥投入、农膜投入以及机械投入当作投入指标；钱力等（2023）在前者的基础上增加了农药投入和农业劳动力投入指标，从农业资本、农业劳动力和土地 3 个维度出发构建投入产出指标体系，测算我国 2000—2021 年的农业碳效率；吴昊玥等（2021）、尚杰等（2022）、朱道才等（2023）考虑到农业生产过程中水资源的投入，将农业灌溉作为投入指标，进一步丰富农业碳效率投入产出指标体系；田云等（2020）从资本投入角度继续扩充，将农业固定资本存量作为投入指标，完善农业碳效率的投入产出指标体系。

产出指标选取上，大多数学者把农业碳排放作为非期望产出，农业生产总值作为期望产出，如李博等（2016）、郭四代等（2018）、杨龙等（2020）、杨琳焱等（2023）。一些学者考虑到农业不仅产生碳源，还具有较强的碳汇功能，将农业碳吸收量作为期望产出引入指标体系，如吴昊玥等（2021）将碳吸收量作为生态产出引入农业碳效率评价指标体系；徐小雨等（2023）将农业碳汇总量和农业生产总值作为期望产出，将农业碳排放量作为非期望产出，利用全局 SBM 模型测算东北地区的农业碳效率，发现净碳汇总量和农业碳效率整体呈上升趋势；谭涛等（2023）兼顾农业碳汇和碳源双重性，构建农业碳效率评价指标体系，测算海南省2010—2021年农业碳排放效率。

三、农业碳效率影响因素

农业生产过程中涉及的因素较为复杂，包括政策、生产要素、技术创新、城市化等多个方面，对农业碳效率影响因素的探究能够为制定更加科学有效的政策和决策提供参考。

现有关于农业碳效率影响因素的研究主要围绕农业产业结构、农业产业聚集、农业经济发展水平、城镇化水平、农业受灾程度、环境规制、财政支农资金、农业投资强度等因素开展。如李博、张文忠等（2016）利用邓氏灰色关联分析法从农业产业结构、劳动者素质、城市化水平、城乡收入比等方面，研究造成我国农业碳效率异质性的主要影响因素，发现农业产业结构、农业受灾程度是造成农业碳效率区域差异的关键因素。田云等（2020）选取农业产业结构、农村经济发展水平、城镇化水平、耕地规模与农村用电量作为解释变量，利用Tobit模型对湖北省农业碳效率影响因素进行分析，发现农业产业结构对湖北省农业碳效率呈现显著的负相关，而农村经济发展水平、城镇化水平和农村用电量则呈现显著的正相关；农业产业结构、农村经济发展水平、城镇化水平以及农村用电量是导致湖北碳效率变化的关键因素。吴昊玥等（2021）从产业、要素、环境3个维度出发，选择10个可能的影响因素，利用空间Tobit模型探讨我国农业碳效率的影响因素，发现农业产业结构、农业投资强度、财政支农力度和受灾程度对农业碳效率存在显著消极作用；有效灌溉率和城镇化率存在积极的正向推动效果，受灾程度和城镇化率是影响农业碳效率的关键因素。侯宇等（2023）利用Tobit模型研究粮食主产区的农业碳效率影响因素，结果表明，农业产业结构、城镇化水平、财政支农政策对粮食主产区农业碳效率表现出明显的负向作用，而农业经济发展水平有显著的正向作用。

第二节　基于灰色超效率SBM的农业碳效率测算

作为衡量农业经济发展和碳排放量、表征可持续发展能力的关键指标，农业碳效率的提升意味着农业可持续发展能力的提高。农业碳效率是反映农业低碳发展的"晴雨表"，选取合理的评价指标及方法模型对其进行测算甚为重要，可为后续分析其变化规律提供基础。本节首先设计农业碳效率评价指标体系，随后考虑到农业生产具有灰色属性，构建灰色超效率SBM模型测算河南省各市（县）农业碳效率，以期为河南省提升农业碳效率提供决策支持。

一、农业碳效率评价指标体系设计

指标选取既要符合农业低碳发展特征，同时也要遵循科学性、系统性、可操作性等原则。鉴于农业碳效率考虑了经济效益和生态效益，可以从经济和环境影响两方面选取投入产出指标。

投入指标选取上，参考以往相关研究，结合河南省农业生产的具体情况，从土地投入、人力投入、机械投入、农药投入、化肥投入、农膜投入、柴油投入这7种直接物质资源投入中选取。其中，土地投入选取农作物播种面积来表示，体现的是耕地面积的实际情况；人力投入是农业生产过程中不可或缺的一项投入要素，用农业从业人数来反映；机械投入用农用机械总动力来表示，在一定程度上反映了农业机械化水平；农药投入则是用农药使用量表示，农药能够预防和消灭病虫害，还能对作物的生长起到调节作用，是农业生产中重要的物资要素；化肥投入用化肥使用折纯量来表示，折纯量是指把氮肥、磷肥、钾肥分别以氮、五氧化二磷、氧化钾的质量百分数计算相加后得到的数量；农膜投入用农膜使用量表示；柴油投入选择用农用柴油使用量表示。

产出指标分为期望产出指标与非期望产出指标。期望产出指标主要考虑农业生产过程中的经济产出，用农业生产总值表示。非期望产出指标主要考虑农业生产过程中造成的直接或间接的碳排放，传统农业碳效率测算仅仅把碳排放量当作非期望产出，而忽略了农业生产过程中其他间接排碳的环境不友好产出。在农业生产过程中，化肥农药等农用物资中未被农作物完全吸收的氮、磷、钾等元素会在降水或者灌溉过程中通过水体径流潜入附近水体造成水污染（李文艳等，2022）。处理污水消耗的化石类能源和化学药剂存在间接碳排放，其总量约占全社会碳排放量的 $1\% \sim 3\%$，若不进行处理，水污染持续存在于易产生厌氧过程从而导致更多碳排放（赵霞等，2023）。可见由农药化肥等造成的水污染会间接造成较多的农业碳排放，应该将其合理量化并纳入核算体系。农业灰水足迹是学者们用来描述农业生产对水资源影响的常用指标，因此非期望产出指标选取农业灰水足迹和碳排放两个指标来衡量农业生产过程对生态环境的负面影响。其中碳排放指标无法直接从系统中获得，需要根据农业能源消耗量、能源碳排放系数和碳排放公式进行计算得到，指标数据采用第二章农业碳排放的测算结果。灰水足迹不能直接获得，利用氮肥、磷肥数据通过测算得到河南省农业灰水足迹。计算过程如下。

农业灰水足迹数值由最关键的污染物决定（即河南省农业灰水足迹为氮肥灰水足迹与磷肥灰水足迹较大者），测算过程主要参考《水足迹评价手册》（Hoekstra 等，2011）。具体测算公式是：

$$GWF_{pla} = \max\left[GWF_{(N)}, GWF_{(P)}\right] \tag{3-1}$$

$$GWF_{(i)} = \frac{L_{(i)}}{C_{\max} - C_{nat}} = \frac{\alpha_{(i)} \times Appl_{(i)}}{C_{\max} - C_{nat}} \tag{3-2}$$

式中，GWF_{pla} 为农业灰水足迹，$GWF_{(N)}$ 为氮肥灰水足迹，$GWF_{(P)}$ 为磷肥灰水足迹，$GWF_{(i)}$ 为第 i 种物质的灰水足迹（$10^{10} m^3$），$L_{(i)}$ 为第 i 种污染物排放负荷（kg），$C_{\max}$ 为水质环境标准情况下的污染物最高浓度（mg/L），C_{nat} 为受纳水体的初始浓度（mg/L），$\alpha_{(i)}$ 表示污染物淋失率，$Appl_{(i)}$ 表示施用第 i 种化学物质的量（kg），$i = N/P$，N 表示氮元素，P 表示磷元素。在灰水足迹测算中，根据《地表水环境质量标准》（GB3838—2002）中规定的Ⅲ类水标准，氮和磷污染物的最大排放标准分别为 1.00 mg/L 和 0.05 mg/L，自然本底质量浓度值为 0，氮肥和磷肥的流失率分别为 86.7%、36.0%。

构建的河南省农业碳效率评价指标体系如表 3-1 所示。基于数据的可获取性与完整性，选取 2001—2021 年河南省的 18 个市的数据作为时间样本序列。数据来源于《河南统计年鉴》（2002—2022 年）、河南省各市的统计年鉴（2002—2022 年）、前瞻数据库[①]、河

①　前瞻数据库：https://www.qianzhan.com。

南省国民经济和社会发展统计公报（2001—2021 年）等。

表 3-1 河南省农业碳效率评价指标体系

一级指标	二级指标	变量	变量说明	指标序号
投入指标	土地投入	农作物播种面积（10^3 hm²）	反映实际耕作面积	1
	人力投入	农业从业人数（万人）	农业人力资源情况	2
	机械投入	农用机械总动力（10^4 kW）	农业机械投入情况	3
	化肥投入	化肥使用折纯量（万 t）	碳排放重要来源	4
	农药投入	农药施用量（万 t）	碳排放重要来源	5
	农膜投入	农膜使用量（万 t）	碳排放重要来源	6
	柴油投入	农用柴油使用量（万 t）	碳排放重要来源	7
	经济产出	农业产值（亿元）	农业经济发展水平	8
产出指标	环境不友好产出	灰水足迹（10^{10} m³）	农业水污染量	9
		碳排放量（万 t）	温室气体	10

二、农业碳效率灰色超效率 SBM 测算模型

农业碳效率评价属于多投入多产出问题，适合用数据包络分析法来测算。针对传统 DEA 模型使用角度和径向测算生产单元效率，可能造成测算误差的问题；非径向和非角度的 SBM 模型将松弛变量引入目标函数，解决了投入产出松弛型问题，得到了广泛使用。但 SBM 模型无法对效率值为 1 的决策单元进行排序，超效率 SBM 模型在 SBM 模型的基础上，将被决策单元从参考集中剔除，其效率是参考剩余被决策单元构建的生产前沿而得出的（成刚，2014），这种方法允许效率值大于 1，从而有效解决了有效单元效率值的排序问题。超效率 SBM 模型根据生产前沿不同，分为当期超效率 SBM 模型和全局超效率 SBM 模型两种不同形式，当期超效率 SBM 模型只能测算不同决策单元在同一时间节点的效率，不能跨期比较效率变化；全局超效率 SBM 模型利用整个样本期内的观测数据来构建全局生产前沿，并用该生产前沿对所有决策单元的效率值进行评价，可以考察效率值的长期变化趋势（李晔等，2023）。为避免测算结果为静态效率值，选用考虑非期望产出的全局超效率 SBM 模型来测算农业碳效率。鉴于农业生产过程收集得到的原始数据具有不完全、不完善的灰色属性，将灰色 GM（1，1）模型与超效率 SBM 模型结合起来，先使用缓冲算子和 GM（1，1）模型对各指标变量的原始值消除冲击扰动因子，降低数据灰度，再将所得的拟合数据运用到全局超效率 SBM 模型中，构建灰色超效率 SBM 模型，改进后的新模型能够减弱数据的随机波动和误差，使测算结果更科学合理，符合实际。以下是灰色超效率 SBM 模型的建模过程。

第一步，将原始投入产出数据序列通过 GM（1，1）模型处理减弱灰度。设原始数据序列为：

$$X^{(0)} = [x^{(0)}(1), x^{(0)}(2), \cdots, x^{(0)}(k)], x^{(0)}(k) \geqslant 0 (k=1, 2, \cdots, n)$$

$$(3-3)$$

为增加数列的光滑性，对 $X^{(0)}$ 做一次累加生成处理得到：

$$X^{(1)} = \left[x^{(1)}(1), \ x^{(1)}(2), \ \cdots, \ x^{(1)}(n) \right] \tag{3-4}$$

其中，

$$x^{(1)}(k) = \sum_{t=1}^{k} x^{(0)}(t)(k=1,2,\cdots,n) \tag{3-5}$$

$X^{(1)}$ 的紧邻均值生成序列为：

$$Z^{(1)} = \left[z^{(1)}(2), \ z^{(1)}(3), \ \cdots, \ z^{(1)}(n) \right] \tag{3-6}$$

其中：

$$z^{(1)}(k) = \frac{1}{2} \left[x^{(1)}(k) + x^{(1)}(k-1) \right] (k=2, \ 3\cdots n) \tag{3-7}$$

GM(1，1) 模型的基本形式为：

$$x^{(0)}(k) + az^{(1)}(k) = b \tag{3-8}$$

式中：a 为发展系数，b 为灰色作用量。

若 $\hat{a} = [a, \ b]^T$ 为参数列，则 $\hat{a} = (B^T B)^{-1} B^T Y$，其中，

$$B = \begin{bmatrix} -z^{(1)}(2) & 1 \\ -z^{(1)}(3) & 1 \\ \vdots & \vdots \\ -z^{(1)}(n) & 1 \end{bmatrix}, \ Y = \begin{bmatrix} x^{(0)}(2) \\ x^{(0)}(3) \\ \vdots \\ x^{(0)}(n) \end{bmatrix} \tag{3-9}$$

时间响应序列为：

$$\hat{x}^{(1)}(k+1) = \left(x^{(0)}(1) - \frac{b}{a} \right) e^{-ak} + \frac{b}{a}, \ k=1, \ 2\cdots n \tag{3-10}$$

还原值为：

$$\hat{x}^{(0)}(k+1) = \hat{x}^{(1)}(k+1) - \hat{x}^{(1)}(k)$$

$$= (1-e^a) \left[x^{(0)}(1) - \frac{b}{a} \right] e^{-ak}, \ k=1, \ 2, \ \cdots n \tag{3-11}$$

第二步，将各数据序列的还原值序列设为：

$$\hat{X}_{lw}^{(0)} = \left[\hat{x}_{lw}^{(0)}(1), \ \hat{x}_{lw}^{(0)}(2), \ \hat{x}_{lw}^{(0)}(3), \ \cdots, \ \hat{x}_{lw}^{(0)}(21) \right] \tag{3-12}$$

式（3-12）中 w 表示各市序号($w=1$, 2, $\cdots$, 18)，各市排序同《河南统计年鉴》中 18 个市顺序一致；l 为指标序号($l=1$, 2, $\cdots$, 10)，各指标序号见表 3-1 所示；$\hat{X}_{lw}^{(0)}$ 表示第 w 个市第 l 个指标 2001—2021 年的还原值序列，其中，投入指标还原值序列记作：

$$\hat{X}_{iw}^{(0)} = \left[\hat{x}_{iw}^{(0)}(1), \ \hat{x}_{iw}^{(0)}(2), \ \hat{x}_{iw}^{(0)}(3), \ \cdots, \ \hat{x}_{iw}^{(0)}(21) \right] (i=1, \ 2, \ \cdots, \ 7) \tag{3-13}$$

期望产出指标还原值序列记作：

$$\hat{X}_{rw}^{(0)} = \left[\hat{y}_{rw}^{(0)}(1), \ \hat{y}_{rw}^{(0)}(2), \ \hat{y}_{rw}^{(0)}(3), \ \cdots, \ \hat{y}_{rw}^{(0)}(21) \right] (r=8) \tag{3-14}$$

非期望产出指标还原值序列记作：

$$\hat{X}_{zw}^{(0)} = \left[\hat{b}_{zw}^{(0)}(1), \ \hat{b}_{zw}^{(0)}(2), \ \hat{b}_{zw}^{(0)}(3), \ \cdots, \ \hat{b}_{zw}^{(0)}(21) \right] (z=9, \ 10) \tag{3-15}$$

将以上还原值序列作为计算数据序列，代入以下考虑非期望产出的全局超效率 SBM 模型中测算农业碳效率：

$$\min\zeta = \frac{1 + \dfrac{1}{m}\sum\limits_{i=1}^{m}\dfrac{s_i^-}{\hat{x}_{ik}^{(0)}(t)}}{1 - \dfrac{1}{s_1+s_2}\left[\sum\limits_{r=1}^{s_1}\dfrac{s_r^+}{\hat{y}_{rk}^{(0)}(t)} + \sum\limits_{z=1}^{s_2}\dfrac{s_z^-}{\hat{b}_{zk}^{(0)}(t)}\right]}$$

$$s.t.\begin{cases} \sum\limits_{t=1}^{T}\sum\limits_{j=1,j\neq k}^{n}\partial_j^t\hat{x}_{ij}^{(0)}(t) - s_i^- \leqslant \hat{x}_{ik}^{(0)}(t)(i=1,2,\cdots,m) \\ \sum\limits_{t=1}^{T}\sum\limits_{j=1,j\neq k}^{n}\partial_j^t\hat{y}_{rj}^{(0)}(t) + s_r^+ \geqslant \hat{y}_{rk}^{(0)}(t)(r=1,2,\cdots,s_1) \\ \sum\limits_{t=1}^{T}\sum\limits_{j=1,j\neq k}^{n}\partial_j^t\hat{b}_{zj}^{(0)}(t) - s_z^- \leqslant \hat{b}_{zk}^{(0)}(t)(t=1,2,\cdots,s_2) \\ 1 - \dfrac{1}{s_1+s_2}\left[\sum\limits_{r=1}^{s_1}\dfrac{s_r^+}{\hat{y}_{rk}^{(0)}(t)} + \sum\limits_{z=1}^{s_2}\dfrac{s_z^-}{\hat{b}_{zk}^{(0)}(t)}\right] > 0 \\ \partial_j^t \geqslant 0(\forall j), s_i^- \geqslant 0(\forall i), s_r^+ \geqslant 0(\forall r), s_z^- \geqslant 0(\forall z) \end{cases} \quad (3-16)$$

式中：ζ 表示农业碳效率值；m 为投入指标个数，s_1 表示期望产出指标个数，s_2 表示非期望产出指标个数，k 为被评价决策单元，t 为时间次序；$\hat{x}_{ik}^{(0)}(t)$、$\hat{y}_{rk}^{(0)}(t)$、$\hat{b}_{zk}^{(0)}(t)$ 分别表示投入、期望产出、非期望产出；$\hat{x}_{ik}^{(0)}(t)$ 是第 k 个决策单元在 t 时期的第 i 项投入，$\hat{y}_{rk}^{(0)}(t)$ 是第 k 个决策单元在 t 时期的第 r 项期望产出，$\hat{b}_{zk}^{(0)}(t)$ 第 k 个决策单元在 t 时期的第 z 项非期望产出；s_i^-、s_r^+、s_z^- 分别表示投入、期望产出和非期望产出的松弛变量，∂_j^t 为 t 时期决策单元 j 的权重向量（$j\neq k$）；$0<\zeta<1$ 时表示决策单元相对无效，存在效率损失，需要对投入、产出量进行调整；$\zeta\geqslant 1$ 时表示决策单元达到有效状态，其值越大表明农业碳效率越高。

第三节　河南省农业碳效率的时空特征分析

基于上一节构建的农业碳效率评价指标体系和灰色超效率 SBM 模型，对河南省 18 个市 2001—2021 年的农业碳效率进行测算，分别从时间、空间、时空 3 个方面分析其演变特征，为后续对河南省农业碳效率进行更深入的研究提供理论基础。

一、农业碳效率时序特征分析

运用灰色超效率 SBM 模型测算河南省 2001—2021 年的农业碳效率，结果见表 3-2。

表 3-2　2001—2021 年河南省农业碳效率

年份	效率值
2001	1
2002	1
2003	1

（续）

年份	效率值
2004	0.973 5
2005	0.851 6
2006	0.728 0
2007	0.700 8
2008	0.709 6
2009	0.695 4
2010	0.709 0
2011	0.693 6
2012	0.702 1
2013	0.684 7
2014	0.682 4
2015	0.687 0
2016	0.727 8
2017	0.757 0
2018	0.816 5
2019	1
2020	1.090 4
2021	1.036 5
均值	0.821 2

观察表 3-2 中的数据可知，2001—2021 年河南省农业碳效率最大值为 2020 年的 1.090 4，属于高度有效。最小值为 2014 年的 0.682 4，未达到有效值。整体均值为 0.821 2，极度接近有效，说明河南省农业碳效率有较大提升空间。为直观表现河南省农业碳效率时序上的变化，基于表 3-2 的数据做成农业碳效率变化趋势图（图 3-1）。

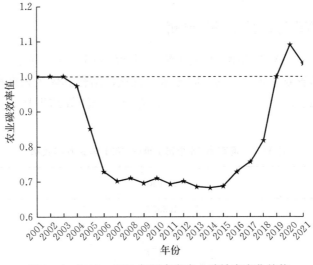

图 3-1　2001—2021 年河南省农业碳效率变化趋势

由图 3-1 可见，河南省农业碳效率前期较为稳定，随后出现先减后增的变化趋势，但总体水平偏低。除 2001—2003 年、2019—2021 年这 6 年的碳效率有效外，其余 16 年河南省的农业投入、经济产出和碳排放均处于非有效状态。

分阶段看，2001—2003 年河南省农业碳效率值为 1，刚好保持在了有效状态；在"十五"前期，农业从业人员基数大，对于农机、化肥、农药等高污染性投入要素没那么依赖，因此碳排放效率始终有效；2003—2007 年，河南省农业碳效率高速降低，效率值从 1 降至 0.7；此后从 2007 年到 2015 年，农业碳效率始终处于低效状态，且呈波动式下降。原因可能在于"十五"至"十二五"时期，社会经济快速发展，农民种地的机会成本不断上升，导致农民倾向于选择到城市打工，农村中青年劳动力不断转移，农业从业人数由 2003 年的 1 728 万人减少到 2007 年的 1 696.9 万人。同时农业机械、化肥、农药、农膜等要素的使用量也在逐渐增加，在农业经济高速增长的同时也对农业生态环境造成了严重破坏。这个时期的农业生产往往采用粗放型生产方式，表现为高投入、高消耗、高污染，通过牺牲农业资源和环境来换取经济增长，因此农业碳效率水平较低。

2015 年之后，河南省农业碳效率开始以较高增速逐渐提升，于 2019 年达到有效水平，之后仍保持较高增速，到 2020 年攀升至 20 年来的最高效率点 1.090 4，2020—2021 年虽有所降低，但仍处于较高效率水平。这段时期农业碳效率的提升得益于两个原因，一是国家政策导向引起大家对于农业低碳环保发展的重视："十三五"规划明确指出，要加快发展农业循环经济，聚焦农业化肥农药减量增效，深入推进农业农村节能减碳等工作；二是河南省对于农业控碳减排工作的坚定落实：如 2016 年河南省农业厅为减少农业发展过程中对生态环境的破坏，提出了"一控两减三基本"的目标任务，在此期间河南省各项农业面源污染治理工作取得积极成效，农药和农膜使用以及农业废水排放大幅度减少，大大降低了农业生产过程中的碳排放量，有效改善了农业碳效率的发展状态。2020—2021 年，河南省农业碳效率虽然存在小幅度的降低，但仍处于高效状态，表明河南省农业生产过程中注重生态保护，坚持绿色低碳生产和以绿色发展推动农业经济高质量发展。

二、农业碳效率空间分布特征分析

利用灰色超效率 SBM 模型测算河南省 18 个市 2001—2021 年的农业碳效率，通过 ArcGIS 软件将河南省农业碳效率的空间分布可视化，结合具体投入产出数据，分析河南省不同区域的农业碳效率变化特征。将各市农业碳效率测算结果从高到低进行排序，如表 3-3 所示。

表 3-3　河南省 18 个市 2001—2021 年农业碳效率

地区	效率值	排名
洛阳市	1.357 5	1
三门峡市	1.225 7	2
信阳市	1.117 8	3
焦作市	1.081 7	4

（续）

地区	效率值	排名
开封市	1.063 9	5
商丘市	1.054 7	6
南阳市	1.040 6	7
驻马店市	1.022 7	8
周口市	1.018 6	9
鹤壁市	1	10
新乡市	1	11
济源市	1	12
安阳市	0.535 1	13
漯河市	0.476 9	14
平顶山市	0.365 9	15
郑州市	0.356 3	16
濮阳市	0.168 2	17
许昌市	0.106 9	18

　　整体来看，样本期内河南省 66.7% 的地区农业碳效率有效，说明河南省大部分城市的农业低碳发展水平较高。其中农业碳效率水平最高的是洛阳，效率值高达 1.357 5，呈断层式领先。农业碳效率水平最低的是许昌，效率值仅为 0.106 9，属于极度无效。无效地区有 6 个，分别是安阳、漯河、平顶山、郑州、濮阳、许昌，其中郑州作为省会城市，农业碳效率仅为 0.356 3，农业生产总值高但碳排放量较大，说明郑州在农业生产过程中碳减排力度不够，应该多利用绿色生产技术以期实现农业发展绿色转型。

　　为了更加直观地展示河南省农业碳效率的空间格局分布特征，基于表 3 - 3 中的数据，利用 GIS 自然断点法，将河南省 2001—2021 年农业碳效率值细分为 5 个等级，等级越高，农业碳效率发展水平越高（表 3 - 4）。

表 3 - 4　河南省 2001—2021 年农业碳效率等级划分（GIS 自然断点法）

范围	[0.1, 0.35)	[0.35, 0.65)	[0.65, 1.05)	[1.05, 1.25)	[1.25, 1.4)
等级	第一等级	第二等级	第三等级	第四等级	第五等级

　　利用 ArcGIS 10.8 软件按划分的农业碳效率等级，将 18 个市 2001—2021 年的农业碳效率进行分析，结果发现，豫中的农业碳效率水平最低，豫西的农业碳效率水平最高。就具体的市来看，豫西地区的洛阳和三门峡两个紧邻市农业碳效率值分别为 1.357 5 和 1.225 7，都位于最高等级。分析各市具体投入产出数据发现，将与洛阳和三门峡农业生产总值相近的市横向比较来看，二者的要素投入和碳排放是最少的，即意味着这两个市均以较低的农资要素投入取得了较高的期望产出和较低的农业碳排放量，所以农业碳效率水平较高。豫中地区的许昌农业碳效率最低，周围的郑州、平顶山、漯河同样处于较低的农业碳效率水平，与许昌呈"C"型环绕，4 个城市形成河南省豫中农业碳效率低水平区。

豫北地区的济源、焦作、新乡、鹤壁农业碳效率都实现有效提升，农业生产属于低投入—高产出模式；而濮阳、安阳农业碳效率水平较低，分别位于第一等级和第二等级。安阳的农业生产模式属于高投入—高产出，存在较大提升空间。濮阳2001—2021年的农业产值平均为57亿元，相比农业产值为45亿元的新乡，前者投入要素和碳排放量约为后者的3倍还多，可见濮阳的农业生产方式较为粗放，属于高投入—低产出模式，在农业生产中没有实现投入要素的经济效益和生态效益的最大化。豫东地区和豫南地区的农业碳效率都处于有效状态，说明河南省东部和南部的农业绿色发展程度较高，其经验值得中部和北部地区学习借鉴。

三、农业碳效率时空特征分析

参照第二章第三节中提到的"十五"至"十四五"划分，利用灰色超效率SBM模型测算河南省18个市不同时期的农业碳效率，并对河南省农业碳效率进行时空特征分析；根据各市不同时期的投入产出构建共同前沿面，以方便各市不同时期之间实现跨期比较，测算结果见表3-5。

表3-5 河南省18市不同时期的农业碳效率

城市	时期			
	"十五"	"十一五"	"十二五"	"十三五"
郑州市	0.2220	0.2514	0.2852	0.3361
开封市	0.3304	0.4734	0.6738	1.0630
洛阳市	0.5694	0.6785	0.8111	1.0689
平顶山市	0.2203	0.2446	0.2816	0.3361
安阳市	0.1979	0.2627	0.3537	0.5016
鹤壁市	0.4201	0.4424	0.4871	0.5401
新乡市	0.4218	0.4447	0.4758	0.5206
焦作市	0.3241	0.4483	0.6470	1.0673
濮阳市	0.1468	0.1428	0.1400	0.1371
许昌市	0.0946	0.0968	0.0998	0.1031
漯河市	0.2985	0.3378	0.3841	0.4504
三门峡市	0.4943	0.6048	0.7556	1.0888
南阳市	0.3090	0.4286	0.6083	1.0537
商丘市	0.3237	0.4617	0.6559	1.0709
信阳市	0.4130	0.5430	0.7202	1.0807
周口市	0.3168	0.4190	0.5427	1.0169
驻马店市	0.3102	0.3996	0.5143	0.7027
济源市	1	1	1	1
均值	0.3563	0.4267	0.5242	0.7299

可以看到，河南省18个市不同时期的农业碳效率均值从"十五"时期的0.3563持续增加到"十三五"时期的0.7299，虽未达到有效值，但有明显的提升。

基于表 3-5 中的数据，利用 GIS 等分法将河南省 18 个市 2001—2021 年农业碳效率值分为 5 个等级，等级越高，农业碳效率水平越高（表 3-6）。

表 3-6　河南省 2001—2021 年农业碳效率等级划分（GIS 等分法）

范围	(0, 0.25]	(0.25, 0.50]	(0.50, 0.75]	(0.75, 1]	(1, 1.25]
等级	第一等级	第二等级	第三等级	第四等级	第五等级

利用 ArcGIS 10.8 软件，将河南省 18 个市 2001—2021 年农业碳效率的时空演变过程进行分析，结果如下：从各时间阶段来看，"十五"期间，农业碳效率值处在第一等级的市有 5 个，大部分市的农业碳效率处于第二等级，洛阳的农业碳效率位于第三等级，仅有一个济源处于第四等级，没有效率值位于第五等级的市，"十五"期间河南省各市农业碳效率均值仅为 0.356 3，远未达到有效水平。"十一五"期间，省内农业碳效率略有提高，总体农业碳效率均值为 0.426 7，较"十五"期间提升了 19.79%。属于第一等级的市减少为 2 个，第三等级的市的农业碳效率上升至 3 个，大部分市依旧位于第二等级。"十二五"时期，大部分市的农业碳效率值由第二等级跃迁至第三等级，第四等级的市上升为 3 个，第一等级的市仅剩 2 个，农业碳效率平均值为 0.524 2，较"十一五"时期提升了 22.82%。"十三五"时期，农业碳效率水平实现有效的市的数量大幅提高，由原来的 1 个上升为 9 个，处于第二等级的市数量有所减少，处于第三等级的市数量增多，整体平均农业碳效率值达到 0.729 9，接近有效水平。

分区域来看，豫中地区的许昌、郑州、平顶山和漯河在 4 个时间阶段效率均保持无效状态。尤其是许昌，农业碳效率始终处于最低等级，农业生产资源没有得到合理利用，绿色发展程度较低。而郑州作为省会城市，其经济重心不在农业上，但农业碳效率从"十五"时期的 0.222 0 不断上升到"十三五"时期的 0.336 1，效率水平从第一等级提高到第二等级，说明郑州的农业低碳发展有持续进步。但豫中地区整体上的农业碳效率水平较低，急需优化农业生产方式，提高农业低碳发展水平。豫西地区中，洛阳和三门峡的农业碳效率前 3 个阶段无效，但在同时期 18 个市效率排名中始终名列前茅，在"十三五"时期达到有效水平。豫南地区除了驻马店的农业碳效率始终无效，其余均达到了有效。豫北地区的济源是第四阶段农业碳效率都有效的城市，其原因是济源作为河南省全域唯一的城乡一体化示范区，农业现代化发展水平较高，当地农业部门积极采取有效措施发展绿色农业，济源农业经济产出持续增加的同时，农业碳排放却不断降低，因此其农业碳效率发展始终保持较高水平；而濮阳在四个阶段的农业碳效率均无效，且逐渐下降，究其原因，一方面是濮阳的农业经济发展缓慢，另一方面是碳排放和水污染治理不到位，低经济产出伴随着高碳排放进而导致农业碳效率水平持续走低；其余市除了焦作最后一阶段实现有效，其他市都处于无效且较低效率状态，可见豫北地区的农业低碳发展水平差异较大。豫东地区的农业低碳发展较为均衡，3 个城市均以较高的效率值达到有效水平，农业碳效率提升较大，整体发展态势良好。

总体而言，从"十五"时期到"十三五"时期，随着政策力度的不断加大以及公众环保意识的增强，河南省的一些市逐渐改变传统的农业生产方式，不断提高农业资源的利用效率和节能减排能力，农业碳效率有效的市显著增多，全省农业碳效率空间上形成东西南高，中北部低的半包围结构，中北部的碳效率存在较大的提升空间。农业碳效率水平始终保持在较低水平的市如濮阳、许昌，应急需改善当前的农业生态环境，转变当前粗放的生产模式，以降低资源与环境的压力。效率水平高的市如济源、洛阳等，应当发挥示范带头作用，以期在农业可持续发展上实现溢出效应，为河南省其他市的农业低碳发展提供先进经验。

为了更加直观地展示河南省农业碳效率的空间变化特征，利用 ArcGIS 软件的趋势面分析工具，得到了河南省农业碳效率空间分布的趋势变化（图 3-2）。其中，X 正半轴代表正东方向，Y 轴正半轴代表正北方向，Z 轴为垂直方向，各市的农业碳效率用空间中的点来表示，通过将这些点在 X-Z 平面和 Y-Z 平面上进行投影，得到两条拟合线，分别描述农业碳效率在东西和南北方向上的趋势。如果两条趋势线平行于 X-Y 平面，说明没有空间分异；如果趋势线呈倾斜或弯曲状态，则说明存在一定的空间分异。

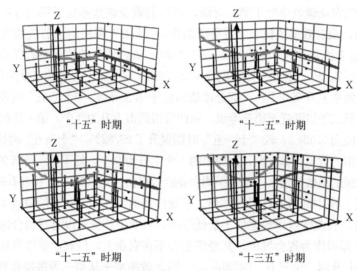

图 3-2　河南省不同时期的农业碳效率空间分布的趋势变化

从各个时间阶段来看，"十五"时期，在南北方向上两端较低，中间略高，曲线变化非常平缓，整体位于较低位置，说明"十五"时期河南省农业碳效率在南北方向上差异不大，且效率水平较低；东西方向上则呈现出东低西高的状态，变化趋势明显，说明"十五"时期河南省东西部农业碳效率差异较大。"十一五"时期，南北方向上同"十五"时期变化类似，整体比"十五"时期高，说明河南省农业碳效率较上一时期有明显提升；东西方向上同样表现为东低西高，显现出"U"型趋势的雏形，相对于上一时期的东部尾端有明显的上扬趋势。"十二五"时期，南北方向上的变化趋势相比前两时期变化较大，由两端低中间高变为北低南高，北部农业碳效率水平几乎没有提升，而南部的农业碳效率水平明显整体上移；在东西方向上中部，"U"型特征增强，东部地区农业碳效率水平持续上升，但依旧是东低西高。"十三五"时期，东西方向及南北方向的趋势形态均变化较大，南北方向上，中南部的农业碳效率有较大幅度的提高，导致北低南高的形态也更为明显；东西方向上，形成了标准的"U"型结构，东西高中间低且东部略高于西部，近乎持平，侧面反映东部地区的农业低碳发展劲头足，提升潜力大。

综合来看，河南省后 3 个时期的农业碳效率空间趋势相较于前一时期都发生了明显改变。无论是南北方向，还是东西方向，农业碳效率的趋势线整体上移，说明各个五年规划阶段所采取的一系列环保措施得到了有效发挥，农业碳效率水平整体提高。另外，无论是东西趋势线还是南北趋势线，基本都呈明显的倾斜或弯曲状态，从侧面表明河南省农业碳效率具有显著的空间分异性。

第四节　农业碳效率影响因素与驱动因子分析

通过对河南省农业碳效率时空演变特征进行合理的分析，了解了河南省农业碳效率的时空分布差异变化规律并确认其具有显著的空间分异性，基于以上上一节的研究基础，本节对河南省农业碳效率进行更深层次的分析，利用灰色关联分析探究影响河南省农业碳效率的具体因素，通过空间分异驱动因子分析模型从区域分层和要素水平分层两方面分析河南省农业碳效率空间分异驱动力，以期为河南省提升农业碳效率水平，制定农业低碳发展政策提供依据。

一、模型构建与变量设置

1. 模型构建

（1）灰色关联分析模型。灰色关联分析法是影响因素分析的常用方法，第三章选用灰色关联分析模型分析河南省农业碳效率影响因素，辨识影响农业碳效率发展的关键因素，具体模型同第一章第二节中的灰色关联分析模型一致。

（2）空间分异驱动因子分析模型。空间分异性全称为空间分层异质性，指地理空间上存在着不同的地域单元，在这些地域单元中，人类社会、经济和环境等特征表现出不同的异质性和分层性。考虑到河南省农业碳效率存在较大的空间分异性，研究中采用地理探测器来分析造成河南省农业碳效率空间分异的驱动因子。

地理探测器是一种基于地理空间数据分析的方法，可以用于探测不同驱动因素对某地区空间分异的影响程度。该方法不受线性假设的约束，对自变量 X 和因变量 Y 的空间分布特征进行量化，能够揭示它们之间的复杂关系，包括非线性和交互作用关系。地理探测器已经在多个学科领域得到应用，如自然资源管理、环境评价、城市规划、社会经济等。地理探测器包括 4 个探测器，即空间分异驱动因子探测器、因子交互作用探测器、生态探测器、风险探测器。研究中将使用空间分异因子探测器，对河南省农业碳效率的空间分异驱动因子进行探究。空间分异因子探测器的模型如下：

$$\begin{cases} q = 1 - \dfrac{\sum\limits_{h=1}^{L} N_h \sigma_h^2}{N\sigma^2} = 1 - \dfrac{SSW}{SST} \\ SSW = \sum\limits_{h=1}^{L} N_h \sigma_h^2 \\ SST = N\sigma^2 \end{cases} \tag{3-17}$$

式中，q 统计量表示各因子对被解释变量影响程度的大小，$h=1,2,\cdots,L$ 为变量 Y 或因子 X 的分层，即分类或分区；N_h 和 N 分别为层和全区的单元数；σ_h^2 和 σ^2 分别是层 h 和全区的 Y 值的方差；SSW 和 SST 分别为层内方差之和和全区总方差。q 值域为 [0，

1]，q 值越大说明 Y 的空间分异性越明显；如果分层是由自变量 X 生成的，则 q 值越大表示自变量 X 对属性 Y 的解释力越强，反之则越弱。极端情况下，q 值为 1，表明因子 X 完全控制了 Y 的空间分布，q 值为 0 则表明因子 X 与 Y 没有任何关系，q 值表示 X 解释了 $100 \times q\%$ 的 Y。q 值的一个简单变换满足非中心 F 分布：

$$\begin{cases} F = \dfrac{N-L}{L-1} \dfrac{q}{1-q} \sim F\ (L-1,\ N-L;\ \lambda) \\ \lambda = \dfrac{1}{\sigma^2} \Big[\sum_{h=1}^{L} \bar{Y}_h^2 - \dfrac{1}{N} \ (\sum_{h=1}^{L} \sqrt{N_h} \bar{Y}_h)^2 \Big] \end{cases} \tag{3-18}$$

式中，λ 为非中心参数，$\bar{Y}_h$ 为层的均值。根据式（3-17），可通过查表或者使用地理探测器软件来检验 q 是否显著。

2. 变量设置

（1）农业碳效率影响因素选取。农业碳效率测算的过程中主要纳入了农作物播种面积、农药、化肥施用量等指标，在农业生产过程中，这些指标直接决定着农业产值和生态效益。同样，经济发展程度、财政投入等外部社会因素也会间接影响农业生产和生态效率。基于此，现将河南省农业碳效率的影响因素划分为内生因素和外生因素两大类。

选取农业生产过程中的各项直接物质资源投入作为影响农业碳效率的内生因素，包括农作物播种面积、农业机械总动力、化肥使用量、农药使用量、农用柴油使用量、农膜使用量、农业从业人数等，内生因素具体解释见本章第二节中农业碳效率评价指标体系设计部分的投入指标内容。

在已有研究的基础上，选取农业产业结构、农业技术进步、城镇化率、农业财政投入、工业化水平作为农业碳效率的外生因素。各地区根据政策和总体规划的变化不断优化农业产业结构，从而影响农业碳效率，在此，选择农业产值与农林牧渔业产值的比值作为农业产业结构的数据。通过技术革新的推广和应用，可以提高农民的科技素质，提高作物、土壤、农用物资等的各项技术指标，从而提高农业的生产水平，降低资源消耗。农业技术进步数据采用河南省研发支出占全省 GDP 的比例。当前，河南省的城市化进程正在加快，持续提升的城镇化程度将对农业用地、耕地面积以及农村人口流向造成一定的影响。在城镇化进程加快的背景下，城镇化驱动下的城镇化型农业与现代农业的发展，对农户的“绿色化”生产意识及肥料、农药的科学使用也有一定的促进作用。研究中所使用的城镇化率数据来源于 2002—2022 年《河南统计年鉴》。财政投入在一定程度上会影响农民参与农业生产的积极性，影响农业基础设施的完善和农业现代化进程。由于没有专门的农业财政投入数据，所以使用财政支农、林业、水利支出占地方财政支出的比例。工业化一方面是实现农业现代化的先决条件，另一方面会造成耕地的占用，同时会促进农业劳动力的转移，改变产业结构，对农业生产产生一定的影响。本章第四节使用河南省工业增加值与全省 GDP 的比值来表示工业化水平。

内生因素数据同本章第二节中的数据来源一致，外生因素数据来源于 2002—2022 年中国统计年鉴及河南省统计年鉴。

（2）空间分异分析变量选取。本章第四节将从两方面分析河南省农业碳效率的空间分异性。一是基于区域分层，将河南省按照豫中、豫东、豫西、豫南、豫北划分为 5 个子区域，即将空间分为 5 层，探究空间分层对河南省农业碳效率的影响，其中因变量为各市不同时期的农业碳效率值，自变量为划分的 5 个区域。二是基于要素水平分层，选取本章第二节中农业碳效率评价指标体系设计部分的投入、产出指标作为驱动因子即自变量，包括化肥投入、农膜投入、柴油投入、农药投入、机械投入、土地投入、人力投入、农业生产总值、碳排放和农业灰水足迹，因变量同样为18市不同时期的农业碳效率值。根据河南省农业碳效率空间分布差异，探究不同指标在时序尺度下的影响强度。

二、结果分析

1. 农业碳效率影响因素灰色关联分析

以2001—2021年河南省农业碳效率为行为序列，以2001—2021年各影响因素为因素序列，通过灰色关联模型计算农业碳效率与不同影响因素之间的灰色关联程度，得到了内生因素和外生因素两大分类下河南省农业碳效率与12个影响因素之间的灰色关联程度（表3-7）。

表3-7 农业碳效率与影响因素之间的关联程度

一级因素	二级因素	关联度及排序
内生因素	农业机械总动力	0.590 3
	农作物播种面积	0.636 0
	农药施用量	0.765 6
	化肥施用量	0.625 5
	农用柴油施用量	0.729 6
	农膜使用量	0.620 1
	农业从业人数	0.675 8
外生因素	农业产业结构	0.686 2
	农业技术进步	0.592 4
	农业财政投入	0.656 7
	工业化水平	0.663 3
	城镇化率	0.790 5

由表3-7可知，河南省农业碳效率与各影响因素的灰色关联度大小排序为：城镇化率＞农药施用量＞农用柴油施用量＞农业产业结构＞农业从业人数＞工业化水平＞农业财政投入＞农作物播种面积＞化肥施用量＞农膜使用量＞农业技术进步＞农业机械总动力。

本章第四节将内生因素和外生因素中与农业碳效率之间的灰色关联度大于0.65的影响因素视为河南省农业碳效率的关键因素。根据表3-7中的灰色关联度结果，内生因素分别包括农药施用量、农用柴油施用量和农业从业人数3个关键因素。具体分析如下：农药施用量是对农业碳效率影响最显著的内生因素（0.765 6），农药是农业生产过程必不可少的化学投入要素，大部分农药含有氟利昂，使用过程会造成大量温室气体排放，是破坏农业生态环境的重要因素之一，因此对于农业碳效率有较大的影响。其次是农用柴油施用量（0.729 6），柴油的消耗量可以反映农业机械化的程度，机械化程度的提高能提高劳动生产率，节约劳动成本，但石化资源的大规模利用会对土壤和大气造成严重污染，从而影响农业碳效率。最后是农业从业人数，与农业碳效率的灰色关联度为0.675 8，农业从业人员的生产效率和技能水平直接影响农业碳效率，能够更精准有效地利用化肥和农药等资源、熟练掌握和使用现代农业机械以及具备环境保护意识的高素质农业从业人员参与农业生产活动，可以有效减少农业资源滥用，提高农业碳效率。

外生因素包括农业产业结构、农业财政投入、城镇化率和工业化水平4个关键因素，其中，城镇化率对农业碳效率的影响最为显著，灰色关联度为0.7905，位居第一，是影响河南省农业碳效率最关键的外生因素。随着城镇化率的提高，农村人口逐渐向城镇转移，导致农村劳动力减少，这可能会推动农业生产向集约化、规模化方向发展，从而提高农用物资和土地资源的利用效率，提高农业碳效率。而且，先进的低碳农业技术和管理经验会伴随着城镇化进程传播和应用，有助于减少化肥、农药等的使用量，从而提升农业碳效率。此外，城镇化也会带来居民对绿色、低碳食品需求的增加，这种需求变化会促使农业生产者更加关注食品的环保属性，从而推动农业低碳生产。农业产业结构也是影响农业碳效率的重要因素，其与农业碳效率的灰色关联度为0.6862。通过引入更先进的农业技术和更科学的管理方式对农业产业结构进行优化，可有效降低农业碳排放量并提高农业碳效率。同时，农业产业结构的调整也有助于农业废弃物的资源化利用、农业生态系统的碳汇功能的发挥，从而进一步提升农业碳效率。工业化水平对农业碳效率也有很大影响（0.6633），工业化水平的高低会影响农业基础设施的改善和农业现代化的进程，进而影响农业碳效率。在一定程度上，工业化水平是农业发展方式转型的支撑，可以提升现代农业的科技和信息化水平。大力发展"互联网＋"农业和农村电商，推广应用农业机器人，发展智慧农业、低碳农业是实现农业高质量发展的必要途径。农业财政投入与农业碳效率的灰色关联度为0.6567，政府对农业的财政投入可引导农业种植结构优化，减少高碳排放农作物的种植，同时，也推动农业机械化、农田水利设施建设，提高了农业生产效率，减少劳动力投入和能源消耗，进一步降低农业碳排放强度，有助于农业碳效率的提升。

2. 农业碳效率空间分异驱动因子分析

（1）基于区域分层的河南省农业碳效率空间分异驱动力。本章第四节依然将河南省按照豫中、豫东、豫西、豫南、豫北划分为5个子区域，即将空间分为5层，将5个子区域的方差之和与河南省不同时期农业碳效率的总方差进行比较，探究河南省空间分层对农业碳效率空间分异的影响。使用地理探测器软件，在分层的方式下对农业碳效率的分异性指标q进行测算，结果如表3-8所示。

表3-8　分层方式下的河南省农业碳效率空间分异驱动力

因变量	"十五"时期	"十一五"时期	"十二五"时期	"十三五"时期
农业碳效率	0.2596 (0.6268)	0.3265 (0.5350)	0.4819 (0.3321)	0.6582* (0.0821)

注：其中，括号内为p值，用于检验q是否显著，＊表示10%水平下显著。

q值越大说明河南省农业碳效率的空间分异性越明显，由表3-8可知，"十五"到"十三五"期间，驱动力q持续增大，由0.2596上升至0.6582，表明河南省农业碳效率的空间分异性逐渐增强；然而，仅有"十三五"期间q值在10%水平下显著，"十五"、"十一五"、"十二五"期间q值均不显著，但这也并不代表在此期间五大区域分层对河南碳效率的空间分异性没有影响，可能影响还未显现出来或存在其他影响较为显著的因素。总体来看，五大区域分层方式在4个时期内对河南省农业碳效率空间分异的平均解释能力为 0.431 6，整体解释能力处于中等偏低水平。

（2）基于要素水平分层的农业碳效率空间分异驱动力。区域划分标准是探究河南省农业碳效率空间分异驱动因子的一种重要分层方式，实际上，分层方式具有多种形式，可根据需要选择其他分层方式。对农业碳效率的投入、产出要素按照不同的水平进行分层（分区），并将分层后的投入、产出共十个类别变量作为驱动因子，探究其对河南省农业碳效率空间分异的驱动机制。为消除各投入、产出要素的量纲影响，方便进行统一分区，将投入、产出进行无量纲处理，经过处理得到的各投入、产出要素水平均分布在0～1的范围内。为使不同时期的驱动力能够进行跨区比较，采用 GIS 自然断裂法将投入、产出要素进行离散化处理，测算了"十五"时期、"十一五"时期、"十二五"时期、"十三五"时期4个阶段内不同投入、产出要素对农业碳效率空间分异的驱动力，计算结果见表3-9。

表3-9 要素水平分层方式下的河南省农业碳效率空间分异驱动力

因子	"十五"时期	"十一五"时期	"十二五"时期	"十三五"时期
化肥投入	0.558 0* (0.092 7)	0.427 1* (0.072 9)	0.284 6* (0.080 3)	0.247 9* (0.080 5)
农膜投入	0.218 2* (0.069 6)	0.337 1 (0.742 5)	0.275 2 (0.498 2)	0.124 8 (0.712 4)
柴油投入	0.414 5* (0.027 9)	0.387 6 (0.489 0)	0.362 7 (0.590 0)	0.117 9 (0.183 5)
农药投入	0.374 4 (0.269 9)	0.384 5 (0.358 9)	0.322 3 (0.539 9)	0.250 7* (0.026 7)
机械投入	0.444 2 (0.401 9)	0.241 5 (0.299 9)	0.207 6 (0.696 6)	0.289 3* (0.087 1)
土地投入	0.409 7 (0.288 8)	0.596 1* (0.076 6)	0.351 2 * (0.092 4)	0.401 3* (0.067 9)
人力投入	0.376 2* (0.482 7)	0.250 3 (0.767 9)	0.161 9 (0.682 1)	0.265 8* (0.064 8)
农业生产总值	0.165 3 (0.751 7)	0.352 1 (0.573 0)	0.110 8 (0.491 3)	0.144 1 (0.681 9)
碳排放	0.379 3 (0.592 1)	0.314 1 (0.722 9)	0.404 7* (0.059 7)	0.450 3 * (0.086 1)
农业灰水足迹	0.234 0 (0.250 3)	0.127 0 (0.157 9)	0.200 4 (0.277 2)	0.268 2 (0.460 8)

注：其中，括号内为 p 值，用于检验 q 是否显著，＊表示10％水平下显著。

从表3-9中可以看出，要素水平分层方式中，各时期均存在部分驱动因子的 q 值在10％水平下显著，相对于五大区域划分标准的分层方式下只有"十三五"时期 q 值在10％水平下显著，要素水平下的分层方式对农业碳效率空间分异特征的解释程度更强。此外，要素分层方式下"十五"和"十一五"时期，q 值的最大值大于五大区域分层方式下的 q 值，"十二五"和"十三五"期间 q 值的最大值又小于五大区域分层方式下的 q 值，表明河南农业碳效率空间分异性由"十五"和"十一五"期间的要素分层驱动转向"十二五"和"十三五"期间的五大区域分层驱动。

基于横向因子对比角度出发，各个驱动因子随着时间推移均呈现出波动变化趋势。化肥投入的空间分异驱动力在4个时期内均通过了显著性检验，且这一指标的空间分异驱动力呈现逐渐减弱趋势。农膜投入在"十五"时期通过了显著性检验，解释程度从"十五"时期的0.218 2大幅下降到"十三五"时期的0.124 8。柴油投入的空间分异驱动力在"十五"时期高达0.414 5，此后逐渐减弱，至"十三五"时期仅为0.117 9，且只有"十五"时期通过了显著性检验。农药投入和机械投入在"十五"至"十二五"时期，空间分异驱动力均未通过显著性检验，"十三五"时期通过了显著性检验，但驱动力不强。土地投入在"十一五""十二五"和"十三五"时期都通过了显著性检验，这三个时期的空间分异驱动力分别为0.596 1、0.351 2、0.401 3，其中在"十一五"和"十三五"时期均保持了较强的驱动力。人力投入在"十五"和"十三五"两个时期均通过了显著性检验，"十五"时期空间分异驱动力为0.376 2，"十三五"时期为0.265 8，人力投入的空间分异驱动力也在逐渐减弱。农业生产总值的空间分异驱动力均没有通过显著性检验，从"十五"到"十三五"时期呈波动式下降。碳排放的空间分异驱动力在"十二五"与"十三五"时期通过了显著性检验，分别为0.404 7、0.450 3，说明碳排放仍是造成空间分异的主要驱动因子。农业灰水足迹的空间分异驱动力在4个时期均未通过显著性检验，且各时期解释程度都较低。

分时期来看，"十五"时期，解释程度排名前四的驱动因子分别是化肥投入、机械投入、柴油投入、土地投入，驱动力分别为0.558 0、0.444 2、0.414 5、0.409 7。化肥投入对农业碳效率空间分异的解释程度超过了0.5，柴油投入、机械投入、土地投入对农业碳效率空间分异的解释力也较强，均超过了0.4。此时期由于农业技术水平相对落后，生产方式较为粗放，片面追求农业经济发展，因此化肥、柴油等要素投入较多，对河南省农业碳效率的空间分异影响较大。碳排放的驱动力为0.379 3，解释力排名第五。此时期内非期望产出要素具有一定的驱动地位，但空间分异的驱动机制仍是投入要素占主导地位。

"十一五"时期，化肥投入对农业碳效率空间分异的驱动力下降至0.427 1，土地投入成为农业碳效率空间分异的最强驱动因子，解释程度为0.596 1。柴油投入解释程度为0.387 6，机械投入的解释程度从"十五"时期的0.444 2下降至0.241 5，碳排放的解释程度相比"十五"时期下降了17%。除了土地投入、农药投入、农业生产总值、农膜投入对农业碳效率空间分析的驱动力保持增长，其他要素均有不同程度的下降，其中化肥投入的解释力下降幅度较大，但仍排名第二。在此时期，土地投入、化肥投入、农药投入是河南省农业碳效率空间分异的三大主导因素。

"十二五"时期，碳排放成为农业碳效率空间分异的最强解释因子，解释程度为0.404 7。柴油投入成为第二驱动因子，解释程度为0.362 7。土地投入、化肥投入的解释程度分别为0.351 2、0.284 6，此时期投入要素的解释力均有所减弱，尤其是人力投入的解释程度，仅为0.161 9，投入要素的驱动方式开始转变为环境要素占主导的驱动机制，环境的空间分异效应开始显著增强，非期望产出成为该时期农业碳效率空间分异的主导因素。

"十三五"时期，碳排放对空间分异的解释力持续增强，并且空间分异驱动力增加至0.450 3，解释程度超过了0.45。从"十二五"时期开始，碳排放通过显著性检验，且解释力逐渐增强。土地投入的驱动力也从"十二五"期间的0.351 2增加至0.401 3，对农业碳效率的空间分异存在较强的解释，化肥投入、农药投入、机械投入、人力投入的解释程度分别为0.247 9、0.250 7、0.289 3、0.265 8，农业灰水足迹对农业碳效率的空间分异驱动力上升至 0.268 2，虽然解释程度依旧较弱，但相比前几个时期，其驱动力一直在增强。此时期，土地投入与非期望产出中的碳排放占据河南省农业碳效率空间分异的主导地位。

　　总体来看，河南省农业碳效率空间分异是多种因素驱动的结果，从"十五"到"十三五"时期，各投入要素除了土地投入始终保持相对较高的空间分异驱动力，其他均有大幅度的下降，说明物质要素不再是农业碳效率空间分异的主要驱动力，间接反映出河南省农业生产方式不再高度依赖要素驱动。随着农业生产技术的不断进步，河南省农业碳效率空间分异的驱动因素发生了明显的变动，"十五"时期的最强驱动因子是化肥投入，"十一五"时期的最强驱动因子是土地投入，两个时期的最强驱动因子解释力都超过了 0.5，"十二五"时期及之后，碳排放成为农业碳效率分异的最重要驱动因子。"十二五"之前的时期，其最强驱动因子各不相同，且以投入要素为主，但之后农业投入要素的解释程度逐渐减弱，环境要素的解释作用逐渐凸显，可见农业生产过程中注重环境保护对于提升农业碳效率来讲至关重要。

本 章 小 结

　　农业碳效率水平是农业可持续发展能力的重要体现，本章在碳减排目标下，首先构建了包含碳排放与农业灰水足迹两个非期望产出的河南省农业碳效率评价指标体系，考虑到农业生产属于多投入多产出问题，且农业发展具有灰色属性，进而建立灰色超效率 SBM 模型测算河南省 2001—2021 年农业碳效率；其次从时间、空间和时空 3 个层面分析河南省农业碳效率的演变特征；最后利用灰色关联分析模型和地理探测器分析河南省农业碳效率的影响因素及空间分异驱动因子，探究影响河南省农业碳效率的关键因素和造成河南省农业碳效率空间分异的主要因子，为河南省提升农业可持续发展能力，促进农业绿色低碳发展，实现农业高质量发展提供理论依据。

参 考 文 献

白世秀，王宇，2019. 我国农业生态效率评价及 DEA 分析 [J]. 江苏农业科学，47（7）：328 - 332.

成刚，2014. 数据包络分析方法与 MaxDEA 软件 [M]. 北京：知识产权出版社.

程琳琳，张俊飚，何可，2018. 农业产业集聚对碳效率的影响研究：机理、空间效应与分群差异 [J]. 中国农业大学学报，23（09）：218 - 230.

冯飞，冯嘉妮，2023. 陕西省各市农业碳排放效率及其影响因素分析 [J]. 资源与产业，25（03）：10 - 18.

高鸣，宋洪远，2015. 中国农业碳排放绩效的空间收敛与分异——基于 Malmquist - luenberger 指数与空间计量的实证分析 [J]. 经济地理，35（4）：142 - 148，185 - 185.

郭四代，钱昱冰，赵锐，2018. 西部地区农业碳排放效率及收敛性分析——基于 SBM - Undesirable 模型 [J]. 农村经济，（11）：80 - 87.

国家环境保护总局，国家质量监督检验检疫总局，2002. 地表水环境质量标准：GB 3838 - 2002 [S]. 北京：中国标准出版社.

侯孟阳，姚顺波，2018. 中国城市生态效率测定及其时空动态演变 [J]. 中国人口·资源与环境，28（3）：13 - 21.

侯宇，张宏胜，杨尚钊，等，2023. 粮食主产区农业碳排放效率时空演变及影响因素研究 [J]. 新疆农垦经济，（04）：53 - 65.

黄景裕，2015. 鄱阳湖生态经济区农业碳收支与碳效率的时空分异 [D]. 南昌：江西师范大学.

黄景裕，尧波，胡启武，等，2014. 鄱阳湖生态经济区农作物生产碳效率的时空变化 [J]. 中国生态农业学报，22 (10)：1231 - 1239.

李博，张文忠，余建辉，2016. 碳排放约束下的中国农业生产效率地区差异分解与影响因素 [J]. 经济地理，36 (09)：150 - 157.

李文艳，李炳军，马文雅，2022. 灰水足迹与碳排放视角下河南省农业污染率的空间分布特征分析 [J]. 河南科学，40 (09)：1540 - 1548.

李晔，陈奕延，李群，2023. 中国城市群绿色发展水平测度与效率评价 [J]. 统计与决策，39 (17)：126 - 131.

凌立文，陈建国，周文智，等，2015. 广东省 67 县域农业经济系统生态效率研究 [J]. 广东农业科学，42 (22)：168 - 174.

钱力，金雨婷，2023. 农业碳排放效率测度及空间溢出效应 [J]. 安庆师范大学学报（社会科学版），42 (04)：100 - 108.

尚杰，吉雪强，石锐，等，2022. 中国农业碳排放效率空间关联网络结构及驱动因素研究 [J]. 中国生态农业学报（中英文），30 (04)：543 - 557.

史磊刚，范士超，孔凡磊，等，2011. 华北平原主要作物生产的碳效率研究初报 [J]. 作物学报，37 (08)：1485 - 1490.

谭涛，杨青，任家卫，2024. "两山"理论背景下海南省农业碳排放效率与农业经济增长耦合协调研究 [J]. 中国农业资源与区划，7：1 - 13.

田云，王梦晨，2020. 湖北省农业碳排放效率时空差异及影响因素 [J]. 中国农业科学，53 (24)：5063 - 5072.

王群伟，周鹏，周德群，2010. 我国二氧化碳排放绩效的动态变化、区域差异及影响因素 [J]. 中国工业经济，(1)：45 - 54.

吴昊玥，黄瀚蛟，何宇，等，2021. 中国农业碳排放效率测度、空间溢出与影响因素 [J]. 中国生态农业学报（中英文），29 (10)：1762 - 1773.

吴贤荣，张俊飚，张艳，等，2020. 农户低碳行为对其生产绩效的影响——基于湖北省的农户调查数据 [J]. 生态经济，36 (09)：107 - 115＋128.

吴晓雨，2021. 华北平原小麦生产的生态效率评价 [D]. 咸阳：西北农林科技大学.

徐小雨，董会忠，庞敏，2023. 东北三省农业碳排放效率时空演化特征及驱动因素分析 [J]. 中国环境管理，15 (02)：86 - 97.

杨琳焱，2023. 数字经济对农业碳排放效率的影响及空间溢出效应 [J]. 生产力研究，(09)：65 - 69.

杨龙，徐明庆，蒲健美，等，2020. 农业碳排放效率及影响因素研究 [J]. 中国经贸导刊（理论版），(06)：101 - 105.

张艳红，2017. 基于能值的大湘西农业生态效率研究 [D]. 长沙：中南林业科技大学.

赵霞，石诗义，毛杨，等，2024. 城市污水处理厂的"水-能-碳"协调调度模型 [J]. 电网技术，5：1 - 14.

钟方雷，杨肖，郭爱君，2017. 基于 LCA 和 DEA 法相结合的干旱区绿洲农业生态经济效率研究——以张掖市制种玉米为例 [J]. 生态经济，33 (11)：122 - 127.

朱道才，梁俊太，2023. 农业碳排放效率时空分异及低碳农业发展研究——以安徽省 16 市为例 [J]. 山东科技大学学报（社会科学版），25 (04)：63 - 74.

Aigner D，Lovell C A K，Schmidt P，1977. Formulation and estimation of stochastic frontier production function models [J]. Journal of Econometrics，Suppl：15 - 24.

Charnes A，Cooper W W，Rhodes E，1978. Measuring the efficiency of decision making units [J]. European Journal of Operational Research，2 (6)：429 - 444.

Desimore L D，Popoff F，1997. World business council for sustainable development (WBCSD). Eco - efficiency：The business link to sustainable development [M]. Cambridge：The MIT Press.

Shan T Y，Xia Y X，Hu C，et al.，2022. Analysis of regional agricultural carbon emission efficiency and influencing factors：Case study of Hubei Province in China ［J］. Plos one，17（04）：e0266172.

Tone K，2001. A slacks－based measure of efficiency in data envelopment analysis ［J］. European Journal of Operational Research，130（03）：498－509.

Tone K，2002. A slacks－based measure of super－efficiency in data envelopment analysis ［J］. European Journal of Operational Research，143（01）：32－41.

Wang R，Feng Y，2021. Research on China's agricultural carbon emission efficiency evaluation and regional differentiation based on DEA and Theil models ［J］. International Journal of Environmental Science and Technology，18（06）：1453－1464.

Yang B，Zhang Z，Wu H，2022. Detection and attribution of changes in agricultural eco－efficiency within rapid urbanized areas：a case study in the Urban agglomeration in the middle reaches of Yangtze River，China ［J］. Ecological Indicators，144：109533.

Zhang H，Guo S D，Qian Y B，et al.，2020. Dynamic analysis of agricultural carbon emissions efficiency in Chinese provinces along the Belt and Road ［J］. PloS one，15（02）：e0228223.

Zhang X，Zhou X，Liao K，2023. Regional differences and dynamic evolution of China's agricultural carbon emission efficiency ［J］. International Journal of Environmental Science and Technology，20（04）：4307－4324.

Zhou P，Ang B W，Han J Y，2010. Total factor carbon emission performance：a Malmquist index analysis ［J］. Energy Economics，32（01）：194－201.

第四章　粮食生产的多源要素及其作用路径分析

保证粮食的稳定供给，提高粮食综合生产能力，是确保国家长治久安的核心任务。粮食生产涉及多样化的数据场景，包括不同来源的调查数据、种类多样的实时监测数据及历史统计数据。基于多源异构数据的信息提取和有效整合分析，不仅能够为粮食智能化生产提供精准可靠的数据支撑，也为政府和决策者提供科学的依据，以优化资源分配、制定更加有效的农业政策。因此，为了进一步推动粮食生产科学发展，满足国家和社会安全的现实需求，亟需要全面深入分析粮食生产的多源要素及其作用路径。

第一节　粮食生产多源要素的内涵及属性特征

在科技和数据管理日益进步的当代，粮食生产也随之进入了一个全新的发展阶段，尤其是"互联网＋"和人工智能技术的广泛应用，为粮食生产领域带来了海量、高维、多源的大数据。这些数据不仅丰富了粮食生产管理的决策依据，也开拓了农业生产精细化管理和调控的新路径。因此，深入分析粮食生产的多源要素及其属性和特征，成为学界和业界关注的焦点。本节将对多源要素在粮食生产中的内涵进行明确界定，并深入探讨多源要素的各种属性和特征，以期为粮食生产的精细化管理提供更为全面和科学的支撑。

一、多源要素的内涵

"要素"的概念因领域而异，一般而言，"要素"指构成某一系统、对象、现象、问题的基础或关键组成部分，并对所研究或观察的整体有显著影响（Antwi‑Agyei, et al., 2012）。在粮食生产领域，更深层次的理解演化为对粮食要素和粮食生产环境等基本组成部分的认识。粮食要素通常指的是粮食生产和经营过程中所必需的各种条件和资源（Davy H, 1846）。其中，对粮食生产至关重要的要素包括土壤与水资源、种子与品种、农业机械与农业技术、市场与经济策略等。土壤和水资源为粮食生产提供必要的养分和水分，适合当地环境的种子与品种可以显著提高农业的效率和盈利性，现代化的农业机械和农业技术则有助于提高种植、收割和加工的效率，同时减少劳动力需求和降低生产成本。市场需求、价格波动和消费者偏好是影响粮食生产的定位、品种选择和销售策略制订的关键要素。这些要素共同决定了粮食生产的效率、可持续性和盈利性（Bindraban, et al., 2012）。

另一方面，粮食生产环境也是整个系统中的重要组成部分。粮食生产这个复杂的开放系统既受到气候条件、土壤类型、生态系统等自然因素的影响，同时也受到农业管理实践、土地利用变化和市场需求等人为因素的影响（Canter L W, 2018）。特别是在大田作物研究中，由于生长环境的复杂性和生长周期的长短不同，影响因素变得更加多样。

随着大数据技术的兴起，粮食生产领域面临前所未有的机遇，获得了大量多维数据资源，包括实时监测数据、历史统计数据和调查数据等，这些数据的多样性、时间跨度、空间覆盖以及深度和广度为粮食生产提供了新的分析视角。多源数据来自不同的来源、背景或渠道，涵盖了数据的各种类型、格式和结构，因此，在进行粮食生产的量化分析之前，需要对不同维度和量纲的数据源进行整合处理，才能有助于更好地优化粮食生产过程，实现全方位监测与预警。

二、粮食生产的多源要素属性

粮食生产作为全球食物安全的支柱，牵涉到从种子的选择、土地的耕作、种植、养护，一直到最终的收获等复杂且关键的环节。技术的飞速进步以及各种可获取的数据为粮食生产提供了前所未有的机会，使我们能以更深入的视角来分析和优化这一至关重要的领域。

首先，社会经济数据为我们提供了深刻了解人口分布、收入水平、消费趋势和市场需求等方面的机会，综合分析社会经济数据，可以更好地了解经济与粮食生产之间的相互关系，揭示经济发展、人口增长以及市场变化如何塑造和调整粮食生产的格局。宋茜等（2015）、Cao 等（2020）归纳梳理了农业生产中社会经济数据的主要融合技术和融合模型，并采用多模型集成方法融合社会经济数据、月度气候数据、卫星数据等多源数据，建立了小麦产量预测模型。

其次，气象数据不仅提供了基本的温度、降雨、湿度和风速等信息，还揭示了如何适应和预测天气和气候变化。对气象数据的分析有利于应对自然界的变幻莫测，确保作物在各种气候条件下的苗壮成长，对于保障粮食生产安全至关重要。徐焕颖等（2015）采用MODIS、温度、气象站点降雨量等多源数据指标，对黄淮海小麦等农作物干旱情况进行了监测分析。Li 等（2020）利用气象、光学遥感和被动微波数据，研究冬小麦监测效果，建立了冬小麦单个和全生育期干旱指数和相对气象产量模型。

土壤数据是另一个关键因素，土壤的质地、肥力、酸碱度以及有机物含量等属性对于确定哪种土壤种植哪种作物至关重要。土壤数据的分析有助于优化土地利用，提高农业资源的利用效率。Wang 等（2020）借助卫星图像、气候数据、土壤图和历史产量记录等多源数据，建立了冬小麦季内产量预测模型。

数字高程数据提供了对地形和地势的深入了解途径，在如何最优化地进行灌溉、排水，以及如何有效减少土壤侵蚀上给予了指导。Liu 等（2021）利用多源卫星监测数据，通过集合卡尔曼滤波数据同化，探索了基于小麦生产多源大数据的同化——作物模型策略。Han 等（2020）基于统计数据和遥感数据开发了一种包括种植面积、物候期和净初级生产力的产量空间化方法来模拟冬小麦产量。

此外，碳排放数据有助于跟踪和管理农业对全球碳循环的影响，实现可持续的粮食生产。基础地理数据，特别是地理信息系统（GIS），则揭示了土地使用方式、土壤类型、交通网络和水资源的布局，为农业规划和决策提供了关键支持。孙懿慧等（2014）使用GIS技术建立了基于气象、碳排放、水稻生产实际情况的多源数据库，辨析了影响增产潜力的主导因素。

在非结构化数据方面，社交媒体、新闻报道以及卫星图像等提供了大量的实时和历史数据，这些数据源用于获取与粮食生产相关的即时反馈和趋势预测，例如卫星图像可以用于监测作物的生长状态、病虫害传播和干旱情况，从而有助于制定农业决策。孙晓丽等（2014）在地理信息系统（GIS）的支持下，将作物生长力逐渐衰减模型与 ArcGIS 空间分析中的 GRID（规则网络模型）模型相结合，对不同等级小麦生产潜力等异构数据进行了融合处理与图像叠加分析。王来刚等（2022）和兰铭等（2021）分别通过多源时空数据融合和多光谱、热红外数据融合来实现冬小麦产量预测。黄川容等（2011）应用 WOFOST（世界粮食研究模型）作物生长模型并基于多源数据揭示了黄淮海平原冬小麦增产潜力及其时空变化规律。

最后，政策文件数据展示了政府和国际组织通过法律、政策和规章如何引导、支持或限制粮食生产。这些数据反映了农业政策的演变和影响，对于农业相关主体和政策制定者来说至关重要。

综合考虑社会经济条件、气象气候、土壤条件、数字高程数据、碳排放、地理环境、政策文件以及非结构化数据等多源要素对粮食生产的影响是至关重要的，对这些多源数据的整合和交叉分析有望为粮食生产管理提供更全面、准确的信息，从而更好地应对不断变化的农业需求和挑战。

第二节　小麦生产的多源要素体系构建

本节以黄淮海地区小麦生产为研究对象，针对其复杂性和多样性，充分考虑多源要素的综合影响，构建一个全面的多源要素体系，以深入研究黄淮海地区小麦生产过程中涉及的各种关键要素。通过系统性的数据收集、整理和分析，揭示这些要素的属性和特征，为黄淮海地区小麦生产智能决策与粮食安全分析，提供完整全面的数据支撑。

一、粮食生产总体情况

1. 黄淮海区位分布

黄淮海地区是中国东部大平原的主要组成部分，这一地区经济繁荣，人口众多，被认为是中国粮食产区的重要组成部分，属于暖温带半湿润气候，阳光充足，土壤肥沃，拥有独特的地理位置、气候和土壤条件，为小麦生长提供了理想的环境。2021 年黄淮海平原的小麦播种面积为 1.7×10^7 hm^2，约占全国小麦播种面积的 72.7%。小麦的总产量约为 1.1×10^{11} kg（荣越等，2024），占全国总产量的近 80%。黄淮海农区的小麦产量在全球小麦生产中位居领先地位，已超越美国、俄罗斯等国家，成为冬小麦种植的"黄金区"。可见，黄淮海平原小麦生产的稳定与否直接关系到国家粮食安全和社会可持续发展。为了确保数据的完整性并建立合理的模型，将研究区域界定为北京市、天津市、山东省，河北省、河南省的大部分地区，以及江苏省、安徽省淮河流域的部分地区，覆盖 2 个直辖市、50 个地级市。

2. 黄淮海地区粮食生产概况

黄淮海地区拥有超过 2 亿的农业从业人口，耕地和人口占据全国的 1/5。该区域地势平坦，土地资源丰富，土壤肥力高，有充足的气候资源，这些有利条件使得黄淮海地区成为农林牧业综合发展的理想区域和中国农业综合开发的关键区域。20 世纪 80 年代，中国科学院启动了农业科技"黄淮海战役"的项目，成功治理了盐碱地、沙漠化和涝灾，显著提高了黄淮海地区的综合农业生产能力。这一多学科领域的大规模科技攻关活动为增加粮食产量、夯实粮食安全基础注入了重要动力。2009 年，国务院办公厅发布的《全国新增 1 000 亿斤[①]粮食生产能力规划（2009—2020 年）》中提出了黄淮海地区新增粮食产能的任务，这一规划的提出，确立了黄淮海地区粮食生产在保障全国粮食安全中的重要地位，而后在国家政策引导和"三农"工作的推动下，该地区的粮食生产能力不断创下历史新高。

2010—2020 年，黄淮海地区的年均播种面积虽然仅占全国耕地面积的 20.4%，但产量贡献不仅包括了占全国 23.6% 的粮食，还包括了 41.8% 的棉花、31.6% 的水果、24.1% 的油料、25.3% 的肉类和 21.6% 的水产品。黄淮海地区采用冬小麦—夏玉米的双季作种植模式，因此小麦和玉米在黄淮海粮食生产结构中所占比例居于前列。自 2010 年起，黄淮海地区的小麦和玉米产量连续 11 年分别占全国总产量的 60% 以上和 30% 以上，同时该地区的人均耕地面积占全国人均耕地面积的 75%，人均粮食拥有量也远高于全国平均水平。黄淮海地区对中国新增粮食产量和粮食自给自足做出了杰出贡献，被誉为"中国粮仓"。黄淮海地区的粮食生产与中国国民经济和粮食安全密切相关，其生产的稳定性直接影响着国家粮食供应的绝对安全、经济社会的稳定发展以及应对各种风险和挑战的能力。

二、小麦生产多源要素集

在对粮食生产多源要素内涵属性特征及黄淮海地区粮食生产总体情况考察的基础上，从社会经济、气象、土壤、数字高程、碳排放、基础地理、非结构化数据和政策文件等八大不同属性数据确定黄淮海小麦生产指标体系。社会经济数据包括政府的农业支出、农村劳动力人数等，提供了宏观层面上农业区域生产能力和发展潜力的基础信息，这些信息与政策法规数据是相互影响的。政策法规通过生产补贴、技术支持或市场准入等方式，能为生产者带来显著的激励或限制，从而间接影响整个农业生态系统。气象和土壤数据为小麦生产提供了更为细致的生态环境依据，如温度、降水和风速，直接影响着小麦的生长周期和产量；土壤数据包括土壤的肥力、pH 和含水量等，也是决定小麦生长质量的关键要素。数字高程和基础地理数据允许更精确的空间分析，为其他属性数据提供了空间参照。此外，碳排放数据可以通过环境压力对小麦生长产生影响，非结构化数据和政策文件数据则反映了社会和政府对小麦生产的态度和重视程度，搜索指数等非结构化数据反映了社会对小麦生产的关注度，而政策文件的数量和内容则体现了政府在该地区的小麦生产规划和未来发展方向。

综合以上 8 种不同属性的数据形成的黄淮海地区小麦生产的多源要素集，不仅能为政府层面的宏观决策提供全面支持，也能助力农民和企业在微观层面作出更合理的生产决策，如此多维度、多角度的综合分析可以更准确、更高效地推动黄淮海地区小麦生产的可持续发展（表 4-1）。

---

① 斤：是市制单位，非法定计量单位，1 斤等于 500 g。

表 4-1　黄淮海地区小麦生产多源要素集

数据源	具体指标	指标缩写	指标说明
社会经济	人均财政支农支出（元/人）	PFA	财政支农支出/总人口
	农村劳动力人数（万人）	NRL	农业劳动力资源
	人均播种面积（hm²/万人）	PSA	小麦总播种面积/总人口
	土地生产效率（t/hm²）	LD	小麦总产量/总播种面积
	农业劳动力生产效率（t/万人）	PAL	小麦总产量/农业劳动力人数
	加权有效灌溉面积（10^6 hm²）	WEI	有效灌溉面积×ω①
	农业机械生产效率（t/10^4 kw·h）	PAM	小麦总产量/农业机械总动力
	加权化肥施用折纯量（10^6 t）	WFA	化肥施用折纯量×ω①
	固定资产投资增长率（‰）	GFA	（当年投资额－上年投资额）/上年投资额
	非农产业就业占比（‰）	PNE	第二、第三产业就业人员数/总就业人员数
	人均国民生产总值（元）	GDP	GDP总量/总人口
	消费增长率（%）	CGR	（当年消费额－上年消费额）/上年消费额
	人均财政收入（元/人）	PFR	财政总收入/总人口
	非农产业产值占比（%）	PNA	第二、第三产业产值/GDP总量
	恩格尔系数（/）	ECO	居民食物支出/居民消费总支出
气象	日最低气温（℃）	TMIN	连续24 h内所观测到的最低温度、最高温度、平均气温、平均风速、平均降雨量以及太阳总辐射量。采用5日滑动平均法对缺失值、异常值进行替换插补，通过去余去噪对数据清洗，采用IDW插值获取代表站点以外数据
	日最高气温（℃）	TMAX	
	日平均气温（℃）	TAVE	
	平均风速（m/s）	WIND	
	太阳辐射量［10^3 kJ/(m²·d)］	RAD	
	平均降雨量（mm）	PRE	
土壤	干土厚度（mm）	SOIL	干土厚度增减及不同深度下的土壤含水量可用于判断土壤墒情，采用IDW（反距离加权插值）插值获取代表站点以外数据
	0~10 cm土壤含水量（%）	WC_1	
	10~20 cm土壤含水量（%）	WC_2	
	40~50 cm土壤含水量（%）	WC_3	
数字高程	DEM高程数据（/）	DEM	利用GIS软件进行新栅格的镶嵌、影像拼接、非图像截取，掩膜提取黄淮海研究区栅格数据②，并进行栅格重采样
碳排放	CO_2排放量（10^6 t）	CO_2	相关数据主要基于能源消耗、水泥生产、秸秆燃烧等方面的测算
基础地理	经度（°E）	LON	采用IDW插值获取代表站点以外数据
	纬度（°N）	LAT	
	海拔（m）	ALT	

（续）

数据源	具体指标	指标缩写	指标说明
非结构化	搜索指数（/）	SIN	关键词检索、PCA 降维、降低数据冗余度，代表对黄淮海地区小麦生产关注度
政策文件	政策文件发布数量（个）	NUM	关键词检索、统计有助于黄淮海地区小麦生产的一系列支农惠农政策的制定

注：①ω 表示当期小麦播种面积/当期农作物播种面积；②栅格数据表示地理空间数据，在各个栅格单元上给出相应的属性值来表示地理实体的一种数据组织形式。

三、黄淮海地区小麦生产多源数据获取

数据整合程度是量化分析结果的科学性与有效性的直接影响因素。为形成结构统一、内容完整的量化建模数据集，研究中采用包括提取、挖掘、整合、清洗与多标准、多尺度转换的数据处理方式。数据涵盖范围涉及冀鲁豫低洼平原区、燕山太行山山前平原区、黄淮平原区、山东丘陵区 4 个区域，主要来源包括社会经济、气象、土壤、数字高程、碳排放、基础地理、非结构化、政策文件等 8 种不同属性数据。

1. 社会经济数据

社会经济数据在小麦生产的各个阶段均有不同程度的影响。这一过程遵循统一、简化、优选等原则，并通过一系列措施将播种、管理、收割等全过程纳入标准生产和管理轨道。为了表征小麦生产情况，选择小麦总产量作为核心指标。在选取相关社会经济因素时，综合考虑可行性、全面性以及定量和定性相结合的原则，选定人均财政支农支出、农村劳动力人数、人均播种面积等 15 个因素（谭忠昕、郭翔宇，2019）。这些相关指标数据主要来源于国家统计局①。

2. 气象数据

在开放的自然环境下生长的小麦对气候变化具有高度的敏感性，其生长发育阶段受到气候和气象条件的直接影响。因此，气候作为一种必需的自然资源，在一定程度上决定着小麦的生产效率和增产潜力（方莹等，2022）。为了深入探究小麦的生产效率和增产潜力，选取中国气象数据网《中国地面气候资料日值数据集》②的气象数据，并从中筛选出在黄淮海地区分布均匀、气象观测数据连续和具有代表性的 16 个农业气象观测站点的数据。

3. 政策文件数据

农业生产政策和法规不仅维护了农民的生产积极性，还激发了农业科技人员的创新动力，对小麦等粮食生产起到了宏观调控作用。这些因地制宜、多维立体、特色鲜明的支持政策不仅能稳定粮食的持续生产能力，也促进了粮食产能的稳定提升，构成了维护国家粮食安全的政策保障。为了进一步了解政策调控的实际影响，统计了 2010—2020 年黄淮海不同地区发布的关于小麦生产的政策文件数量。数据来源主要有两个渠道：一是政府官网，包括国务院政策文件库以及科学技术部、农业农村部、黄淮海覆盖区各级政府门户网

---

① 国家统计局：http：//www.stats.gov.cn/
② 中国气象数据网：http：//data.cma.cn

站；二是第三方平台，包括中国知网[①]、国研中心数据库[②]和白鹿智库[③]等。

4. 土壤数据

作为小麦生长的基础载体，土壤数据中空气和水分含量、质地和肥力水平都与小麦根系发育密切相关（满元伟等，2021）。黄淮海地区的土壤数据主要来源于国家青藏高原科学数据中心的土壤水分数据集[④]，这一数据集由 3 个被动微波遥感产品制成的降尺度土壤水分数据构成，不仅适用于水文和干旱监测，还可作为生态、农业和其他地球物理模型的重要输入参数（Ji 等，2018；Shi 等，2022）。选取了干土厚度和土壤水分数据作为代表性的土壤数据；数据的时间分辨率为月，空间分辨率为 0.05°。具体而言，土壤数据的相关指标包括干土厚度以及 0～10 厘米、10～20 厘米、40～50 厘米单位体积土壤含水量。

5. 数字高程数据

DEM（数字高程模型）高程数据代表地形表面的数字化形态，去除了所有自然和建筑特征，含有丰富的地形地貌和水文信息，可用于直观展现特定区域的空间地理特性。刘玉等（2022）的研究指出，数字高程对小麦的生产具有强力约束作用。据此，提取了平均高程作为小麦生产的影响要素之一；黄淮海地区的 DEM 高程数据来源于地理空间数据云网站[⑤]。

6. 碳排放数据

小麦的生长和产量与其所处的碳环境有着密切关联。光合作用是小麦生长的基础过程，需吸收大量的二氧化碳以合成淀粉等有机物。环境中二氧化碳含量的提高不仅能增强光合作用，还能提升作物的长势、产量和品质。

7. 基础地理数据

小麦生长受到地理位置和地势的显著影响，特别是在纬度和海拔较高、气温偏低的地区，这些因素通过改变气候条件进而影响小麦的播种和收获时间。具体而言，海拔每增高 100 m，播期大约会提早 4 d；而纬度每下降 1°，播期会推迟 4 d。对于冬型小麦品种，在中国内陆低海拔区域，纬度每变化 1°，生育期平均温度将大约变化 0.2℃，从而导致生育天数增加或减少 2.5 d。因此，不同经纬度和海拔的小麦需要与其区位条件相匹配的精准管理，以确保高产稳产。

8. 非结构化数据

小麦生产不仅受结构化数据影响，也受到海量网络等非结构化数据的补充作用。因此，综合百度搜索指数和巨量算数两个平台，构建搜索指数作为非结构化数据的代表性指标。百度指数[⑥]是基于网民行为数据的统计分析平台，用于查询数据和反映关注度，而巨量算数[⑦]是抖音推出的实时洞察平台，关注热词和热点内容趋势，两个平台对关键词的解读有所不同，百度更侧重于搜索结果，抖音则更注重内容。因此，两者结合起来进行关键词的综合搜索查询更具有参考意义。

---

① 中国知网：https：//www.cnki.net/

② 国研中心数据库：http：//www.drcnet.com.cn/www/int/

③ 白鹿智库：http：//www.bailuzhiku.com/

④ 国家青藏高原科学数据中心：ttp：//data.tpdc.ac.cn/zh-hans/

⑤ 地理空间数据云网站：http：//www.gscloud.cn/

⑥ 百度指数：https：//index.baidu.com/v2/index.html#/

⑦ 巨量算数：https：//trendinsight.oceanengine.com/

四、黄淮海地区小麦生产多源数据处理

在黄淮海地区小麦生产的多源数据处理中，本节综合使用主成分分析法（Principal Component Analysis，PCA）与灰色系统理论方法，这一结合方式具有多重优势和高度的合理性。主成分分析法可以提供一种更便于管理和分析的低维度数据结构，主要用于减小数据复杂性和数据降维，其有效性体现在最大程度地保留原始数据集中的信息，特别是在涉及多个影响因素和高维度变量（如气候、土壤质量、农业机械化水平等）的小麦生产环境中。与主成分分析法不同，灰色系统理论更侧重于从有限或不完全的数据中提取出有用信息，具体处理方式为：首先，对收集到的数据进行清洗，去除异常值和错误数据，确保数据的质量和可靠性，对于存在缺失值的数据，使用灰色关联分析或灰色插值方法填补缺失值，以减少数据不完整性的影响；其次，对数据进行标准化处理，以确保不同变量之间的尺度差异不会对 PCA 的结果产生不合理的影响，同时通过灰色关联分析法，筛选出最具代表性的数据维度，减少主成分分析中需要考虑的变量数量，提高 PCA 的效率，并避免处理过多的噪声数据，进一步提高 PCA 的解释性和可操作性；最后，通过特征值和特征向量求解，进而选取前几个主成分进行数据降维。

1. 社会经济数据

考虑到小麦生产系统社会经济数据具有贫信息和不确定性特点，采用灰色 GM（1，1）方法进行社会经济指标数据的拟合优化，尽可能消除随机误差和自然环境等冲击扰动因素的干扰（武建强，郑晶，2019）。

2. 气象数据

对于没有设置气象观测站点的研究区域，应用反距离权重法（Inverse Distance Weight，IDW）进行空间插值，以获取相应的气象数据。为保证数据的准确性和完整性，使用 SPSS（社会科学统计软件包）软件和《中国地面气候资料日值数据集》中提供的观测数据质量控制码进行数据清洗，采用 5 日滑动平均法对缺失值、异常值和可疑值进行替换和插补，并通过去噪实现数据的清洗。最后根据小麦生育期的资料，计算出各站点逐年气象要素的逐日平均值。

基于 2010—2020 年黄淮海冬小麦生育期各观测站点的基本信息（表 4 - 2），对冬小麦在不同生育期的气象变量数据进行了描述性统计。图 4 - 1 清晰地展示了各气象要素在不同生长阶段的分布规律和离散程度，其中，TMIN（最低气温）、TMAX（最高气温）、TAVE（平均气温）、WIND（风速）、RAD（辐射）等在冬小麦各生长阶段展现出明显的分布特性。相对而言，PRE（降水量）数据分布更多地表现为离散状态，在全年主要集中于特定季节，并在同一时期内缺乏明确的规律。

表 4 - 2　观测站点基本信息

区站名	区站号	所属省份	纬度/(°N)	经度/(°E)	观测场海拔/m	气压传感器海拔高度/m
保定	54602	河北	115.29	38.44	16.80	17.9
沧州	54616	河北	116.51	38.21	8.00	9.10
秦皇岛	54449	河北	119.31	39.51	2.40	3.50

（续）

区站名	区站号	所属省份	纬度/(°N)	经度/(°E)	观测场海拔/m	气压传感器海拔高度/m
唐山	54534	河北	118.06	39.39	23.20	24.50
邢台	53798	河北	114.30	37.04	77.30	78.50
安阳	53898	河南	114.08	36.03	62.90	63.80
宝丰	57181	河南	113.03	33.53	136.40	138.00
三门峡	57051	河南	111.12	34.48	409.90	411.70
商丘	58005	河南	115.40	34.27	50.10	51.10
郑州	57083	河南	113.39	34.43	110.40	111.60
驻马店	57290	河南	113.55	32.56	82.70	83.80
菏泽	54906	山东	115.25	35.15	49.90	51.10
济南	54823	山东	117.00	36.36	170.30	171.20
临沂	54938	山东	118.24	35.03	65.20	66.40
青岛	54857	山东	120.20	36.04	76.00	75.30
成山头	54776	山东	122.42	37.24	47.70	46.40

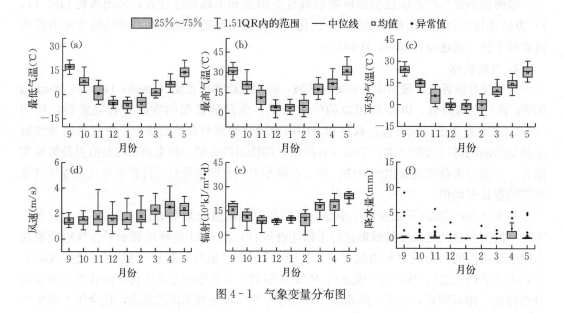

图 4-1　气象变量分布图

3. 政策文件数据

政策法规数据以农业、小麦、小麦生产和粮食安全为检索关键词，通过对国务院政策文件库及科学技术部、农业农村部、黄淮海覆盖区各级政府门户网站、中国知网、国研中心数据库和白鹿智库等数据来源渠道进行检索、筛查和分析。

4. 土壤数据

通过 GIS 地理信息系统和 IDW 空间插值方法，得到代表站点以外研究区的土壤数据，并对黄淮海地区 2010—2020 年不同区域的土壤数据进行汇总整理。

5. 数字高程数据

数字高程数据处理主要依托 ArcGIS 软件进行新栅格镶嵌和影像拼接，实现对研究区域的非图像截取，并通过掩膜提取方式获取研究区域的栅格数据。此外，考虑到数据密集度可能导致建模复杂，因此对原始栅格以 1 000 m 的间距进行了重采样。最终，通过栅格转点和属性表的导出提取 DEM 平均高程数据集（图 4-2）。

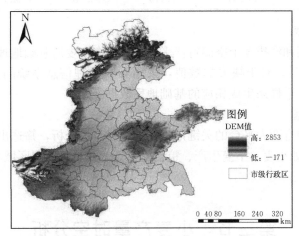

图 4-2 黄淮海研究区 DEM 数字高程数据

6. 碳排放数据

用黄淮海研究区 CO_2 排放量表征碳排放数据，将能源消耗、水泥生产、秸秆燃烧作为碳排放的主要来源。参考 CEADs 中国碳核算数据库[①]、《IPCC 国家温室气体排放清单（2019）》及《省级温室气体清单编制指南》进行各类碳排放的测算。表 4-3 是对 2010—2020 年黄淮海所有市 CO_2 排放量测算结果的描述性统计。由表可知，各市 CO_2 排放量逐年不断增加，排放量最高的地市已达到 150.040 百万 t，相比 2010 年增加了 53.85%，空气中日益增加的 CO_2 浓度将不断影响着小麦等农作物的生理生化进程。

表 4-3 2010—2020 年黄淮海所有市 CO_2 排放量描述性统计

单位：10^6 t

年份	平均值	最大值	最小值	中位值	上四分位值	下四分位值
2010	31.390	97.520	5.430	24.980	39.720	17.590
2011	33.650	103.010	5.710	27.470	42.740	18.820
2012	35.720	113.250	6.070	29.750	45.250	20.190
2013	38.760	123.870	6.400	32.860	48.810	22.090
2014	42.420	138.280	6.750	34.190	53.610	25.230
2015	43.180	141.840	6.620	34.700	54.640	25.710
2016	42.180	145.580	6.350	33.820	54.130	24.980
2017	43.170	148.850	6.400	35.220	55.390	25.520

---

① 中国碳核算数据库：https://www.ceads.net.cn/

（续）

年份	平均值	最大值	最小值	中位值	上四分位值	下四分位值
2018	41.570	136.880	6.040	34.670	53.070	24.840
2019	42.950	140.870	6.130	35.450	54.530	25.570
2020	42.970	150.040	6.110	35.510	54.750	25.530

7. 基础地理数据

选取经度、纬度和海拔 3 个空间特征来表征黄淮海小麦的基础地理数据，相关数据来源于中国气象数据网①。对于缺失的数值，采用 GIS 地理信息系统的空间插值法进行填补，并通过等间距重采样来生成相应的基础地理数据。

8. 非结构化数据

通过对百度和抖音两大平台的关键词解读，进行对比分析，筛选出与小麦生产密切相关的 10 个关键词，如小麦、小麦生产、粮食安全等，并与黄淮海区域名称进行搭配检索。

第三节　小麦产量时空分析

黄淮海地区作为我国小麦生产的关键地区，在我国粮食生产中扮演着重要的角色，其小麦产量不仅对本地区的农业经济具有重大影响，还对全国的粮食供应稳定性和国家粮食安全产生着深远影响。因此，对黄淮海地区小麦生产的时空分析显得尤为重要。对黄淮海地区小麦生产的时空特征进行深入探讨，以便更好地理解小麦生产的季节性变化、空间分布和长期趋势，本节主要通过采用多种数据分析方法，包括时序分析、GIS 技术以及统计分析等工具，来揭示小麦生产在不同时间和地点的变化趋势和影响因素。

一、时空特征分析方法

时空特征分析是明晰研究现象在时间和空间上的变化和分布的关键方法。选取泰尔指数（Theil Index）和探索性空间数据分析（Exploratory Spatial Data Analysis, ESDA）两种方法来深入探讨小麦生产的时空特征。泰尔指数用于评估地区内现象的不平等程度。在小麦生产的背景下，不仅需要关注小麦产量的绝对值，还要关注不同地区和时间段之间的差异，泰尔指数有助于量化这种差异，从而揭示出小麦生产的时空不均等性。探索性空间数据分析是一种强大的工具，可用于可视化和理解时空数据的模式和趋势。小麦生产受到多种因素的影响，包括气候、土壤质量、农业实践等。通过使用探索性空间数据分析，可以绘制地图、图表和空间统计图，以直观地展示小麦生产的分布和演变，有助于识别热点区域和冷点区域，发现空间关联和趋势，进一步深入理解小麦生产的时空特征。

1. 泰尔指数

泰尔指数常用于多项研究单元背景下区域差异性的衡量，通过该指数的计算可有效反

---

① 中国气象数据网：http://data.cma.cn

映小麦产量在不同区域内及区域间的差异程度，明确对总差异的贡献（Grovermann 等，2018）。公式表达如下：

$$T_{theil} = \sum \frac{y_m}{Y} \times \lg[(y_m/Y)/(x_m/X)] \qquad (4-1)$$

$$T_{inter} = \sum \frac{y_j}{Y} \times \lg[(y_j/Y)/(x_j/X)] \qquad (4-2)$$

$$T_i = \sum \frac{y_m}{Y} \times \lg[(y_m/Y_j)/(x_m/X_j)] \qquad (4-3)$$

式中，$T_{theil} \in [0，1]$ 为泰尔指数；x_m 和 y_m 分别代表第 i 个小麦种植区划第 m 个市域的产量水平；X 和 Y 分别为黄淮海全域的小麦播种面积和产量；$X_j = \sum x_m$ 和 $Y_j = \sum y_m$ 分别为第 i 个小麦种植区划的播种面积和产量总量；T_{inter} 表示区间差异，T_i 表示第 i 个小麦种植区划的区内差异。

2. 探索性空间数据分析

探索性空间数据分析技术能够对小麦产量的空间分布模式进行有效判别，并寻找数据的内在规律性（Wang 等，2021）。采用 ESDA 法来探讨黄淮海地区不同市域单元的空间相对差异；通过 $Moran's\ I$ 指数反映区域冬小麦产量的空间关联关系。公式表达如下：

$$I = n \sum_{i=1}^{n} \sum_{j \neq i}^{n} W_{ij} \eta_i \eta_j / \left[\left(\sum_{i=1}^{n} \sum_{j=1}^{n} \omega_{ij}\right) \sum_{i=1}^{n} \eta_i^2\right] \qquad (4-4)$$

其中，
$$\eta_i = d_i - \overline{d}, \quad \eta_j = d_j - \overline{d}。$$

$$I_i = \eta_i \sum_{j \neq i}^{n} \omega_{ij} \eta_j / \left(\sum_{i=1}^{n} \eta_i^2 / n\right) \qquad (4-5)$$

式（4-4）中，n 为市域个数；d_i 和 d_j 分别表示第 i 个市域和第 j 个市域单元的小麦产量；$\overline{d}$ 为所有区域产量均值；ω_{ij} 为空间权重值，ω_{ij} 由空间权重矩阵 W 决定；I 表示全局 $Moran's\ I$ 指数，是对整个研究区是否存在聚集性的判断。式（4-5）中，I_i 表示第 i 个地区的局部 $Moran's\ I$ 指数，表征市域单元的空间聚集关系，可将该聚集关系分别划分为高—高（High-High，HH）、高—低（High-Low，HL）、低—低（Low-Low，LL）、低—高（Low-High，LH）4 种聚集形式。

二、黄淮海地区小麦生产时空特征分析

目前黄淮海地区小麦生产正面临水资源紧张、土地退化和气候变化等环境因素的影响，对黄淮海地区小麦生产进行时间、空间以及时空特征分析有着多方面的重要意义。从时间特征的角度，可以揭示产量、产值以及影响生产的诸如气候、病虫害等因素随时间的变化趋势，这对于预测未来需求以及进行长期规划具有指导作用。从空间特征的角度，可以确定哪些地区更适合小麦生产，哪些地区需要改良土壤或改变耕作方式等，这有助于地方政府或农业部门更加合理地进行土地利用和资源分配。时空特征分析综合了时间和空间的因素，能够捕捉到更复杂的模式和规律。因此，时间、空间和时空特征分析共同作用于黄淮海地区小麦生产的全面理解，可以为政策制定、资源配置以及风险预防提供更加精细和全面的数据支持。

1. 时序特征

由图 4-3 可见 2010—2020 年全国与黄淮海地区小麦生产情况的趋势变化，黄淮海地

区的小麦产量与播种面积均呈现上升趋势,至 2020 年分别达到了 10 021.24 万 t 和
16 179.33 khm² 的最高点。图 4-3(a) 表明黄淮海地区小麦产量在全国产量中的占比一直
高于 65%。与此同时,黄淮海地区的小麦产量与全国总体小麦产量的增长趋势几乎保持
同步,从而强调了该地区在全国小麦生产中的核心地位。2017 年,黄淮海地区的小麦产
量稍有下降,为 9 259.39 万 t。但这一下降趋势在随后一年得到了纠正,不仅恢复到了
2017 年前的高水平,还在此基础上有所提升。图 4-3(b) 表明当全国小麦播种面积维持
在 24 000~25 000 khm² 的相对稳定状态下,黄淮海地区播种面积在不断增加。这一增加
反映了黄淮海地区作为小麦生产的优质区域所具有的独特优势,包括其丰富的自然资源和
适宜的地理位置。

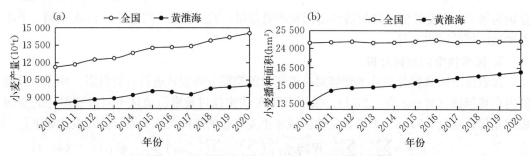

图 4-3 2010—2020 年全国与黄淮海地区小麦生产情况对比

根据泰尔指数公式,测算得到 2010—2020 年黄淮海地区及其不同耕作区小麦产量差
异(图 4-4、图 4-5)。这一差异由 4 个二级耕作区之间的差异及二级耕作区内部差异组
成,不同小麦产区对产量的贡献差别较大。区间差异、区内差异、总差异在黄淮海全域随
时间变化态势趋于一致。

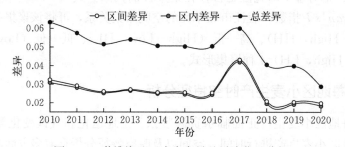

图 4-4 黄淮海地区小麦产量差异演化及分解

图 4-4 表明,研究期间黄淮海地区小麦生产总产量在基本上保持稳定的同时,区内
差异和区间差异也呈同步变化。特别是在 2017 年,三者都出现了突然增加的情况。这些
变化可以归因于科技进步和农业机械化的普及,导致不同耕作区农业基础设施逐渐完善,
从而实现了小麦耕种水平的同步提升。张路路等(2011)也利用泰尔系数模型确认了区内
和区间差异在时间轴上的同步性,发现黄淮海地区小麦生产差异主要由冀鲁豫低洼平原
区、燕山太行山山前平原区、黄淮平原区和山东丘陵区这 4 个二级耕作区的区间和内部差
异组成。

从图 4-5 进一步观察,Ⅱ、Ⅲ、Ⅳ区的小麦生产差异都呈现出逐步缩小的趋势,只

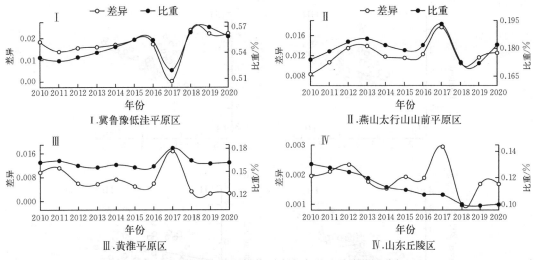

图 4-5　黄淮海不同耕作区小麦产量差异演化及分解

有Ⅰ区表现出以 2017 年为最低点的Ⅴ型变化趋势。在横向比较中，Ⅰ区对整体差异的贡献最大，2010—2020 年间Ⅰ区贡献均超过 50%；其次是Ⅱ区，Ⅱ区对整体差异的贡献均在 16.5% 之上，2017 年最高接近 19.5%；Ⅲ区对整体差异的贡献略低于Ⅱ区，主要分布在 15%～18% 之间；而Ⅳ区对整体差异的贡献最低，平均不超过 15%。纵向对比显示，Ⅰ区和Ⅱ区的内部差异逐渐增大，从而推动区内差异对整体差异的贡献从 70.79% 上升至 74.10%。与此相反，Ⅲ区和Ⅳ区的内部差异逐渐减小，导致其对整体差异的贡献从 29.21% 减少到 25.90%。

区内差异最初主要由农业和基础条件决定，但随着各地区农业发展轨迹的变化，这种基础差异得到了重塑，从而形成了现有的小麦生产格局。冀鲁豫低洼平原区涵盖了河南的大部分和江苏、安徽的一小部分地区，拥有众多的人口和充足的劳动力，这些因素为该区的农业发展提供了多样性，使得处于该平原区的市（县）能利用经济优势来改善农业发展，特别是在小麦生产方面表现出显著的贡献。相对而言，山东丘陵区因为经济条件相对较弱，其农业提升没有与经济发展同步。综合考虑，冀鲁豫低洼平原区、燕山太行山山前平原区和黄淮平原区这 3 个主要耕作区内部的差异，构成了黄淮海地区小麦生产整体差异的主体。因此，为确保黄淮海地区的粮食安全，未来需要重点关注和管理这些区域的内部差异。

2. 空间分布特征

依据公式（4-4）和公式（4-5），选择 2010 年、2013 年、2016 年和 2020 年作为代表年份，对小麦生产的空间聚集状态进行可视化分析（图 4-6）。分析结果显示，所有选定年份的 $Moran's\ I$ 均大于 0，并通过了显著性检验。这与图 4-5 所展示的变化趋势基本一致。在图 4-6 的 Moran 散点图中，初步判断了样本点（即不同市域的小麦产量）所属的象限区域，在统计学上具有显著意义。

分析小麦产量空间格局的 HH、LL、HL、LH 四种聚集类型发现：HH 型聚焦于Ⅰ区，以驻马店为中心影响周边县市，成为粮食生产的"热点区域"。LL 型则主要出现在Ⅲ

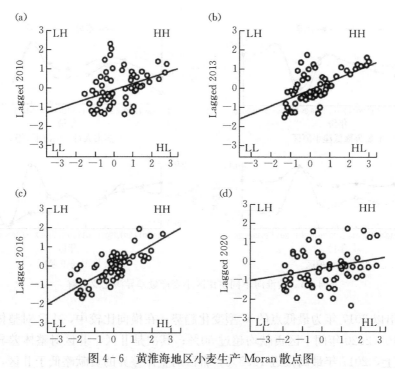

图 4-6　黄淮海地区小麦生产 Moran 散点图

注：（a）、（b）、（c）、（d）分别对应 2010 年、2013 年、2016 年、2020 年小麦生产 Moran 散点图

区的衡水和沧州，这些地方正在通过提高农业生产投入和改善盐碱地来提升小麦产量。HL型和 LH 型则在数量和分布上都相对稀少，特别是临沂和信阳在研究年份中始终保持 HL 或LH 的聚集态势，这主要因为这些区域与其周边的经济发展水平存在明显差异。

　　由于地理和资源分布的不均，小麦生产呈现出一定的空间聚集特征。在研究年份内，小麦生产热点主要集中在黄淮海南部的河南，并对周边市域产生辐射效应，整体呈现"齐头并进"的态势。而位于黄淮海北部的衡水市，在 2013 年和 2016 年保持了较高的小麦生产水平，但对周围区域的辐射作用尚不明显。研究发现，黄淮海部分区域小麦生产具有明显的空间聚集特征，这与张露等（2018）通过构建空间权重矩阵得出的研究结果大致一致。

　　图 4-7 为 2010 年与 2020 年黄淮海地区各市小麦产量的空间分布趋势。在图 4-7（a）和图 4-7（b）中，每一条垂线代表一座城市的小麦产量数据，其中 X 轴和 Y 轴分别表示东西与南北的地理方向，而 Z 轴则表示小麦的产量数值。图 4-7（c）和图 4-7（d）使用绿色和橙色曲线描绘了黄淮海各市小麦产量在东西（X 轴）与南北（Y 轴）方向上的拟合趋势。这样的可视化表达有助于更清晰地理解黄淮海地区小麦产量的地理分布和发展态势。

　　图 4-7 结果揭示，在研究时段内黄淮海地区小麦产量波动较小，西部的平均产量逐渐高于东部，同时北部的平均产量也低于南部。这种分布状况表明，当前小麦的主要生产区往往集中在经济相对欠发达的地方，这些地区在农业投入、基础设施和农民教育水平等方面与经济更为发达的地区存在明显差距，这对小麦产业的可持续发展构成障碍。进一步观察图 4-7 可以发现，2010 年和 2020 年小麦产量的重心都比较集中，这一结论与 Hou

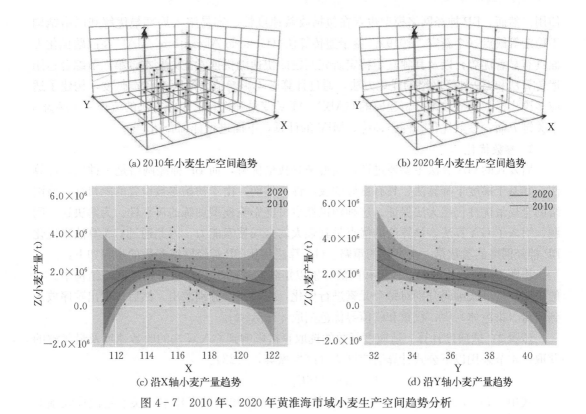

(a) 2010年小麦生产空间趋势　　　　　　(b) 2020年小麦生产空间趋势

(c) 沿X轴小麦产量趋势　　　　　　(d) 沿Y轴小麦产量趋势

图 4-7　2010年、2020年黄淮海市域小麦生产空间趋势分析

等（2020）、冀正欣等（2021）的研究结果相吻合，河南省作为国家重要的粮食生产基地，其小麦产量的稳定性对确保中原地区粮食生产安全具有重要意义，这些研究结果共同强调了针对这一地区小麦生产现状进行改进和可持续发展的重要性。

第四节　多源要素对小麦生产的作用路径分析

在黄淮海地区，小麦生产是关乎区域粮食安全、农业可持续发展及农民收入的关键要素。然而，该地区小麦生产的复杂性不仅受自然环境影响，还受到生物、技术、政策和社会经济等多源要素的综合作用。因此，全面深入地分析多源要素对黄淮海地区小麦生产的作用路径有助于精准识别影响小麦生产的主要因素，具有重要的现实意义和理论价值。本节旨在综合运用多源数据和相应的诊断模型，构建适配多源数据的GABP-MIV变量筛选算法，深入剖析黄淮海地区小麦生产状况，诊断小麦生产过程中的主要影响因素和作用路径，为实现黄淮海地区小麦生产的高效、安全和可持续发展提供科学依据。

一、多源要素诊断模型

泛化性能良好和鲁棒性强使得 BP 神经网络在多个多源要素应用场景中得到了广泛的

使用。然而，BP 神经网络模型也存在包括收敛速度慢、容易陷入局部最优解和网络结构不稳定等缺点（李新安，2019）。鉴于遗传算法（Genetic Algorithm，GA）在问题优化方面具有显著优势，以及其独立于特定研究问题的快速随机搜索能力，本章第四节综合运用遗传算法和 BP 神经网络的优化方法，通过计算平均影响值（MIV）和贡献度，构建了适应多维指标和多源数据分析建模的 GABP‑MIV 变量筛选算法。该算法的流程主要涵盖 3 个关键方面：参数优化、网络训练、MIV 的计算，下面进行详细介绍。

1. 参数优化

启发式的 GA 算法主要通过迭代逼近来寻找最优解，而 BP 神经网络是一种确定性算法，其基于梯度下降算法，具有良好的收敛性。然而，由于初始参数设置的随机性，该网络的全局最优性仍然无法保证。这种随机性也可能影响模型训练的可靠性。为解决这一问题，引入了 GA 算法，该算法的优点是其强大的全局搜索能力，因此通过 GA 算法来优化 BP 神经网络的参数是一个有效的策略。GA 算法优化 BP 神经网络参数的步骤如下：

步骤 1：初始化编码。权重和阈值分别以矩阵向量的形式存在于神经网络结构中。一般采用向量形式编码分别对每个元素进行优化，先将元素分别取出，然后按取出顺序放入到向量（染色体）中，权重和阈值寻优范围取 [−3, 3]。

步骤 2：适应度计算。适应度函数的选取直接影响到 GA 算法的收敛速度及最优解的获取，本节采用以下公式计算适应度值（高振斌等，2022）。

$$F = \min(MSE_{Trainingsct, Testingsct}) \tag{4-6}$$

式中，$Trainingset$，$Testingset$ 分别表示训练集和测试集样本。误差越低代表预测精度越高，因此公式设计为以求解最小的均方误差（MSE）为目标。GA 算法优化后，适应度函数值越小，表明训练越准确，越能够充分挖掘输入要素所涵盖的信息。

步骤 3：进化计算。在确定优化变量与目标适应函数后，通过选择、交叉、变异生成代表新解集的种群，输出最小 MSE 和最优解，再将最优解中的变量赋给 BP 神经网络的权值矩阵与阈值向量的相应位置。

步骤 4：解码。经过若干次进化，将种群中适应度最高的个体作为问题的近似最优解，并将其转换成十进制进行下一步的建模计算。

2. 网络训练

针对多输入多输出型的 3 层 BP 神经网络结构，将 m 个相关因素序列 $X'_i(k)$（$i=1$，2，$\cdots$，m；$k=1$，2，$\cdots$，n）作为输入（输入节点数为 m），将 l 个特征行为序列 $Y'_j(k)$（$j=1$，2，$\cdots$，l）作为输出（输出节点数为 l），利用公式（4‑7）～公式（4‑8）对全体指标数据进行标准化处理。

$$X_i = \frac{X'_i - X'_{imin}}{X'_{imax} - X'_{imin}} = [x_i(1), x_i(2), \cdots, x_i(n)], \quad i=1, 2, 3, \cdots, m \tag{4-7}$$

$$Y_j = \frac{Y'_j - Y'_{jmin}}{Y'_{jmax} - Y'_{jmin}} = [y_j(1), y_j(2), \cdots, y_j(n)], \quad j=1, 2, 3, \cdots, l \tag{4-8}$$

式中，X'_{imin}、X'_{imax} 为序列 X'_i 的最小值和最大值，Y'_{jmin}、Y'_{jmax} 为序列 Y'_j 的最小值和最大值，X_i、Y_j 为标准化后的指标序列。

依据三层网络示意图（图 4-8），称 $[x_i(k)，y_j(k)]$ 为第 k 个训练对，x_i 为输入，y_j 为实际输出，设其目标输出为 d_j，输入节点、中间节点和输出节点分别用下标 i、h、j 表示；由输入层到中间层结点 h 的权值用 W_{ih} 表示；由中间层到输出层结点 j 的权值用 W_{hj} 表示；中间层与输出层功能神经元的阈值分别用 a_h、b_j 表示；$f(\cdot)$ 代表激活函数。由于变化幅度大的输入值会增加权重的调整难度，若输入数据的上下界相差很大，相应的权值也会在宽范围内变动。将数据上下界压缩到 $[0，1]$ 区间内，可以大幅提高算法的运算效率。因此，神经网络模型的输入与输出均为归一化处理后得到的样本数据。

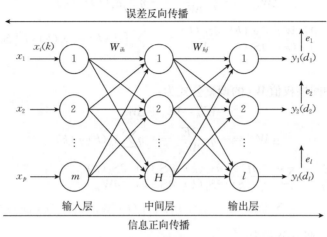

图 4-8　三层网络示意图

综合 GA 算法的可扩展性、快速随机的搜索能力，以及 BP 神经网络泛化性好、鲁棒性强的优势，利用 GA 寻求最优初始权值和阈值对 BP 神经网络进行优化，构建了 GABP 算法，以增强 BP 神经网络的鲁棒性。GABP 算法具体步骤如下：

步骤 1：初始参数的优化。将 GA 优化的权值 W_{ih}、W_{hj} 和阈值 a_h、b_j 作为 BP 神经网络的初始权值和阈值，即网络的训练起点。

步骤 2：中间层输入输出值的计算。结点当输入第 k 个训练对时，中间层结点 h 的输入加权和 $S_h(k)$ 与输出 $y_h(k)$ 分别为：

$$S_h(k) = \sum_{i=1}^{m} x_i(k)W_{ih} \qquad (4-9)$$

$$y_h(k) = f[S_h(k) - a_h] \qquad (4-10)$$

步骤 3：输出层输入输出值的计算。输出层结点 j 的输入加权和 $S_j(k)$ 与输出 $y_j(k)$ 分别为：

$$S_j(k) = \sum_{h=1}^{H} y_h(k)W_{hj} \qquad (4-11)$$

$$y_i(k) = f[S_j(k) - b_j] \qquad (4-12)$$

步骤 4：损失函数构建。输出层结点 j 的误差为：

$$e_j = d_j(k) - y_j(k) \qquad (4-13)$$

如果用 n 个输入的所有输出节点的误差平方和作为网络总误差，则损失函数为：

$$E = \frac{1}{2} \sum_{j=1}^{l} \left[e_j(k) \right]^2 \qquad (4-14)$$

步骤5：权值和阈值的调整更新。采用梯度下降法，由 E 对权值和阈值逐个求导，可求得使 E 减小的梯度，作为调整权值 W_{hj}、W_{ih} 与阈值 a_h、b_j 的方向，记调整后的权值为 W'_{hj}、W'_{ih}，调整后的阈值为 a'_h、b'_j。

由中间层到输出层权值 W_{hj} 调整公式为：

$$W'_{hj} = W_{hj} + \Delta W_{hj} \qquad (4-15)$$

$$\Delta W_{hj} = -\eta \frac{\partial E}{\partial W_{hj}} = -\eta \sum_k \delta_j(k) y_h(k) \qquad (4-16)$$

$$\frac{\partial E}{\partial W_{hj}} = \sum_k \frac{\partial J(W)}{\partial y_j(k)} \frac{\partial y_j(k)}{\partial S_j(k)} \frac{\partial S_j(k)}{\partial W_{hj}} = -\sum_k \left[d_j(k) - y_j(k) \right] f'[S_j(k)] y_h(k) \qquad (4-17)$$

由输入层到中间层权值 W_{ih} 的调整公式为：

$$W'_{ih} = W_{ih} + \Delta W_{ih} \qquad (4-18)$$

$$\Delta W_{ih} = -\eta \frac{\partial E}{\partial W_{ih}} = -\eta \sum_k \delta_h(k) y_i(k) \qquad (4-19)$$

$$\frac{\partial E}{\partial W_{ih}} = \sum_{k,j} \frac{\partial E}{\partial y_i(k)} \frac{\partial y_i(k)}{\partial S_j(k)} \frac{\partial S_j(k)}{\partial S_h(k)} \frac{\partial S_h(k)}{\partial W_{ih}}$$

$$= -\sum_k \left[d_j(k) - y_j(k) \right] f'[S_j(k)] W_{hj} f'[S_h(k)] x_i(k) \qquad (4-20)$$

中间层阈值 a_h 调整公式为：

$$a'_h = a_h + \Delta_h \qquad (4-21)$$

$$\Delta_h = -\eta \frac{\partial E}{\partial a_h} = -\eta y_h(k) \left[1 - y_h(k) \right] \sum_{j=1}^{l} w_{hj} e_j \qquad (4-22)$$

输出层阈值 b_j 调整公式为：

$$b'_j = b_j + \Delta_j \qquad (4-23)$$

$$\Delta_j = -\eta \frac{\partial E}{\partial b_j} = \eta e_j \qquad (4-24)$$

步骤6：重复上述步骤2～5以训练得到最佳网络模型。依据误差信号（损失函数）对各单元层参数（连接权值与阈值）不断进行动态调整，通过循环往复地正向传播与反向调节，神经元间的权值及阈值得到不断地修正。当损失函数满足精度要求时则停止学习。

3. MIV 计算

基于 GABP 算法和平均影响值的思想构建了 GABP - MIV 算法，其中 MIV 计算主要在 GABP 算法基础上进行，通过计算各个变量的 MIV 来量化各变量的重要度，MIV 计算步骤如下：

步骤1：部分标准化后的因素矩阵为 X（m 个因素，n 个样本）。采用训练样本集训练 GABP 神经网络：

$$X = \begin{bmatrix} x_{11} & x_{12} & \cdots & x_{1m} \\ x_{21} & x_{22} & \cdots & x_{2m} \\ \vdots & \vdots & & \vdots \\ x_{n1} & x_{n2} & \cdots & x_{nm} \end{bmatrix} \qquad (4-25)$$

$$Y = \begin{bmatrix} y_1 & y_2 & \cdots & y_n \end{bmatrix}^T \tag{4-26}$$

步骤 2：对因素矩阵 X 变形，构造两组新的输入量。将 X 中第 i 个因素在其自身基础上作上下调整，分别增减 $\delta(\delta=10\%)$，构造出两组新的影响因素矩阵 X_i^+、X_i^- 作为输入量。则 X_i^+、X_i^- 分别为：

$$X_i^+ = \begin{bmatrix} x_{11} & x_{12} & \cdots & x_{1i}(1+\delta) & \cdots & x_{1m} \\ x_{21} & x_{22} & \cdots & x_{2i}(1+\delta) & \cdots & x_{2m} \\ \vdots & \vdots & \vdots & \vdots & & \vdots \\ x_{n1} & x_{n2} & \cdots & x_{ni}(1+\delta) & \cdots & x_{nm} \end{bmatrix} \tag{4-27}$$

$$X_i^- = \begin{bmatrix} x_{11} & x_{12} & \cdots & x_{1i}(1-\delta) & \cdots & x_{1m} \\ x_{21} & x_{22} & \cdots & x_{2i}(1-\delta) & \cdots & x_{2m} \\ \vdots & \vdots & \vdots & \vdots & & \vdots \\ x_{n1} & x_{n2} & \cdots & x_{ni}(1-\delta) & \cdots & x_{nm} \end{bmatrix} \tag{4-28}$$

步骤 3：求解新的输出量。将 X_i^+、X_i^- 作为 GABP 网络模型的输入，得到新的输出 Y_i^+、Y_i^-：

$$Y_i^+ = \begin{bmatrix} y_{i1}^+ & y_{i2}^+ & \cdots & y_{in}^+ \end{bmatrix} \tag{4-29}$$

$$Y_i^- = \begin{bmatrix} y_{i1}^+ & y_{i2}^+ & \cdots & y_{in}^+ \end{bmatrix} \tag{4-30}$$

步骤 4：求各影响因素的 MIV。第 i 个影响因素的 MIV 计算公式为：

$$MIV_i = \frac{1}{n} \sum_{j=1}^{m} (y_{ij}^+ - y_{ij}^-) \tag{4-31}$$

式中，MIV_i 表示第 i 个要素的平均影响度，符号表示与小麦产量的相关方向。考虑到每次拟合所得 MIV 值存在的差异，这里选取 100 次计算结果绝对值的平均值 $|MIV_i|$ 作为第 i 个影响因素重要程度的衡量指标。

步骤 5：计算第 i 个因素的贡献度。第 i 个因素的贡献度 C_i 的计算公式为：

$$C_i = \left(|MIV_i| / \sum_{i=1}^{n} |MIV_i| \right) \times 100\% \tag{4-32}$$

步骤 6：计算累积贡献度。按照影响因素贡献度大小对其进行排序，则前 i 个影响因素的累积贡献度 μ_i 为：

$$\mu_i = \sum_{1}^{i} C_i / \sum_{i=1}^{m} C_i \times 100\% \tag{4-33}$$

根据变量增减和矩阵重构的思想，可求得所有影响因素的贡献度和前 i 个影响因素的累积贡献度。

4. GABP - MIV 算法流程

GABP - MIV 算法分析逻辑结构整体可分为参数优化、模型构建、MIV 计算 3 个板块（图 4-9）。其中 GABP 模型的构建是 MIV 计算的基础，通过 GA 算法对训练参数进行优化以提高 BP 神经网络模型对多维数据的学习和适应能力，使基于 GABP 模型多次拟合输出的 MIV 计算结果更符合实际，以提高 GABP - MIV 算法有效甄别不同要素差异的能力。

二、黄淮海地区小麦生产多源要素诊断

黄淮海地区作为中国小麦生产的重要基地，对于确保国家粮食安全和推动农业可持续

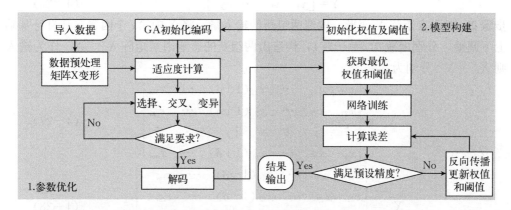

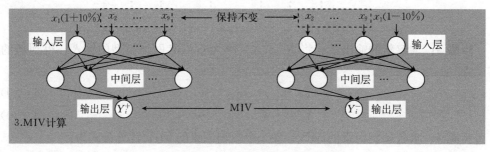

图4-9 GABP-MIV算法分析结构框架图

发展具有举足轻重的作用。然而，小麦生产受到多种因素的影响，包括气候、土壤条件、农业技术和政策等，这些因素之间存在复杂的相互作用。因此，亟需对黄淮海地区小麦生产的多源要素进行诊断，以便进一步深入了解这些影响因素如何塑造小麦产量，为政府和相关组织提供科学的决策依据。

为此，需着重进行以下几方面的工作：一是通过多源数据分析和机器学习算法，选择最佳因素模型来捕捉影响小麦生产的核心变量；二是进行模型稳定性分析，以确保所选模型不仅在样本内具有良好的预测能力，而且能够稳健地适用于未来或其他相似环境；三是通过变量识别与筛选，考察各变量的重要性和相互作用；最后，基于前述分析，进行关键要素调控产量路径分析，进一步解析这些核心因素如何具体影响小麦生产，以及如何通过调整这些因素来优化产量。

1. 最佳因素模型选择

考虑到气象、土壤数据属于日值数据集，为更精确反映此类数据对小麦生产的影响以及确定黄淮海地区小麦生产要素诊断的最佳时段，将气象数据和土壤水分数据按照黄淮海不同区域小麦种植和收获时间差异划分为不同的时间窗，对上年9月至翌年5月、上年9月至翌年6月、上年10月至翌年5月、上年10月至翌年6月4个时间段提取相应时段数据分别进行建模，其他类型数据保持不变。数据集的划分严格按照6：2：2的比例进行训练集、验证集和测试集的分配，以避免数据窥探偏差和数据污染。利用Matlab（矩阵实验室）软件，并基于BP算法和GABP算法，对4个时间窗的数据进行拟合训练。模型效果评估主要采用拟合优度（R2）和误差（MAE、RMSE）作为指标。最终通过这一系列计算，得出了不同时间窗下的拟合效果，具体表现见图4-10和图4-11。这样的方法论确保了模型的准确性和可靠性，为黄淮海地区小麦生产要素诊断提供了更为精细化的数据支持。

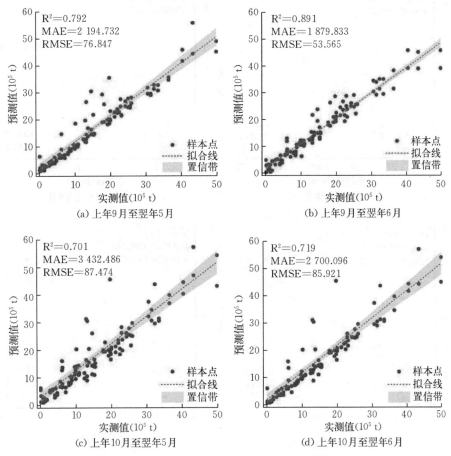

图4-10　基于GABP的不同时间窗拟合效果对比

通过对比图4-10和图4-11的数据，可以明显看出，在上年9月至翌年6月的时间窗下，无论是GABP模型还是BP神经网络模型，都达到了最高的 R^2 值，分别为0.891和0.609。在这一时段，MAE和RMSE也达到了最小值。特别是在GABP模型下，误差最小值为1 879.833和53.565，而在BP模型下，这两个值分别为4 448.407和80.640。更为重要的是，GABP模型在拟合效果上整体优于BP神经网络模型。这一结果证明了GA算法的优化确实提高了BP算法的拟合精度。换言之，经过优化的GABP算法更能充分挖掘数据信息，从而更准确地掌握数据的内在规律。因此，可以得出结论：在上年9月至翌年6月的时间窗口下进行建模会得到最佳的拟合效果。这也进一步证实了基于小麦全生长阶段进行建模以及进行变量筛选与识别的方法，所得出的结果具有更高的可靠性。

2. 模型稳定性分析

在上年9月至翌年6月的时间窗内，图4-12展示了两种不同算法训练得到的网络模型的整体表现，以及不同迭代频次下的均方误差（MSE）。通过对比图4-12（a）和图4-12（b），可以观察到BP神经网络模型和GABP网络模型在第四次和第三次迭代时

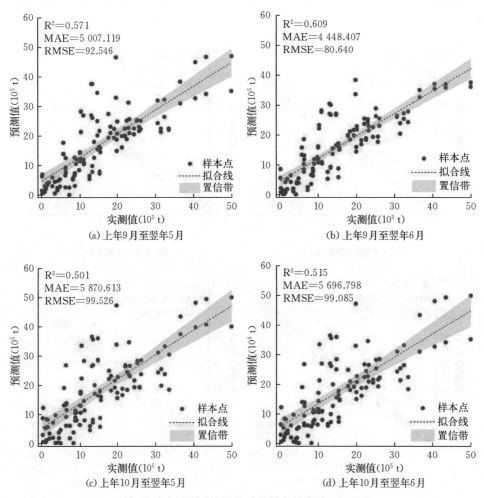

图 4-11 基于 BP 的不同时间窗拟合效果对比

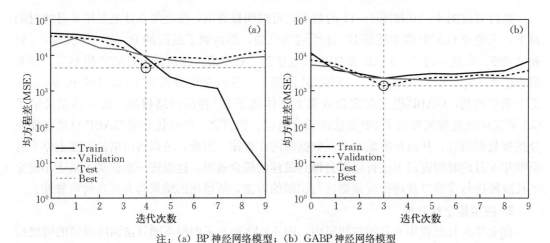

注：(a) BP 神经网络模型；(b) GABP 神经网络模型

图 4-12 不同网络模型的综合表现

分别达到 MSE 的最小值。值得注意的是，图 4 - 12(b) 中 MSE 的表现更为稳定，这进一步印证了 GABP 模型通过计算 MIV 进行变量筛选的可靠性，以及其网络结构和相应结果的稳定性。另外，根据图 4 - 12(b) 中训练集和验证集的损失值随训练次数变化的关系，可以确定模型没有出现过拟合问题，证明模型性能表现良好。

3. 变量识别与筛选

基于 GABP - MIV 模型以及 2010—2020 年的完整样本数据，在日值数据（包括气象和土壤数据）的时间窗设定为上年 9 月至翌年 6 月时，采用 GABP - MIV 算法和贡献度方法计算各变量的 MIV。这个过程进一步揭示了各变量对黄淮海地区小麦产量的贡献度和累积贡献度，具体数据见表 4 - 4。

表 4 - 4　变量筛选结果

排序	变量	MIV	贡献度 C_i（%）	累积贡献度（μ/%）	排序	变量	MIV	贡献度 C_i（%）	累积贡献度（μ/%）
1	WEI	+591.677	11.693	11.693	17	TMAX	−24.275	0.480	96.089
2	WFA	+509.457	10.069	21.762	18	PFR	+24.091	0.476	96.565
3	PNE	−488.496	9.654	31.416	19	GDP	+23.096	0.456	97.022
4	PFA	+471.000	9.308	40.725	20	CGR	−22.815	0.451	97.473
5	TAVE	+451.740	8.928	49.653	21	WIND	+20.562	0.406	97.879
6	RAD	+430.466	8.507	58.160	22	PNA	−19.854	0.392	98.272
7	PRE	+392.753	7.762	65.922	23	WC$_3$	+17.928	0.354	98.626
8	NRL	+382.358	7.557	73.479	24	SOIL	+11.683	0.231	98.857
9	PSA	+235.458	4.653	78.132	25	WC$_1$	+11.533	0.228	99.085
10	PAM	+234.772	4.640	82.772	26	WC$_2$	+10.054	0.199	99.283
11	NUM	+200.929	3.971	86.743	27	ECO	+9.704	0.192	99.475
12	CO$_2$	+189.773	3.751	90.494	28	DEM	+8.670	0.171	99.647
13	LD	+107.345	2.121	92.615	29	SIN	+8.617	0.170	99.817
14	PAL	+100.263	1.982	94.597	30	LAT	−4.394	0.087	99.904
15	GFA	+26.666	0.527	95.124	31	ALT	−3.585	0.071	99.974
16	TMIN	+24.594	0.486	95.610	32	LON	+1.291	0.026	100.000

注："+" 和 "−" 分别表示正相关和负相关。

表 4 - 4 的数据表明，前 12 个影响因素的累积贡献度达到了 90.494%，这 12 个变量被认定为黄淮海地区小麦生产的关键影响因素，包括 7 个社会经济条件变量（如 WEI、WFA、PNE、PFA、NRL、PSA、PAM 等），3 个气象变量（TAVE、RAD、PRE）以及 CO$_2$ 排放量和政策文件发布量（NUM）。其余因素则相对次要。在这 12 个关键影响因

素中，社会经济因素的总贡献度高达 57.575%，而气象因素的总贡献度为 25.197%。值得注意的是，仅 PNE 与小麦产量呈负相关，这是因为非农产业就业比例的增加会减少农业劳动力，从而影响农业生产和粮食作物的种植。社会经济因素和气象条件在黄淮海地区小麦生产中都起着关键作用。气象条件与小麦的物候变化和生长发育有密切关联，因而也是小麦生产的决定性因素之一。另外，小麦生长环境中的碳因素与小麦产量也有重要关联。大气中的 CO_2 含量贡献度为 3.751%。在一定范围内，环境中 CO_2 含量的增加会促进作物可利用的 CO_2 量增加，进而提高光合作用水平，这将导致小麦体内光合作用产物逐步增加，进而影响作物的长势、产量和品质。

三、关键要素调控产量路径分析

为更精准地探究关键变量如何调控小麦产量，在此通过 PLS 路径建模来量化不同要素间的关系。图 4-13 中的量化分析结果显示，除了气候因素对产量的路径系数未能达到显著水平外，其他因素都通过了显著性检验。此外，相关模型也成功通过了信效度和区别效度检验，表明模型的适配度符合标准。

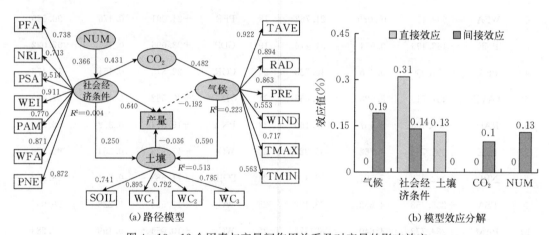

图 4-13　12 个因素与产量间作用关系及对产量的影响效应

注：图（a）中实线和虚线分别表示 $p<0.05$ 和 $p>0.05$，NUM、CO_2、社会经济条件、气候、土壤、产量之间的连线标注数据表示路径系数，其余连线标注数据表示因子载荷系数。

在图 4-13 中，社会经济条件、土壤、气候、NUM、CO_2 被标定为影响小麦生产的潜在变量，其他因素则作为观测变量。对照表 4-4 和图 4-13 可以发现，路径系数的大小关系与表 4-4 中的贡献度值具有一致性，这进一步证实了使用 GABP-MIV 算法进行多变量筛选的可靠性。表 4-4 的变量筛选结果未包含土壤因素，将土壤因素纳入路径建模的原因在于气候没有对小麦生产产生直接效应，而是以土壤为介导产生间接效应来调节小麦产量，该间接路径系数为 0.590。根据因子载荷量，TAVE（0.922）更能准确反映气候的影响。土壤对产量的直接路径系数仅为 -0.036，影响相对较弱。相反，社会经济条件对产量具有非常强的直接影响，其路径系数为 0.640，而间接路径系数仅为 0.250。NUM 和 CO_2 主要是通过影响社会经济条件和气候来间接调控小麦产量。综合来看，社会经济条件对产量的总体调控效应最高（45%），其余要素的总效应按照大小顺序依次是气候（19%）、土壤（13%）、NUM（13%）和 CO_2（10%）。

四、政策措施

在考察社会经济因素时，发现 WEI 对小麦产量具有最显著的影响，同时该因素还能弥补降水不足对小麦生产的不良影响。相对而言，WC_1、WC_2、WC_3 对小麦生产的综合贡献仅为 0.781%，表明土壤含水量的影响在 WEI 的作用下相对减弱。WFA 的贡献率为 10.069%，表明合适的施肥时间和适量的化肥使用量可以有效提升小麦的产量。PNE 与小麦生产呈负相关，在所有变量中排名第三。随着工业化和城市化的持续发展，更多人口转向非农产业，对小麦生产构成了一定的阻碍，在黄淮海地区，这一现象尤为显著，由于该地区人口密集且耕地面积广阔，PNE 与粮食生产有着密切的关联。PFA 和 NUM 能有效地刺激地方财政，为小麦生产提供资金和政策保障。NRL 和 PSA 作为农业生产的主要推动力，直接影响小麦产量。而 PAM 的提高则能降低种植难度，有助于保障小麦的稳产高产。随着农业现代化、机械化和智能化的不断发展，应用先进的种植技术能显著提高小麦的生产效率和质量，从而有力地促进小麦生产的顺利进行。总体而言，这些社会经济因素在小麦生产中起到了至关重要的作用。

在气象因素的影响中，日平均气温对小麦产量影响最大，其 MIV 高达 451.740，贡献度为 8.928%，反映了温度作为决定农作物生长、发育和成熟的重要基础作用，这与叶志标等（2017）的研究结果相符。相对而言，PRE 的贡献度相对较小，这主要是因为在多数地区，降水的影响被灌溉条件所掩盖，这一点被栾青等（2020）的研究结果所印证。然而，降水对缓解麦田旱情和促进小麦灌浆过程仍然具有显著作用，因此 PRE 在所有变量中仍然排名较前。RAD 则在所有变量中排名第六，其作用在小麦生产中也是不可或缺的。太阳辐射作为小麦光合作用的能量来源，与小麦产量呈正相关，这一点与肖登攀等（2014）的研究结果一致。特别是在黄淮海东南部这种气候相对干旱、太阳辐射丰富的区域，RAD 对小麦生产有着显著的正向影响（赵彦茜等，2019）。总体来说，气象因素在小麦生产中起到了关键性的作用，其中温度、降水和太阳辐射是最主要的影响因素。

CO_2 浓度在小麦生产中也起到了一定的作用。高大气 CO_2 浓度促进了小麦干物质和其他养分的积累，进而提高了小麦的产量。研究显示，CO_2 浓度的升高能刺激小麦的根茎叶生长，并且有助于增加分蘖数、干物质积累以及株高（Thompson 等，2019）。除此之外，多个因素在不同程度上也影响小麦生产，而这些因素之间也存在一定的相互联系。具体而言，社会经济条件和土壤直接影响小麦生产，其他因素则仅产生间接效应，这与韩天富等（2022）的观点相符，即土壤的养分和含水量为小麦高产提供了最直接的物质基础。农业生产管理决策、肥水运筹优化、旱涝灾害防治以及综合病虫害防治等，都是影响小麦顺利播种和收割的关键因素，这些农事活动的成功实施大体上依赖于社会经济发展水平，这一点主要表现在灌溉技术改良、测土配方施肥技术的推广以及财政投入的增加等方面（Mustafa 等，2021）。虽然陈帅等（2016）认为 TAVE、PRE、RAD 等气象因素对农作物生长有直接效应，但在本节的研究中发现，气候因素的直接效应并不显著，主要是因为降水与土壤水分的相互作用导致了气候因素对小麦产量具有间接效应。最后，随着碳排放的加剧，CO_2 等温室气体不仅影响气候变化，也逐渐对农作物产量产生影响。小麦在进行光合作用时需要大量吸收 CO_2，已有研究证实，通过喷施 CO_2 捕集剂，可使农作物的生长和品质得以提升，养分积累也更为丰富（刘玉兰等，2020）。因此，CO_2 浓度的变化将全面影响小麦的生长、发育和生理生化过程。

基于以上结论和量化分析结果，得出以下政策启示：

1. 完善供水保障体系

加强农田水利设施建设，通过提高灌溉保证率和确保农业用水安全，进行预防性管理。进一步科学调度水资源，充分利用水库、渠道等水利工程，并因地制宜地改进农村供水网络，为乡村振兴提供坚实的水利基础。

2. 提升农业装备的信息化水平

推动农业机械化及高质量农机装备的转型和升级，强化其数字化和智能化特性。广泛应用高端和智能农机装备，以提高农业的工业化、信息化和智能化水平。特别是将ICT（信息通信技术）和计算机控制技术等现代工业技术广泛应用于农业，以提高生产效率。

3. 改善气象服务在农业中的应用

建立基于气象和农业大数据的示范基地，整合智慧气象与现代农业。设立全流程的智慧农业信息服务云平台，涵盖从种植管理、生长指标检测及温室环境控制等。同时，加强黄淮海地区气象灾害预警能力，通过基础工程来提升基层气象台站的防灾减灾能力，并提供信号预警和信息预报等气象服务。

4. 高效整合农业数据资源

积极推动农业大数据中心的建设，打破地区、行业和部门之间的数据壁垒，以消除"数字鸿沟"。集中整合、共享和利用农业数据资源，将这些数据用于农业数据分析、可视化、决策支持和数据挖掘等方面。进一步将大数据的理念、技术和方法应用于农业，以推动农业生产的全流程和多方位数字化。

本 章 小 结

本章剖析了粮食生产的多源要素属性及特征，以黄淮海地区小麦为研究对象，构建黄淮海地区小麦生产的多源要素体系，分析黄淮海地区小麦生产时空特征，解析多源要素对小麦生产的作用路径。

参 考 文 献

陈帅，徐晋涛，张海鹏，2016. 气候变化对中国粮食生产的影响——基于县级面板数据的实证分析 [J]. 中国农村经济 (05)：2-15.

方莹，黄宇杰，申格，2022. 基于多源数据的河南省农业干旱时空变化特征分析 [J]. 中国农业信息，34 (04)：9-19.

高振斌，秦轩，2022. 基于PLS-GA-SVR的区域经济预测模型及实证 [J]. 统计与决策，38 (18)：54-57.

韩天富，李亚贞，曲潇林，2022. 中国农田小麦和玉米产量时空演变及驱动因素 [J]. 农业工程学报，38 (01)：100-108.

黄川容，刘洪，2011. 气候变化对黄淮海平原冬小麦与夏玉米生产潜力的影响 [J]. 中国农业气象，32 (A1)：118-123.

冀正欣，王秀丽，李玲，2021. 南阳盆地区耕地利用效率演变及其影响因素 [J]. 自然资源学报，36 (03)：688-701.

兰铭，费帅鹏，禹小龙，2021. 多光谱与热红外数据融合在冬小麦产量估测中的应用 [J]. 麦类作物学报，41 (12)：1564-1572.

李新安，2019. 基于 BPPSO 优化模型的高新企业技术项目选择研究 [J]. 创新科技，19（07）：1-10.

刘玉，任艳敏，潘瑜春，2020. 黄淮海地区县域粮食生产空间分异格局及其影响因素探测 [J]. 北京大学学报（自然科学版），56（02）：315-323.

刘玉兰，汪勇，范文忠，2020. 叶面喷施光碳核肥对水稻产量和品质的影响 [J]. 河南农业科学，49（10）：20-25.

栾青，郭建平，马雅丽，2020. 基于线性生长假设的作物积温模型稳定性比较 [J]. 中国农业气象，41（11）：695-706.

满元伟，李净，邢立亭，2021. 基于多源遥感数据的温度-土壤湿度-降水干旱指数（TMPDI）的构建与应用 [J]. 干旱区研究，38（05）：1442-1451.

宋茜，周清波，吴文斌，等，2015. 农作物遥感识别中的多源数据融合研究进展 [J]. 中国农业科学，48（06）：1122-1135.

孙晓丽，石淑芹，李正国，2014. 黑龙江省气候与社会经济因素对生产潜力影响的研究 [J]. 中国人口·资源与环境，24（A3）：349-353.

孙懿慧，贺立源，2014. 基于 GIS 多源数据融合的湖北省中稻增产潜力研究 [J]. 农业机械学报，45（A1）：133-141.

谭忠昕，郭翔宇，2019. 基于超效率 DEA 方法的中国粮食生产效率评价分析 [J]. 农业现代化研究，40（03）：431-440.

王来刚，郑国清，郭燕，2022. 融合多源空间数据的冬小麦产量预测模型研究 [J]. 农业机械学报，53（01）：198-204，458.

武建强，郑晶，2019. 基于 Output-DEA 模型的粮食生产效率分析——以安徽省三大粮食生产功能区为例 [J]. 粮食科技与经济，44（09）：32-36.

肖登攀，陶福禄，沈彦俊，2014. 华北平原冬小麦对过去 30 年气候变化响应的敏感性研究 [J]. 中国生态农业学报，22（04）：430-438.

徐焕颖，贾建华，刘良云，2015. 基于多源干旱指数的黄淮海平原干旱监测 [J]. 遥感技术与应用，30（01）：25-32.

叶志标，李文娟，2017. 基于埃塔平方法（η²）的中国小麦生产驱动因素贡献份额研究 [J]. 中国农业资源与区划，38（06）：63-70.

张路路，张悦国，刘瑞卿，2011. 河北省粮食单产区域差异特征演变格局及动因分析 [J]. 水土保持研究，18（02）：192-197.

张露，罗必良，2018. 小农生产如何融入现代农业发展轨道？——来自中国小麦主产区的经验证据 [J]. 经济研究，53（12）：144-160.

赵彦茜，肖登攀，唐建昭，2019. 气候变化对我国主要粮食作物产量的影响及适应措施 [J]. 水土保持研究，26（06）：317-326.

Antwi-Agyei P，Fraser E D G，Dougill A J，et al.，2012. Mapping the vulnerability of crop production to drought in Ghana using rainfall，yield and socioeconomic data [J]. Applied Geography，32（2）：324-334.

Bindraban P S，van der Velde M，Ye L M，et al.，2012. Assessing the impact of soil degradation on food production [J]. Current Opinion in Environmental Sustainability，4（5）：478-488.

Canter L W，2018. Environmental Impact of Agricultural Production Activities [M]. CRC Press.

Cao J，Zhang Z，Tao F L，et al.，2020. Identifying the contributions of multi-source data for winter wheat yield prediction in China [J]. Remote Sensing，12（5）：750.

Davy H，1846. Elements of agricultural chemistry [M]. John J. Griffin and Company.

Grovermann C，Umesh K B，Quiedeville S，et al.，2018. The economic reality of underutilised crops for climate resilience，food security and nutrition：Assessing finger millet productivity in India（Article）

［J］. Agriculture（Switzerland），8（09）：1－12.

Han D R，Cai H Y，Yang X H，et al.，2020. Multi－source data modeling of the spatial distribution of winter wheat yield in China from 2000 to 2015 ［J］. Sustainability，12（13）：5436.

Hou M Y，Deng Y J，Yao S B，2021. Spatial Agglomeration Pattern and Driving Factors of Grain Production in China since the Reform and Opening Up ［J］. Land，10（01）：10.

Ji T，Li G S，Yang H，et al.，2018. Comprehensive drought index as an indicator for use in drought monitoring integrating multi－source remote sensing data：a case study covering the Sichuan－Chongqing region ［J］. International Journal of Remote Sensing，39（03）：786－809.

Li Y，Dong Y，Yin D Q，et al.，2020. Evaluation of Drought Monitoring Effect of Winter Wheat in Henan Province of China Based on Multi－Source Data ［J］. Sustainability，12（7）：2801.

Liu Z C，Xu Z J，Bi R，et al.，2021. Estimation of Winter Wheat Yield in Arid and Semiarid Regions Based on Assimilated Multi－Source Sentinel Data and the CERES－Wheat Model ［J］. Sensors，21（4）：1247.

Ma L Y，Wu Q，2021. Measurement of Investment Potential and Spatial Distribution of Arable Land among Countries within the "Belt and Road Initiative" ［J］. Agriculture，11（9）：848.

Mustafa G，Mahmood H，Iqbal A，2021. Environmentally friendly farming and yield of wheat crop：A case of developing country ［J］. Journal of Cleaner Production，314（Suppl C）：127978.

Shi B，Yuan Y F，Zhuang T X，et al.，2022. Improving water status prediction of winter wheat using multi－source data with machine learning ［J］. European Journal of Agronomy，139（Suppl C）：126548.

Thompson M，Gamage D，Ratnasekera D，et al.，2019. Effect of elevated carbon dioxide on plant biomass and grain protein concentration differs across bread，durum and synthetic hexaploid wheat genotypes ［J］. Journal of Cereal Science，87：103－110.

Wang Y M，Zhang Z，Feng，L W，et al.，2020. Combining multi－source data and machine learning approaches to predict winter wheat yield in the conterminous united states ［J］. Remote Sensing，12（8）：1232.

第五章　小麦多源要素生产效率及增产潜力评估

随着农业资源环境约束日益趋紧，依靠物质要素投入提高小麦产量的发展模式难以为继，亟需推动小麦生产由物质要素驱动向多源要素驱动转变。多源要素涵盖了气候变化、土壤墒情、物质投入、技术进步、政策法规等要素，小麦生产是多源要素交互作用的动态过程，有效分析小麦多源要素生产效率、精准诊断多源要素发挥的有效性，有助于对区域小麦增产潜力作出科学判断，为制定合理的小麦生产策略及管理措施提供理论依据。

第一节　小麦生产效率及增产潜力研究现状

小麦生产效率和增产潜力是衡量小麦稳产高产的重要指标，引起学者们的广泛关注，并展开了一系列深入研究。本节对小麦生产效率及增产潜力的相关研究进行梳理，为进一步提升小麦生产效率、挖掘增产潜力提供理论参考。

一、小麦生产效率研究

有关小麦生产效率的现有文献主要集中在小麦生产效率测度的模型方法及其影响因素分析两个方面。

1. 小麦生产效率测度

小麦生产效率测度方法主要包括以数据包络分析（DEA）为代表的非参数法和以随机前沿生产函数（SFA）为代表的参数法。

关于 DEA 及其扩展模型在小麦生产效率测度中的应用，曲朦等（2019）运用 DEA 模型，对河南、宁夏两省农户的小麦生产效率进行测度，发现农户小麦生产效率整体较高，小麦生产技术效率具有较大提升空间；高颖等（2022）在传统 DEA 模型的基础上构建 3 个阶段 DEA 模型，对山东小麦生产效率进行测算；姚升等（2019）和常明等（2019）基于动态变化视角，建立 DEA - Malmquist 模型评估小麦生产效率，对小麦生产效率驱动因素及其演化特征进行了时空动态分析；赵盈盈（2020）综合运用 SBM 模型和 Malmquist 指数，对我国小麦主产区 1999—2018 年小麦生产效率分别进行静态和动态变化效应分析；为消除偶然因素对效率值的冲击，得到更稳健和客观的小麦生产效率，高升等（2019）构建 DEA - Windows 模型对小麦生产和销售两阶段效率进行测评，发现我国小麦生产效率稳步提升，而小麦销售效率逐年下降。

关于随机前沿模型在小麦生产效率测度中的应用，刘成等（2019）运用随机前沿生产函数模型测度 2004—2015 年我国 15 个小麦主产区的小麦生产效率，发现区域间小麦生产效率存在较大差异；Wagan 等（2020）利用 SFA（随机前沿方法）模型分别对中国和巴基斯坦小麦生产效率进行测度，发现中国小麦生产效率显著高于巴基斯坦，其原因主要是中国小麦生产的机械化程度较高；Endalew 等（2023）使用 SFA 模型评估小农户小麦生产效率水平，并探究小麦生产效率低下的根源；综合考虑小麦生产投入与产出的非线性关系，规避传统生产函数中要素替代弹性完全相同或者要素替代弹性之和为 1 的缺点，陈哲等（2022）构建超越对数 SFA，对陕西关中平原地区小麦生产效率进行估计。

2. 小麦生产效率影响因素

小麦生产效率影响因素方面的研究，主要聚焦于农业补贴政策、农业生产经营方式、农业生产要素等因素变化与小麦生产效率的相互关系。高鸣等（2016）利用 2SLS（两阶段最小二乘法）方法对河南小麦生产效率影响因素进行分析，发现增加生产要素投入能促进小麦全要素生产率增长，粮食直补对小麦技术效率有促进作用，但对规模为 6 亩以上种植农户的全要素生产率影响效果不明显；吴天龙等（2017）对非农收入与小麦生产技术效率之间的关系进行研究，结果表明二者之间并不存在显著关系，小麦生产技术效率与家庭劳动力的部分转移无关；曲朦等（2019）剖析了耕地流转对小麦生产效率的影响机理，发现其对小麦生产综合技术效率和规模效率均会产生倒 U 型影响；栾健等（2019）探究不同农田灌溉水平下旱灾对小麦主产区小麦生产技术效率的门槛效应，结果表明，旱灾对小麦生产技术效率影响具有双重门槛效应，其负面影响随着有效灌溉率的提升呈阶梯型下降趋势；张景利等（2020）研究发现，财政支农水平、抗灾能力、小麦价格显著促进了小麦生产效率，而农业人口占比则与之相反，农业生产要素投入和机械化水平对小麦生产效率影响不显著；王丹等（2021）认为，农业机械化可以显著提高小麦生产效率，并存在一定的空间溢出效应；王允等（2022）运用并行中介效应模型，量化分析了农村劳动力转移对小麦生产环境效率的影响路径。

二、小麦增产潜力研究

生产潜力是在光、温、水、土等多种自然条件的综合作用下，某区域粮食所能产生的最大生产力，增产潜力则是指实际产量与理论生产潜力之间的差距。本节在总结归纳粮食增产潜力相关研究的基础上，进一步梳理了小麦增产潜力的相关研究。

关于粮食增产潜力，学者们从不同研究视角对我国及各区域的粮食增产潜力展开研究。陈百明（2002）利用订正农业生态区划（Agro‐Ecological Zones，AEZ）模型测度了我国 2010 年、2030 年和 2050 年的粮食作物生产能力；刘洛等（2014）在考虑中国气候、地形、土壤等因素的基础上，运用全球农业生态区划（global agro‐ecological zones，GAEZ）模型估算 2010 年全国耕地粮食生产潜力；陈丽等（2015）借助空间均衡增产途径分析，测算黄淮海地区的粮食增产潜力；何文斯（2016）、张锦宗等（2017）基于复种指数的视角，估算挖掘耕地的复种潜力产生的粮食增量；陈印军等（2016）利用时间序列模型，从高产示范区单产水平、品种区试单产水平、趋势单产等多角度，估计了 2020 年我国粮食增产潜力；周琳等（2017）分析了重庆市粮食均衡增产潜力，发现渝西低山丘陵区的单产增产潜力最高，而渝东北区总增产潜力最高，需针对不同类型增产区实施差异化的粮食增产保障措施。

关于小麦增产潜力，学者们也进行了一系列深入研究。罗建美等（2016）构建了单产遥感估测模型，估算了河北平原中低产区冬小麦的增产潜力；Tang 等（2018）利用 DS-SAT 模型集成的校准 Hargreaves ET 模型和动态作物系数，并结合 SDSM4.2 和 CanESM2 生成的天气数据，预测冬小麦的潜在产量和作物需水量；Liu 等（2019）基于田间试验，探究不同施氮量对小麦—花生套作体系氮素回收率、小麦—花生增产的影响；Li 等（2019）通过 DSSAT－CERES－Wheat 模型模拟和田间调查等方法来对黄淮海农区小麦产量差距进行了量化研究，从而确定作物增产潜力区域；He 等（2019）研究发现，科学的耕作方法可通过改善土壤生态提高冬小麦的生产潜力，并提出了具体的增产措施；Guarin 等（2022）综合基于过程的小麦作物模型及田间试验，对全球小麦增产潜力进行估计并预测；陈源源等（2022）运用 GAEZ 模型评估我国小麦的增产潜力，发现 2020—2025 年我国小麦仍有 2.33 亿 t 的增产潜力。

第二节　多源要素生产效率及增产潜力评估模型

小麦生产受自然环境及社会经济环境中多因素综合影响，具有不完全和不确定的灰色系统特征。本节建立科学合理的多源要素生产效率和增产潜力评估模型，通过降低数据灰度、修订数据偏差，削减小麦生产过程中的多因素交互复杂效应，得到更精准的小麦多源要素生产效率和增产潜力。

一、多源要素生产效率评估模型

小麦生产是一个多投入产出且具有典型灰色特征的复杂过程，本节综合运用灰色系统理论、信息熵理论及多投入产出效率最常用的数据包络分析（Data Envelopment Analysis，DEA），构建多层灰熵赋权 DEA 模型（MGEW－DEA），利用灰色关联分析和熵权法，为 DEA 模型中各投入产出指标赋权，测度黄淮海地区小麦的多源要素生产效率。

基于多层灰熵赋权的黄淮海地区小麦多源要素生产效率分析框架主要分为两个模块：一是基于强灰关联系数的多层灰熵权重配置算法的提出，对评价系统指标进行分层赋权，为 DEA 模型指标转化做好准备；二是多层灰熵赋权 DEA 模型（MGEW－DEA）的构建，将综合指标权重与 DEA 模型多个输入指标复合转化为子系统层输入，增强效率评价结果的准确性、合理性，最后借助 DEAP2.1 软件，对黄淮海地区小麦多源要素生产效率的时空特征及效率等级进行分析。具体分析流程见图 5－1。

1. 多层灰熵权重配置算法

针对评价系统 Q，按照系统指标不同属性将指标集划分为 h 个子系统 $V=\{V_1, V_2, \cdots, V_h\}$，$s=1, 2, \cdots, h$，准则层数目为 h。每个子系统包含 n 个评价对象或拟定方案及 m 个评价指标或属性，则有评价对象集 $G^s=\{G_1^s, G_2^s, \cdots G_n^s\}$，$i=1, 2, \cdots, n$；评价指标集 $T^s=\{T_1^s, T_2^s, \cdots, T_m^s\}$，$k=1, 2, \cdots, m$。$y_i^s(k)$ 表示第 s 个子系统下，第 i 个评价对象 G_i 对应于第 k 个指标 T_k 的属性值。则 G^s 对 T^s 的评价矩阵为：

$$Y^s = y_i^s(k) = \begin{bmatrix} y_1^s(1) & y_2^s(1) & \cdots & y_n^s(1) \\ y_1^s(2) & y_2^s(2) & \cdots & y_n^s(2) \\ \cdots & \cdots & \cdots & \cdots \\ y_1^s(m) & y_2^s(m) & \cdots & y_n^s(m) \end{bmatrix} \tag{5-1}$$

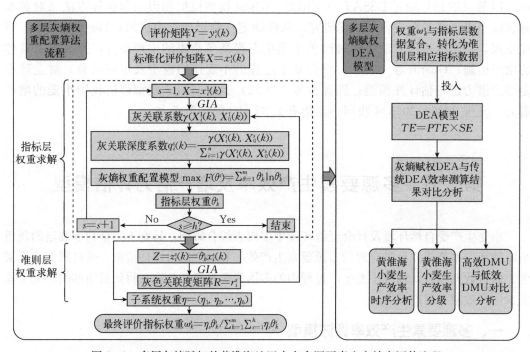

图 5-1　多层灰熵赋权的黄淮海地区小麦多源要素生产效率评估流程

当系统各指标在量纲和数量级上存在较大差异时，在计算过程中直接加权将无实际意义。在对评价指标求权过程中，为消除各指标量纲量级差异的影响，此处对原始指标进行无量纲化处理（赵宸宇等，2021）。针对指标数值越大越好的效益型，指标数值越小越好的成本型，以及越接近适中值越好的适中型的 3 类指标处理方式（于亮等，2014）依次为：

$$x_i^s(k) = \frac{y_i^s(k) - \min_i y_i^s(k)}{\max_i y_i^s(k) - \min_i y_i^s(k)} \tag{5-2}$$

$$x_i^s(k) = \frac{\max_i y_i^s(k) - y_i^s(k)}{\max_i y_i^s(k) - \min_i y_i^s(k)} \tag{5-3}$$

$$x_i^s(k) = 1 - \frac{|y_i^s(k) - a^s(k)|}{\max_i |y_i^s(k) - a^s(k)|} \tag{5-4}$$

其中，$x_i^s(k)$ 为第 s 个子系统下，第 i 个评价对象 G_i 对应于第 k 个指标 T_k 标准化后的属性值，$a^s(k)$ 为第 k 个适中型指标的最优属性值。经如上标准化处理，得到标准化评价矩阵：

$$X^s = x_i^s(k) = \begin{bmatrix} x_1^s(1) & x_2^s(1) & \cdots & x_n^s(1) \\ x_1^s(2) & x_2^s(2) & \cdots & x_n^s(2) \\ \cdots & \cdots & \cdots & \cdots \\ x_1^s(m) & x_2^s(m) & \cdots & x_n^s(m) \end{bmatrix} \tag{5-5}$$

本节从评级矩阵指标属性值变动的关联性出发，考虑权重大小配置，引入灰关联系数和强灰关联系数两个概念，其定义如下。

（1）灰关联系数。设 $X_i^s(k) = [x_i^s(k) \mid k=1, 2, \cdots, m]$ 为第 s 个子系统下标准化矩阵 X 的列向量，代表第 i 个对象下指标集的评价向量，将其表示为系统行为序列。将第 s 个子系统下标准化指标属性值的最大值视为该属性下的理想值，组成参考序列 $X_0^s(k) = [x_0^s(k) \mid k=1, 2, \cdots, m]$。则有：

$$\gamma[X_i^s(k), X_0^s(k)] = (\Delta \min + \rho \Delta \max) / [\Delta_i^s(k) + \rho \Delta \max] \tag{5-6}$$

$$\Delta \min = \min_i \min_k |x_i^s(k) - x_0^s(k)| \tag{5-7}$$

$$\Delta \max = \max_i \max_k |x_i^s(k) - x_0^s(k)| \tag{5-8}$$

$$\Delta_i^s(k) = |x_i^s(k) - x_0^s(k)| \tag{5-9}$$

其中，$\rho \in [0, 1]$，具体选值需视样本量情况而定（钱隼驰等，2019）；$\Delta \min$、$\Delta \max$ 表示系统行为序列与参考序列对应指标值之差的最小值和最大值；$\gamma[X_i^s(k), X_0^s(k)]$ 为系统行为序列 $X_i^s(k)$ 与参考序列 $X_0^s(k)$ 的灰关联系数，代表不同方案和理想优等方案间的关联程度，构成灰关联系数矩阵 $\gamma_i^s(k)$。

灰色关联分析通过参考序列和比较序列相互间几何形状相似水平来判断不同序列之间的联系紧密性，可以反映不同序列整体之间的关联程度（He 等，2019），而对于序列中元素与元素之间的关联性却未得到充分体现。参考熵权法的思想，在指标定权过程中，指标属性间的联系在一定程度上同样反映了指标的重要性。为此在这里提出强灰关联系数的概念来量化评价序列各指标元素之间的关联程度。

（2）强灰关联系数。设 $\gamma[X_i^s(k), X_0^s(k)]$ 为第 s 个子系统下系统行为序列 $X_i^s(k)$ 与参考序列 $X_0^s(k)$ 的灰关联系数，令：

$$q_i^s(k) = \frac{\gamma[X_i^s(k), X_0^s(k)]}{\sum_{i=1}^n \gamma[X_i^s(k), X_0^s(k)]} \tag{5-10}$$

$q_i^s(k)$ 表示第 i 个系统行为序列 $X_i^s(k) = \{x_i^s(k) \mid k=1, 2, \cdots, m\}$ 与参考序列的强灰关联系数，表征指标属性值之间的关联程度。从而可以得到 n 个评价对象或拟定方案的强灰关联系数矩阵列向量 $Q_i = \{q_i(k) \mid k=1, 2, \cdots, m\}$，$i=1, 2, \cdots, n$。

2. 多层灰熵权重配置模型

得到各指标的强灰关联系数之后，将其与最大熵原理结合，依据不同指标在变动显著程度上的表现，区分其重要程度，从而确定每个指标权重大小。具体过程如下：

（1）设置目标函数。将权重 θ_k^s 理解为第 k 个指标 T_k^s 在评价指标集 T^s 中所占比重（概率），此时各指标真实权重便是一个具有不确定性的随机变量。按照最大熵的思想，熵的大小反映了评价指标重要性的分布状况，那么权重熵值达到最大且满足约束条件时所得出的权值的可能性最大。由此可以利用最大熵原理来对评价指标权重进行求解，建立目标函数如下：

$$\max F(\theta_k^s) = -\sum_{k=1}^{m} \theta_k^s \ln \theta_k^s \qquad (5-11)$$

（2）设置约束条件。强灰关联系数反映了不同序列元素在各个行为序列表现出的内在变动规律显著程度，解释了不同指标在各方案间的变动规律，即从不同方案、不同指标两个角度反映了指标属性变动的内在规律，反映了各指标的重要性。基于强关联系数，设置权重期望变动和权重方差波动两个约束条件。

① 权重期望变动约束。根据上述思想，某一指标权重的范围可由强灰关联系数大小确定，构建权重变动范围约束。则第 s 个子系统指标权重 θ_k^s 满足：

$$\theta_k^s \in \{\min[q_i^s(k)], \ \max[q_i^s(k)]\} \qquad (5-12)$$

② 权重方差波动约束。指标权重的波动范围也由强灰关联系数决定，可引入指标权重方差的约束条件。记 $D^s(k)$ 表示第 s 个子系统每个指标的方差，则第 s 个子系统全体指标权重的方差满足：

$$\frac{1}{m}\sum_{k=1}^{m}\left(\theta_k^s - \frac{1}{m}\right)^2 \subset \{\min[D(k)], \ \max[D(k)]\} \qquad (5-13)$$

$$D^s(k) = \frac{1}{n}\sum_{i=1}^{n}\left(q_i^s - \frac{1}{n}\right)^2 \qquad (5-14)$$

（3）指标层权重求解。基于上述目标函数及权重期望变动约束、权重方差波动约束，构建求解指标层权重的灰熵权重配置模型 M_1：

$$\max F(\theta_k^s) = -\sum_{k=1}^{m} \theta_k^s \ln \theta_k^s \qquad (5-15)$$

$$s.t \begin{cases} \sum_{k=1}^{m} \theta_k^s = 1, \theta_k^s \subset (0,1) \\ \theta_k^s \in \{\min[q_i^s(k)], \max[q_i^s(k)]\} \\ \frac{1}{m}\sum_{k=1}^{m}\left(\theta_k^s - \frac{1}{m}\right)^2 \subset \{\min[D(k)], \max[D(k)]\} \\ D^s(k) = \frac{1}{n}\sum_{i=1}^{m}\left(q_i^n - \frac{1}{n}\right)^2 \\ q_i^s(k) = \gamma[X_i^s(k), X_0^s(k)] / \sum_{i=1}^{n} \gamma[X_i^s(k), X_0^s(k)] \\ \gamma[X_i^s(k), X_0^s(k)] = (\Delta\min + \rho\,\Delta\max) / [\Delta_i^s(k) + \rho\,\Delta\max] \\ \Delta\min = \min_i \min_k |x_i^s(k) - x_0^s(k)| \\ \Delta\max = \max_i \max_k |x_i^s(k) - x_0^s(k)| \\ \Delta_i^s(k) = |x_i^s(k) - x_0^s(k)| \\ k = 1,2,\cdots,m; \ i = 1,2,\cdots,n; \ s = 1,2,\cdots,h \end{cases} \qquad (5-16)$$

模型 M_1 对偶问题目标函数为 $\min F(\theta_k^s) = \sum_{\theta=1}^{m} \theta_k^s \ln \theta_k^s$，其海塞矩阵及其行列式为：

$$H = \begin{vmatrix} \dfrac{\partial^2 OF}{\partial\theta_1^s\,\partial\theta_1^s} & \dfrac{\partial^2 OF}{\partial\theta_1^s\,\partial\theta_2^s} & \cdots & \dfrac{\partial^2 OF}{\partial\theta_1^s\,\partial\theta_m^s} \\[2mm] \dfrac{\partial^2 OF}{\partial\theta_2^s\,\partial\theta_1^s} & \dfrac{\partial^2 OF}{\partial\theta_2^s\,\partial\theta_2^s} & \cdots & \dfrac{\partial^2 OF}{\partial\theta_2^s\,\partial\theta_m^s} \\[2mm] \cdots & \cdots & \cdots & \cdots \\[2mm] \dfrac{\partial^2 OF}{\partial\theta_m^s\,\partial\theta_1^s} & \dfrac{\partial^2 OF}{\partial\theta_m^s\,\partial\theta_2^s} & \cdots & \dfrac{\partial^2 OF}{\partial\theta_m^s\,\partial\theta_m^s} \end{vmatrix} \qquad (5-17)$$

$$|H| = \begin{vmatrix} \dfrac{1}{\theta_1} & 0 & \cdots & 0 \\ 0 & \dfrac{1}{\theta_2} & \cdots & 0 \\ \cdots & \cdots & \cdots & \cdots \\ 0 & 0 & \cdots & \dfrac{1}{\theta_m} \end{vmatrix} \tag{5-18}$$

由于 $0 < \theta_k < 1$，则 $|H| > 0$。由海塞矩阵可知，模型 M_1 为凸函数，模型中权重期望和方差约束的形式表明该模型的可行解是有界的，且约束条件为线性，构成的集合为凸集。因此，该模型为凸集上的凸规划问题，存在唯一最优解（汪群峰等，2013）。借助 Lingo 或 Matlab 软件求解该模型线性规划问题，得到第 s 个子系统全体指标权重为 $\theta^s = (\theta_1, \theta_2, \cdots, \theta_m)$。

（4）准则层权重求解。将 h 个子系统所含指标权重和与之对应标准化后的原始指标数据复合得到矩阵 $Z = Z_i^s(k) = \theta_k^s x_i^s(k)$。根据公式（5-4）~公式（5-7），将理想序列 $Z_0^s(k) = \{Z_0^s(1), Z_0^s(2), \cdots, Z_0^s(m)\}$ 作为参考序列，序列 $Z_i^s(k) = \{Z_i^s(k) | k = 1, 2, \cdots, m\}$ 作为行为序列。由 GIA 法求得 Z_0^s 与 Z_i^s 的关联度。则 h 个子系统构成关联度矩阵：

$$R = r_i^s = \begin{bmatrix} r_1^1 & r_2^1 & \cdots & r_n^1 \\ r_1^2 & r_2^2 & \cdots & r_n^2 \\ \vdots & \vdots & & \vdots \\ r_1^h & r_2^h & \cdots & r_n^h \end{bmatrix} \tag{5-19}$$

同理，根据公式（5-10）~公式（5-14）再次构造基于评价系统准则层的灰熵配置模型，求得准则层（子系统）权重 $\eta = (\eta_1, \eta_2, \cdots, \eta_h)$。

（5）综合指标权重求解。结合准则层权重 $\eta = (\eta_1, \eta_2, \cdots, \eta_h)$ 与指标层权重 $\theta_k^s = \{\theta_1^s, \theta_2^s, \cdots, \theta_m^s\}$，得到最终综合指标权重为：

$$\omega_k^s = \frac{\eta_s \theta_k^s}{\sum_{k=1}^{m} \sum_{s=1}^{h} \eta_s \theta_k^s} \tag{5-20}$$

3. 多层灰熵赋权 DEA 模型

利用多层灰熵权重配置算法所得指标综合权重对 m 项投入进行赋权，通过各子系统赋权指标的加权，将 DEA 模型的 m 项投入转化为子系统的 h 项投入，其中 $i = 1, 2, \cdots, h$；$r = 1, 2, \cdots, t$；$j = 1, 2, \cdots, n$。记第 i 项投入权系数为 v_i，第 r 项产出权系数为 u_r。则第 j 个 DMU(Decision-Making Unit，决策单元) 输出综合为 $\sum_{r=1}^{t} u_r y_{rj}$，其中，$y_{rj}$ 为第 j 个 DMU 第 r 项产出值，t 为产出的数量；输入综合为 $\sum_{i=1}^{m} v_i x_{ij}$，其中，$x_{rj}$ 为第 j 个 DMU 第 i 项投入值，m 为投入的数量。

目标函数为第 $j_0 (1 \leqslant j_0 \leqslant n)$ 个 DMU 的多源要素生产效率最大化，约束条件为所有 DMU 的效率评价指数不超过 1，以此来构造第 j_0 个 DMU 的 CCR 分式规划模型 M_2：

$$TE_j = \frac{\sum_{r=1}^{t} u_r y_{rj}}{\sum_{i=1}^{m} v_i x_{ij}} \tag{5-21}$$

$$s.t. \begin{cases} \sum_{r=1}^{t} u_r y_{rj} / \sum_{i=1}^{m} v_i x_{ij} \leqslant 1, j = 1, 2, \cdots, n \\ v_i \geqslant 0, i = 1, 2, \cdots, h \\ u_r \geqslant 0, r = 1, 2, \cdots, t \end{cases} \quad (5-22)$$

利用线性规划模型计算方法求解模型 M_2，得到综合技术效率（TE）。

BCC 模型则是在 CCR 模型的基础上加入约束条件 $\sum_{i=1}^{m} v_i = 1$，$\sum_{r=1}^{t} u_r = 1$，该模型计算所得排除规模变动影响的技术效率值为纯技术效率（PTE），规模效率（SE）可根据公式 $SE = TE/PTE$ 得到。

二、多源要素生产效率评估指标体系

指标体系构建是小麦多源要素生产效率评估的基础和前提，本节旨在构建科学合理的生产效率投入产出指标体系，以准确测算黄淮海地区小麦的多源要素生产效率，为政府政策制定提供理论依据。

关于投入指标，小麦生产除了受劳动力、土地、农药、农膜、农机等物质要素，以及温度、日照、降水等生态环境的直接影响，也受到社会经济发展水平、农业政策环境等社会要素的间接影响。因此，本节从社会经济、生产投入及生态环境 3 个维度，选取小麦生产的投入指标。社会经济方面，主要选取人均财政支农支出、非农产业就业占比、政策文件发布数量，反映政府对农业的支持程度；生产投入方面，选取农村劳动力人数、加权有效灌溉面积、人均播种面积、农业机械生产效率、加权化肥施用折纯量等主要物质要素投入；生态环境方面，选取日平均气温、太阳辐射量、平均降雨量等对小麦生产起到关键作用的气象要素投入。

关于产出指标，不仅要考虑小麦生产过程中获得的经济价值，还要考虑对生态环境造成的影响。本节将小麦生产的产出分为期望产出和非期望产出，其中，期望产出用小麦产量表示，非期望产出主要用 CO_2 排放量衡量。黄淮海地区小麦多源要素生产效率评估指标体系见表 5-1。

表 5-1　黄淮海地区小麦多源要素生产效率评估指标体系

目标层	准则层（子系统）	指标层	指标缩写	符号表示
投入	社会经济	人均财政支农支出	PFA	x_1^1
		非农产业就业占比	PNE	x_2^1
		政策文件发布数量	NUM	x_3^1
	生产投入	农村劳动力人数	NRL	x_1^2
		加权有效灌溉面积	WEI	x_2^2
		人均播种面积	PSA	x_3^2
		农业机械生产效率	PAM	x_4^2
		加权化肥施用折纯量	WFA	x_5^2
	生态环境	日平均气温	TAVE	x_1^3
		太阳辐射量	RAD	x_2^3
		平均降雨量	PRE	x_3^3
产出	期望产出	小麦产量	Out	y_1
	非期望产出	CO_2 排放量	CO_2	y_2

三、增产潜力测算模型

本节通过构建小麦增产潜力模型，评估黄淮海地区小麦增产潜力，有助于准确把握黄淮海地区小麦生产水平，为小麦增产增收提供决策支持。

小麦增产潜力即小麦实际产量与理论产量的差值，增产空间用增产潜力在生产潜力中所占比例表示，二者的计算公式分别为：

$$W = Y' - Y \qquad (5-23)$$
$$T = (Y' - Y)/Y' \qquad (5-24)$$

式中，W 表示小麦增产潜力，Y' 表示小麦理论产量，Y 表示小麦实际产量，单位均为 kg/hm^2，T 表示小麦增产空间。因此，对小麦增产潜力及增产空间的评估，需建立在小麦理论生产潜力测度的基础上。

在多种小麦理论生产潜力测算方法中，潜力衰减法以作物生产力形成机理为基础，可同时考虑不同的农业资源条件对作物生产潜力进行测算，是测算作物生产潜力应用最广泛、最基本的方法之一（韩荣青等，2012）。本节运用潜力衰减法测算黄淮海地区小麦的自然生产潜力（光合生产潜力、光温生产潜力、气候生产潜力）及社会经济生产潜力，以此作为小麦的理论生产潜力。

潜力衰减法基于有效系数逐级订正的思想，在光合生产潜力的基础上，分别通过温度、水分、社会经济有效系数的逐步订正，以计算光合、光温、气候、社会经济生产潜力，计算流程如图 5-2 所示。

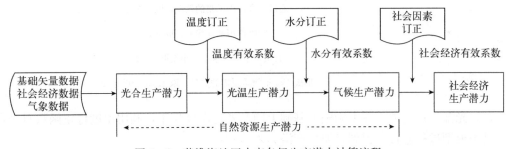

图 5-2　黄淮海地区小麦各级生产潜力计算流程

1. 有效系数

温度有效系数、水分有效系数可通过已有资料查阅获取，社会经济有效系数则根据不同因子对小麦生产有效性贡献权重和因子得分值计算得到，表达式为：

$$f(s) = A_i \times \omega_i \qquad (5-25)$$

式中，$f(s)$ 表示社会经济有效系数，$f(s) \in (0,1)$；A_i 表示第 i 个样本的综合评分值；ω_i 表示各种社会因子的权重。考虑到社会经济因素众多，社会经济系数的确定需要预先明确不同要素的权重，才能充分挖掘到不同区域的小麦社会经济生产潜力。将多源要素生产效率评估指标体系中的人均财政支农支出、非农产业就业占比、政策文件发布数量、农村劳动力人数、加权有效灌溉面积、人均播种面积、农业机械生产效率、加权化肥施用折纯量、CO_2 排放量等选定为社会经济因子，各因子权重参照本节多层灰熵权重法测算得出。

2. 生产潜力

基于上述温度有效系数、水分有效系数及社会经济有效系数，逐级对光合生产潜力模型进行修订，得到光合生产潜力、光温生产潜力、气候生产潜力及社会经济增产潜力。

(1) 光合生产潜力。光合生产潜力可认为是光合产量的上限，是指在温度、水肥等各种因素处于最适宜、最理想水平下，仅由太阳辐射来决定的小麦生产潜力，光合生产潜力表达式如下：

$$f(\theta) = \sum \theta \times \varepsilon \times a \times (1-b) \times (1-r) \times \Phi \times (1-c)/(1-x)^{-1} \times H^{-1}$$

$$(5-26)$$

式中，$f(\theta)$ 为光合生产潜力。相关符号说明见表 5-2 所示。

表 5-2 符号说明

符号	符号说明
$\sum \theta$	单位面积总辐射量（J/m²）
ε	光合有效辐射占总辐射的比率，取 0.49
a	作物群体对光合有效辐射的吸收率，即 $a = 0.83$
b	非光合器官的无效吸收率，通常取 0.1
r	光饱和限制率，在自然条件下可忽略不计，即 $r = 0$
Φ	通过光合作用机制的效率，取 0.224
c	呼吸作用的耗损率，取 0.3
x	有机物中的含水率，小麦取 0.125
H	形成 1kg 干物质所需的热量，取 1.78×10^7 J/kg

(2) 光温生产潜力。在太阳辐射基础上同时考虑温度作用，利用温度订正函数对光合生产潜力模型进行修订，得到光温生产潜力表达式：

$$f(\theta, t) = f(t) \times f(\theta) \qquad (5-27)$$

$$f(t) = e^{a[(t-t_0)/10]^2} \qquad (5-28)$$

式中，$f(\theta, t)$ 为光温生产潜力；$f(t)$ 为温度有效系数；t_0 为作物最适温度（小麦取 20 ℃）；t 为实际温度；a 为参数，当 $t < t_0$ 时，$a = -1$；当 $t > t_0$ 时，$a = -2$。由于小麦为喜凉作物，采用公式（5-27）所示的经验公式进行温度订正（张浩等，2009）。

(3) 气候生产潜力。小麦进行光合作用过程中，除受辐射、温度影响外，水分的作用也不容忽视。气候生产潜力则是在光温生产潜力的基础上考虑降水的作用所得，表达式为：

$$f(\theta, t, \omega) = f(t) \times f(\theta) \times f(\omega) \qquad (5-29)$$

$$f(\omega) = \begin{cases} H/E_0, & H < E_0 \\ [1-(H-E_0)]/3E_0, & E_0 < H < 4E_0 \\ 0, & H \geqslant 4E_0 \end{cases} \qquad (5-30)$$

式中，$f(\omega)$ 为水分有效系数，H 为月均降水量（mm），E_0 为月均蒸发量（mm）。考虑到耕地包括水田和旱地，黄淮海平原主产区耕地主要以旱地为主，选择公式（5-30）所示的水分影响系数公式（罗海平等，2021）。

（4）社会经济生产潜力。现实生活中，除光照、温度、水分等自然条件外，作物生产潜力往往较大程度上受社会发展状况、生产管理水平等多种社会经济因素的影响。社会经济生产潜力则是在气候生产潜力的基础上考虑社会经济因素作用所得，表达式为：

$$f(\theta, t, \omega, s) = f(s) \times f(\theta, t, \omega) \tag{5-31}$$

计算得到小麦的理论生产潜力后，基于公式（5-23）和公式（5-24），可对小麦增产潜力及增产空间进行测度。

第三节　小麦多源要素生产效率分析

首先基于 2010—2020 年黄淮海全域指标数据，分别采用传统 DEA 模型和多层灰熵赋权 DEA 模型对黄淮海地区小麦多源要素生产效率进行测算，通过比较分析，检验多层灰熵赋权 DEA 模型的有效性；然后分析黄淮海地区小麦多源要素生产效率的时空特征，并依据效率值对黄淮海地区进行等级划分，为政府制定政策提升黄淮海地区小麦多源要素生产效率提供理论依据。

一、模型对比

基于 MGEW-DEA 模型和传统 DEA 模型的黄淮海地区小麦多源要素生产效率评估结果见表 5-3。MGEW-DEA 模型中，仅 2014 年和 2018 年小麦多源要素生产效率（DV）有效；而传统 DEA 模型中，2010—2020 年小麦多源要素生产效率有 6 年处于 DV 有效状态，但该结果与李辉尚等（2018）研究中 2010 年、2011 年和 2016 年的小麦多元要素生产效率均为非有效且出现了 TE 和 SE 效率极低（0.2 以下）情况的结论不相符，与孙晓宇等（2022）的研究结果也存在较大出入。

表 5-3　多层灰熵赋权 DEA 模型与传统 DEA 模型结果对比

年份	MGEW-DEA					DEA				
	TE	PTE	SE	RTC	DV	TE	PTE	SE	RTC	DV
2010 年	0.941	0.941	1.000	irs	非有效	1.000	1.000	1.000	—	有效
2011 年	0.923	1.000	0.923	irs	非有效	1.000	1.000	1.000	—	有效
2012 年	0.882	0.975	0.905	irs	非有效	0.651	1.000	0.651	irs	非有效
2013 年	0.793	0.919	0.863	irs	非有效	0.480	1.000	0.480	irs	非有效
2014 年	1.000	1.000	1.000	—	有效	0.348	0.973	0.358	irs	非有效
2015 年	0.787	0.881	0.893	irs	非有效	0.098	0.705	0.138	irs	非有效

（续）

年份	MGEW－DEA					DEA				
	TE	PTE	SE	RTC	DV	TE	PTE	SE	RTC	DV
2016 年	0.849	0.987	0.863	irs	非有效	1.000	1.000	1.000	—	有效
2017 年	0.803	1.000	0.803	irs	非有效	1.000	1.000	1.000	—	有效
2018 年	1.000	1.000	1.000	—	有效	0.984	1.000	0.984	irs	非有效
2019 年	0.921	0.996	0.925	irs	非有效	1.000	1.000	1.000	—	有效
2020 年	0.990	1.000	0.990	drs	非有效	1.000	1.000	1.000	—	有效
平均值	0.899	0.973	0.924			0.778	0.971	0.783		
最小值	0.787	0.881	0.803			0.098	0.705	0.138		
最大值	1.000	1.000	1.000			1.000	1.000	1.000		
上四分位值	0.826	0.958	0.878			1.000	1.000	1.000		
下四分位值	0.966	0.999	0.995			0.566	1.000	0.566		
方差	0.006	0.002	0.004			0.315	0.084	0.306		

注：RTC 表示规模报酬状态，DV 表示 DEA 有效性，"—"表示规模报酬不变，drs 表示规模报酬递减，irs 表示规模报酬递增。

根据传统 DEA 模型和 MGEW－DEA 模型的测算结果，绘制得到两种方法下小麦多源要素生产效率得分的分布频次统计图（图 5－3）。传统 DEA 模型中有较多决策单元的 TE、PTE、SE 达到前沿面，TE、PTE、SE 为 1 的频次总数为 21，是 MGEW－DEA 模

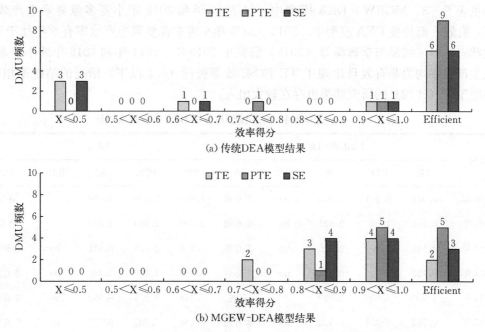

(a) 传统DEA模型结果

(b) MGEW-DEA模型结果

图 5－3 2010—2020 年黄淮海地区小麦多源要素生产效率得分分布

型（10）的 2 倍之多，而未达到前沿面的决策单元的 TE、PTE、SE 较低，呈现两极分化的状态；MGEW-DEA 模型中大多数决策单元处于非有效状态，但 TE、PTE、SE 分布集中，大多在（0.8，1）的区间范围内。

经以上分析发现，传统 DEA 模型虽求解方便，但在应用中往往出现较多的 DMU 达到最大效率 1，尤其在 DMU 数量少、投入产出指标多的情况下更为严重，无法对效率为 1 的单元充分排序，导致评价结果不够准确（刘帅，2019）。而通过多层灰熵权重配置算法的赋权，可有效解决传统 DEA 无法区分多个有效单元的问题。因此，相较于传统 DEA 模型，基于 MGEW-DEA 模型的黄淮海小麦多源要素生产效率评估结果更加科学合理，以下分析和建模均基于 MGEW-DEA 模型展开。

二、黄淮海地区小麦多源要素生产效率时空特征

黄淮海地区位于华北、华东、华中 3 个地区的结合部，区域间自然环境和社会经济环境存在一定差异，而自然及社会经济环境又是影响小麦生产的重要因素，黄淮海不同区域的小麦多源要素生产效率水平也不尽相同。此外，小麦生产是一个多因素作用的复杂动态演进过程，小麦多源要素生产效率会随时间推移而发生变化。基于此，本节通过分析黄淮海地区小麦多源要素生产效率的时空特征，挖掘其发展规律及区域异质性特征。

整体层面，由表 5-3 中基于 MGEW-DEA 模型的黄淮海地区小麦多源要素生产效率测度结果可知，2010—2020 年小麦生产的 TE、PTE、SE 平均值均在 0.85 以上，效率最小值为 0.787，整体效率偏低；3 类效率方差分别为 0.006、0.002、0.004，表明不同年份间技术效率值波动较小。2014 年和 2018 年 TE、PTE、SE 均达到了最优，说明小麦生产整体上技术有效，且达到了最优规模。对比分析 2018 年、2019 年、2020 年的 TE、PTE、SE，可发现，SE 降低导致 TE 降低，而 PTE 的减小对 TE 影响不显著，因此，规模效率（SE）是影响小麦多源要素生产效率的主要因素，扩大小麦种植规模可以获得更多的单位报酬，进一步提高小麦产量。

区域层面，将黄淮海地区分为冀鲁豫低洼平原区（Ⅰ）、燕山太行山山前平原区（Ⅱ）、黄淮平原区（Ⅲ）及山东丘陵区（Ⅳ）4 个二级耕作区，基于这 4 个二级耕作区 2010—2020 年小麦生产投入产出数据，利用 MGEW-DEA 模型，对黄淮海地区小麦的多源要素生产效率进行分区测度，结果见表 5-4。

由表 5-4 可知，整体层面上 2010—2020 年 4 个二级耕作区小麦生产 TE 平均值均在 0.9 以上，冀鲁豫低洼平原区的 PTE 均值最大，为 0.997，黄淮平原区的 SE 均值最大，为 0.990，均未能达到 DV 有效。区域层面上Ⅰ区在 2010—2020 年间 TE 有所回落，但总体上稳中有升，最后达到了 DV 有效状态；Ⅱ区和Ⅲ区小麦 TE 整体小幅波动，2020 年达到 DV 有效；Ⅳ区则从最初的 DV 有效状态开始，逐渐下降，2020 年未实现 DV 有效。

三、黄淮海地区小麦多源要素生产效率评级

以黄淮海地区 60 个市域为 MGEW-DEA 模型的决策单元，对黄淮海地区 2010 年、2015 年、2020 年 3 个主要年份小麦多源要素生产效率进行测算。根据测算结果将小麦生产的 TE、PTE、SE 效率值依照 ArcGIS 的自然断裂点分级法（谭忠昕等，2019）划分为 5 个效率等级，具体划分标准如表 5-5 所示。

表5-4 黄淮海地区不同耕作区小麦多源要素生产效率测度

年份	冀鲁豫低洼平原区（Ⅰ）					燕山太行山山前平原区（Ⅱ）					黄淮平原区（Ⅲ）					山东丘陵区（Ⅳ）				
	TE	PTE	SE	RTC	DV	TE	PTE	SE	RTC	DV	TE	PTE	SE	RTC	DV	TE	PTE	SE	RTC	DV
2010年	0.966	1.000	0.966	irs	非有效	0.786	1.000	0.786	irs	非有效	1.000	1.000	1.000	—	有效	1.000	1.000	1.000	—	有效
2011年	0.934	1.000	0.934	irs	非有效	0.803	0.999	0.804	irs	非有效	0.994	1.000	0.994	irs	非有效	0.999	0.999	1.000	—	有效
2012年	0.904	1.000	0.904	irs	非有效	0.821	0.997	0.823	irs	非有效	0.985	1.000	0.985	irs	非有效	0.996	0.998	0.998	irs	非有效
2013年	0.749	0.994	0.753	irs	非有效	0.994	1.000	0.994	irs	非有效	0.963	0.982	0.980	irs	非有效	0.997	1.000	0.997	irs	非有效
2014年	1.000	1.000	1.000	—	有效	0.987	0.994	0.993	irs	非有效	1.000	1.000	1.000	—	有效	0.966	0.988	0.978	irs	非有效
2015年	0.856	1.000	0.856	irs	非有效	1.000	1.000	1.000	—	有效	0.964	1.000	0.964	irs	非有效	0.995	0.996	0.999	irs	非有效
2016年	0.838	1.000	0.838	irs	非有效	0.997	1.000	0.997	irs	非有效	0.973	1.000	0.973	irs	非有效	1.000	1.000	1.000	—	有效
2017年	0.784	0.996	0.787	irs	非有效	1.000	1.000	1.000	—	有效	1.000	1.000	1.000	—	有效	0.942	0.999	0.942	irs	非有效
2018年	1.000	1.000	1.000	—	有效	0.840	0.864	0.972	irs	非有效	0.969	0.970	0.998	irs	非有效	0.790	0.833	0.949	irs	非有效
2019年	0.880	0.980	0.898	irs	非有效	0.985	0.986	0.999	irs	非有效	0.995	0.999	0.996	irs	非有效	0.940	0.978	0.961	irs	非有效
2020年	1.000	1.000	1.000	—	有效	1.000	1.000	1.000	—	有效	1.000	1.000	1.000	—	有效	0.960	1.000	0.960	irs	非有效
均值	0.901	0.997	0.903			0.928	0.985	0.943			0.986	0.996	0.990			0.962	0.981	0.980		
最小值	0.749	0.980	0.753			0.786	0.864	0.786			0.963	0.970	0.964			0.790	0.833	0.942		
最大值	1.000	1.000	1.000			1.000	1.000	1.000			1.000	1.000	1.000			1.000	1.000	1.000		
上四分位值	0.983	1.000	0.983			0.999	1.000	1.000			1.000	1.000	1.000			0.998	1.000	1.000		
下四分位值	0.847	0.998	0.847			0.831	0.996	0.898			0.971	1.000	0.983			0.951	0.992	0.961		
方差	0.084	0.006	0.083			0.089	0.039	0.085			0.015	0.010	0.012			0.059	0.047	0.022		

注：表中RTC为规模报酬状态，DV表示DEA有效性。"—"表示规模报酬不变，irs表示规模报酬递增，drs表示规模报酬递减。

表 5-5　黄淮海地区小麦多源要素生产效率等级评估标准

效率等级	效率值（TE/PTE/SE）	符号表示
高效率	$\theta=1$	Ⅰ
较高效率	$0.8\leqslant\theta<1.0$	Ⅱ
中等效率	$0.6\leqslant\theta<0.8$	Ⅲ
较低效率	$0.4\leqslant\theta<0.6$	Ⅳ
低效率	$\theta<0.4$	Ⅴ

整体来看，2010—2020 年黄淮海地区 60 个市域单元中，TE 处于高效的市域比例基本保持不变，且大多数市域处于高效生产状态。TE 的市域分级情况与 PTE 的分级情况并未完全一致，说明受 SE 的影响，部分市域的 TE 受到了制约。如河南省在 2015 年的 TE 处于高效率层级，但在 2010 年和 2020 年均为相对中等效率，产生这一现象的主要原因是河南省在 2010 年和 2020 年的小麦生产过程中 SE 出现了下降的情况。

从各等级情况来看，对于低效率和较低效率等级，2010 年的 TE、SE 处于低效的市域集中在黄淮海北部和南部，分别占市域数目的 36.67％、51.67％。2015 年 TE、SE 的低效市域相对其他年份数目最少，占比 18.33％，在黄淮海全域零星分布。2020 年的 TE、SE 处于低效的市域数目再次增多，分别占比 51.67％、48.33％。PTE 在研究时段内仅有 2020 年的承德为较低效率。对于中等效率等级，分布上整体与低效市域分布情况类似，PTE 在研究时段内为中等效率的市域最少，仅 2020 年的天津、廊坊、莱芜、鹤壁、郑州、徐州为中等效率。TE、SE 在 2010 年处于中等效率的市域占比 11.67％、13.33％，主要位于黄淮海中部和南部。TE、SE 在 2015 年的中等效率区占比为 16.67％，而在 2020 年的占比分别为 11.76％、15.00％。对于高效率和较高效率等级，PTE 基本在黄淮海全域均处于高效水平，3 个年份内分别占黄淮海全域的 100％、100％、88.33％。TE、SE 在 2010 年处于高效的区域均占比 35.00％，在 2020 年占比 36.67％。

将Ⅳ级和Ⅴ级效率水平的 DMU 均视为低效，Ⅰ级效率 DMU 视为高效。主要年份均为低效和高效的市域，其市域数目均为 10，占黄淮海全域的 16.67％（表 5-6）。

表 5-6　2010—2020 年均处于高效或低效的市域

效率等级	市域
高效	邯郸、周口、阜阳、亳州、菏泽、石家庄、保定、德州、沧州、临沂
低效	郑州、廊坊、天津、北京、香河、张家口、秦皇岛、承德、徐州、连云港

将表 5-6 列出的 10 个高效和低效市域对应投入和产出指标值求和，取其平均值作为高低效市域的投入产出代表，对高低效市域投入和产出进行对比分析，得出的结果见表 5-7。

表 5-7 高效市域与低效市域实际投入、产出及差距

类别	准则层	指标层	高效市域（A）	低效市域（B）	差距/%
投入	社会经济	人均财政支农支出	2 757.695	4 389.544	59.174
		非农产业就业占比	891.962	889.837	−0.238
	生产投入	政策文件发布数量	8.000	10.000	20.000
		农村劳动力人数	66.967	45.001	−32.801
		加权有效灌溉面积	286.626	301.409	5.157
		人均播种面积	1 093.091	568.388	−48.002
		农业机械生产效率	6 656.972	7 199.876	8.155
	生态环境	加权化肥施用折纯量	211 807.352	288 279.809	36.105
		日平均气温	2.796	2.696	−3.577
		太阳辐射量	2.899	2.760	−4.795
		平均降雨量	0.299	0.394	31.773
产出	期望产出	小麦产量	3 022 106.812	533 713.013	−82.340
	非期望产出	CO_2 排放量	54.602	51.933	−0.489

注：高效市域与低效市域投入差距采用公式 $(B-A)/A \times 100\%$ 计算。

由表 5-7 可知，从生产投入来看，人均播种面积对高效市域贡献最大，低效市域与高效市域投入差距最高可达−48.002%，说明人均播种面积的提高能够激发农民种粮积极性，从而提高小麦的种植效率；低效市域和高效市域的化肥投入差距高达 36.105%，而产量差距达−82.340%。在小麦种植过程中，化肥虽是不可或缺的营养供应，但过度使用化肥不仅会造成资源浪费和环境污染，也不利于小麦生长。从小麦生态环境投入来看，高效市域与低效市域生态环境投入差异较小，其中低效市域相较于高效市域拥有相对充分的水资源条件，应充分利用降水资源并开发集雨灌溉技术，实现水资源节约与农业生产环境的可持续发展。上述分析表明，低效市域资源的密集使用导致了产量的不相称增长，这些市域在小麦生产管理中应注重资源投入的合理配置。

四、小麦多源要素生产效率提升建议

研究发现，2010—2020 年不同耕作区小麦多源要素生产效率均未达到有效水平，其中，山东丘陵区和黄淮平原区的效率值相对较高；资源有效利用率是造成高效生产区与低效生产区差异的主要原因。基于此，可提出如下建议：

（1）加大小麦科研开发力度。黄淮海大部分区域小麦生产在不同效率水平上均呈现随时间波动的态势（参见表 5-4）。在小麦多源要素生产效率不稳定的情况下，应充分渗透应用小麦生产科技创新成果，提升小麦防灾减灾能力，强化小麦高产栽培技术，切实提高小麦生产科技水平。落实并坚持"藏粮于地，藏粮于技"的战略，实现小麦农业的高质量发展。

（2）因地制宜发展小麦生产。黄淮海区域小麦多源要素生产效率存在明显的地域差异，应当结合不同区域自然环境和社会经济环境特点进行区域小麦生产规划，充分考虑不同区域气候、地形、土壤特点选择适宜的小麦品种，遵循小麦生长发育特点、苗情墒情，

科学指导小麦播种、收割与田间管理，通过保障农用物资生产供应、加强农田水利和气象基础设施建设、加大农业生产扶持力度等为小麦生产提供有力支撑，从而确保小麦稳产增收。

（3）优化小麦生产投入模式。黄淮海部分低效产区存在较大的投入冗余，综合技术效率水平较低，但产量依然有提升空间。应改进小麦生产过程，强化农业科技支撑，提高小麦生产效率。通过合理施肥灌溉、优化农药使用等方式实现农业生产资源的科学配置，保证农业生产的每一环节都实现效益最大化，从而实现"节本增效"的综合目标。

第四节　小麦增产潜力分析

本节对黄淮海地区小麦的自然（光合、光温、气候）增产潜力及社会经济增产潜力进行测算，并根据增产潜力值对黄淮海区域进行等级划分，分析区域间增产潜力的差异性特征，为政府制定差异化的小麦生产管理政策措施、促进小麦增产增收提供决策支持。

一、黄淮海地区小麦增产潜力分布特征

基于本章第二节小麦增产潜力计算流程，对 2010—2015 年和 2016—2020 年小麦各级（光合、光温、气候、社会经济）平均增产潜力进行计算。运用 ArcGIS 软件对黄淮海地区小麦各级增产潜力时空变化规律进行定量分析。同时考虑到气候生产潜力与辐射、温度、水分的密切联系，参考李炳军等（2022）气候倾向率计算方法，将辐射、温度、水分的气候倾向率进行对比分析。

1. 自然增产潜力

小麦自然增产潜力包括光合增产潜力、光温增产潜力及气候增产潜力，本节分别对这 3 项增产潜力的区域分布特征进行分析。

黄淮海地区小麦光合增产潜力水平在 2010—2015 年和 2016—2020 年两个时间段内整体上没有明显的变化，高水平增产潜力区域均分布在黄淮海北部和中部，增产潜力水平由北向南逐步降低并呈现阶梯状分布。2010—2015 年最高光合增产潜力为 10 200.60 kg/hm²，2016—2020 年最高光合增产潜力为 10 717.42 kg/hm²。随着时间地推移，光合增产潜力呈现出逐步向南推进的趋势，河南省大部分区域均进入了高水平增产潜力区，但低水平增产潜力区仍集中在河南省境内，最低增产潜力在 2010—2015 年和 2016—2020 年两个时间段分别为 1 461.68 kg/hm² 和 2 339.29 kg/hm²。

在温度的作用下，黄淮海地区小麦光温增产潜力整体上有所下降，2010—2015 年和 2016—2020 年最高增产潜力分别为 8 413.53 kg/hm² 和 10 186.13 kg/hm²，相较于最高光合增产潜力分别下降了 17.52% 和 4.96%，光温增产潜力在两个时间段均在整体上呈现中北部高南部低的趋势。高增产潜力区域主要包括河北省的全部和山东省的大部，河南省大部分区域处于低增产潜力区。2010—2015 年河南省温度没有发生显著变化，而 2016—2020 年河南省温度显著降低，同时伴随着光温增产潜力的下降，这在一定程度上说明了温度降低不利于小麦生产。小麦完成生育需满足一定的温度要求，冬小麦必须满足 2 100～

2 400℃的积温。Zhang 等（2022）同样认为，温度降低造成的有效积温不足不利于小麦安全越冬，将直接影响到小麦长势和稳产高产。

经过温度和水分的逐级订正，黄淮海地区小麦气候增产潜力在时空上的分布状态发生了显著变化。2010—2015 年黄淮海地区最高增产潜力为 7 881.83 kg/hm²，相对光合与光温增产潜力分别下降了 22.73％和 6.32％。2016—2020 年黄淮海地区最高增产潜力为 8 796.70 kg/hm²，相对光合和光温增产潜力分别下降了 17.92％和 13.64％。降水在 2010—2020 年间大部分区域均呈现显著下降的趋势，降水量过低不利于土壤墒情，进一步影响小麦的长势，从而导致小麦增产潜力在原有基础上大幅降低。整体来看，2010—2020 年间黄淮海地区气候增产潜力高的区域仍然分布在河北省、山东省境内，与光合、光温高水平增产潜力分布区域具有一致性。

综上所述，总体来看，黄淮海不同区域小麦的自然增产潜力存在较大差异。其中光合增产潜力由北向南依次降低，光温增产潜力同样以北部的河北省和东部的山东省为主，气候增产潜力则逐步以东南部和河南省西部为主。这就要求北部光合、光温高水平增产潜力区选择适宜气候环境的高产品种，发展人工灌溉补充作物所需水分，充分发挥光温资源潜力，提高光能利用效率；在中部、东部地区应充分发挥降水潜力，结合降水资源调整生产布局，加强农田建设并发挥雨养农业优势，提高水资源利用效率；而南部地区要适当调整小麦播种品种及管理模式，来适应该区域光、温、水等各级资源增产潜力较弱势的自然状况。

2. 社会经济增产潜力

在多种社会经济因子的作用下，2010—2020 年社会经济增产潜力的高水平增产区与光合、光温、气候恰好相反，主要分布在黄淮海中部和南部。2010—2015 年和 2016—2020 年最高社会经济增产潜力分别为 3 879.91 kg/hm² 和 4 002.31 kg/hm²，相较于气候增产潜力分别下降了 50.77％和 54.50％。整体来看，2010—2020 年后期社会经济增产潜力明显优于前期，增产空间在不断得到提升。2010—2015 年高水平增产潜力区主要分布在河南省境内，具体分布在南阳、平顶山、驻马店、漯河等市域。2016—2020 年高水平增产潜力区逐渐向黄淮海中部移动，主要分布在河南省全部和山东省大部分区域，高水平增产潜力区恰好位于燕山太行山山前平原区、黄淮平原区、山东丘陵区和冀鲁豫低洼平原区 4 个耕作区交界处，该区域是黄淮海平原核心区，地势平坦，土地肥沃，存在极大的小麦增产空间。

二、增产潜力区域等级划分

计算 2010—2020 年整个研究期间的黄淮海地区小麦自然资源（光合、光温、气候）平均增产潜力和社会经济平均增产潜力，根据各类增产潜力数值分布对其进行等级划分，并赋予相应的分值，为增产潜力的划分做准备。划分标准如表 5 - 8 所示。

表 5 - 8 各增产类型区等级划分标准

增产等级	光合增产潜力/ （kg/hm²）	光温增产潜力/ （kg/hm²）	气候增产潜力/ （kg/hm²）	社会经济增产潜力/ （kg/hm²）	得分
1 级	8 403.25～10 718.18	7 846.46～10 187.89	6 761.92～8 798.64	3 235.91～4 002.78	25
2 级	6 088.33～8 403.25	5 505.04～7 846.46	4 725.20～6 761.92	2 469.05～3 235.91	20

（续）

增产等级	光合增产潜力/ （kg/hm²）	光温增产潜力/ （kg/hm²）	气候增产潜力/ （kg/hm²）	社会经济增产潜力/ （kg/hm²）	得分
3 级	3 773.40～6 088.33	3 163.62～5 505.04	2 688.48～4 725.20	1 702.19～2 469.05	15
4 级	1 458.47～3 773.40	822.20～3 163.62	651.75～2 688.48	935.33～1 702.19	10

利用 ArcGIS 软件并结合公式 5 - 23 和公式 5 - 24，得到不同增产类型区的平均实际单产、生产潜力、增产潜力、增产空间及各增产类型区的综合得分（表 5 - 9）。

表 5 - 9　多源数据综合得分与增产类型区统计

增产 类型区	综合得分 C	实际单产/ （kg/hm²）	生产潜力/ （kg/hm²）	增产潜力/ （kg/hm²）	增产空间/%
Ⅰ	80＜C≤100	1 715.22	7 884.72	6 169.51	78.25
Ⅱ	60＜C≤80	5 432.19	9 182.55	3 750.35	40.84
Ⅲ	40＜C≤60	5 914.48	9 541.33	3 626.85	38.01
Ⅳ	C≤40	6 075.61	8 690.86	2 615.25	30.09

注：表中生产潜力和增产潜力均为相应增产类型区的平均值。

将 2010—2020 年自然资源（光合、光温、气候）增产潜力与社会经济增产潜力进行数据库的融合和叠加分析。数据库的融合基于 GIS 技术平台和克里金插值等值线、单因素图层的生成，并依据表 5 - 8 的划分与得分标准来实现。根据不同站点在不同潜力类型上的综合得分将整个黄淮海地区划分为Ⅰ～Ⅳ等级的 4 个增产潜力区域，以分析不同增产潜力区域特征及各区域之间的相关性和主要差异。

黄淮海不同级别增产区域增产潜力呈现由南向北逐步递减的阶梯状。Ⅰ等区分布在河南省境内，具有最高的增产潜力，增产空间为 78.25%。河南省是我国的农业大省，其小麦种植总面积位居全国第一，承担着保障国家粮食安全和重要农产品供给的重任，可见河南省小麦产量的进一步提升对全省乃至全国至关重要。Ⅱ等区主要位于河南省、河北省、山东省交界处以及江苏省和安徽省部分区域，增产潜力为 3 750.35 kg/hm²，增产空间为 40.84%。Ⅲ等区主要包括河北省南部和山东省大部分区域，增产潜力为 3 626.85 kg/hm²，增产空间为 38.01%。Ⅳ等区位于河北省北部，增产潜力较小，增产空间为 30.09%。

借助 SPSS 软件描述统计功能，对Ⅰ～Ⅳ等增产潜力区小麦各类型潜力值进行描述性统计，统计结果如表 5 - 10～表 5 - 13 所示。其中，全距表示一组数据的宽度，全距越小表示数据分散度越小。标准偏差同样是对数据的稳定性和分散度的度量，偏度和峰度则是对数据对称程度、分布形态、数据分布峰值高低的刻画。

由表 5 - 10 可知，Ⅰ等区中 4 种生产潜力和增产潜力最大值落差较大，自然生产潜力和社会经济生产潜力最大值相差最多为 3 160.95 kg/hm²，4 种增产潜力最大值落差为 5 198.38 kg/hm²。通过全距和标准偏差分布可知，该区域光合生产潜力和社会经济增产潜力分布较为集中，光合生产潜力的全距和标准偏差分别为 2 565.17、886.34，社会经济增产潜力的全距和标准偏差分别为 1 574.47、646.09，其余类型潜力分布则较为分散。

表 5-10　黄淮海Ⅰ等区小麦各类型潜力特征统计

类型		全距	最小值	最大值	平均值	中位数	标准偏差	偏度	峰度
生产潜力/(kg/hm²)	光合	2 565.17	10 344.76	12 909.93	11 122.95	10 766.32	886.34	1.48	1.44
	光温	4 248.30	6 621.21	12 869.52	9 530.33	10 136.56	1 527.58	−1.4	0.68
	气候	4 591.66	5 237.99	9 829.65	8 675.24	7 621.62	1 853.47	−0.06	−2.33
	社会经济	3 295.80	1 193.18	9 748.98	8 176.49	3 517.03	1 045.88	−0.91	0.63
增产潜力/(kg/hm²)	光合	2 966.25	7 751.92	10 718.18	9 416.20	9 405.08	1 083.14	−0.39	−1.07
	光温	3 973.15	6 214.73	10 187.89	7 823.58	7 862.42	1 249.36	0.66	0.94
	气候	6 398.40	2 400.25	8 798.64	5 968.49	6 439.33	2 133.46	−0.47	−0.58
	社会经济	1 574.47	935.33	5 509.80	1 469.75	1 196.64	646.09	1.04	−0.66
增产空间/%	光合	26.14	72.6	88.74	84.86	84.21	9.84	0.48	−1.09
	光温	27.35	71.32	88.67	82.82	79.38	10.47	0.79	−0.89
	气候	52.64	45.82	78.47	76.37	75.73	17.64	−0.36	−0.09
	社会经济	70.04	24.79	84.83	51.37	38.81	27.16	0.89	−0.94

由表 5-11 可知，Ⅱ等区不同类型生产潜力和增产潜力差异较大，除光合生产潜力、气候增产潜力、社会经济增产潜力分散度较低外，其标准偏差分别为 871.29、794.07、968.57，生产潜力和增产潜力最大值落差分别为 3 085.53 kg/hm²、3 876.48 kg/hm²，生产潜力落差远大于Ⅰ等区，可见该区域小麦生产对光温、水分等自然环境和社会经济变化较为敏感。

表 5-11　黄淮海Ⅱ等区小麦各类型潜力特征统计

类型		全距	最小值	最大值	平均值	中位数	标准偏差	偏度	峰度
生产潜力/(kg/hm²)	光合	2 560.90	10 088.90	12 649.80	10 999.30	10 800.31	871.29	1.12	0.58
	光温	3 929.75	7 781.96	11 711.72	9 938.69	10 247.99	1 224.08	−0.64	0.41
	气候	4 767.96	5 460.13	10 228.09	8 978.83	8 151.30	1 560.42	−0.32	−0.31
	社会经济	5 244.35	4 319.92	9 564.27	7 418.02	7 559.24	1 870.08	−0.22	−0.01
增产潜力/(kg/hm²)	光合	4 454.55	3 424.71	7 879.26	5 665.94	5 541.73	1 527.23	0.11	−1.06
	光温	5 794.44	1 852.46	7 646.90	4 605.33	4 259.78	2 080.90	0.27	−1.34
	气候	2 390.82	1 675.77	4 066.59	2 645.48	2 631.92	794.07	0.56	0.20
	社会经济	2 820.98	1 181.80	4 002.78	2 084.66	1 676.14	968.57	1.24	0.96
增产空间/%	光合	39.02	33.95	72.97	51.42	48.24	13.52	0.76	−0.38
	光温	48.57	23.80	72.37	45.17	40.71	17.73	0.64	−0.95
	气候	32.17	21.16	53.33	33.89	31.20	10.79	0.69	−0.01
	社会经济	29.98	17.86	47.84	28.14	25.14	10.47	1.15	0.40

表 5-12 为Ⅲ等区小麦各类型潜力特征统计，Ⅲ等区各类型增产空间整体上分布比较

均匀，4 类增产空间均值均分布在 30%～40%，标准偏差分别为 6.84%、9.59%、8.29%、5.55%；生产潜力和增产潜力分布较为分散，最大值和最小值相差较大。

表 5-12　黄淮海Ⅲ等区小麦各类型潜力特征统计

类型		全距	最小值	最大值	平均值	中位数	标准偏差	偏度	峰度
生产潜力/ (kg/hm²)	光合	3 220.95	9 309.52	12 530.47	10 365.26	10 184.59	975.80	1.75	3.99
	光温	5 265.07	7 096.98	12 362.05	9 609.86	9 611.86	1 696.33	0.20	−0.15
	气候	3 494.55	6 675.96	10 170.50	8 658.05	8 822.51	1 382.46	−0.36	−1.61
	社会经济	1 806.03	7 273.19	9 079.22	7 819.80	9 050.85	756.01	−1.36	1.73
增产潜力/ (kg/hm²)	光合	3 600.31	3 234.01	6 834.33	4 628.86	4 459.77	1 055.98	1.25	2.74
	光温	4 950.63	1 715.28	6 665.90	3 873.47	3 434.11	1 738.68	0.43	−1.03
	气候	2 749.28	1 725.08	4 474.36	2 921.66	2 670.31	1 141.41	0.37	−1.91
	社会经济	1 505.85	2 156.23	3 662.08	3 083.40	3 250.36	603.05	−0.66	−1.30
增产空间/ %	光合	21.14	33.40	54.54	44.36	44.31	6.84	0.00	−0.33
	光温	32.20	21.72	53.92	38.79	36.14	9.59	0.06	−1.41
	气候	22.89	21.11	43.99	32.84	31.75	8.29	0.14	−1.27
	社会经济	17.50	25.06	42.56	34.85	34.98	5.55	−0.45	−0.02

表 5-13 为Ⅳ等区小麦各类型潜力特征统计，Ⅳ等区 4 类生产潜力和增产潜力整体偏低，其增产空间均值仅在 31%左右，但在相应区域分布较为均匀，生产潜力与增产潜力全距均分布在 1 500～4 000 kg/hm² 的范围内，标准偏差值均在 1 500 以内。

表 5-13　黄淮海Ⅳ等区小麦各类型潜力特征统计

类型		全距	最小值	最大值	平均值	中位数	标准偏差	偏度	峰度
生产潜力/ (kg/hm²)	光合	2 825.13	8 538.46	11 363.60	9 399.03	9 097.31	895.60	0.78	3.46
	光温	3 639.59	5 762.74	9 402.33	7 907.98	8 209.15	1 285.16	−0.60	−0.90
	气候	3 647.68	5 778.46	9 426.14	8 096.07	8 669.69	906.50	−0.88	−0.84
	社会经济	1 614.91	7 175.05	8 789.96	6 804.07	9 113.36	1 389.41	−0.02	−1.63
增产潜力/ (kg/hm²)	光合	3 739.39	1 458.47	6 197.86	3 462.50	3 040.50	1 072.06	0.45	−1.37
	光温	2 562.39	822.20	3 384.58	1 971.45	2 117.46	840.18	0.22	−0.41
	气候	3 275.66	651.75	4 927.42	2 159.53	1 809.69	1 421.12	1.00	0.82
	社会经济	2 736.26	2 155.51	3 891.77	2 867.53	2 734.34	602.59	0.69	−0.48
增产空间/ %	光合	38.29	16.36	54.65	20.93	34.14	15.79	0.08	−2.02
	光温	28.26	10.65	38.91	24.80	26.52	9.26	−0.15	−0.61
	气候	43.64	8.63	52.27	25.56	22.22	13.98	1.00	0.78
	社会经济	15.61	24.42	40.03	32.78	33.77	5.70	−0.29	−1.38

对比分析Ⅰ～Ⅳ等区潜力特征，Ⅰ～Ⅲ等区自然资源（光合、光温、气候）生产潜力

均值比较接近，均分布在 8 000～12 000 kg/hm² 范围内，而Ⅳ等区生产潜力相对较低。Ⅰ～Ⅲ等区位于黄淮海中部和南部，该区域光热资源充足且水土资源匹配度高，有极大的自然资源增产潜力空间。在社会有效因子的调控下，Ⅰ等区和Ⅱ等区社会经济生产潜力均值显著下降，潜力值分别为 8 176.49 kg/hm²、7 418.02 kg/hm²，说明社会因素对Ⅰ等区和Ⅱ等区覆盖区域小麦生产影响较大；而Ⅲ等区和Ⅳ等区社会经济生产潜力均值相对自然生产潜力下降幅度较小，社会经济增产空间均值也相对较小，分别为 34.85％和 32.78％。

三、小麦增产潜力提升政策建议

研究发现：黄淮海不同区域各级增产潜力差异较大，光合增产潜力在 2010—2015 年和 2016—2020 年两个时段均表现为北部高南部低，光温增产潜力分布情况与之相似，气候增产潜力受降水影响逐渐向南移动，而社会增产潜力较高的区域主要分布在黄淮海南部和中部区域。黄淮平原区小麦具有最高的增产潜力，燕山太行山山前平原区小麦增产潜力相对较低，不同种植区间综合增产潜力差距较大；不同区域小麦的现实生产力与其生产潜力之间存在较大差距，平均增产空间为 36.79％。

针对不同区域自然与社会经济增产潜力分布情况，应按照因地制宜、特色突出的原则，结合区域特点制定不同的小麦生产管理政策，采取差异化的具体技术措施，以促进小麦增产增收，释放每一寸土地的增产潜力。具体如下：

（1）针对小麦光合增产潜力较高的区域，科技部门可基于环境因素选用适宜的优质品种，充分提高对光能的利用效率，保障小麦光合作用的顺利进行，提升小麦区域光合增产空间。

（2）光温是小麦生长发育不可或缺的要素，针对小麦光温增产潜力较高的区域，应充分利用光温资源，可适当扩大种植密度，通过群体生产能力来提升小麦的产量和产能。

（3）针对小麦气候增产潜力较高的北部和中部区域，应充分利用降水资源，调整小麦种植布局，通过发展雨养农业以提升水资源的综合利用效率。南部区域应适当调整小麦种植品种结构，改良贫瘠土壤，使小麦更适应当地降水条件，减少水分限制。

（4）黄淮海中部及南部的小麦社会增产潜力较高，应提升该区域小麦栽培管理水平，引入新型农业主体，培育高素质农民，实施强农惠农政策，提高农民种粮积极性和科学种粮能力，健全农民种粮挣钱得利、地方抓粮担责尽义的机制保障。

本 章 小 结

本章构建多层灰熵赋权 DEA 模型，对黄淮海地区小麦多源要素生产效率进行评估，并分析其时空特征；然后基于作物潜力逐级订正的原理，对黄淮海地区小麦增产潜力进行量化分析，挖掘各级增产潜力的时空分布规律，为进一步提升小麦的产出水平和效益提供理论参考。

参 考 文 献

常明，王西琴，贾宝珍，2019. 中国粮食作物灌溉用水效率时空特征及驱动因素：以稻谷、小麦、玉米为例 [J]. 资源科学，41（11）：2032 - 2042.

陈百明，2002. 未来中国的农业资源综合生产能力与食物保障 [J]. 地理研究，21（03）：294 - 304.

陈丽，郝晋珉，艾东，等，2015. 黄淮海平原粮食均衡增产潜力及空间分异 [J]. 农业工程学报，31（02）：288 - 297.

陈晓国，丁鹏堃，黎振宇，2020. 基于灰色极大熵权重的电力应急预案指标评价 [J]. 电气自动化，42（02）：37-39，63.

陈印军，易小燕，方琳娜，等，2016. 中国耕地资源与粮食增产潜力分析 [J]. 中国农业科学，49（06）：1117-1131.

陈源源，孙艺，2022. 未来30年我国粮食增产潜力与保障能力研究 [J]. 四川农业大学学报，40（03）：312-318.

陈哲，李晓静，夏显力，2022. 参与环节外包对农户生产效率的影响研究——基于陕西省关中平原887户农户调研数据 [J]. 农业技术经济（11）：131-144.

高鸣，宋洪远，Michael Carter，2016. 粮食直接补贴对不同经营规模农户小麦生产率的影响——基于全国农村固定观察点农户数据 [J]. 中国农村经济，08：56-69.

高升，邓峰，2019. 农村人口老龄化、农业机械化与小麦两阶段生产效率 [J]. 技术经济与管理研究，（10）：117-121.

高颖，王兆华，2022. 基于三阶段DEA模型的山东省粮食生产效率研究 [J]. 湖北农业科学，61（17）：39-44，52.

葛鲁亮，金菊良，宁少尉，2021. GIS多源数据图层叠置法研究山东省干旱分区 [J]. 水利水运工程学报，187（03）：67-73.

韩荣青，戴尔阜，吴绍洪，2012. 中国粮食生产力研究的若干问题与展望 [J]. 资源科学，34（06）：1175-1183.

何文斯，吴文斌，余强毅，等，2016. 1980—2010年中国耕地复种可提升潜力空间格局变化 [J]. 中国农业资源与区划，37（11）：7-14.

李炳军，张一帆，2022. 不同生育期气候变化对河南省冬小麦产量影响的量化分析 [J]. 江苏农业科学，50（12）：238-246.

李辉尚，胡晨沛，曲春红，2018. 中国小麦主产区生产效率时空演变特征分析 [J]. 中国农业资源与区划，39（10）：91-99.

刘成，周晓时，冯中朝，等，2019. 中国小麦生产技术效率测算与影响因素分析：基于农机服务视角的研究 [J]. 中国农业资源与区划，40（10）：34-40.

刘洛，徐新良，刘纪远，等，2014. 1990—2010年中国耕地变化对粮食生产潜力的影响 [J]. 地理学报，69（12）：1767-1778.

刘帅，2019. 中国经济增长质量的地区差异与随机收敛 [J]. 数量经济技术经济研究，36（09）：24-41.

栾健，韩一军，2019. 干旱灾害与农田灌溉对小麦生产技术效率的影响 [J]. 资源科学，41（08）：1387-1399.

罗海平，邹楠，胡学英，2021. 1980—2019年中国粮食主产区主要粮食作物气候生产潜力与气候资源利用效率 [J]. 资源科学，43（06）：1234-1247.

罗建美，靳根会，罗仲朋，等，2016. 河北平原中低产区小麦与玉米生产现状及增产潜力分析 [J]. 中国生态农业学报，24（08）：1123-1134.

钱隼驰，仇蕾，2019. 灰色关联分析中分辨系数取值的定量研究 [J]. 统计与决策，35（10）：10-14.

曲朦，赵凯，周升强，2019. 耕地流转对小麦生产效率的影响：基于农户生计分化的调节效应分析 [J]. 资源科学，41（10）：1911-1922.

孙晓宇，鹿永华，2022. 基于DEA-Malmquist模型的中国小麦生产效率分析 [J]. 湖北农业科学，61（03）：173-179.

谭忠昕，郭翔宇，2019. 基于超效率DEA方法的中国粮食生产效率评价分析 [J]. 农业现代化研究，40（03）：431-440.

汪群峰，金佳佳，米传民，2013. 基于灰关联深度系数的评价指标客观权重极大熵配置模型 [J]. 控制与决策，28（02）：235-240.

王丹，刘春明，周杨，2021. 农业机械化对粮食生产技术效率影响：基于农机跨区服务的空间效应视角 [J]. 中国农机化学报，42（04）：223-229.

王允，韩亚琼，韩一军，2022. 农村劳动力转移对小麦生产环境效率的影响路径研究：基于并行中介效应模型的实证 [J]. 中国农业资源与区划，43（03）：90-96.

吴天龙，赵军洁，习银生，2017. 收入非农化对农户小麦生产技术效率的影响：基于河北省的调查数据 [J]. 湖南农业大学学报（社会科学版），18（03）：19-23.

姚升，王洪江，2019. 分区视角下粮食全要素生产率差异及收敛性分析 [J]. 河北农业大学学报（社会科学版），21（05）：22-29.

于亮，方志耕，吴利丰，2014. 基于灰色类别差异特性的评价指标客观权重极大熵配置模型 [J]. 系统工程理论与实践，34（08）：2065-2070.

张浩，席磊，许鑫，2009. 基于 GIS 的县域小麦自然生产潜力评价系统 [J]. 农业工程学报，25（12）：198-205，402.

张锦宗，朱瑜馨，赵飞，等，2017. 我国粮食生产格局演变及增产贡献研究 [J]. 中国农业资源与区划，38（07）：10-16，35.

张景利，曾智，2020. 农业环境、小麦价格对小麦生产效率影响研究——基于对小麦主产区面板数据分析 [J]. 价格理论与实践（06）：76-79.

赵宸宇，王文春，李雪松，2021. 数字化转型如何影响企业全要素生产率 [J]. 财贸经济，42（07）：114-129.

赵盈盈，2020. 最低收购价政策下我国小麦生产效率测算研究：基于我国小麦主产区 1999-2018 年省级面板数据的分析 [J]. 价格理论与实践（02）：55-58.

周霖，廖铁军，黄云，2017. 重庆市粮食单产及均衡增产潜力空间分异 [J]. 湖南农业科学，（01）：98-104.

Endalew B，Aynalem M，Anteneh A，et al.，2023. Sources of wheat production technical inefficiency among smallholder farmers in Northwestern Ethiopia：Beta regression approach [J]. Cogent Economics and Finance，11（01）：2208895.

Guarin J R，Martre P，Ewert F，et al.，2022. Evidence for increasing global wheat yield potential [J]. Environmental Research Letters，17（12）：124045.

He J N，Shi Y，Yu Z W，2019. Subsoiling improves soil physical and microbial properties，and increases yield of winter wheat in the Huang-Huai-Hai Plain of China [J]. Soil and Tillage Research，187（01）：182-193.

He X Y，Li L P，Liu X J，2019. Using grey relational analysis to analyze influential factor of hand，foot and mouth disease in Shenzhen [J]. Grey Systems：Theory and Application，9（02）：197-206.

Li S，Liu J，Shang M，et al.，2019. Multi-scale assessment of winter wheat yield gaps with an integrated evaluation framework in the Huang-Huai-Hai farming region in China [J]. The Journal of Agricultural Science，157（06）：523-536.

Liu Z X，Gao F，Liu Y，et al.，2019. Timing and splitting of nitrogen fertilizer supply to increase crop yield and efficiency of nitrogen utilization in a wheat-peanut relay intercropping system in China [J]. The Crop Journal，7（01）：101-112.

Nabavi-Pelesaraei A，Hosseinzadeh-Bandbafha H，Qasemi-Kordkheili P，et al.，2016. Applying optimization techniques to improve of energy efficiency and GHG（greenhouse gas）emissions of wheat production [J]. Energy，103：672-678.

Tang X P，Song N，Chen Z F，et al.，2018. Estimating the potential yield and ET c of winter wheat across Huang-Huai-Hai Plain in the future with the modified DSSAT model [J]. Scientific reports，8（01）：1-12.

Zhang Z Z，Zhou N B，Xing Z P，et al.，2022. Effects of temperature and radiation on yield of spring wheat at different latitudes [J]. Agriculture，12（05）：627.

第六章　粮食生产与气象要素

气象要素是影响粮食生产的重要不确定因素，本章在系统分析气象要素特征与粮食生产之间关系的基础上，对河南省重要粮食作物冬小麦和玉米的关键气象要素进行系统辨识，进一步测度分析冬小麦和玉米的气象效率，以此为保障河南省粮食稳产高产提供科学的决策依据。

第一节　气象要素特征与粮食生产

粮食作物的生长需要适宜的温度、光照、水分等条件，气象要素是促进这些条件实现的关键。气象要素不同于其他物质要素，具有季节性、地域性、不确定性等特征，科学分析气象要素特征，有助于指导粮食生产，对促进粮食高产稳产具有重要作用。

一、气象要素内涵与特征

1. 概念内涵

气象是指大气的各种物理、化学状态和现象的统称，主要包括大气的冷、热、干、湿、风、云、雨、雪、霜、雷电等现象。气象要素则是用来表征大气物理状态、物理现象的各项要素，主要包括气温、气压、风、湿度、云、降水、日照等。其中，这些气象要素由不同地区、不同高度之间的大气进行热量、动量、水分的互相交换，不同性质的空气得以相互交流，且受季节性环流、地区地貌、水平垂直尺度，以及自身混沌特性等多种因素影响，从而导致各种天气现象和天气变化。

气象要素变化主要包括基本气象要素变化与气象要素突变。基本气象要素变化主要包括温度、湿度、风速风向、大气压力、紫外线辐射、云量以及云类型等要素。气象要素突变是指因气象异常而造成气温、降水等气象要素频繁波动产生突变而形成的气象灾害，是大气对人类的生命财产和国民经济建设及国防建设等造成的直接或间接的损害，主要包括暴雨洪涝、干旱、热带气旋、霜冻低温等冷冻灾害、风雹、连阴雨和浓雾及沙尘暴等其他灾害。

2. 具体特征

（1）季节性。气温、气压、降水、光照时长等气象变化具有季节性特征且不尽相同，在一定时间内（通常为1年，也可以为预先定义的其他时间周期内）具有规律的和可预测的变化。所有在一定时间范围内可预测的或能够经常重复发生的变化都可以称为季节性变化。

（2）区域性。由于所处地貌、地势等地理要素、自然环境要素与灾害风险要素的不同，气温、气压、降水、光照时间等气象变化具有区域性特征。

（3）不确定性。受纬度位置、地形、人类活动等多方面影响，气象不是一成不变的，其具有一定的随机性。例如，一个地区的气压是经常发生变化的，因此气象要素数据存在测量误差亦是不可避免的。

3. 气象要素的影响特征

气象灾害影响范围广泛，涉及地区、人口众多，具有多种因素的复杂性。历史数据显示，2007 年，全球干旱面积约为 4 800 万 km^2，因干旱造成的损失近 70 亿美元；2008 年，全球范围的洪涝、干旱及暴雪灾害，使主要粮食生产国如加拿大、澳大利亚和乌克兰等国家的粮食产量一路下滑，频繁的灾害还波及了美国、印度、南非、欧盟、阿根廷、泰国以及印度尼西亚等国家和地区，全球性粮食危机爆发；2012 年，美国由于旱涝灾害的负面影响，90％以上的粮食产区遭受不同程度的危害，导致玉米、大豆等减产严重，同年俄罗斯、澳大利亚和黑海等地区小麦等谷物受旱灾影响大量减产。气象灾害的频繁发生也对我国的粮食生产造成了严重的威胁。近 10 年来，在全部自然灾害中，对我国农作物生长发育及产量造成不利影响的气象灾害占比达 70％左右，严重影响农作物的生长质量，导致农作物减产，甚至绝收；《中国应对气候变化国家方案》中指出，未来农业生产不稳定性将会增加，产量波动将会加大。若不采取相应措施，2030 年我国三大粮食作物（水稻、玉米和小麦）产量均会有不同程度的下降，粮食总产量将会下降 5％～10％。我国是受干旱灾害影响较大的国家，平均每年由于干旱造成的受灾面积为 21.8 万 km^2，其中成灾面积 12.5 万 km^2；近 10 年来，我国因干旱造成的直接经济损失达 640.7 亿元/年；黄淮海流域干旱区是我国发生干旱面积最大、频次最高的地区，3—10 月的农作物生长期内均有可能发生干旱灾害。随着全球气象灾害频发，世界粮食安全问题也将越来越严峻。

此外，除了气象灾害影响特征显著外，基本气象要素变化也可以显著影响粮食生产，呈现作用多样性。例如，日常的温度波动可能会影响作物的生长周期，一些作物可能需要一定范围内的温度来进行有效的光合作用；湿度的高低会影响作物的水分吸收和蒸腾作用，进而影响作物的生长和产量；强风可能会导致土壤侵蚀和作物损伤，而风速和风向也可能影响作物的传粉和种子扩散；大气压力虽然对作物影响不大，但在某些情况下可能会影响水蒸气和气体的扩散，进而间接影响作物；过多的紫外线辐射可能会对作物造成伤害，影响其生长；云量和云类型会影响太阳辐射量，进而影响作物的光合作用。

河南省是我国的粮食大省，为保障国家粮食安全起到了至关重要的作用。河南省坐落于黄河中下游和淮河上游，处于山区平原过渡带和南北气候过渡带，境内大部分区域地处暖温带，南部跨亚热带，属于北部亚热带向暖温带过渡的湿润半湿润的大陆性季风气候，具有春季干旱多风、夏季炎热多雨、秋季干燥日照长、冬季寒冷少雨雪的特点，较易发生干热风、干旱、洪涝、风雹和霜冻等气象灾害。据统计，河南省每年因气象灾害产生多达数亿元的损失，自然灾害造成的成灾面积中，80％以上为气象灾害造成的，对粮食生产及增产造成严重威胁。本章以河南省为例，讨论气象要素对粮食生产的影响。

二、气象要素对粮食生产影响的研究现状

本节主要对基本气象要素变化及气象灾害对粮食生产影响的相关研究进行梳理，掌握

相关领域的前沿及热点问题，为进一步深入挖掘气象要素与粮食生产之间的内在关系奠定基础。

1. 基本气象要素变化对粮食生产影响的研究

关于粮食生产的气象影响分析始于农学派，最早可以追溯到北魏时期，农学家贾思勰在《齐民要术》中详细介绍了季节、气候与不同农作物的耕作关系。自 1970 年以来，人们意识到全球基本气象要素变化带来的一系列影响，学者们开始深入探讨人类社会该如何应对这些变化影响以及相应的措施，主流研究趋势也从最开始提出的预防和阻止到目前人们所普遍接受的适应。现有研究主要围绕不同区域、不同的时间跨度、不同的测算方法 3 个方面对气象要素与粮食生产的关系展开一系列研究。

在区域方面，Kueh（1986）、Downing（1992）调查研究了多个国家气候变动对粮食生产的影响，得出以气温和降水为主要代表的气象因素的变化对粮食的产量能够产生较大波动；张明捷等（2009）借助线性分析的方法，研究分析了河南省濮阳地区日照、气温和降水对冬小麦发育及产量的影响。研究表明，此区域冬小麦整个生长阶段内冬季平均气温升高，有助于冬小麦安全过冬，但冬小麦各生育期降水量呈现减少趋势，对冬小麦稳产高产非常不利；Gbetibouo（2014）利用 Ricardain 模型，选取南非的 300 个地区为研究对象，研究温度和降水与粮食产量之间的关系，结果表明粮食产量对温度的变化最为敏感。

在时间跨度方面，王馥堂（2002）研究分析了中国近 50 年每年主要粮食作物产量与其影响因素之间的关系，研究结果表明，降水和气温两个基本气象要素对粮食产量有较大的影响；姬兴杰等（2011）选取北方冬小麦种植区 1983—2005 年冬小麦生育期的气象观测资料，借助统计方法分析了气象要素对冬小麦生育期的影响，结果表明，在 1983—2005 年，北方冬小麦种植区气温呈明显升高趋势，尤其在冬春季升高最为明显，在气候变暖的大背景下，最低气温的变化对冬小麦的生长有较为显著的影响；高辉明等（2013）利用 2001—2009 年中国北部冬小麦试验区的冬小麦品种农艺性状和相关的气象数据资料，研究了气象要素对冬小麦品种农艺性状影响的关系，结论表明，气候变暖对中国北部冬小麦生长有较大影响，应该选育冬小麦生长周期短、生殖阶段较长、千粒重较大的高产量品种来适应全球气候变暖；胡玮等（2014）利用 1981—2010 年冬小麦生育期的气象数据资料，主要研究了华北平原冬小麦在基本气象要素变化背景下各个生长阶段需水量变化，研究表明，对冬小麦各生长阶段的灌溉需水量影响较大的气象要素为有效降水、风速和相对湿度，进而影响了冬小麦的最终产量；赵斯文等（2016）选取宁夏 23 年的冬小麦产量数据和气象数据资料，利用回归方程建立积温与冬小麦产量之间的变化关系，对冬小麦生育期不同生长阶段内积温对其产量的变化影响进行了初步的探究，得出积温对冬小麦的产量有较大影响，在一定的范围内，积温的增加有助于冬小麦产量的增长。

在测算方法方面，Mendelsohn 等（1994）在构建模型量化分析基本气象要素变化对农业生产的影响时，把社会经济因素的影响和农户对气象变化的调适结果同时考虑到量化模型中，因此这种量化模型被普遍应用于研究分析基本气象要素变化对农业经济的影响；Mendelsohn R（1999）通过遮光实验来探究光照对玉米产量的影响；Kaufmann P K 等（2001）在建立影响玉米关键生长期的气候因素指标体系时，同时考虑了社会经济因素的影响程度，借助多元回归分析方法量化研究了气象因素对美国玉米生产的影响；刘静等（2004）运用灰色关联模型分析了极端温度对粮食产量的影响；David 等（2006）基于

Production Function 经济模型进行了基本气象要素变化对粮食产量影响的分析；刘荣花（2008）在传统 C－D 生产函数模型的基础上，将气象要素考虑在内，将农业经济研究和基本气象要素变化研究相结合，构建"经济—气候"组合模型来量化评估基本气象要素变化对粮食产量的影响程度，结果表明对粮食生产有较大影响的气象要素是 3 月和 6 月的降水量，考虑气象要素的模型测算结果明显优于传统的模型测算结果；袁静（2008）通过选用 1975—2008 年全国主要粮食生产省份的气候要素与劳动和资本的投入要素组成的面板数据，构建了生产函数模型，也认为气候要素对各种粮食作物的产量均有显著影响；肖登攀等（2012）通过构建灾情—粮食作物产量评估模型发现干旱农业气象是引起粮食作物减产的主要影响因素；高辉明等（2013）利用 ArcGIS 空间分析方法分析了基于温度带分区的中国粮食生产格局变化及热量资源效用特征，发现 30 年来，不同温度带≥10℃的年积温不断增加，南方增温趋势较北方更明显，但是热量资源利用效率增幅低于北方，中国粮食生产格局变化与热量资源分布间存在错位现象；徐建文等（2014）借助 DSSAT 作物模拟模型，研究讨论了黄淮海地区冬小麦各个生长阶段在不同灌溉水平下产量的变化规律，研究结果表明造成冬小麦产量波动的是拔节期和抽穗期水分的供给不足，造成冬小麦产量严重减产的是灌浆期的重度干旱；申晓晴（2017）选取县级面板数据为样本，构建了包括投入要素、气象要素以及自然环境因素等变量的影响指标体系，采用统计方法、线性趋势分析方法研究了中国基本气象要素变化对粮食产量的影响关系，研究表明，一定范围内的气温升高和降水增加有助于中国粮食增产，但气温和降水的变动对中国粮食产量的影响存在明显的区域差异；Zhang 等（2017）利用 Pearson 相关系数分析了粮食生产的关键影响因素，发现社会经济因素（农村用电量、农业生产总值、有效灌溉面积、农机总功率、农用地膜用量等）对粮食产量变化起主导作用。

2. 气象灾害对粮食生产影响的研究

作为气象要素的重要组成部分，气象灾害对粮食生产有显著的负面影响。20 世纪 20 年代，人们开始对气象灾害展开研究。国际地理学家首次提出致灾因子论，即认为没有致灾因子就不会有灾害的发生；直至 1978 年，美国的地理学家 White、Burton 和 Kates 出版了《作为灾害之源的环境》一书，首次把单纯的致灾因子拓广至人类生活的环境中去研究分析，形成了孕灾环境论；20 世纪 80 年代初，国际灾害学者们开始普遍关注人类自身在灾害发生中脆弱性的一面，进而提出了承灾体论；20 世纪 90 年代，全面系统的灾害综合研究成为国际新趋势。有关气象灾害与粮食生产的研究大致可以分为 3 个方面：气象灾害对粮食产量的影响、气象灾害发生的时空演变趋势、对气象灾害的评估及预测。

在气象灾害对粮食产量的影响方面，田秀风（2015）研究分析了河北省气象灾害对粮食产量波动的影响，将灰色关联分析法、计量经济分析法分别与波动分析法相结合，就气象灾害与河北省粮食产量波动之间的影响关系进行了系统性研究分析，结果表明，旱灾、风雹灾害、洪涝灾害为影响粮食产量的主要气象灾害因素；魏亚刚等（2015）通过研究 1988—2010 年近 23 年河南省境内气象灾害对农业生产危害的时空演变趋势，深入分析了河南省的气象灾害对粮食生产影响的量化关系，得出威胁河南省粮食生产最主要的两种气象灾害是水灾和旱灾；彭传梅（2017）借助灰色关联分析模型，依据 1978—2014 年河南省气象灾害和农作物产量数据资料，研究了气象灾害对粮食单产影响的变化关系，结果表明，旱灾是导致河南省粮食产量减产的最主要气象灾害，1978—2014 年间河南省旱灾程度远高于全国平均旱灾受灾水平，其次对河南省粮食生产影响较大的是风雹灾害。

在气象灾害发生的时空演变趋势方面，钟秀丽（2003）研究了我国低温冷霜冻害发生的时空演变规律，分析结果表明华中部分地区和黄淮平原的冷霜冻害呈现明显加重趋势；张家团等（2008）研究分析了我国近 30 年来干旱灾害发生的演变规律，结果表明全国农业生产受干旱灾害的影响呈现加重趋势；江志红（2008）等利用 IPCC 第四次评估报告中提供的 13 个新一代气候系统模式的模拟结果，分析了不同情景下（高排放、中等排放、低排放）中国未来 100 年的气候变化，根据研究结果预估，中国在 20 世纪末气候会显著变暖和变湿，温度升高范围在 1.6～5℃，年降水量增加 1.5％～20％；喇永昌等（2016）选取 1981—2014 年宁夏春小麦的气象数据，研究了春小麦干热风发生的日数和频次的时空分布特征，结果表明，宁夏春小麦种植区在 1981—2014 年干热风发生的日数和频次均呈现增长趋势，尤其是在 6 月中旬干热风日数明显增多，同时在宁夏北部、东部和南部春小麦干热风发生的区域有扩大趋势；申晓晴（2017）研究了河南省周口市 1966—2016 年近 50 年气温、日照和降水等气象要素的变化特征，结果表明，河南周口的气温整体呈现增长的趋势，年降水量出现小幅增长趋势，尤其是夏季较为明显，日照时长在春季呈缓慢减少趋势，其他季节则减少程度较大。

随着研究的深入，学者们对气象灾害进行了评估及预测，刘静等（2004）借助作物水分生产函数和期望产量数据构建了小麦干旱灾损监测和损失评估模型，对西北小麦种植区干旱灾害导致的产量损失进行了评估研究；刘荣花（2008）统计分析河南冬小麦种植区干旱的强度和发生频率，构建了评估河南省冬小麦干旱综合风险指数的模型，为冬小麦干旱灾害风险评估提供了技术支持；邓振镛等（2009）研究了全球气候变暖对我国北方干热风发生的影响，结果表明，北方麦区干热风发生区域扩大、强度增强及频次增多，对小麦生产的危害加重；房世波等（2011）将我国的气象灾害对农业生产的影响进行了统计分析，分析得出随着气候的变化，极端气候事件发生的次数和灾害发生时长都将增加，粮食生产将受到气象灾害更严重的危害；冯相昭等（2018）借助生产效应法评估了极端气候事件发生导致的农业气象灾害对农作物产量造成的直接经济损失，并预估了 2020 年小麦、水稻和玉米 3 种主要农作物因气象灾害而遭受的经济损失。

3. 研究评述

学者在关于气象要素对粮食生产影响方面的研究成果较为丰富。对于基本气象要素，从不同区域、不同时间跨度、不同测算方法 3 个方面研究基本气象要素对粮食生产的影响；对于气象灾害，从其对粮食生产的影响、气象灾害发生的时空演变趋势、对气象灾害的评估及预测 3 个方面进行了翔实的研究，这是一个很好的研究思路。通过研究相关文献发现，现有研究主要是用统计学原理和模糊数学的方法研究农作物生育期气象要素的变化对产量的影响，但结合气象变化来研究气象要素对粮食作物不同生长阶段影响程度的报道较少，关于冬小麦、玉米整个生育期各个生长阶段的气象要素对其产量影响细化的研究更为缺乏。

因此，在分析气象要素对粮食生产的影响的研究现状以及梳理国内外文献的基础上，分别以河南省冬小麦和玉米为研究对象，依据农业系统和农业气象系统所具有的灰色属性，借助灰色系统理论中灰色关联的分析方法，分别构建冬小麦与玉米气象要素识别模型，对河南省粮食生产与气象要素之间的关系进行了量化研究。结合实际情况，提出了气象效率的概念并构建了河南省粮食生产的气象效率评价模型，评价冬小麦和玉米的气象效率，为科学合理地采取措施以提高冬小麦、玉米产量提供理论依据，为河南省乃至全国粮食稳产高产提供实质性的理论依据。

第二节　冬小麦生产中的气象要素分析

河南省地形复杂多样，平原、山地、盆地、丘陵等地形地貌俱全。独特的气候条件和地形特点，为河南省种植粮食提供了先天优势，但同时也容易造成较多的气象灾害不利影响。因此，探讨气象要素对河南重要粮食作物——冬小麦生产的影响，分析减缓和适应气候变化的应对策略，对于保障河南省乃至中国粮食安全具有十分重要的意义。

一、冬小麦生产概况

1. 全球小麦生产概况

小麦是世界种植面积最大、产量最多、分布最广泛的粮食作物。目前全球的小麦种植面积已达 220 万 hm^2 之多，年产量达 7.3 亿 t，占世界粮食总产量的 1/3。根据联合国粮农组织数据库统计，世界小麦常年产量大约为 5.8 亿 t，占谷物总产量的 30% 左右。全球有近 1/3 的人口以小麦为主要口粮，但近几年由于世界小麦种植面积减少，加之全球恶劣天气的频繁发生，小麦总产量呈下降趋势，小麦生产问题在世界粮食问题愈来愈最严重的大环境下也变得愈发严峻。

2. 中国小麦生产概况

中国是全球最大的小麦生产国和消费国。近 20 年来，中国小麦生产总量和消费总量在全球的占比分别为 17% 和 16%，消费总量高于全球平均水平的 45%。据农业农村部统计数据显示，2021 年中国小麦的播种面积和产量在粮食总播种面积和总产量中均占有较大的比重，两者都达到 20% 左右。小麦作为中国的主要口粮，也是重要的工业用粮、商品粮、储备粮，是关系到国家经济和政治稳定的主要粮食之一，在中国粮食生产中的地位举足轻重。同时，我国虽是小麦生产大国，由于品种种植结构和质量问题，每年仍需要大量进口，小麦的生产仍然面临着严峻挑战和突出问题。

3. 河南冬小麦生产概况

河南省小麦种植中以冬小麦为主要品种。自 2006 年以来，冬小麦的播种面积整体上保持在 5 000 hm^2 左右，并且保持一定的增长趋势。以 2005—2015 年为例，河南省冬小麦播种面积在全国小麦播种面积中的占比相对稳定，约为 22%，农户种植冬小麦的积极性较高。此外，在全国粮食作物的播种面积中，河南省的冬小麦播种面积占比稳定在 5% 左右（图 6 - 1）。河南省冬小麦的生产对全国小麦生产具有举足轻重的作用。

自 2005 年以来，河南省冬小麦产量占比基本稳定，没有较大波动（图 6 - 2）。在全国小麦产量的占比中，河南省冬小麦产量占比稳定在 26% 左右，超过 1/4。在全国粮食产量的占比中，河南省冬小麦产量占比稳定在 5%，与播种面积占比相持平，说明河南省冬

图 6-1　河南省冬小麦播种面积占全国小麦与粮食作物播种面积的比率

小麦产量较为稳定，为国家粮食生产提供了有力保障。值得注意的是，在河南省的种植业中，冬小麦的产量占河南省粮食总产量的 50% 以上。截至 2017 年，河南省冬小麦的总产量为 3 549.5 万 t，相比 2013 年增长 5.02%，近 5 年的年均增长率为 2.44%。实际上冬小麦的产量近 10 年（除 2016 年外）基本上保持持续增长的态势，增产趋势较明显。虽然 2016 年冬小麦产量稍有下降，但冬小麦的产量波动并不明显，这种规律是多种因素综合作用的结果，其中科技的进步、气象灾害的合理预测是重要的影响因素。

图 6-2　河南省冬小麦产量占全国小麦与粮食产量的比率

二、气象要素对冬小麦生产的影响

1. 河南气象要素特征

河南省独特的地理位置和复杂多样的地形地貌，使境内呈现出 7 个自然气候区，分别是南阳盆地、淮北平原、淮南、豫东北、太行山、豫西山地和豫西丘陵气候区。由于河南省地处山区平原过渡带和南北气候过渡带，境内大部分区域地处暖温带，南部跨亚热带，属于北部亚热带向暖温带过渡的湿润半湿润的大陆性季风气候，具有春季干旱多风、夏季炎热多雨、秋季干燥日照长、冬季寒冷少雨雪的特点。

河南省由南向北全年平均气温为 15.7～12.1℃，整体表现为东高西低，南高北低，山地与平原之间的差异较为明显。全省近些年的平均降水量为 784 mm，由南部向北部逐渐递减，其中南部最大，达到了 1 000~1 300 mm，中南部为 700~1 000 mm，而北部最小，仅 500~700 mm。由于受到季风的影响，降水在一年内的分配表现很不均匀。夏季的东南暖湿气流进入省境，导致 6—9 月的降雨量占全年的 50%~70%；冬季受到蒙古高压控制，冷气流盛行，全省降水较少。降水量年际之间变化较大，表现为最大年降水量是最小年降水量的 2.5~3.5 倍。

独特的地形条件和气候条件导致河南省较易发生干热风、干旱、洪涝、风雹和霜冻等气象灾害，且气象灾害发生呈现出多种类和高频次的基本特征。干旱是河南省内发生频率高、影响范围大、持续时间长、成灾程度严重的气象灾害，其中最严重的是春旱。河南省处在温带季风气候区，年内降水季节分配不均，春季降水少，气温升高快，大风的天数多，水分蒸发量大，农作物较易缺水。雨涝灾害在夏季较为频发，重雨涝 5~10 年发生 1 次，轻雨涝 2~4 年发生 1 次，其他季节也会发生雨涝，虽然次数不多，但危害较大。风雹灾害在河南省多出现于春季晚期至夏季初期，正值农作物成熟收获的关键时期，风雹发生时常常会有短时强降水，虽然范围较小但局地性强，对农业生产也会产生较严重的危害。霜冻也是河南省的主要农业气象灾害之一，依据霜冻发生的季节可分为春霜冻和秋霜冻，春霜冻影响冬小麦及出苗（移栽）的喜温作物，秋霜冻影响晚熟的秋季作物。河南省每年因气象灾害产生多达数亿元的损失，自然灾害对农业生产及粮食增产造成严重威胁。

2. 河南气象要素对粮食生产的影响

河南省内气象要素中，尤以干热风及干旱对冬小麦影响最为严重。

干热风在冬小麦扬花灌浆期的影响较大，是冬小麦的环境胁迫因子。干热风会使冬小麦的水分平衡遭到破坏，影响冬小麦的光合作用，使冬小麦的灌浆过程受阻，青枯逼熟，导致冬小麦千粒重下降，轻者引发冬小麦减产 5%~10%，重者减产 10%~20%，甚至达到 30% 以上。干热风的形成与温度密切相关，冬小麦的生长发育在不同阶段有不同的适宜温度范围。冬小麦种子发芽出苗的最适温度是 15~20℃；根系生长的最适温度为 16~20℃，最低温度为 2℃，超过 30℃ 则受到抑制；分叶生长的最适温度为 13~18℃，高于 18℃ 分叶生长减慢；茎秆一般在 10℃ 以上开始伸长，在 12~16℃ 形成短矮粗壮的茎，高于 20℃ 易徒长，且茎秆软弱，容易倒伏；灌浆期的适宜温度为 20~22℃，如果干热风多，日平均温度高于 25℃ 时，因失水过快，灌浆过程缩短，造成籽粒重量降低。

水是冬小麦生长的重要条件，冬小麦在生长发育过程中，同化物在植株各器官不断进行着转化与分配，土壤的水分状况对其也有较大的影响。据研究，每生产 1 千克小麦需 1 000~1 200 kg 水，其中的 30%~40% 是通过地面蒸发。在冬小麦生长期间，降水量仅为其需水量的 1/4 左右。在冬小麦的需水临界期（即拔节期至孕穗期）受旱，会导致小麦大量退化不孕，粒数大幅减少；灌浆期遭遇干旱，则会导致小麦颗粒变小且干瘪。所以，在麦田的不同时期应及时采取抗旱保墒措施，对满足冬小麦的水分需求具有十分重要的作用。

三、冬小麦气象要素集构建

在冬小麦整个生长发育过程中，不同阶段的主要气象要素不同。为探究气象要素对冬小麦各个生长阶段的影响，将冬小麦生长过程划分为不同阶段，分析冬小麦不同生长阶段的气象影响要素，以期为冬小麦生产提供参考依据。

1. 冬小麦生长阶段划分

根据黄淮海地区冬小麦生长物候表，将冬小麦的生育期划分为播种、出苗、分蘖、越冬、返青、拔节、抽穗、灌浆、成熟9个生长阶段（表6-1）。

表6-1　冬小麦生育期物候表

时间	10月 中旬 下旬	11月 上旬 中旬 下旬	12月 上旬 中旬 下旬	翌年1月 上旬 中旬 下旬	翌年2月 上旬 中旬 下旬	翌年3月 上旬 中旬 下旬	翌年4月 上旬 中旬 下旬	翌年5月 上旬 中旬 下旬	翌年6月 上旬
生育期	播种期　出苗期	分蘖期	越冬期	越冬期		返青期	拔节期	抽穗期　灌浆期	成熟期

2. 气象要素集

在冬小麦整个生长发育过程中，温度、湿度、风和光照等气象要素都是影响其正常生长的重要环境因素。因此，选取平均气温（γ_1）、日最高气温（γ_2）、日最低气温（γ_3）、平均相对湿度（γ_4）、平均风速（γ_5）、光照时长（γ_6）作为影响冬小麦生长的气象要素集（表6-2）。

表6-2　冬小麦气象要素集

目标层	准则层	指标层
	温度	平均气温（γ_1）
		日最高气温（γ_2）
冬小麦生产		日最低气温（γ_3）
	湿度	平均相对湿度（γ_4）
	风	平均风速（γ_5）
	光照	光照时长（γ_6）

四、冬小麦关键气象要素识别

1. 分离气象产量

为识别冬小麦关键气象要素，首先需分离出受气候变化影响的冬小麦产量。冬小麦产量Y可以分解为趋势产量Y_t、气象产量Y_w和随机误差ℓ 3个部分：

$$Y = Y_t + Y_w + \ell \tag{6-1}$$

其中，趋势产量表征社会经济条件和生产力技术水平对粮食产量的贡献；气象产量表征气候波动对实际产量的贡献；随机误差是一些随机因素影响的产量分量，所占比例很小，在实际计算中常忽略不计。

根据冬小麦产量的时间数列变化趋势，选用一次指数平滑法拟合各年的趋势产量，即：

$$Y_t = \alpha F_t + (1-\alpha)Y_{t-1} \qquad (6-2)$$

其中，F_t 为 t 时期的实际产量，α 为平滑常数，这里取 $\alpha = 0.4$。最后，根据 $Y_w = Y - Y_t$ 计算各年的气象产量。

以 2005—2015 年河南省冬小麦为研究对象，冬小麦实际产量数据来源于河南省统计局，根据公式（6-2），计算得到河南省冬小麦的趋势产量和气象产量（表 6-3）。

表 6-3　河南省 2005—2015 年冬小麦实际产量（Y）、趋势产量（Y_t）和气象产量（Y_w）

年份	Y	Y_t	Y_w
2005	5 194.00	4 954.00	240.00
2006	5 638.00	5 098.00	540.00
2007	5 717.00	5 422.00	295.00
2008	5 800.00	5 599.00	201.00
2009	5 806.00	5 719.60	86.40
2010	5 838.00	5 771.40	66.60
2011	5 867.00	5 811.40	55.60
2012	5 950.00	5 844.80	105.20
2013	6 012.00	5 907.90	104.10
2014	6 157.00	5 970.40	186.60
2015	6 453.00	6 082.30	370.70

2. 基于灰色关联分析的关键气象要素识别

（1）模型选择。农业系统本身具有灰色系统的属性，采用灰色关联的分析方法来研究冬小麦不同生长阶段的气象要素对其产量的影响。基于研究对象的实际情况，以河南省 2005—2015 年冬小麦单位面积气象产量为特征序列，以 2005—2015 年气象要素数据为行为序列，运用邓氏灰色关联分析模型、绝对灰色关联分析模型、相对灰色关联分析模型、B 型灰色关联分析模型和斜率灰色关联分析模型进行数据处理，得到冬小麦不同生长阶段气象要素对其气象产量影响的灰色关联排序结果（表 6-4）。

从表 6-4 中可以看出，不同灰色关联分析模型得出的冬小麦不同生长阶段气象要素对其气象产量影响的灰色关联排序。由绝对关联分析模型结果可知，在冬小麦的 9 个生长阶段，光照时长、日最高气温、平均气温这 3 个气象因素对冬小麦气象产量的影响排序在大多数生长阶段均较靠前，而且在分蘖期、越冬期、拔节期、抽穗期和灌浆期的灰色关联排序结果几乎保持一致。同样的，由相对关联度模型得到的关联排序结果也极为相似，在拔节期、抽穗期、灌浆期、成熟期这 4 个时期中，对冬小麦生长影响程度排前两名的均是平均风速和光照时长，平均相对湿度、日最高气温、平均气温、日最低气温的影响依次减弱。冬小麦的每个生长阶段对气象因素的需求侧重不同，比如在分蘖期和灌浆期，相对于其他因素，平均相对湿度对冬小麦的生长更重要，而绝对关联分析模型得到的却是光照时长影响最大，相对关联度模型得到的是日最低气温对分蘖期影响最大、平均风速对灌浆期影响最大，绝对关联分析模型和相对关联度模型的结果显然不合理。仍以冬小麦灌浆期为例，B型关联分析模型和斜率关联分析模型得到的对冬小麦生长影响最大的因素分别是光照和平均气温，而邓氏关联分析模型的结果为平均相对湿度，是影响灌浆期小麦生长最为重要的因素。事实上，灌浆期是小麦营养物质向籽粒运输的阶段，需要有足够的水分，才能使得小麦籽粒膨大饱满，故平均相对湿度应是对灌浆期小麦生长起到决定性作用的因素。通过对上述几种灰色关联分析结果的比较可以发现，相对于绝对灰色关联、相对灰色关联、B型灰色关联、斜率灰色关联而言，邓氏灰色关联的结果较符合实际情况，因此，着重采用邓氏关联度研究分析冬小麦不同生长阶段气象因素对其产量的影响。

表 6 - 4　冬小麦气象产量与不同生长阶段气象因素的灰色关联度和关联排序结果

生育期	邓氏关联度排序	绝对关联度排序	相对关联度排序	B型关联度排序	斜率关联度排序
播种期	$\gamma_4>\gamma_1>\gamma_2>\gamma_3>\gamma_6>\gamma_5$	$\gamma_2>\gamma_1>\gamma_3>\gamma_6>\gamma_4>\gamma_5$	$\gamma_5>\gamma_6>\gamma_3>\gamma_4>\gamma_1>\gamma_2$	$\gamma_3>\gamma_6>\gamma_4>\gamma_1>\gamma_2>\gamma_5$	$\gamma_5>\gamma_3>\gamma_1>\gamma_2>\gamma_4>\gamma_6$
出苗期	$\gamma_1>\gamma_2>\gamma_3>\gamma_5>\gamma_4>\gamma_6$	$\gamma_3>\gamma_4>\gamma_1>\gamma_6>\gamma_5>\gamma_3$	$\gamma_6>\gamma_3>\gamma_5>\gamma_4>\gamma_1>\gamma_2$	$\gamma_4>\gamma_3>\gamma_6>\gamma_1>\gamma_5>\gamma_2$	$\gamma_6>\gamma_3>\gamma_1>\gamma_5>\gamma_4>\gamma_2$
分蘖期	$\gamma_4>\gamma_1>\gamma_2>\gamma_3>\gamma_5>\gamma_6$	$\gamma_1>\gamma_4>\gamma_3>\gamma_6>\gamma_5>\gamma_2$	$\gamma_6>\gamma_3>\gamma_5>\gamma_4>\gamma_1>\gamma_2$	$\gamma_3>\gamma_4>\gamma_6>\gamma_1>\gamma_5>\gamma_2$	$\gamma_6>\gamma_3>\gamma_1>\gamma_5>\gamma_4>\gamma_2$
越冬期	$\gamma_4>\gamma_1>\gamma_2>\gamma_3>\gamma_5>\gamma_6$	$\gamma_3>\gamma_4>\gamma_1>\gamma_6>\gamma_2>\gamma_5$	$\gamma_6>\gamma_3>\gamma_5>\gamma_4>\gamma_1>\gamma_2$	$\gamma_3>\gamma_4>\gamma_6>\gamma_1>\gamma_5>\gamma_2$	$\gamma_6>\gamma_3>\gamma_1>\gamma_5>\gamma_4>\gamma_2$
返青期	$\gamma_5>\gamma_4>\gamma_6>\gamma_1>\gamma_2>\gamma_3$	$\gamma_1>\gamma_4>\gamma_3>\gamma_6>\gamma_5>\gamma_2$	$\gamma_6>\gamma_3>\gamma_5>\gamma_4>\gamma_1>\gamma_2$	$\gamma_3>\gamma_4>\gamma_6>\gamma_1>\gamma_5>\gamma_2$	$\gamma_6>\gamma_3>\gamma_1>\gamma_5>\gamma_4>\gamma_2$
拔节期	$\gamma_4>\gamma_1>\gamma_2>\gamma_3>\gamma_5>\gamma_6$	$\gamma_1>\gamma_4>\gamma_3>\gamma_6>\gamma_5>\gamma_2$	$\gamma_6>\gamma_3>\gamma_5>\gamma_4>\gamma_1>\gamma_2$	$\gamma_3>\gamma_4>\gamma_6>\gamma_1>\gamma_5>\gamma_2$	$\gamma_6>\gamma_3>\gamma_1>\gamma_5>\gamma_4>\gamma_2$
抽穗期	$\gamma_4>\gamma_1>\gamma_2>\gamma_3>\gamma_5>\gamma_6$	$\gamma_1>\gamma_4>\gamma_3>\gamma_6>\gamma_5>\gamma_2$	$\gamma_6>\gamma_3>\gamma_5>\gamma_4>\gamma_1>\gamma_2$	$\gamma_3>\gamma_4>\gamma_6>\gamma_1>\gamma_5>\gamma_2$	$\gamma_6>\gamma_3>\gamma_1>\gamma_5>\gamma_4>\gamma_2$
灌浆期	$\gamma_4>\gamma_2>\gamma_1>\gamma_3>\gamma_5>\gamma_6$	$\gamma_1>\gamma_4>\gamma_3>\gamma_6>\gamma_5>\gamma_2$	$\gamma_6>\gamma_3>\gamma_5>\gamma_4>\gamma_1>\gamma_2$	$\gamma_3>\gamma_4>\gamma_6>\gamma_1>\gamma_5>\gamma_2$	$\gamma_6>\gamma_3>\gamma_1>\gamma_2>\gamma_4>\gamma_5$
成熟期	$\gamma_5>\gamma_4>\gamma_2>\gamma_1>\gamma_3>\gamma_6$	$\gamma_1>\gamma_4>\gamma_3>\gamma_6>\gamma_5>\gamma_2$	$\gamma_6>\gamma_3>\gamma_5>\gamma_4>\gamma_1>\gamma_2$	$\gamma_3>\gamma_4>\gamma_6>\gamma_1>\gamma_5>\gamma_2$	$\gamma_5>\gamma_3>\gamma_1>\gamma_2>\gamma_6>\gamma_4$

（2）关键气象要素对河南省冬小麦生产的影响。进一步选取应用最广泛和影响程度最大的邓氏灰色关联分析模型来着重量化分析气象要素与冬小麦产量之间的关系。以河南省2005—2015年冬小麦趋势产量为特征序列，以2005—2015年气象要素数据为行为序列，运用GMS6.0软件进行数据处理，其中邓氏灰色关联度计算方法步骤如下（以冬小麦第一生长阶段播种期数据为例）。

冬小麦气象产量为系统特征行为序列：

$$X_0=[x_0(1),\ x_0(2),\ \cdots,\ x_0(n)] \tag{6-3}$$

$$X_0=[x_0(1),\ x_0(2),\ x_0(3),\ x_0(4),\ x_0(5),\ x_0(6),\ x_0(7),\ x_0(8),\ x_0(9),$$
$$x_0(10),\ x_0(11)]$$
$$=(240.0,\ 540.0,\ 295.0,\ 201.0,\ 86.4,\ 66.6,\ 55.6,\ 105.2,\ 104.1,\ 186.6,$$
$$370.7)$$

冬小麦气象产量的相关因素序列：

$$X_i=[x_i(1),\ x_i(2),\ \cdots,\ x_i(n)]\ (i=1,\ 2,\ \cdots,\ m) \tag{6-4}$$

记 X_1 为播种期平均气温、X_2 为日最高气温、X_3 为日最低气温、X_4 为平均相对湿度、X_5 为平均风速、X_6 为光照时长，则：

$$X_1=(147.0,\ 150.3,\ 180.4,\ 149.8,\ 169.6,\ 177.5,\ 143.9,\ 153.8,\ 162.6,$$
$$154.6,\ 172.1)$$

$X_2=$(202.2，202.6，235.9，207.0，225.3，245.1，201.4，200.7，219.0，214.4，223.2)

$X_3=$(101.4，107.5，136.7，103.6，123.9，121.1，102.4，113.9，116.1，100.9，130.8)

$X_4=$(65.7，62.9，61.5，60.3，60.2，57.1，62.3，65.4，49.2，50.8，61.4)

$X_5=$(13.5，18.5，16.4，15.5，16.6，16.1，17.3，17.5，18.8，16.7，17.1)

$X_6=$(79.7，97.9，82.9，75.5，95.1，109.0，77.1，78.9，110.1，104.3，44.5)

第一步，计算各序列的初值像（或均值像）：

$X_0'=$(1，2.249 9，1.229 1，0.837 4，0.360 0，0.277 3，0.231 8，0.438 5，0.433 7，0.777 6，1.282 0)

$X_1'=$(1，1.022 6，1.227 3，1.018 9，1.153 7，1.207 5，0.979 0，1.046 4，1.106 4，1.051 9，1.170 7)

$X_2'=$(1，1.002 0，1.166 6，1.024 0，1.114 2，1.212 2，0.996 2，0.992 8，1.083 4，1.060 5，1.103 9)

$X_3'=$(1，1.060 1，1.348 4，1.021 9，1.222 4，1.195 0，1.009 8，1.123 3，1.145 7，0.995 5，1.290 5)

$X_4'=$(1，0.957 4，0.936 6，0.918 0，0.916 6，0.869 5，0.948 4，0.995 4，0.749 2，0.772 7，0.933 9)

$X_5'=$(1，1.372 1，1.220 0，1.155 8，1.236 9，1.196 4，1.287 6，1.301 1，1.395 7，1.240 3，1.270 7)

$X_6'=$(1，1.228 5，1.040 3，0.946 7，1.193 1，1.367 6，0.967 3，0.990 1，1.381 3，1.308 3，0.557 8)

第二步，计算差序列：

$$\Delta_i(k)=|x_0'(k)-x_i'(k)|;\ i=1,\ 2,\ 3,\ \cdots,\ 11 \qquad (6-5)$$

$\Delta_1=$(0，1.227 3，0.001 8，0.181 4，0.793 7，0.930 2，0.747 2，0.607 9，0.672 7，0.274 3，0.111 3)

$\Delta_2=$(0，1.247 8，0.062 5，0.186 6，0.754 2，0.934 9，0.764 4，0.554 3，0.649 7，0.282 9，0.178 1)

$\Delta_3=$(0，1.189 8，0.119 3，0.184 5，0.862 4，0.917 7，0.778 1，0.684 8，0.712 0，0.217 9，0.008 6)

$\Delta_4=$(0，1.292 5，0.292 4，0.080 5，0.556 6，0.592 2，0.716 7，0.556 9，0.315 5，0.004 9，0.348 1)

$\Delta_5=$(0，0.877 8，0.009 1，0.318 4，0.876 9，0.919 0，1.055 8，0.862 6，0.962 0，0.462 7，0.011 3)

$\Delta_6=$(0，1.021 4，0.188 8，0.109 3，0.833 1，1.090 3，0.735 5，0.551 6，0.947 6，0.530 7，0.724 2)

第三步，计算两极最大差与最小差：

$$M=\max_i\max_k\Delta_i(k)=1.292\,5$$

$$m = \min_i \min_k \Delta_i(k) = 0 \tag{6-6}$$

第四步，计算关联系数（取 $\xi = 0.5$）：

$$\gamma_{0i}(k) = \frac{m + \xi M}{\Delta_i(k) + \xi M} = \frac{0.6463}{\Delta_i(k) + 0.6463}; \quad i = 1, 2, \cdots, 6; \quad k = 1, 2, \cdots, 11 \tag{6-7}$$

第五步，计算灰色关联度：

$$\gamma_{0i} = \frac{1}{n} \sum_{k=1}^{n} \xi_{0i}(k) \tag{6-8}$$

$\gamma_{01} = 0.6369$，$\gamma_{02} = 0.6249$，$\gamma_{03} = 0.6332$，$\gamma_{04} = 0.6632$，$\gamma_{05} = 0.5690$，$\gamma_{06} = 0.6084$

同理，可以计算得出冬小麦不同生长阶段气象要素与冬小麦单位面积趋势产量的灰色关联度（表6-5）。由表6-5可知，在播种期，对冬小麦气象产量影响最大的气象要素是平均相对湿度，其次是平均气温，影响最小的是平均风速；出苗期对冬小麦气象产量影响较大的气象要素主要有平均气温、日最高气温和日最低气温，可见出苗期温度对冬小麦气象产量影响较大；分蘖期对冬小麦气象产量影响最大的气象要素为平均相对湿度，影响最小的是光照时长；越冬期对冬小麦气象产量影响最大的气象要素是平均相对湿度，影响最小的是平均气温；返青期主要气象影响因素有平均风速、平均相对湿度和光照时长，影响最小的是日最低气温；拔节期对冬小麦气象产量影响最大的气象要素是平均风速，影响最小的是平均相对湿度；抽穗期主要气象影响要素有光照时长、平均风速和日最高气温；灌浆期影响最大的气象要素是平均相对湿度，其次是日最低气温，影响最小的气象要素是光照时长；成熟期主要影响因素有平均风速、平均相对湿度和日最高气温。

表6-5　冬小麦气象产量与不同生长阶段气象因素的灰色关联度和关联排序

生育期	γ_1	γ_2	γ_3	γ_4	γ_5	γ_6	灰色关联排序
播种期	0.615	0.609	0.598	0.665	0.571	0.579	$\gamma_4 > \gamma_1 > \gamma_2 > \gamma_3 > \gamma_6 > \gamma_5$
出苗期	0.698	0.694	0.676	0.647	0.656	0.600	$\gamma_1 > \gamma_2 > \gamma_3 > \gamma_5 > \gamma_4 > \gamma_6$
分蘖期	0.668	0.65	0.686	0.702	0.676	0.627	$\gamma_4 > \gamma_3 > \gamma_5 > \gamma_1 > \gamma_2 > \gamma_6$
越冬期	0.604	0.817	0.894	0.919	0.904	0.827	$\gamma_4 > \gamma_5 > \gamma_3 > \gamma_6 > \gamma_2 > \gamma_1$
返青期	0.727	0.777	0.477	0.816	0.824	0.811	$\gamma_5 > \gamma_4 > \gamma_6 > \gamma_2 > \gamma_1 > \gamma_3$
拔节期	0.634	0.639	0.617	0.590	0.673	0.641	$\gamma_5 > \gamma_6 > \gamma_2 > \gamma_1 > \gamma_3 > \gamma_4$
抽穗期	0.657	0.663	0.647	0.626	0.668	0.689	$\gamma_6 > \gamma_5 > \gamma_2 > \gamma_1 > \gamma_3 > \gamma_4$
灌浆期	0.611	0.610	0.614	0.665	0.576	0.554	$\gamma_4 > \gamma_3 > \gamma_1 > \gamma_2 > \gamma_5 > \gamma_6$
成熟期	0.637	0.643	0.636	0.667	0.672	0.595	$\gamma_5 > \gamma_4 > \gamma_2 > \gamma_1 > \gamma_3 > \gamma_6$

由于冬小麦每个生长阶段对气象产量的气象影响要素及其影响程度均有差异，其中平均相对湿度、平均风速和日最高气温等气象要素在大多数生长阶段的关联度排名均很靠前，但是这些气象要素在整个冬小麦生长期对冬小麦生长的影响程度如何以及哪些生长阶段的气象因素对冬小麦的气象产量影响较大，有待进一步研究。因此，选取表6-5中冬

小麦每个生长阶段关联度排名前两位的气象要素构建纵向冬小麦整个生育期的气象影响要素集，再次运用灰色关联分析模型，依旧选取 2005—2015 年的数据，对河南省冬小麦生育期气象要素进行双重量化分析，得到关联系数矩阵和关联度（表 6 - 6）。从表 6 - 6 可以看出，在冬小麦整个生育期对其气象产量影响排名靠前的气象因素有：出苗期的平均气温，灰色关联度最大；分蘖期的平均相对湿度，对冬小麦气象产量的影响排名第二；排名第三的是出苗期的日最高气温；其次是越冬期的平均相对湿度、拔节期的平均风速、分蘖期的日最低气温、播种期的平均相对湿度、抽穗期的光照时长、灌浆期的平均相对湿度和成熟期的平均风速等。

表 6 - 6　冬小麦气象产量与不同生长阶段主要气象要素的灰色关联结果

生长阶段	气象因素	关联度	灰色关联度排序
播种期	平均气温	0.647	17
	平均相对湿度	0.694	7
出苗期	平均气温	0.714	1
	日最高气温	0.710	3
分蘖期	日最低气温	0.695	6
	平均相对湿度	0.711	2
越冬期	平均相对湿度	0.703	4
	平均风速	0.662	16
返青期	平均相对湿度	0.674	13
	平均风速	0.679	11
拔节期	平均风速	0.696	5
	光照时长	0.665	15
抽穗期	平均风速	0.668	14
	光照时长	0.689	8
灌浆期	日最低气温	0.637	18
	平均相对湿度	0.686	9
成熟期	平均相对湿度	0.676	12
	平均风速	0.680	10

五、冬小麦气象效率评估

河南省作为我国的产粮大省，冬小麦产量占全国总量的 1/4，为保障国家粮食生产做出了重大贡献。但在工业化和城镇化的快速发展、农耕资源被大量占用的情况下，单纯靠增加农村劳动力和扩大农耕面积来提高农业产出的方式现今已难以继续实施下去，想要实现粮食生产的持续增长，必须依靠生产效率的提高。

1. 气象效率的概念界定及评价指标体系构建

（1）气象效率的概念界定。效率最基本的含义是投入占产出的比重。目前已有大量关于农业生产效率研究的文献资料，并取得了有价值的研究成果，而农业生产是一个涉及多种投入和多种产出的复杂灰色系统。目前学者们多以粮食产量为产出指标，以人力资源、科技、机械、耕地面积和化肥农药等人为可控的变量为投入指标，测算农业生产效率水平，而很少有学者把农业气象要素考虑到投入指标中，以气象产量为产出指标，构建农业气象生产投入产出模型，测算由气象投入要素产生的粮食生产效率。因此在农业生产效率研究的基础上，农业气象效率的概念被提出，即单位时间内，农业气象要素投入占农业气象产量之比，以气象要素观测值作为投入指标变量，农作物气象产量作为产出指标变量，构建气象效率的灰色投入产出模型，从而来测算河南省5个区域冬小麦生长过程中由气象要素条件导致的农业气象效率值，以期根据河南省5个区域的农业气象效率特征，为河南省农业生产应对气象变化，合理安排农业生产，因地制宜地推进农业现代化的发展提供决策依据。

（2）气象效率评价指标体系构建。根据气象效率的内涵，遵循效率指标选取的系统性、科学性及数据的可得性原则，构建气象效率投入—产出评价指标体系。以冬小麦的气象产量为产出指标、冬小麦不同生长阶段的主要气象要素为投入指标，具体包括：播种期的平均相对湿度、出苗期的平均气温、分蘖期的平均相对湿度 X_3、越冬期的平均相对湿度、返青期的平均风速、拔节期的平均风速、抽穗期的日照时长、灌浆期的平均相对湿度以及成熟期的平均风速，如表6-7所示。

表6-7　河南省冬小麦气象效率研究投入产出指标

产出指标 Y	投入指标 X
	播种期的平均相对湿度 X_1
	出苗期的平均气温 X_2
	分蘖期的平均相对湿度 X_3
	越冬期的平均相对湿度 X_4
冬小麦气象产量 Y	返青期的平均风速 X_5
	拔节期的平均风速 X_6
	抽穗期的日照时长 X_7
	灌浆期的平均相对湿度 X_8
	成熟期的平均风速 X_9

（3）数据来源。由于河南省地理位置南北跨度大，东西有落差，根据河南省冬小麦播种区域的划分情况，本节选取河南省豫东区、豫西区、豫中区、豫南区和豫北区5个冬小麦种植区域的冬小麦产量数据和气象数据。考虑到变量指标选取的全面性和数据的可获得性以及数据计算的科学严谨性，选取河南省5个区域中主要的13个市的气象站点来获取冬小麦生育期的气象观测数据，气象站分别为安阳站（53898）、新乡站（53986）、三门峡站（57051）、孟津站（57071）、郑州站（57083）、许昌站（57089）、开封站（57091）、南阳站（57178）、宝丰站（57181）、西华站（57193）、驻马店站（57290）、信阳站（57297）、商丘站（58005），其中孟津站、宝丰站、西华站的气象数据观测值分别代表洛阳、平顶山、周口3个地区的气象观测数据（表6-8）。

表 6-8 河南省冬小麦种植区域划分及代表性气象站点

区域	豫东			豫西		豫中			豫南			豫北	
气象站点	开封	商丘	周口西华	洛阳孟津	三门峡	许昌	平顶山宝丰	郑州	南阳	驻马店	信阳	新乡	安阳
站号	57091	58005	57193	57071	57051	57089	57181	57083	57178	57290	57297	53986	53898

冬小麦的气象产量由实际产量中分离得到。首先，从统计年鉴里获取冬小麦原始产量数据值；其次，通过数理统计方法拟合出冬小麦的趋势产量，从而分离出冬小麦的气象产量。根据河南省冬小麦 5 个种植区域中各市冬小麦产量的时间序列变化特征，选取一次指数平滑法拟合 5 个种植区域中各个市的冬小麦趋势产量，分离出冬小麦的气象产量，作为构建河南省农业气象效率指标体系中的产出指标值，河南省冬小麦 5 个种植区域的 13 个市冬小麦实际产量及分离出的气象产量数据详见表 6-9、表 6-10。

表 6-9 河南省 13 个代表市 2011—2016 年冬小麦实际单位面积产量

单位：kg/hm²

站点	年份					
	2011	2012	2013	2014	2015	2016
安阳	6 162.00	6 199.00	6 229.94	6 395.36	6 664.09	6 440.95
新乡	6 702.82	6 757.00	6 790.90	6 957.79	7 271.14	6 971.89
三门峡	3 866.99	3 971.00	3 415.42	3 893.99	4 633.50	4 170.48
洛阳（孟津）	4 332.20	4 445.00	3 844.74	4 228.72	4 990.07	4 570.66
郑州	4 540.50	4 577.00	4 576.83	4 604.87	4 971.19	4 836.06
许昌	7 064.07	7 115.00	7 119.00	7 164.00	7 314.00	7 234.02
开封	5 883.10	5 907.00	5 918.38	6 045.11	6 292.82	6 190.78
南阳	5 409.94	5 448.00	5 425.31	5 549.04	5 903.42	5 721.28
平顶山（宝丰）	4 834.78	4 942.00	4 798.26	4 938.66	5 313.30	5 161.61
周口（西华）	7 491.81	7 419.00	7 438.54	7 520.76	7 644.09	7 457.76
驻马店	6 385.32	6 424.00	6 446.97	6 604.12	6 898.20	6 577.70
信阳	4 680.00	4 710.00	4 631.49	4 729.87	4 805.08	4 732.03
商丘	6 935.63	7 014.00	7 042.06	7 173.92	7 458.07	7 287.45

表 6-10 河南省 13 个代表市 2011—2016 年冬小麦气象产量

单位：kg/hm²

站点	年份					
	2011	2012	2013	2014	2015	2016
安阳	234.63	201.24	171.80	285.69	468.71	104.95
新乡	285.60	254.10	211.77	315.13	533.94	74.51
三门峡	110.44	181.32	88.23	23.45	755.92	66.12
洛阳（孟津）	10.11	119.88	19.91	7.94	620.62	15.03
郑州	123.07	122.65	85.68	88.02	427.93	164.43

（续）

站点	年份					
	2011	2012	2013	2014	2015	2016
许昌	241.45	219.95	157.96	155.57	258.90	101.25
开封	288.28	225.70	169.37	245.29	419.41	191.55
南阳	235.02	202.58	119.11	207.11	499.36	167.41
平顶山（宝丰）	162.02	220.63	10.70	147.89	478.17	183.03
周口（西华）	425.50	225.04	177.07	206.17	267.65	1.02
驻马店	373.79	300.33	233.20	320.39	518.35	42.35
信阳	303.83	242.68	91.36	162.34	188.84	59.14
商丘	290.24	281.54	225.13	289.46	486.76	170.12

由于河南省气象局和中国气象局科学数据共享服务平台提供的河南省 5 个区域中各个气象站点冬小麦生育期的气象数据是逐日的气象要素值，并不能代表冬小麦各个生长阶段时间跨度范围内的气象要素值，且用逐日的气象数据值进行研究测算的计算量偏大。因此借助数理统计的思想，对冬小麦每个生长阶段内气象数据值进行频数统计，计算出逐日气象数据值落在高频数据区间范围，再对这个高频区间进行均值化处理，这样得出的气象数据值代表冬小麦此生长阶段内的大多数时间内的气象条件，河南省 2011—2016 年 5 个区域 13 个代表市冬小麦气象效率测算投入产出指标数据筛选值见本章后附表。

2. 气象效率评价模型构建

农业系统和气象系统具有灰色的属性，将灰色 GM（1，1）模型与 DEA 模型结合起来，先使用 GM（1，1）模型对各指标变量的原始值消除冲击扰动因子，再将所得的拟合数据运用到 BCC 模型中，构建灰色 DEA 模型。组合后的新模型减弱了数据的随机波动和误差，测算的结果更科学合理符合实际。

基于 GM（1，1）模型得到投入 x_{ij}、产出 y_{rj} 指标的还原值序列，将其代入以投入为导向的 BCC 模型。假设有 n 个决策单元，投入数据和产出数据分别为：

$$\begin{aligned} &x_{ij} > 0,\ y_{rj} > 0 \\ &j = 1,\ 2,\ \cdots,\ n \\ &i = 1,\ 2,\ \cdots,\ m \\ &r = 1,\ 2,\ \cdots,\ s \end{aligned} \tag{6-9}$$

其中，m 为单个决策单元中投入变量的个数，s 为单个决策单元产出变量个数，标准的 BCC 模型为：

$$\mathrm{Min}\varphi_0 = \theta_0 - \left(\sum_{i=1}^{m} s_i^- + \sum_{r}^{s} s_r^+ \right) \tag{6-10}$$

$$\mathrm{S.\,t.} \begin{cases} \sum_{j=1}^{n} \lambda_j x_{ij} + s_i^- = \theta_0 x_{i0} \\ \sum_{j=1}^{n} \lambda_j y_{rj} - s_r^+ = y_{r0} \\ \sum_{j=1}^{n} \lambda_j = 1 \\ s_i^-,\ s_r^+,\ \lambda_j \geqslant 0,\ j = 1,\ 2,\ \cdots,\ n \end{cases} \tag{6-11}$$

式（6-11）的计算结果表示所评估决策单元的纯技术效率（PTE）。如果 $\varphi_0=\theta_0=1$，且 $s_i^-=0$，$s_r^+=0$，决策单元是技术有效，此时 θ_0、s_i^- 和 s_r^+ 为最优解；如果 $\varphi_0=\theta_0=1$，$s_i^-=0$ 或 $s_r^+=0$，则表明该单元为弱 DEA 有效；如果 $\varphi_0<1$，则该决策单元为非 DEA 有效。本节主要使用模型中的综合效率值来评价河南省农业的气象效率。

3. 河南省冬小麦气象效率评估结果分析

基于冬小麦气象效率评价指标数据，运用灰色 DEA 模型测算 2011—2016 年河南省 13 个代表市的冬小麦气象效率值及气象因素投入指标冗余情况，见表 6-11、表 6-12。

由表 6-11 和图 6-3 可见，河南省 2011—2016 年 13 市冬小麦生产气象效率值近几年变化趋势呈现为上升、平缓、下降 3 种类型。其中商丘、驻马店、安阳、新乡 4 个市呈现平缓趋势，冬小麦生产气象效率均值在河南省平均值之上，这 4 个市的冬小麦生产气象效率较高且稳定，说明这些地区的气象条件很适合农作物的生长；开封、洛阳、三门峡、平顶山、郑州、南阳这 6 个市的冬小麦生产气象效率值呈现逐步上升的趋势。其中，开封和三门峡两个市的气象效率在 2012—2016 年变化趋势很相近，呈现缓慢增长趋势；而郑州和平顶山两个市的气象效率值变化趋势也很相似，呈现稳定增长趋势，但在 2014 年之前气象效率值均在所在区域平均值之下，2014—2016 年增长至所在区域平均气象效率值之上；南阳在 2014 年之前的气象效率值在所在区域平均值之下，在 2015—2016 年气象效率值增长至平均值之上。这说明 6 个市近几年风调雨顺有利于农业生产，或者是这些地区农作物的种植品种得到了改良，当地加大了对抗逆性优良品种的培育。信阳、许昌和周口 3 个市整体均呈现气象效率下降的趋势，其中许昌的冬小麦生产气象效率呈现平缓下降的走势，而信阳和周口的冬小麦生产气象效率值变化趋势下降速度较快，这说明近几年信阳和许昌的气象条件更加恶劣，不利于农作物的生产，并且农作物生产管理水平低下，在气象灾害发生时，采取措施滞后，加上当地不重视新品种的培育等一系列的因素导致冬小麦生产气象效率呈现降低趋势。

表 6-11　河南省 5 个区域（13 个市）2011—2016 年冬小麦生产气象效率值

区域	市	年份						平均值
		2011	2012	2013	2014	2015	2016	
	开封	0.858	0.785	0.886	0.977	1.000	1.000	
豫东	商丘	0.790	1.000	1.000	1.000	1.000	1.000	0.886
	周口	1.000	0.959	0.825	0.723	0.662	0.480	
豫西	洛阳	0.037	0.395	0.507	0.617	0.745	0.919	0.666
	三门峡	0.318	0.671	0.821	0.963	1.000	1.000	
	许昌	0.642	0.692	0.681	0.664	0.639	0.577	
豫中	平顶山	0.426	0.512	0.624	0.733	0.919	1.000	0.676
	郑州	0.395	0.475	0.594	0.720	0.876	1.000	
	南阳	0.690	0.670	0.765	0.831	0.951	1.000	
豫南	驻马店	1.000	1.000	1.000	1.000	1.000	0.953	0.804
	信阳	0.763	0.794	0.671	0.551	0.458	0.376	
豫北	新乡	0.742	0.964	1.000	1.000	1.000	1.000	0.947
	安阳	0.697	0.989	0.973	1.000	1.000	1.000	
	平均值	0.643	0.762	0.796	0.829	0.865	0.870	0.840

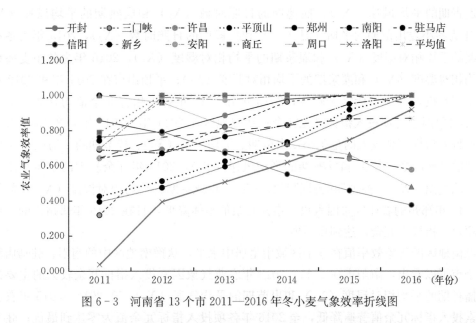

图 6-3　河南省 13 个市 2011—2016 年冬小麦气象效率折线图

　　图 6-3 描绘了河南省各个区域的气象效率分布特点,其中豫北地区的平均气象效率值最高,高达 0.947,其次是豫东地区和豫南地区分别为 0.886 和 0.804,较低的是豫西和豫中地区,分别为 0.666 和 0.676。总体来说,河南省东部和北部的冬小麦生产气象效率要高于中部和西部。这说明,一方面是河南省东部和北部的气象条件比较适合农作物的生长;另一方面是东部和北部地区对气象灾害的防御措施做得比较好。而中部和西部的气象条件不太适宜冬小麦的生长,豫西地区实际上更多种植的是水稻,中部地区的许昌和平顶山缺水,比较干旱,省会郑州主抓经济发展,对农业生产的重视程度相对较低。

　　由表 6-12~表 6-17,可见河南省冬小麦种植区域 13 个市 2011—2016 年气象因素投入指标冗余情况,结合表 6-11 综合分析可知,河南省农业气象效率值较低的豫西地区和豫中地区的农业气象投入指标的冗余值,相对于其他区域普遍较大,农业气象效率值较高的豫北地区、豫东地区和豫南地区,农业气象因素投入指标冗余值普遍较小。在 2011—2016 年间,河南省农业气象效率值最低的豫西地区,洛阳和三门峡两个代表市的 9 个农业气象投入指标冗余值值相对于其他市多数较大,其中洛阳地区 2011 年冬小麦出苗期的平均气温（X_2）投入冗余值最大,高达 34.45,其次是冬小麦播种期的平均相对湿度（X_1）投入冗余值达到 23.75,其他的气象因素投入指标冗余值大多数也均较大,这也是导致洛阳的气象效率值在 13 市中最低的根本原因;同样,三门峡市的 9 个气象因素投入指标冗余值也大都较高。虽然洛阳和三门峡 2 市的农业气象效率值在众多地市中普遍偏低,可以看出随着时间的推移,两市的投入冗余值逐渐降低,但是在 2014 年之后,洛阳和三门峡两地的农业气象效率值在逐步提高。

　　豫中地区的农业气象效率水平也较低,是因为许昌、平顶山、郑州 3 个市的农业气象因素投入冗余值均较大,仅次于冗余值最大的区域,其中,许昌地区在 2011 年农业气象因素投入指标冗余较大的是冬小麦播种期的平均相对湿度（X_1）、出苗期的平均气温（X_2）和成熟期的平均风速（X_9）,在 2012 年冗余较大的是冬小麦返青期的平均风速（X_5）、拔节期的平均风速（X_6）和成熟期的平均风速（X_9）,在 2013 年冗余较大的是冬小麦返青期的平均风速（X_5）、抽穗期的日照时数（X_7）和成熟期的平均风速（X_9），2014 年为冬小麦出苗期的平均气温（X_2）和抽穗期的日照时数（X_7），2015 年为冬小麦越冬期的平均相对湿度（X_4）和灌浆期的平均相对湿度（X_8），2016 年为冬小麦播种期的平均相对湿度（X_1）和灌浆期的平均相对湿度（X_8）；平顶山市在 2011 年和 2012 年农业气象因素投入各项指标冗余较大，2013 年和 2014 年各项指标冗余值均开始降低，至 2015 年气象因素各项投入指标已无冗余；郑州地区在 2011 年、2012 年和 2013 年农业气象因素投入指标冗余较大的是冬小麦出苗期的平均气温（X_2）、拔节期的平均风速（X_6）、抽穗期的日照时数（X_7）和成熟期的平均风速（X_9），2014 年冗余较大的是冬小麦出苗期的平均气温（X_2）、抽穗期的日照时数（X_7）和越冬期的平均相对湿度（X_4）。数据显示，2015 年郑州的农业气象因素投入指标冗余值整体降低，且在 2016 年郑州市的气象因素各项投入指标无冗余，达到目标值。

豫南地区的气象效率值在 5 个区域中呈居中水平，从豫南地区中的南阳、驻马店和信阳 3 个市可以看出，南阳市在 2011—2013 年农业气象因素投入指标冗余较大的主要是冬小麦播种期的平均相对湿度（X_1）和出苗期的平均气温（X_2），在 2014—2015 年农业气象因素投入指标冗余值普遍降低，至 2016 年各项投入指标冗余值为零达到最优；驻马店市的农业气象因素投入各项指标冗余值除了在 2016 年不为零，在 2011—2015 年气象各项投入指标均无冗余，气象效率值达到最优；而信阳地区 2011—2016 年期间除了 2014 年和 2015 年气象因素的各项投入指标冗余值整体有所降低之外，其他年份的农业气象因素投入指标冗余值整体均较高。

豫东地区的农业气象效率值在 5 个区域中位居第二，之所以没有达到豫南地区的最高水平是因为开封市、商丘市和周口市中，周口市在 2011—2015 年的农业气象因素各项投入指标冗余值均较大，拉低了豫东地区的整体农业气象效率水平。而农业气象效率最高的豫北地区中，新乡市虽然在 2011—2012 年各项气象因素有稍许的投入指标冗余值，但在 2013—2016 年气象因素的各项投入指标均无冗余值。

虽然气象因素投入是人为不可控因素，但是通过研究分析，可以清楚地了解河南省冬小麦生长期各个生长阶段的气象因素对其产量的影响程度以及不同区域气象因素需求差异，这可以为温室大棚作物的培育条件提供科学的理论参考，也为以后的研究提供了新的思路。

表 6-12　河南省 5 个区域（13 个市）2011 年冬小麦生产气象投入冗余

市	X_1	X_2	X_3	X_4	X_5	X_6	X_7	X_8	X_9
安阳	17.33	0.00	14.34	10.62	11.62	14.69	11.86	13.62	12.40
新乡	8.52	0.00	0.31	0.61	6.18	13.76	4.53	2.23	12.92
三门峡	18.61	0.00	6.43	3.32	6.47	8.59	22.85	0.31	7.07
洛阳	23.75	34.45	0.00	1.98	16.30	17.43	22.00	11.22	18.95
郑州	11.38	20.85	1.19	0.00	11.47	12.16	4.56		14.06
许昌	6.07	9.48	4.30	1.37	1.14	2.74	0.00	0.00	6.05
开封	7.46	27.89	0.30	0.10	13.23	17.97	0.00	5.88	20.01

（续）

市	X_1	X_2	X_3	X_4	X_5	X_6	X_7	X_8	X_9
南阳	8.12	9.31	10.17	7.95	4.33	5.78	0.00	0.00	5.37
平顶山	10.41	0.00	7.29	3.80	10.60	12.17	4.76	2.70	13.11
周口	0.00	0.00	0.00	0.00	0.00	0.00	0.00	0.00	0.00
驻马店	0.00	0.00	0.00	0.00	0.00	0.00	0.00	0.00	0.00
信阳	11.70	0.00	2.81	1.42	6.05	6.98	2.91	0.00	8.97
商丘	11.13	0.00	7.84	7.52	7.20	11.34	7.39	8.18	11.67

表 6-13 河南省 5 个区域（13 个市）2012 年冬小麦生产气象投入冗余

市	X_1	X_2	X_3	X_4	X_5	X_6	X_7	X_8	X_9
安阳	23.26	18.70	19.75	21.27	9.15	13.05	0.00	13.75	10.62
新乡	8.65	2.05	6.40	4.53	8.09	10.96	14.45	0.00	10.17
三门峡	16.57	10.70	6.28	0.00	8.04	3.51	16.62	8.05	3.05
洛阳	9.92	1.61	0.00	1.09	10.65	13.65	22.00	0.80	12.72
郑州	8.10	27.68	3.39	4.91	8.57	12.66	18.32	0.00	11.99
许昌	4.27	3.45	3.19	0.00	8.90	7.03	3.37	3.11	6.83
开封	5.88	14.50	0.00	1.22	7.13	15.24	10.95	2.11	14.28
南阳	13.79	21.72	7.31	0.00	8.15	7.66	8.95	1.90	5.97
平顶山	18.45	10.29	9.70	7.13	4.13	10.50	3.72	0.00	10.35
周口	18.26	24.63	14.33	15.62	0.00	1.43	11.95	21.10	0.45
驻马店	0.00	0.00	0.00	0.00	0.00	0.00	0.00	0.00	0.00
信阳	17.60	14.39	14.30	8.82	6.73	10.37	0.00	15.22	6.96
商丘	0.00	0.00	0.00	0.00	0.00	0.00	0.00	0.00	0.00

表 6-14 河南省 5 个区域（13 个市）2013 年冬小麦生产气象投入冗余

市	X_1	X_2	X_3	X_4	X_5	X_6	X_7	X_8	X_9
安阳	14.39	4.70	12.46	7.78	8.74	12.57	0.00	3.51	10.41
新乡	0.00	0.00	0.00	0.00	0.00	0.00	0.00	0.00	0.00
三门峡	14.17	9.22	5.99	0.00	4.94	0.81	15.09	8.13	0.00
洛阳	8.20	2.38	0.00	0.00	6.85	8.99	20.54	1.38	6.51
郑州	2.39	22.03	0.00	3.14	3.45	4.56	9.45	0.00	4.99
许昌	2.87	0.00	1.37	0.00	6.70	3.25	0.00	4.40	3.53
开封	3.27	12.27	0.00	0.00	6.26	11.77	10.92	0.37	11.36
南阳	5.03	13.93	2.54	0.00	3.66	1.23	0.00	2.39	0.94
平顶山	9.80	5.27	4.44	4.08	0.93	3.66	0.00	0.00	4.37
周口	13.68	21.18	12.01	11.71	0.00	0.68	12.61	14.87	0.31
驻马店	0.00	0.00	0.00	0.00	0.00	0.00	0.00	0.00	0.00

（续）

市	X_1	X_2	X_3	X_4	X_5	X_6	X_7	X_8	X_9
信阳	14.16	17.36	11.47	7.63	5.65	8.03	0.00	12.10	5.71
商丘	0.00	0.00	0.00	0.00	0.00	0.00	0.00	0.00	0.00

表 6-15　河南省 5 个区域（13 个市）2014 年冬小麦生产气象投入冗余

市	X_1	X_2	X_3	X_4	X_5	X_6	X_7	X_8	X_9
安阳	4.59	0.00	7.34	3.05	6.94	8.03	0.00	0.81	5.65
新乡	0.00	0.00	0.00	0.00	0.00	0.00	0.00	0.00	0.00
三门峡	13.37	5.30	6.59	0.00	4.05	1.46	17.13	6.84	0.00
洛阳	4.91	1.12	0.00	0.00	3.68	4.35	21.30	1.55	0.00
郑州	0.00	18.26	0.00	5.02	1.84	0.68	7.46	1.32	1.56
许昌	3.72	0.00	3.06	5.29	6.35	0.74	0.00	9.80	0.92
开封	0.00	12.16	0.00	2.15	4.76	6.65	7.38	1.94	6.78
南阳	0.00	2.62	0.00	0.27	3.94	1.48	0.00	0.32	2.31
平顶山	3.51	0.00	0.56	3.48	0.37	0.00	0.00	0.65	1.25
周口	9.69	19.18	10.22	8.80	0.29	0.00	14.15	9.48	0.33
驻马店	0.00	0.00	0.00	0.00	0.00	0.00	0.00	0.00	0.00
信阳	6.24	20.19	7.14	7.38	2.63	1.80	0.00	9.25	0.00
商丘	0.00	0.00	0.00	0.00	0.00	0.00	0.00	0.00	0.00

表 6-16　河南省 5 个区域（13 个市）2015 年冬小麦生产气象投入冗余

市	X_1	X_2	X_3	X_4	X_5	X_6	X_7	X_8	X_9
安阳	0.00	0.00	0.00	0.00	0.00	0.00	0.00	0.00	0.00
新乡	0.00	0.00	0.00	0.00	0.00	0.00	0.00	0.00	0.00
三门峡	0.00	0.00	0.00	0.00	0.00	0.00	0.00	0.00	0.00
洛阳	0.23	5.28	0.00	2.36	1.72	4.04	10.41	0.04	0.00
郑州	0.00	3.18	2.01	4.20	1.99	0.00	10.04	0.00	0.55
许昌	8.91	0.00	5.62	10.78	6.30	0.00	0.00	16.05	0.99
开封	0.00	0.00	0.00	0.00	0.00	0.00	0.00	0.00	0.00
南阳	0.00	0.00	2.73	7.27	3.06	0.00	0.00	6.10	2.10
平顶山	0.00	0.00	0.03	3.02	1.96	0.00	5.76	0.00	1.69
周口	7.92	22.68	10.96	8.48	1.56	0.00	18.02	6.69	1.08
驻马店	0.00	0.00	0.00	0.00	0.00	0.00	0.00	0.00	0.00
信阳	4.94	14.13	4.96	6.22	2.54	1.26	0.00	6.11	0.00
商丘	0.00	0.00	0.00	0.00	0.00	0.00	0.00	0.00	0.00

表 6-17　河南省 5 个区域（13 个市）2016 年冬小麦生产气象投入冗余

市	X_1	X_2	X_3	X_4	X_5	X_6	X_7	X_8	X_9
安阳	0.00	0.00	0.00	0.00	0.00	0.00	0.00	0.00	0.00
新乡	0.00	0.00	0.00	0.00	0.00	0.00	0.00	0.00	0.00
三门峡	0.00	0.00	0.00	0.00	0.00	0.00	0.00	0.00	0.00
洛阳	9.33	30.93	10.33	9.22	3.99	4.74	17.41	9.17	0.00
郑州	0.00	0.00	0.00	0.00	0.00	0.00	0.00	0.00	0.00
许昌	15.16	0.00	6.70	4.47	5.81	1.91	0.00	12.15	0.00
开封	0.00	0.00	0.00	0.00	0.00	0.00	0.00	0.00	0.00
南阳	0.00	0.00	0.00	0.00	0.00	0.00	0.00	0.00	0.00
平顶山	0.00	0.00	0.00	0.00	0.00	0.00	0.00	0.00	0.00
周口	5.39	27.17	10.56	9.60	0.00	0.00	3.17	5.98	1.18
驻马店	6.92	0.00	11.06	11.25	2.76	1.82	0.00	12.08	0.00
信阳	5.80	11.27	9.14	13.48	4.28	1.07	0.00	10.70	0.00
商丘	0.00	0.00	0.00	0.00	0.00	0.00	0.00	0.00	0.00

第三节　玉米生产中的气象要素分析

玉米是全世界最主要的粮食品种之一，保障玉米生产是确保国家粮食安全的重要手段。玉米稳产高产是多个方面因素共同作用的结果，其中气象因素作为不可控的外界因素，在很大程度上影响玉米产量。通过研究气象因素与玉米产量间的关系，了解气象因素对玉米产量的影响，可为采取科学合理的措施提高玉米产量提供参考依据。

一、玉米生产概况

玉米，又名番麦、御麦、玉茭、玉蜀黍、珍珠米、棒子、苞米、苞谷等，是重要的粮食、饲料和化工原料作物。我国是世界上主要玉米生产国之一，玉米的播种面积和总产量均仅次于美国，居世界第二位。近年来，伴随着畜牧业、玉米加工工业以及再生能源的迅速发展，玉米不单单作为重要的口粮作物，而且还逐渐成为食品、饲料、酿造、工业、医药等的重要原料，玉米产量的高低直接关系到畜牧、轻工、能源等一系列产业的发展。

河南省是我国夏玉米重要产区之一，夏玉米播种面积和产量约占全国的 10%。夏玉米是河南省仅次于小麦的重要经济作物，受气象因素的影响，其产量在波动中呈上升趋势。2012 年河南省玉米单位面积产量为 5 642.52 kg/hm²，2014 年下降为 5 209.95 kg/hm²，2018 年上升为 6 000.01 kg/hm²，2019 年下降为 5 910.01 kg/hm²，玉米产量一直处于波动状态，其中气候变化的影响发挥了重要作用。夏玉米生长期间（6—9月），极易受到各种自然灾害（干旱、洪涝、大风倒伏及连阴雨）的影响，其中初夏旱、卡脖旱以及花期阴雨的影响最大。而玉米作为一种喜温、喜光、高光效的短日照 C_4 植物，长期连续阴雨天气对玉米产量有重要影响。此外，花期光照不足造成产量降低的幅度最大。

二、气象要素对玉米生长的影响

本节基于 2007—2018 年的河南省玉米单产数据及气象数据，运用区间灰数关联分析模型对影响河南省玉米生长的关键气象因素进行筛选，观察各气象因素在玉米不同生长阶段的动态作用情况。

1. 玉米生长气象要素集构建

结合现有研究以及河南省玉米生长实际情况，将河南省玉米生长周期划分为 5 个阶段：播种期—出苗期（6月上旬），出苗期—拔节期（6月中旬至7月上旬），拔节期—抽雄期（7月中旬至下旬），抽雄期—乳熟期（8月上旬至下旬），乳熟期—成熟期（9月上旬至中旬）。

通过查阅资料同时结合相关学者的研究，发现玉米生长受温度、湿度、风及光照等气象要素影响较大，因此，从温度、湿度、风及光照方面构建玉米生长气象要素集。其中，温度用日平均气温（1℃）、日最高气温（1℃）及日最低气温（1℃）表示；湿度用平均相对湿度（1%）表示；风用平均风速（0.1 m/s）表示；光照用日照时数（1 h）表示（表6-18）。气象要素数据来自《中国气象数据网》。

表 6-18 玉米气象要素集

目标层	准则层	指标层
玉米生产	温度	平均气温（γ_1）
		日最高气温（γ_2）
		日最低气温（γ_3）
	湿度	平均相对湿度（γ_4）
	风	平均风速（γ_5）
	光照	日照时数（γ_6）

玉米生长情况用玉米气象产量来衡量。玉米实际产量通常由趋势产量、气象产量及随机产量（随机误差）3部分组成。趋势产量，又称技术产量，是指受社会经济条件及生产力技术水平的发展所影响的产量。气象产量是指气象因素短时期内变化所影响的产量。玉米实际产量可表示如下：

$$Y = Y_w + Y_t + e \tag{6-12}$$

其中，Y 表示玉米实际产量，数据来源于 2007—2018 年河南省统计年鉴；Y_t 表示玉米趋势产量，Y_w 表示玉米气象产量，e 为随机因素所影响的产量，即随机产量，由于其所占比例较小，在计算中通常忽略不计。可采用 HP 滤波法求得玉米趋势产量，进而根据 $Y_w = Y - Y_t$ 求得各年的气象产量（表6-19）。

表 6 - 19 郑州市 2007—2016 年玉米产量

单位：kg/hm²

产量类型	2007 年	2008 年	2009 年	2010 年	2011 年	2012 年	2013 年	2014 年	2015 年	2016 年
实际产量	4 986	4 870	4 908	4 828	4 727	4 818	4 758	4 563	4 789	4 593
趋势产量	4 949.16	4 911.23	4 873.67	4 836.44	4 799.83	4 764.06	4 728.62	4 693.52	4 659.10	4 624.37
气象产量	36.84	−41.23	34.33	−8.44	−72.83	53.94	29.38	−130.52	129.90	−31.37

2. 玉米生产气象要素识别模型构建

灰色关联分析是灰色系统理论研究的基石，是进行系统因素量化关系研究、问题诊断的重要手段。由于本节所选数据来源于玉米不同生长阶段，各生长阶段气象数据可表示为一个区间，因此采用区间灰数关联度来描述气象因素对玉米产量的影响情况。区间灰数关联模型基本原理如下：

灰数是指只知取值范围而不知确切值的数。常用记号 $\otimes$ 表示。既存在下界 $\underline{a}$ 又存在上界 $\bar{a}$ 的灰数称为区间灰数，表示为 $A(\otimes)=[\underline{a}, \bar{a}]$。

$$X_i=([x_{i1}, y_{i1}], [x_{i2}, y_{i2}], \cdots, [x_{in}, y_{in}]), i=1, 2, \cdots, m \tag{6-13}$$

$$X_i^0=([x_{i1}^0, y_{i1}^0], [x_{i2}^0, y_{i2}^0], \cdots, [x_{in}^0, y_{in}^0]), i=1, 2, \cdots, m \tag{6-14}$$

$$[x_{ik}^0, y_{ik}^0]=([x_{ik}, y_{ik}]-[x_{i1}, y_{i1}]), k=1, 2, \cdots, n \tag{6-15}$$

则区间灰数序列 X_i 与 X_j 的区间灰数绝对关联度为：

$$\varepsilon_{ij}=\frac{1+|X_i^0|+|X_j^0|}{1+|X_i^0|+|X_j^0|+|X_i^0-X_j^0|} \tag{6-16}$$

3. 玉米生长关键气象要素识别

采用区间灰数的形式来表示各气象数据，将 2007—2016 年平均风速数据（实验数据）进行整理后见表 6-20，其余各气象指标均按此方法进行处理。

表 6 - 20 2007—2016 年玉米生育期平均风速

单位：m/s

年份	播种期—出苗期	出苗期—拔节期	拔节期—抽雄期	抽雄期—乳熟期	乳熟期—成熟期
2007	[13, 26]	[8, 31]	[12, 32]	[5, 36]	[5, 34]
2008	[8, 35]	[11, 39]	[8, 43]	[12, 29]	[5, 25]
2009	[8, 28]	[12, 35]	[10, 31]	[9, 39]	[7, 30]
2010	[14, 27]	[10, 37]	[9, 30]	[8, 35]	[7, 30]
2011	[17, 29]	[13, 46]	[11, 28]	[5, 29]	[2, 43]
2012	[11, 28]	[10, 38]	[11, 39]	[7, 39]	[9, 36]
2013	[11, 28]	[13, 37]	[9, 31]	[11, 43]	[8, 31]
2014	[10, 30]	[10, 30]	[15, 37]	[9, 26]	[8, 25]
2015	[16, 32]	[10, 48]	[6, 30]	[7, 28]	[7, 19]
2016	[6, 29]	[12, 51]	[12, 29]	[10, 35]	[10, 31]

采用区间灰数绝对关联分析模型量化分析玉米不同生长阶段气象产量与气象因素的关系，结果见表 6-21。

表 6-21　玉米生育期气象产量与气象因素的区间灰数绝对关联度

气象因素	播种期—出苗期	出苗期—拔节期	拔节期—抽雄期	抽雄期—乳熟期	乳熟期—成熟期
平均风速	0.575 0	0.573 8	0.576 2	0.576 1	0.579 6
日照时数	0.580 7	0.579 6	0.573 8	0.578 6	0.589 2
平均相对湿度	0.593 5	0.604 1	0.593 2	0.580 8	0.571 9
日平均气温	0.613 8	0.565 5	0.572 8	0.580 1	0.618 5
日最高气温	0.604 2	0.566 6	0.579 1	0.587 4	0.642 3
日最低气温	0.606 4	0.573 6	0.581 0	0.575 9	0.585 0

观察表 6-21 可知，平均风速在玉米乳熟期—成熟期对气象产量影响最大，在玉米拔节期—抽雄期对气象产量影响较大；日照时数在玉米乳熟期—成熟期对气象产量影响最大，在玉米播种期—出苗期对气象产量影响较大；平均相对湿度在玉米出苗期—拔节期对气象产量影响最大，在玉米播种期—出苗期对气象产量影响较大；日平均气温在玉米乳熟期—成熟期对气象产量影响最大，在玉米播种期—出苗期对气象产量影响较大；日最高气温在玉米乳熟期—成熟期对气象产量影响最大，在玉米播种期—出苗期对气象产量影响较大；日最低气温在玉米播种期—出苗期对气象产量影响最大，在玉米乳熟期—成熟期对气象产量影响较大。

同理，基于 2009—2018 年河南省气象数据与河南省玉米气象产量数据（比较数据），求得河南省各气象因素与气象产量的区间灰数绝对关联度见表 6-22。

表 6-22　玉米生育期气象产量与气象因素的区间灰数绝对关联度

气象因素	播种期—出苗期	出苗期—拔节期	拔节期—抽雄期	抽雄期—乳熟期	乳熟期—成熟期
平均风速	0.492 7	0.496 7	0.495 6	0.504 8	0.498 9
日照时数	0.515 6	0.513 3	0.500 4	0.507 1	0.500 5
平均相对湿度	0.529 1	0.502 0	0.529 4	0.508 6	0.526 1
日平均气温	0.547 0	0.553 1	0.510 1	0.516 1	0.542 4
日最高气温	0.557 0	0.578 7	0.517 0	0.520 8	0.527 5
日最低气温	0.548 5	0.577 8	0.507 0	0.505 6	0.549 0

由表 6-22 可知，温度在玉米各个生长阶段对玉米气象产量影响较大，其中日最高气温对气象产量的影响最为明显。平均相对湿度和日照时数在玉米各个生长阶段对玉米气象产量影响较大，而平均风速在玉米各个生长阶段对玉米气象产量影响较小。所得结果与采用 2007—2016 年数据进行研究得到的结果大体一致，而 2007—2016 年数据分析得到的结果更加契合实际。

三、玉米气象效率评估

1. 玉米气象效率评价指标体系

考虑到数据的可获得性、完整性、合理性，结合河南省各气象因素与气象产量的灰数关联分析结果，共选取 1 个产出指标、10 个投入指标来构建河南省玉米气象效率评价指标体系（表 6 - 23）。

表 6 - 23　河南省玉米气象效率投入产出指标

产出指标 Y	投入指标 X
气象产量 Y（万 t）	播种期—出苗期日平均气温 X_1（0.1℃）
	播种期—出苗期平均相对湿度 X_2（1%）
	出苗期—拔节期平均相对湿度 X_3（1%）
	出苗期—拔节期日照时数 X_4（0.1 h）
	拔节期—抽雄期平均相对湿度 X_5（1%）
	拔节期—抽雄期日最低气温 X_6（0.1℃）
	抽雄期—乳熟期日最高气温 X_7（0.1℃）
	抽雄期—乳熟期平均相对湿度 X_8（1%）
	乳熟期—成熟期日最高气温 X_9（0.1℃）
	乳熟期—成熟期日照时数 X_{10}（0.1 h）

分别选取河南省豫东、豫西、豫中、豫南、豫北 5 个区域有代表性的 13 个市的玉米生产气象数据进行分析，相对应的 13 个气象站分别为安阳市（53898）、新乡市（53986）、三门峡市（57051）、洛阳市、郑州市（57083）、许昌市（57089）、开封市（57091）、南阳市（57178）、平顶山市、周口市、驻马店市（57290）、信阳市（57297）、商丘市（58005），其中洛阳市、平顶山市、周口市的气象数据观测值分别选用孟津（57071）、宝丰（57181）、西华（57193）气象站的观测数据来代替。

所使用的产量数据来源于《河南省统计年鉴》，气象数据来源于《中国气象数据网》。限于篇幅，以 2009 年为例对河南省玉米气象产量及气象数据进行分析（表 6 - 24），其余各年的数据用同样的方法进行处理。

表 6 - 24　2009 年河南省（13 个市）玉米气象产量及相关气象因素

市	Y	X_1	X_2	X_3	X_4	X_5	X_6	X_7	X_8	X_9	X_{10}
安阳	0.68	257	46	49	89	82	217	306	82	253	14
新乡	0.72	273	40	43	91	74	232	307	74	231	5
三门峡	0.62	248	47	52	96	73	229	296	73	224	4
洛阳	0.63	256	40	46	73	79	224	288	77	216	1
郑州	0.63	279	40	48	97	74	237	300	73	234	2
许昌	0.55	260	57	64	77	81	235	308	83	246	1
开封	0.74	267	42	54	75	70	236	309	71	234	1
南阳	0.73	259	66	67	54	81	239	298	80	249	4

（续）

市	Y	X_1	X_2	X_3	X_4	X_5	X_6	X_7	X_8	X_9	X_{10}
平顶山	0.73	264	53	60	72	84	219	298	83	233	1
周口	0.65	241	65	70	78	81	239	306	82	242	1
驻马店	0.45	262	52	59	82	75	234	308	74	232	1
信阳	0.68	248	70	74	76	83	234	296	84	237	2
商丘	0.84	243	67	63	79	82	227	307	85	238	1

2. 玉米气象效率评估

玉米气象效率评价体系属于多指标投入、单指标产出问题，采用数据包络分析模型对河南省玉米气象效率及生产效率进行评价。

运用 DEAP2.1 软件对数据进行计算，求得 2009—2018 年河南省 13 个市的玉米气象效率，结果见表 6‑25。

表 6‑25　2009—2018 年河南（13 个市）玉米气象效率

市	年份									
	2009 年	2010 年	2011 年	2012 年	2013 年	2014 年	2015 年	2016 年	2017 年	2018 个
安阳	0.950	0.841	0.794	0.801	1.000	1.000	1.000	0.766	0.721	1.000
新乡	1.000	0.888	0.859	0.815	0.919	0.926	0.807	0.444	1.000	1.000
三门峡	0.849	0.954	0.954	1.000	0.832	0.862	0.918	1.000	1.000	1.000
洛阳	0.992	1.000	1.000	0.827	0.950	0.675	1.000	1.000	0.629	1.000
郑州	0.910	0.975	1.000	0.895	1.000	0.885	0.939	1.000	0.711	1.000
许昌	0.690	1.000	1.000	0.842	0.896	0.907	0.949	0.913	0.563	0.932
开封	1.000	1.000	0.867	0.746	0.894	0.813	0.787	0.792	0.903	1.000
南阳	1.000	0.874	0.856	0.928	0.993	0.768	1.000	0.530	0.964	1.000
平顶山	0.978	1.000	0.983	0.842	0.996	0.768	0.920	0.837	1.000	1.000
周口	0.798	1.000	1.000	1.000	1.000	0.650	0.782	0.176	1.000	1.000
驻马店	0.593	0.704	1.000	1.000	1.000	1.000	1.000	0.821	0.492	1.000
信阳	0.840	0.992	1.000	0.741	0.931	0.867	0.829	1.000	0.982	1.000
商丘	1.000	0.897	0.642	0.772	0.859	0.968	0.824	0.313	1.000	1.000
平均值	0.892	0.933	0.920	0.862	0.944	0.853	0.904	0.738	0.843	0.995

根据表 6‑25 中数据，对综合生产效率值从横向和纵向两个角度进行分析。从横向角度来看，最近 10 年以来，综合生产效率值为 1 的年份累计值达到 6 年的有 2 个市，分别是周口市、驻马店市；综合生产效率值为 1 的年份累计值达到 5 年的有 1 个市，为洛阳市；综合生产效率值为 1 的年份累计值达到 4 年的有 3 个市，分别是安阳市、三门峡市、郑州市；综合生产效率值为 1 的年份累计值达到 3 年的市最多，有 6 个，分别是新乡市、开封市、南阳市、平顶山市、信阳市、商丘市；综合生产效率值为 1 的年份累计值为 2 年的，只有许昌市。综合生产效率值为 1，表明该地区该年份的气象资源利用效率最佳，气象资源利用较为充分，不存在气象资源的投入过剩。综合生产效率值未达到 1，表明该地区在该年份的气象效率值未达到最佳。近 10 年中，新乡市、许昌市、开封市、商丘市等

城市有一半及以上年份的综合生产效率值低于平均水平，表明这些市的气象资源利用不充分；在研究所涉及的 13 个市中，仅郑州市在近 10 年里只有 1 年综合生产效率值低于平均水平，可见其气象效率较高，气象资源利用较为充分。

纵向观察发现，2014 年河南省各市玉米综合生产效率值达到 1 的只有 2 个市，即安阳市和驻马店市；河南省各地市玉米综合生产效率值在 2018 年整体表现较好，仅许昌市的综合效率值未达到 1。整体来看，河南省各市玉米的综合生产效率值有一定的变化规律，呈现先降低再上升的趋势。

进一步将河南省分为豫东、豫西、豫中、豫南、豫北 5 个区域，分析河南省各区域玉米气象效率分布情况，如表 6－26 所示。

表 6－26　2009—2018 年河南省各区域玉米气象效率

区域	市	年份										平均值
		2009	2010	2011	2012	2013	2014	2015	2016	2017	2018	
豫东	开封 商丘 周口	0.93	0.97	0.84	0.84	0.92	0.81	0.80	0.43	0.97	1.00	0.85
豫西	洛阳 三门峡	0.92	0.98	0.98	0.91	0.89	0.77	0.96	1.00	0.81	1.00	0.92
豫中	许昌 平顶山 郑州	0.86	0.99	0.99	0.86	0.96	0.85	0.94	0.92	0.76	0.98	0.91
豫南	南阳 驻马店 信阳	0.81	0.86	0.95	0.89	0.97	0.88	0.94	0.78	0.81	1.00	0.89
豫北	新乡 安阳	0.98	0.86	0.83	0.81	0.96	0.96	0.90	0.61	0.86	1.00	0.88
平均值		0.90	0.93	0.92	0.86	0.94	0.85	0.91	0.75	0.84	1.00	

根据表 6－26 中的数据，绘制河南省 5 个区域气象效率变化折线图（图 6－4）。

豫西地区的洛阳市和三门峡市玉米气象效率较高，导致河南省西部地区的玉米气象效率最高；许昌市、平顶山市、郑州市的气象效率构成了豫中地区较高的玉米气象效率；豫南地区主要包括南阳市、驻马店市、信阳市，豫北地区主要包括新乡市、安阳市，豫南和豫北地区，玉米气象效率相差不大；豫东地区由开封市、商丘市、周口市构成，2016 年商丘市玉米气象效率仅 0.313，为近 10 年的最低值，受商丘市玉米气象效率的影响，河南省东部地区玉米气象效率最低且气象效率有较大的波动。2016 年商丘市玉米气象效率低的原因是该地市气象要素投入较多，但气象产量较低，仅 0.160 万 t，存在较多投入要素的冗余。河南省 5 个区域中，仅豫南地区气象效率波动最为平稳，围绕平均效率上下波动，整体来看，波动幅度不是很大。

结合河南省各区域的资源分布来看：仅从太阳辐射的角度进行分析，豫东地区的太阳辐射较多，豫西地区的太阳辐射较少，然而豫东地区的玉米气象效率却低于豫西地区，一

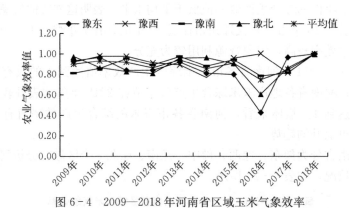

图 6-4　2009—2018 年河南省区域玉米气象效率

方面是因为气象因素并不仅仅是光照因素，另一方面也反映出太阳辐射并非越多越好，太阳辐射过多会导致光照冗余，从而也会影响气象效率。河南省玉米气象效率整体呈现东北向西南递增趋势，豫西南地区大部分玉米种植区位于南阳盆地内，农业生产条件较好，玉米气象效率较高。

本 章 小 结

本章首先分析了气象要素特征与粮食生产现状之间的相互作用关系；然后分别以河南省冬小麦和玉米为研究对象，识别影响冬小麦和玉米生长的关键气象要素，量化分析关键气象要素对其产量影响；最后，评价冬小麦和玉米的气象效率，为科学合理地采取措施提高玉米产量提供理论依据。

参 考 文 献

崔静，王秀清，辛贤，2011. 气候变化对中国粮食生产的影响研究 [J]. 经济社会体制比较，(02)：54-60.

邓振镛，张强，倾继祖，等，2009. 气候暖干化对中国北方干热风的影响 [J]. 冰川冻土，31 (04)：664-671.

房世波，2011. 分离趋势产量和气候产量的方法探讨 [J]. 自然灾害学报，20 (06)：13-18.

房世波，阳晶晶，周广胜，2011.30 年来我国农业气象灾害变化趋势和分布特征 [J]. 自然灾害学报，20 (05)：69-73.

冯相昭，2012. 应对气候挑战，加快适应气候变化主流化进程 [J]. 环境经济 (C1)：42-46.

冯相昭，王敏，吴良，2018. 应对气候变化与生态系统保护工作协同性研究 [J]. 生态经济，34 (01)：134-137.

高辉明，张正斌，徐萍，等，2013.2001—2009 年中国北部冬小麦生育期和产量变化 [J]. 中国农业科学，46 (11)：2201-2210.

关颖慧，王彬，郑粉莉，等，2014.2012 年我国气象灾害特征分析 [J]. 自然灾害学报，23 (01)：24-31.

郭均鹏，李汶华，2004. 区间线性规划的标准型及其最优值区间 [J]. 管理科学学报，7 (03)：59-63.

郭均鹏，吴育华，2003. 区间线性规划的标准型及其求解 [J]. 系统工程，21 (03)：79-82.

胡玮，严昌荣，李迎春，等，2014. 气候变化对华北冬小麦生育期和灌溉需水量的影响 [J]. 生态学报，34 (09)：2367-2377.

胡玮，严昌荣，李迎春，等，2014. 气候变化对华北冬小麦生育期和灌溉需水量的影响 [J]. 生态学报，34 (09)：2367-2377.

姬兴杰，朱业玉，刘晓迎，等，2011. 气候变化对北方冬麦区冬小麦生育期的影响 [J]. 中国农业气象，32 (04)：576-581.

江志红，张霞，王冀，2008. IPCC - AR4 模式对中国 21 世纪气候变化的情景预估 [J]. 地理研究，27 (04)：787-799.

喇永昌，李丽平，张磊，2016. 宁夏灌区春小麦干热风灾害的时空特征 [J]. 麦类作物学报，36 (04)：516-522.

刘静，王连喜，马力文，等，2004. 中国西北旱作小麦干旱灾害损失评估方法研究 [J]. 中国农业科学，37 (02)：201-207.

刘荣花，2008. 河南省冬小麦干旱风险分析与评估技术研究 [D]. 江苏：南京信息工程大学.

刘思峰，谢乃明，福雷斯特，2010. 基于相似性和接近性视角的新型灰色关联分析模型 [J]. 系统工程理论与实践，30 (05)：881-887.

刘思峰，徐忠祥，1996. 灰色系统研究新进展 [M]. 武汉：华中理工大学出版社.

刘震，党耀国，周伟杰，等，2014. 新型灰色接近关联模型及其拓展 [J]. 控制与决策，29 (06)：1071-1075.

彭传梅，2017. 河南省农业气象灾害对粮食产量影响的灰色关联度分析 [J]. 江西农业学报，29 (04)：106-110.

钱吴永，王育红，党耀国，等，2013. 基于多指标面板数据的灰色矩阵关联模型及其应用 [J]. 系统工程，31 (10)：70-74.

申晓晴，2017. 周口市近 50 年气候变化特征及对农业生产的影响 [J]. 农业灾害研究，7 (08)：26-28.

孙玉刚，党耀国，2007. 灰色斜率关联度的改进模型 [J]. 统计与决策，(15)：12-13.

田秀风，2015. 河北省气象灾害对粮食产量波动的影响研究 [D]. 北京：北京交通大学.

王馥棠，2002. 近十年来我国气候变暖影响研究的若干进展 [J]. 应用气象学报，13 (06)：755-766.

王媛，方修琦，徐锬，2004. 气候变化背景下气候产量计算方法的探讨 [J]. 自然资源学报，19 (04)：531-536.

魏权龄，2000. 数据包络分析 (DEA) [J]. 科学通报，45 (17)：1793-1807.

魏亚刚，陈思，2015. 23 年来河南省主要气象灾害对农业的影响及时空分布特征 [J]. 云南地理环境研究，27 (03)：65-71.

项翔，陈鹏宇，2014. 基于熵值法赋权的新灰色关联度量化模型 [J]. 系统科学学报，22 (01)：66-70.

肖登攀，陶福禄，2012. 过去 30 年气候变化对华北平原冬小麦物候的影响研究 [J]. 中国生态农业学报，20 (11)：1539-1545.

徐建文，梅旭荣，居辉，等，2014. 黄淮海地区冬小麦关键生育期不同灌溉水平对产量影响的模拟 [J]. 作物学报，40 (08)：1485-1492.

仪小梅，孙爱清，韩晓玉，等，2015. 黄淮麦区小麦主推品种（系）干热风抗性鉴定 [J]. 麦类作物学报，35 (02)：274-284.

袁静，2008. 气候变化对小麦生产的影响及适应措施分析 [D]. 北京：中国农业科学院.

张家团，屈艳萍，2008. 近 30 年来中国干旱灾害演变规律及抗旱减灾对策探讨 [J]. 中国防汛抗旱，18 (05)：47-52.

张明捷，王运行，赵桂芳，等，2009. 濮阳冬小麦生育期气候变化及其对小麦产量的影响 [J]. 中国农业气象，30 (02)：223-229.

赵珊珊，高歌，黄大鹏，等，2017. 2004—2013 年中国气象灾害损失特征分析 [J]. 气象与环境学报，33 (01)：101-107.

赵斯文，金飞，赵兔祥，等，2016. 冬小麦产量与生育期间积温相关性分析 [J]. 现代农业科技 (03)：269，273.

钟秀丽，2003. 近 20 年来霜冻害的发生与防御研究进展 [J]. 中国农业气象，24（01）：5-7.

Charnes A，Cooper WW，Rhodes E，1978. Measuring the Efficiency of Decision Making Units [J]. European Journal of Operation Research（02）：429-444.

Chen Z J，Chen Q L，Chen W Z，et al.，2004. Grey linear programming [J]. Kybernetes，33（02）：238-246.

Dang Y G，1994. Study on grey slope incidence degree [J]. Agricultural Systems Science and Synthetic Study，10（S）：331-333.

David B，2006. Impacts of future climate change on California perennial yields：Model projections with climate and crop uncertainties [J]. Global Environment Change，（11）：147-174.

David B. 2006. Impacts of future climate change on California perennial crop yields：Model projections with climate and crop uncertainties [J]. Agricultural and Forest Meteorology，141（2-4）：208-218.

Deng J L，1995. Spread of grey relational space [J]. Journal of Grey Systems，7（03）：96-100.

Downing，T. E，1992. Climate change and vulnerable places：global food security and country studies in Zimbabwe，Kenya，Senegal and Chile. Environment Change Unit，University of Oxford.

Gbetibouo G. A.，Hassan R. M.，2005. Economic impact of climate change on major South African field crops：a Ricardian approach [J]. Global and Planetary Change，47（2-4）：143-152.

Kaufmann R K，K C Seto. 2001. Change detection，accuracy，and bias in a sequential analysis of Landsat imagery in the Pearl River Delta，China：econometric techniques [J]. Agriculture，Ecosystems & Environment，85（1-3）：95-105.

Kueh，Y. Y.，1986. Weather Cycles and Agricultural Instability in China [J]. Journal of Agricultural Economics，37（01）：101-104.

Kueh，Y. Y.，1986. Weather cycles and agricultural instability in China [J]. Journal of Agricultural Economics，37（1）：101-104.

Liu S F，Xie N M，Forrest J，2011. Novel models of grey relational analysis based on visual angle of similarity and nearness [J]. Grey Systems：Theory and Application，1（01）：8-18.

Mendelsohn R，Dinar A，Sanghi A，2001. The effect of development on the climate sensitivity of agriculture [J]. Environment and Development Economics，6（01）：85-101.

Mendelsohn R，Nordhaus WD，Shaw D，1994. The impact of global warming on agriculture：A Ricardian analysis [J]. The American Economic Review，84（4）：753-771.

Mendelsohn，R，Neumann，J. 1999. The Economic Impact of Climate Change on the United States Economy [D]. Cambridge University Press，Cambridge，U. K.

Roger W. Buckland，1997. Implications of Climatic Variability for Food Security in the Southern African Development Community（SADC）[J]. Internet Journal for African Studies，2（7）：27-34.

Roger W. Buckland，1997. Implications of Climatic Variability for Food Security in the Southern African Development Community（SADC）[J]. Internet Journal for African Studies，2（7）：27-34.

Tang W X，1995. On grey incidence degree model of type T with its calculation [J]. Mathematical Statistics and Management，14（01）：33-37.

Wang Q Y，1989. On grey incidence analysis model of type B [J]. Journal of Huazhong University of Science and Technology，17（06）：77-82.

Wolf K M，Torbert E E，Bryant D，et al.，2018. The century experiment：the first twenty years of UC Davis' Mediterranean agroecological experiment [J]. Ecology，99（2）：503.

Zhang K，Zhong Q P，Zuo Y，2017. Multivariate grey gradient incidence model and its application [J]. Grey Systems：Theory and Application，7（02）：236-246.

附表 河南省 2011—2016 年冬小麦气象效率测算投入产出指标数据筛选值

市	2011 年									
	Y	X_1	X_2	X_3	X_4	X_5	X_6	X_7	X_8	X_9
安阳	234.63	69.27	104.23	51.42	43.27	23.44	26.80	66.95	62.19	19.20
新乡	285.60	67.91	119.18	42.71	37.95	19.70	27.60	67.52	57.76	20.70
三门峡	110.44	72.27	107.68	44.74	37.05	18.68	21.10	79.76	50.48	14.10
洛阳	10.11	66.09	119.41	30.23	28.60	25.94	27.30	66.90	50.81	24.50
郑州	123.07	62.73	124.27	38.00	32.13	22.42	23.75	60.19	44.95	22.60
许昌	241.45	64.45	126.68	46.00	38.06	14.34	16.30	62.05	54.24	13.90
开封	288.28	59.27	131.86	37.29	32.67	25.02	30.05	54.95	54.33	26.80
南阳	235.02	68.91	132.23	53.94	45.78	16.30	19.00	67.43	49.10	17.90
平顶山	162.02	69.09	117.77	49.19	40.70	23.96	25.85	67.00	57.57	20.80
周口	425.50	65.64	131.73	46.87	41.27	14.94	15.30	69.62	61.38	8.60
驻马店	373.79	67.09	135.68	48.32	41.73	13.14	14.55	74.52	53.90	14.00
信阳	303.83	79.09	135.91	51.19	43.51	20.04	22.00	76.52	57.43	21.10
商丘	290.24	67.82	113.77	48.32	43.16	20.10	24.55	67.52	61.19	19.10
	2012 年									
安阳	201.24	67.00	116.27	79.03	66.92	19.02	22.55	52.29	61.48	14.90
新乡	254.10	65.00	124.73	78.32	64.00	21.20	23.45	77.05	57.62	19.10
三门峡	181.32	64.27	118.95	68.61	52.87	21.52	14.95	69.57	57.10	11.10
洛阳	119.88	63.00	117.32	75.65	58.68	25.88	27.65	79.67	57.57	22.70
郑州	122.65	56.00	125.45	69.77	55.52	21.84	23.80	62.67	49.67	21.10
许昌	219.95	61.00	126.86	73.52	60.81	25.46	15.75	57.57	63.00	10.40
开封	225.70	60.73	129.41	71.16	59.00	16.62	27.50	59.90	56.52	24.30
南阳	202.58	67.82	139.68	72.45	61.54	21.92	17.70	64.86	59.86	15.90
平顶山	220.63	72.64	128.73	83.45	70.48	15.44	21.75	52.95	59.90	19.00
周口	225.04	64.09	135.95	72.94	66.41	11.66	12.45	54.29	69.29	6.90
驻马店	300.33	62.00	134.91	74.71	69.49	17.62	13.75	62.81	63.76	10.30
信阳	242.68	64.91	134.45	73.90	64.48	19.38	20.05	44.67	68.38	14.10
商丘	281.54	68.73	128.32	76.42	63.44	20.58	24.20	55.62	60.62	17.10

（续）

市	2013 年									
	Y	X_1	X_2	X_3	X_4	X_5	X_6	X_7	X_8	X_9
安阳	171.80	50.73	112.36	52.13	72.19	23.66	25.70	37.71	63.86	18.60
新乡	211.77	53.36	123.82	52.84	70.06	27.26	29.30	57.86	61.29	21.00
三门峡	88.23	56.73	105.82	47.00	52.43	23.04	19.40	59.71	59.62	15.40
洛阳	19.91	52.73	125.09	43.45	64.65	27.26	30.40	72.52	59.67	22.40
郑州	85.68	46.18	129.32	41.13	58.89	23.00	26.40	66.43	50.67	20.90
许昌	157.96	50.91	134.00	49.71	68.71	28.88	30.35	60.24	65.05	27.60
开封	169.37	45.73	136.27	45.55	64.13	29.98	31.85	67.33	62.48	24.50
南阳	119.11	53.73	139.41	57.42	62.87	22.98	25.90	58.76	55.19	18.20
平顶山	10.70	59.36	130.91	47.74	62.78	25.76	29.40	57.48	53.33	21.40
周口	177.07	57.55	133.18	59.35	74.02	17.08	16.40	59.19	73.10	12.60
驻马店	233.20	50.55	142.77	56.68	72.13	14.88	17.50	58.05	66.19	11.10
信阳	91.36	59.82	136.68	62.45	68.54	24.44	29.10	53.29	67.14	21.20
商丘	225.13	58.27	121.82	55.06	68.97	24.48	27.15	59.48	70.43	22.90
	2014 年									
安阳	285.69	69.45	113.82	64.29	55.90	29.30	33.90	52.52	38.14	31.70
新乡	315.13	59.55	125.05	59.23	54.86	21.28	23.95	71.86	48.05	24.30
三门峡	23.45	56.45	117.82	55.06	51.14	18.46	19.15	67.05	53.48	16.70
洛阳	7.94	63.18	123.64	48.16	54.62	19.84	22.85	74.71	52.38	18.50
郑州	88.02	45.64	129.14	44.58	49.35	18.28	20.15	63.52	43.52	19.60
许昌	155.57	64.09	115.86	64.68	63.03	24.52	22.50	66.71	61.05	22.20
开封	245.29	53.27	130.68	51.77	54.43	25.02	24.35	65.52	49.95	22.50
南阳	207.11	60.55	140.18	61.74	58.57	29.80	26.55	64.19	63.10	23.00
平顶山	147.89	55.82	124.36	56.26	56.59	21.28	20.45	68.90	52.57	21.70
周口	206.17	56.82	129.23	60.00	59.78	17.64	15.40	75.29	60.43	15.10
驻马店	320.39	54.00	137.95	57.52	59.16	22.46	21.05	51.10	65.00	20.30
信阳	162.34	63.27	140.32	61.48	62.51	21.32	20.55	52.67	66.00	16.60
商丘	289.46	65.55	123.95	66.10	63.00	21.38	21.75	61.33	53.57	22.70
	2015 年									
安阳	468.71	59.18	137.95	55.74	37.63	32.02	35.10	67.52	51.57	34.60
新乡	533.94	64.64	143.45	62.26	35.79	23.86	28.10	74.29	51.29	27.50
三门峡	755.92	73.18	123.82	62.77	44.65	21.82	22.50	75.00	55.86	14.60
洛阳	620.62	71.64	131.77	61.55	49.68	22.84	24.55	86.52	57.29	18.70
郑州	427.93	61.36	143.41	55.81	53.21	20.34	21.55	66.76	49.67	20.50
许昌	258.90	72.18	128.73	70.23	48.25	26.20	32.20	62.00	69.24	26.00
开封	419.41	62.09	140.45	60.90	53.00	24.64	30.35	79.57	56.57	30.20

（续）

市	2015 年									
	Y	X_1	X_2	X_3	X_4	X_5	X_6	X_7	X_8	X_9
南阳	499.36	72.82	138.09	72.32	56.81	29.82	32.70	80.52	63.48	30.00
平顶山	478.17	71.45	135.18	67.32	58.51	22.54	23.35	83.00	64.71	25.30
周口	267.65	68.55	139.68	66.74	61.62	19.52	22.40	71.24	64.00	19.70
驻马店	518.35	73.82	136.41	73.45	62.48	25.60	27.40	75.76	68.14	22.60
信阳	188.84	72.18	144.50	69.10	64.71	21.98	24.40	69.67	70.86	23.20
商丘	486.76	68.00	139.91	69.61	59.37	24.04	28.70	57.52	73.10	25.30
	2016 年									
安阳	104.95	50.00	116.02	82.30	48.17	30.16	32.35	61.90	51.67	24.00
新乡	74.51	58.60	133.03	83.43	51.60	21.34	24.10	64.00	50.33	17.60
三门峡	66.12	63.00	127.72	83.18	50.49	24.02	24.90	75.65	58.19	20.22
洛阳	15.03	56.10	131.48	82.38	47.26	23.90	26.80	74.20	54.95	14.30
郑州	164.43	54.00	134.71	82.04	51.77	23.78	21.10	62.75	54.33	19.57
许昌	101.25	66.10	136.50	81.49	63.40	35.20	22.85	57.60	67.62	22.57
开封	191.55	51.80	146.86	83.56	54.11	27.28	24.15	58.05	55.67	20.30
南阳	167.41	52.60	147.61	83.64	64.17	27.66	24.85	59.80	60.62	28.00
平顶山	183.03	55.70	148.90	83.79	60.13	26.54	21.95	61.35	60.67	17.20
周口	1.02	53.50	167.33	84.85	61.66	23.54	17.55	60.10	60.95	17.57
驻马店	42.35	58.30	168.70	84.63	67.45	22.22	20.10	47.35	68.33	18.20
信阳	59.14	60.30	206.05	85.18	69.02	26.28	21.60	45.10	69.38	18.40
商丘	170.12	65.20	251.31	82.80	65.62	22.52	21.75	58.20	67.19	21.88

第七章 粮食生产与科技创新

粮食生产全过程受土地、资本、劳动力等传统物质要素以及自然气象要素等确定性与不确定性因素交互影响。随着传统要素投入的驱动作用逐渐减弱、资源环境约束的不断增强，科技创新成为粮食生产现代化发展、保障粮食安全的主导动力。本章以科技创新为切入点，运用定性定量方法，研究其与粮食生产的若干量化关系，评估粮食生产科技创新效率，对探索"藏粮于技"战略的有效实施具有重要意义。

第一节 科技创新与粮食生产的关系

一、科技创新与粮食生产的发展进程

粮食生产根本在耕地，命脉在水利，出路在科技。科技创新是驱动作物生产的重要因素，厘清科技创新与粮食生产之间的关系，对于促进粮食生产可持续发展、智能化管理以及制定合理的粮食生产科技创新发展战略具有重要的指导意义。

自新中国成立初期以来，尤其是政府为促进国家生产力发展、加快国家现代化建设而提出改革开放的政策方针后，河南省粮食生产成绩显著。河南省粮食产量从 1978 年的 $1\,900.00\times10^7$ kg 上升到 2019 年的 $6\,695.36\times10^7$ kg，在这 42 年中，河南省粮食产量及主要生产投入呈现周期性的特征（图 7-1）。1978—1984 年为改革开放新阶段，尤其是 1982 年以来，中央连续 3 年发布以家庭联产承包责任制为主要内容的中央一号文件，河南省粮食单产进入了 $3\,000.00$ kg/hm² 阶段，但此期间粮食年均单产仅为 $2\,621.87$ kg/hm²，机械与化肥的投入较低，可见河南省处于生产效率较低阶段。1985—2005 年为跨越性阶段，20 世纪 80 年代中期，中国的科技等领域的改革也开始启动，并于 1988 年提出了科学技术是第一生产力，为粮食生产机械化、科技化指明方向。此阶段机械总动力与化肥投入量取得了较大的突破，分别由 1985 年的 $1\,590.00\times10^4$ kW、143.58×10^7 kg 上升为 2005 年的 $7\,934.20\times10^4$ kW、518.14×10^7 kg，粮食单产也跨入了 $5\,000.00$ kg/hm² 量级，粮食年均单产上升为 $3\,940.07$ kg/hm²。在此阶段，粮食生产市场出现了粮食供求过剩的现象，国家据此制定粮食保护价格、实行国家订购与市场购销并行的市场化政策以及农资补贴政策，对粮食生产政策进行了体制改革，导致农民大幅调整农业种植结构，从而引起了粮食产量的波动。2006—2019 年为稳步增长阶段，在以"量"为主的粗放型增收模式下，粮食生产面临着耕地、水资源、生态污染等约束，2007 年中共中央 国务院首次在中央一号文件中明确提出要用现代科学技术改造农业，此后除 2011 年外，中国每年均发布以科技创新发展农业、加快农业现代化等为主要内容的中央一号文件，为农业依托科技进步实

现可持续发展提供了政策指导。同时国家为确保粮食安全出台了一系列农资补贴政策，取消了农业税，为粮食生产以及农业科技创新成果转化提供了良好的政策环境。在此期间，河南省粮食单产由 2006 年的 5 406.44 kg/hm² 上升到 2019 年的 6 237.21 kg/hm²，粮食单产成功迈过 6 000.00 kg/hm² 大关。

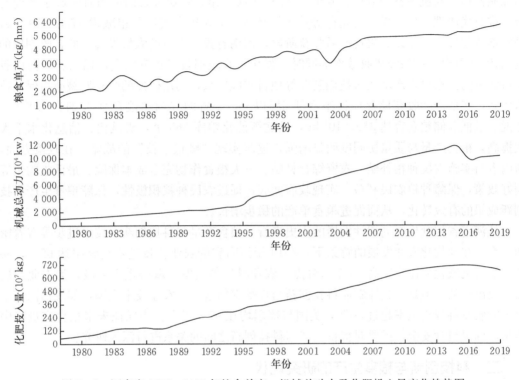

图 7-1　河南省 1978—2019 年粮食单产、机械总动力及化肥投入量变化趋势图

随着农业技术水平的提升，我国粮食生产不仅在"量"上得到了跨越式的提高，更是在"质"上得到了突破。农业科研人员围绕水稻、小麦、玉米等农作物，通过诱变技术、分子技术、基因工程技术、细胞工程技术、染色体工程技术等育种技术，深入发掘农业基因资源，有效利用种质创新，获得抗病性、抗逆性等性能优及产量高的一批优良品种。每一次主导品种的出现都带来了品种的更新换代和生产技术的进步。河南省培育出了适合不同地区种植的优质品种，多项成果取得了重大突破，具有高产、稳产、高抗、高质、适应性强等优点的豫麦 13 获得国家科学技术进步奖一等奖，被农业农村部定为重点推广品种。从 20 世纪 50 年代广泛种植的农家作物品种到如今大面积推广的百农 207 等品种，河南省使品种的产量潜力从 1 962 kg/hm² 提高到 8 100 kg/hm²。从应用面积来看，河南省育成的郑单 958、矮抗 58、豫麦 13、百农 207 等多个品种，年播种面积均在 666.67 × 10⁷ hm²，大面积应用的作物品种数居全国首位，且郑麦 9023 品种的出口成为我国食用小麦第一种实现出口的优良小麦品种，目前河南省小麦一、二类苗比例已达 84.5%。

在生物技术和信息化技术的支持下，借助农业经济管理科学等技术，科技人员先后研发创建了保护性耕作技术、精准播种技术、测土配方施肥技术、节水灌溉技术、轻简施肥技术、病虫害防治技术等个性化、智慧化节本增效的产中技术，组建了基于环境感知、实时监控、自动控制的产中田间管理技术体系。河南省的化肥减量增效成果较为显著，连续4年实现负增长，主要农作物化肥利用率达40%以上，测土配方技术覆盖率达90%以上，全省发展的节水灌溉面积也较稳定，水肥利用率显著提高。同时，科研人员运用农业工程科学技术，主要包括农业机械、智能储粮等产后技术，实现智能测产、联合收获、绿色生态保质储粮等农机装备智能化。截至2020年年底，作为农业大省的河南省实施了产业升级，推行代清理、代干燥、代储存等技术服务模式，3年来实现节粮减损 $37.8×10^7$ kg，助农增收超过7.8亿元。粮食产后收获阶段，河南省投入大量的农机设施，联合收割机的投入达19万台。在保障机收效率的同时，强化机收减损技术提升粮食产后效益。河南省主持研发的"粮食丰产增效科技创新"等项目实施以来，利用研发的收获储藏减损保质技术体系，实现产后收获储存损失率降低5%以上，全省的气调储粮仓容达 $240×10^7$ kg，低温、准低温储粮仓容达 $369×10^7$ kg，共建智能化粮库365个，机械化、信息化水平大大提高，粮食产量与质量协同度明显增强，逐步实现"藏粮于技"的战略。在政策方面，河南省自实施农民种粮补贴、农资综合补贴、三大粮食作物完全成本保险、最低收购价等利好政策，保障种粮农民利益，实现政府兜底，促进农民种粮积极性，保障粮食生产科技创新成果的有效转化，从而促进粮食单产的稳步增长。

从河南省粮食生产周期性发展的历史来看，粮食产量与科技创新、技术进步等有着密切联系。在现代化农业发展的背景下，2019年河南省的农业科技进步贡献率达62%，耕种收综合机械化率比全国高15个百分点，农业科技创新发展取得重大突破，为农业发展做出突出贡献。但是，整体农业科技创新与贡献率仍远低于农业技术强国，如发达国家中美国的农业科技贡献率超过80%，英国与德国均在90%以上。为保证未来粮食产量稳中增长，确保粮食安全，需要对粮食生产与科技创新之间的关系进行深入研究。

二、科技创新与粮食生产的研究现状

1. 粮食生产科技创新因素研究

在农业资源禀赋、土地资源、水资源等约束的条件下，要保证粮食安全和粮食生产的可持续发展，就必须依托科技创新，强化粮食生产关键技术研究，力争粮食单产有质的突破，"藏粮于技"就是以科技为支撑，走内涵式现代农业发展的道路。

对粮食生产科技创新相关影响因素的剖析，有助于对粮食增产和粮食安全的实现做到对症下药、有的放矢。为保障粮食产量的稳步增长，不少农业实践者、管理者以及学术研究者从社会经济、科技创新、政府支持力度等视角对农业生产技术进步的驱动因素及内在原理进行了深入研究。从社会经济的角度，其研究视角主要集中在通过灰色关联分析或主成分分析方法，测算影响因素与产量之间的关联度或显著性，进而梳理各指标的相对重要性，发现农业机械水平、农业科技投入、农药、化肥、有效灌溉等社会经济要素是提高粮食生产能力的关键指标。例如，李昊儒等（2018）从自然因素、科技因素、社会经济因素与农业生产条件等方面构建粮食生产指标体系，基于HP滤波法、灰色关联分析法以及层次分析法（AHP）深层次分析不同周期各影响因素的粮食产量波动状况；Chen等（2019）、刘浩然等（2019）分别运用随机前沿生产函数与灰色关联分析法分析了粮食综合生产能力，发现耕地、化肥、机械投入是提高粮食产能的主要影响因素。同时，也有不少学者运用空间面板模型、空间自相关分析等理论方法，探究粮食生产的时空特征及其影响因素，并以农业科研经费支出为视角探究农业生产的路径机理，得出农业科技创新可调节研发支出对农业生产的影响等结论。Fan（2000）采用生产函数法对我国农业科研投入的经济回报进行了测算，结果表明，我国农业科研投入的收益率随着时间的推移呈上升趋势。除此之外，辛岭等（2018）从农业生产系统的角度，构建了一套粮食综合能力评价指标体系，并基于熵值法测算分析了中国主要粮食主产区粮食综合生产能力水平；Wang 等（2021）利用 SBM 模式与具有面板固定效应的托宾（Tobit）模型对影响粮食绿色生产效率的社会市场经济因素进行驱动效应分析，提出加大技术创新投入、合理配置要素等对策建议；孙涛等（2021）采用边界线分析法，探究江苏省粮食增产空间与粮食产量差限制因子，分析发现复种指数、机械化水平等农业生产条件是江苏省地区间产生产量差的主要影响因素。

　　从科技创新投入产出的角度，现有文献基于科技研发基础条件、科技研发水平、创新人才数量、创新成果数量、科技创新成果转化率、经费投入等科技创新要素对粮食生产影响的研究日益增多。农业科技资源投入是促进农业生产方式转变、实现农业可持续发展的重要因素，现代化农业的发展迫切需要依托科技创新投入驱动科技资源转换为现实生产力（杨传喜，2011）。姚林香等（2014）通过剖析我国中部 6 省科技投入、科技产出与科技成果转化率的共性与差异，比较、研究了 6 省的科技投入与创新能力；Chen 等（2016）运用 Citespace III 分析了国际农业科技创新的研究主题、热点以及前沿，对相关的国际研究现状和特点进行了剖析；张贞等（2017）基于 Pearson 相关系数与熵权法改进的灰色关联分析法从资源、气候、技术、政策等方面对河南省粮食生产能力进行测度分析；沈琼等（2018）基于 2007—2016 年我国部分省级农作物主产区的面板数据，剖析了我国农业技术创新与粮食产量、单位生产成本以及生产效率之间的联系，发现农业技术创新对粮食生产效率具有正向促进作用；高旺盛等（2021）从农业科技投入、农业科技产出等层面构建了农业科技强国指标体系，利用 AHP 法（层次分析法）探究了我国农业科技水平与世界发达国家的差距；丁璐扬等（2021）基于"人—财—物"指标体系对我国农业科技资源配置系统的耦合协调性进行了探究；王丹等（2021）采用生态层次分析的思想，构建了"主体—种群—群落—生态系统"的农业科技创新生态系统结构模型，并从生态演化的层面提出了我国农业科技创新发展的对策建议；郭华等（2022）运用 AHP 法，从农业科技投入、创新环境、运营绩效与产出水平方面构建了天津市现代农业创新系统评价指标体系。更有大量学者通过革新粮食生产环节的技术研发，为科技创新能力的提升及成果的转化提供了理论依据及技术支撑。在以农业知识传播和推广体系为主的知识型科技创新方面，杨旭等（2015）以改造传统农业视角为切入点，分析了我国农业技术创新推广多元化参与体系优化的可能性，并提出战略调整农技推广存在较大的优化空间；李淑芳（2019）借鉴意大利精准农业技术推广机制，从土地流转、农业适度规模经营、多元化沟通合作平台、培育新型职业农民等方面提出推进我国精准农业推广的对策；姚辉等（2021）以农户为研究主体，研究了农业技术扩散有机衔接的有效路径；黄杰等（2022）立足于农技推广层面，构建了"市、区、乡（镇）、基层"与"实验站、专家站、科技小院、示范基地"双向辐射的"四极"科技服务推广体系，为现代农技推广提供理论依据与技术指导。

　　从政府制度的角度，自"藏粮于技"这一保障粮食综合生产能力的新思路提出以来，众多学者从科技创新的角度深入剖析粮食生产科技创新与政策制度的内在关系。陈秧分等

（2013）引入空间计量经济学理论，从均值、标准差、区位基尼系数角度，探究了中国粮食产量变化的影响因素，为相关政府制定差别化粮食生产政策提供理论依据；陈萌山（2014）剖析了我国农业科技发展现状及新形势下农业科技创新亟待解决的问题，提出农业科技体制机制创新的政策建议；周振亚等（2015）从粮食消费的角度估算了我国粮食的节粮潜力，将农业科技创新与我国粮食安全现行政策相结合，提出了我国粮食安全调整思路及政策设计；农业农村部陈洁（2019）提出科技兴粮的关键，一方面是要深化科技创新与集成，另一方面是提高科技创新成果转化效率；王瑾等（2022）以"藏粮于技"为政策依托，探究我国粮食生产面临的科技挑战，并从高新技术创新、体制机制改革、政策保障等角度提出落实"藏粮于技"战略的对策建议。

2. 粮食生产科技创新效率研究

粮食生产过程是一个复杂系统，其与农业科技创新影响要素之间存在着一系列相互促进、相互依存的反馈关系。关于农业科技创新如何实现粮食增产，进而更好保障粮食安全，成为国内外农业经济研究者、管理者和政策制定者关注的热点问题，并在技术效率、科技进步贡献等视角下展开了大量研究。

部分学者运用随机前沿分析法（Stochastic Frontier Analysis，SFA）和包络数据分析法（DEA）对不同区域、不同粮食品种的生产技术效率进行测算分析，认为农业科技创新是促进农业发展的主要推动力量，且在粮食生产中的贡献越来越大。侯琳等（2019）利用超效率 DEA-Malmquist 模型，测算了中国部分省域的农业生产效率；程长明等（2020）以粮食生产现代化和科技创新为研究主体，基于 DEA 模型剖析两者间的协调发展程度，为促进粮食生产现代化、科技创新的高效发展提供理论依据。粮食生产技术各指标对粮食产量的影响，是一个多属性分析问题，部分学者运用随机前沿模型、时不变估计法、对数平均迪氏分解法（LMDI）等方法测算粮食生产技术效率与影响因素，研究结果表明技术进步是推动粮食生产效率提升的重要前驱因素。赵丽娟等（2019）基于超对数 SFA 模型和 Panel Threshold 模型，探析政府 R&D 投入与环境制度对农业科技创新效率的关系，研究发现二者能够促进农业科技创新效率的提升；崔钊达等（2021）借助 SBM 方向性距离函数模型（基于松弛变量的方向性距离函数模型）与 Tobit 模型，基于对中国玉米主产区部分省份的种植户问卷调查数据，分析发现保护性耕作技术能够显著地提高农户生产技术效率；杨思雨等（2021）以农机社会化服务为视角，利用 SFA 和倾向得分匹配法，探究了我国玉米生产技术效率。

科技进步是夯实粮食综合生产能力、激发粮食生产活力的"第一生产力"。姜松等（2012）针对多要素问题构建了改进的二级 CES 生产函数，深入探究粮食生产科技进步速度及其贡献，发现中国粮食生产科技进步速度及贡献呈现出显著的空间"分异"特征；Zhu 等（2013）通过对比分析中美农业科技创新的模式，提出中国农业科技创新的对策；何泽军等（2018）选取中国各省域粮食投入产出相关指标数据，采用 Malmquist-DEA 模型探究农业全要素生产率（TFP）的变化特征，发现中国农业 TFP 的改进主要源于技术进步；刘春明等（2019）基于超越对数随机前沿模型（Translog-SFA）对粮食生产技术效率以及各类型影响因素进行测算分析，发现中国粮食生产存在较大的技术损失，粮食生产的技术进步正处于规模报酬递增阶段；耿宇宁等（2019）通过回归分析模型剖析我国粮食主产区的粮食生产水平，发现技术进步显著正向影响粮食产量，且程度逐渐提高；毛世平等（2019）通过运用计量经济模型定量分析我国农业科技创新政策演变趋势和特征，实证分析了农业科技创新政策对我国农业科研机构科技创新产出的影响效果；罗慧等（2020）从偏向性技术进步角度探究了中国粳稻技术进步实现路径及进步空间特征；Wang等（2021）将中国农业区域面板数据作为样本，测算了要素配置效率、技术进步偏差和农业全要素生产率三者之间的关系，系统研究了全要素生产率增长的波动及其分解条件，剖析了要素配置效率、技术进步偏差和农业全要素生产率三者的内涵；张志新等（2022）运用 DEA－Malmquist 指数法以中国东北地区 3 个省为例，检验了农业技术进步、规模效率分别与粮食生产效率之间的关系，并提出增加农业财政投入、加强农业科技研发力度等政策建议。

3. 研究评述

国内外学者关于粮食生产方面的研究成果较为丰富，对粮食产量、粮食安全以及农业科技创新进行了翔实的研究，为研究科技创新与粮食生产关系提供了研究思路。通过研究相关文献发现：①现有研究多是分析投入指标与产量或成果转化的效率关系，并未考虑到对投入指标的分类及探究不同指标与产出之间的效率关系；②鲜有研究将粮食生产科技创新过程分阶段研究，并将各阶段科技创新成果转化指标作为产出指标分析其效率，进而探究粮食生产与科技创新的内在关系。

因此，在分析粮食生产科技创新现状以及梳理国内外文献的基础上，基于系统工程的思想，从科技创新的视角研究粮食安全问题，系统量化分析科技创新对粮食生产的作用、主导影响因素，剖析科技创新对粮食安全的作用机制，并以粮食生产过程为对象，将河南省粮食生产划分为产前、产中、产后 3 个过程，利用 DEA－Malmquist 指标模型，对河南省粮食生产科技创新效率进行分析评价。

第二节　影响粮食生产的科技创新要素诊断

本节基于科技创新与粮食生产关系理论研究，构建粮食生产科技创新影响因素集，运用改进的灰色关联分析模型对影响河南省粮食生产的科技创新因素进行诊断，为河南省粮食生产科技创新发展提供借鉴依据。

一、粮食生产科技创新影响因素集构建

粮食生产科技创新系统是一个由社会市场经济、政府等多方主体参与，由创新环境、科技人才、科技研发、科技推广等重要科技创新要素组成的复杂系统。本节在遵循目的性、全面性、可操作性、可比性、科学性等原则的基础上，借鉴现有研究（Lu 等，2019；Xu 等，2017；Jiao 等，2017；Fang 等，2017），从经济、人力、基础设施、经费、政策与教育环境、科技成果及转化等维度构建粮食生产科技创新影响因素集，并将粮食生产科技创新体系分为粮食生产科技创新基础能力子系统、粮食生产科技创新环境及生产能力子系统、粮食生产科技创新研究能力子系统和粮食生产科技创新成果转化能力子系统，建立包含 9 个一级指标，并设立 22 个二级指标的粮食生产科技创新影响因素集（表 7－1）。

本节使用的数据源于 2010—2019 年《河南科技统计年鉴》、2011—2020 年《河南统计年鉴》《中国统计年鉴》及中华人民共和国工业和信息化部与中国农业农村部年度公开工作报告、布瑞克农业数据终端的平台数据。

表 7 - 1 粮食生产科技创新影响因素集

类型	一级指标	二级指标	指标解释
	经济水平	GDP 总额 x_1	GDP 水平
		财政收入总额 x_2	财政收入水平
	人力资源	R&D 人员 x_3	研究人员数量
粮食生产科技		R&D 单位个数 x_4	科技创新组织结构
创新基础能力		R&D 机构个数 x_5	
	基础建设	固定电话、移动电话用户数的均值 x_6	信息通信技术普及率
		公路里程 x_7	交通运输基础设施
		科技仪器和设备支出 x_8	科技创新设施情况
	资金投入	R&D 经费内部支出 x_9	科技创新经费情况
		财政科技经费支出 x_{10}	政府财政支持力度
粮食生产科技	政策环境	政府政策法规类信息数量 x_{11}	政策支持力度
创新环境及	教育环境	教育经费 x_{12}	教育水平
生产能力	生产力水平	单位面积粮食产量 x_{13}	粮食土地生产率
粮食生产科技		项目（课题）数（项）x_{14}	科技创新基础研究成果
创新研究能力	科技成果	科技论文数量 x_{15}	
		科技专利数量 x_{16}	科技创新应用研究成果
		种子用量 x_{17}	育种技术成果转化
粮食生产科技		耕整机械 x_{18}	耕作播种技术成果转化
创新成果转化	科技成果转化	节水灌溉机械 x_{19}	灌溉技术成果转化
能力		农用化肥施用量 x_{20}	施肥技术成果转化
		农药使用量 x_{21}	病虫害防治技术成果转化
		农药使用量 x_{22}	收获技术成果转化

注：由于粮食生产科技创新信息不完全和不确定的情形广泛存在，属于部分信息已知、部分信息未知的复杂系统过程，无法避免有少量数据残缺。而灰色预测模型具有小样本、运算简便、进行短期预测时模型精度较高的特点，故本节在处理残缺数据时，对中间值的残缺采用平均值法补全，尾端数据的残缺采用 GM（1，1）预测模型计算补全。

二、基于综合灰色关联度的因素诊断模型

传统灰色关联分析的基本思想是根据数据序列曲线的几何形状相似程度来判断不同序列之间的联系是否紧密，但传统灰色关联分析忽略了观测值的接近程度，且其组合系数的确定常采用主观经验、偏好或者平均加权的方法来赋值，缺乏科学严谨性。而指标权重的确定是否客观、合理，直接关系到能否有效筛选出影响系统的关键指标，采用组合评价确定组合系数可以克服这一缺陷，其中的线性规划法为确定不同分析方法的权重提供新思路（杨泽航等，2022）。因此，本节基于粮食生产科技创新影响因素的数据具有量级相差大、

阶段性等特征，提出一种基于综合灰色关联度的分析方法，科学融合特征向量几何相似性和变化速率相近性的特点，具体步骤如下。

1. 基本关联度集的表示

设有 f 种方法确定系统中各指标与行为特征序列的关联度，即可得到 f 个关联度向量 $\gamma_j = (\gamma_{j1}，\gamma_{j2}，\cdots，\gamma_{jl})$，$j=1，2，\cdots，f$，其中，$l$ 为粮食生产技术创新指标总个数。为保证组合系数取值的规范化，将关联度向量 γ_k 进行归一化处理。于是，基本关联度集为 $E=(\gamma'_1，\gamma'_2，\cdots，\gamma'_f)$，$f$ 个关联度向量的任意线性组合可以表示为：

$$\Gamma = \sum_{j=1}^{f} \omega_j \gamma'^T_j \tag{7-1}$$

γ'_j 表示归一化之后的关联度向量（γ_j 是关联度向量），T 表示向量转置。

式中，$\omega_j > 0$，ω_j 为关联度组合系数。

基于上文简介及研究需求，本文选取灰色绝对关联分析方法与灰色相对关联分析方法测算灰色关联度：

① 构造特征矩阵。设系统参考序列 $X_0 = [x_0(1)，x_0(2)，\cdots，x_0(n)]$，样本集中第 i 个比较序列为 $X_i = [x_i(1)，x_i(2)，\cdots，x_i(n)]$，$i=1，2，\cdots，n$；

② 根据公式（2-1）～公式（2-4）计算灰色绝对关联度 γ_1；

③ 根据公式（2-5）～公式（2-8）计算灰色相对关联度 γ_2；

④ 将关联度向量 γ_k 进行归一化处理，可得到基本关联度集为 $E=\{\gamma'_1，\gamma'_2\}$。

2. 优化组合系数

优化 ω_j，使得 γ' 与各 ω_j 的离差极小化，因此可得最优关联度向量模型：

$$\min \left\| \sum_{j=1}^{f} \omega_j \gamma'^T_j - \gamma'^T_g \right\|^2，(g=1，2，\cdots，f). \tag{7-2}$$

通过矩阵性质，可求得式（7-2）的最优化一阶导数的条件为：

$$\sum_{j=1}^{f} \omega_j \gamma'_g \gamma'^T_j = \omega_g \omega_g^T，(g=1，2，\cdots，f). \tag{7-3}$$

其对应的线性方程组的矩阵表达式为：

$$\begin{bmatrix} \gamma'_1\gamma'^T_1 & \gamma'_1\gamma'^T_2 & \cdots & \gamma'_1\gamma'^T_f \\ \gamma'_2\gamma'^T_1 & \gamma'_2\gamma'^T_2 & \cdots & \gamma'_2\gamma'^T_f \\ \vdots & \vdots & \vdots & \vdots \\ \gamma'_f\gamma'^T_1 & \gamma'_f\gamma'^T_2 & \cdots & \gamma'_f\gamma'^T_f \end{bmatrix} \begin{bmatrix} \omega_1 \\ \omega_2 \\ \vdots \\ \omega_f \end{bmatrix} = \begin{bmatrix} \gamma'_1\gamma'^T_1 \\ \gamma'_2\gamma'^T_2 \\ \vdots \\ \gamma'_f\gamma'^T_f \end{bmatrix}. \tag{7-4}$$

3. 关联度组合系数归一化处理

$$\omega_j^* = \frac{\omega_j}{\sum_{j=1}^{f} \omega_j} \tag{7-5}$$

ω_j^* 为归一化之后的关联度组合系数

则改进后的组合关联度为：

$$\xi = \sum_{j=1}^{f} \omega_j^* \gamma'^T_j \tag{7-6}$$

三、河南省粮食生产关键影响因素分析

本节对河南省 2010—2019 年粮食生产科技创新影响因素进行灰色关联分析，筛选出关键指标与基础指标。基于式（7-1）～（7-6），计算分析河南省粮食生产科技创新影响因素与粮食产量的改进灰色关联系数：

（1）将统计数据代入式（2-1）～（2-8），可计算得到灰色绝对关联度以及相对关联度分别为：

$\gamma_1 = (0.522\,8,\ 0.664\,2,\ 0.504\,0,\ 0.594\,2,\ 0.534\,7,\ 0.512\,2,\ 0.590\,9,\ 0.985\,6,$
$0.510\,4,\ 0.578\,5,\ 0.501\,4,\ 0.500\,1,\ 0.502\,0,\ 0.521\,8,\ 0.630\,1,\ 0.503\,1,$
$0.500\,3,\ 0.668\,6,\ 0.500\,6,\ 0.502\,3,\ 0.699\,6,\ 0.500\,2,\ 0.562\,4,\ 0.521\,0,$
$0.962\,2,\ 0.527\,6,\ 0.505\,0,\ 0.502\,2,\ 0.511\,5,\ 0.530\,5,\ 0.500\,1,\ 0.504\,8)。$

$\gamma_2 = (0.625\,5,\ 0.593\,7,\ 0.638\,2,\ 0.595\,0,\ 0.636\,9,\ 0.653\,7,\ 0.866\,4,\ 0.701\,1,$
$0.672\,2,\ 0.805\,6,\ 0.609\,5,\ 0.573\,6,\ 0.651\,6,\ 0.682\,7,\ 0.689\,1,\ 0.792\,7,$
$0.671\,7,\ 0.776\,1,\ 0.893\,6,\ 0.800\,1,\ 0.825\,0,\ 0.643\,6,\ 0.624\,0,\ 0.937,$
$0.732\,3,\ 0.537\,5,\ 0.774\,6,\ 0.914\,4,\ 0.726\,8,\ 0.837\,4,\ 0.664\,3,\ 0.640\,5)。$

（2）将 γ_1 与 γ_2 归一化处理之后，代入式（7-2）～（7-6），利用 MATLAB 软件计算可得组合关联度为：

$\xi = (0.598\,1,\ 0.621\,5,\ 0.600\,8,\ 0.600\,0,\ 0.609\,2,\ 0.614\,1,\ 0.785\,7,\ 0.798\,5,$
$0.626\,3,\ 0.739\,9,\ 0.580\,2,\ 0.555\,1,\ 0.609\,4,\ 0.637\,1,\ 0.676\,3,\ 0.706\,9,$
$0.622\,7,\ 0.748\,5,\ 0.775\,5,\ 0.711\,7,\ 0.792\,1,\ 0.603\,3,\ 0.596\,5,\ 0.825\,2,$
$0.812\,4,\ 0.539\,1,\ 0.695\,0,\ 0.790\,3,\ 0.664\,2,\ 0.746\,4,\ 0.617\,5,\ 0.602\,6)。$

整理后可得到河南省粮食生产科技创新指标关联度的排序情况（表7-2）。从灰色关联度及关联序的结果来看，在改进的灰色关联模型与传统的灰色关联模型两种方法的所得结果中，与粮食产量关联度最大的科技创新影响因素均为 R&D 机构个数。两种方法在耕整机械指标以后的指标排序出入较小，具有一定的一致性，但两种方法在耕整机械指标之前的排序有较明显的差异，相对差异明显的为单位面积粮食产量指标与财政总收入指标。改进模型与传统模型单位面积粮食产量指标的关联序分别为第三和第六，而单位面积粮食产量决定了粮食生产水平，对粮食产量有显著影响。改进模型与传统模型在财政收入的关联序分别为第六和第九，而财政收入从 2010 年的 1 381.32 亿元增至 2019 年的 4 041.89 亿元，平均年增速达 12.67%。自十三届全国人大四次会议以来，财政部及农业农村部等相关部门不断加大粮食生产经费的投入支持力度，强化粮食生产科技研发投入以及基础设施建设，可见财政收入是保障粮食生产的重要因素。因此，改进的灰色关联分析模型与河南省粮食生产实际情况更加吻合，且改进模型的关联度通过线性规划计算所得出的权重更具有科学性。

表 7-2　粮食生产科技创新影响因素关联度及关联序的不同评价方法比较

指标	改进灰色综合关联分析模型		传统灰色综合关联分析模型	
	关联度	关联序	关联度	关联序
R&D 机构个数	0.879 4	1	0.843 4	1
教育经费	0.769 9	2	0.732 8	3

（续）

指标	改进灰色综合关联分析模型		传统灰色综合关联分析模型	
	关联度	关联序	关联度	关联序
单位面积粮食产量	0.708 7	3	0.722 3	6
科技论文数量	0.702 3	4	0.749 7	2
R&D 单位个数	0.693 8	5	0.728 7	4
财政总收入	0.675 9	6	0.656 6	9
种子用量	0.675 3	7	0.723 6	5
农用化肥施用量	0.645 1	8	0.683 9	7
R&D 经费内部支出	0.641 0	9	0.627 4	11
节水灌溉机械	0.625 8	10	0.667 5	8
农药使用量	0.612 4	11	0.622 9	12
公路里程	0.611 8	12	0.649 4	10
耕整机械	0.591 9	13	0.619 1	13
政府政策法规类信息数量	0.581 9	14	0.602 2	14
固定、移动电话用户数均值	0.570 8	15	0.591 3	15
财政科技经费支出	0.564 4	16	0.582 1	16
GDP 总额	0.561 1	17	0.574 1	17
项目（课题）数（项）	0.559 6	18	0.572 6	18
R&D 人员	0.555 5	19	0.572 3	19
科技仪器和设备支出	0.552 5	20	0.564	21
联合收割机数量	0.551 6	21	0.567 8	20
科技专利数量	0.531 3	22	0.532 6	22

通过改进灰色综合关联度模型测算后的粮食生产科技创新各影响因素的关联度均大于0.5，说明各指标与粮食产量均具有较好的关联性。因此，结合粮食生产科技创新情况，本节选取0.6以上的指标作为影响粮食产量的关键因素，关联度在0.6以下的指标为基础因素。即选取R&D机构个数、教育经费、单位面积粮食产量、科技论文数量、R&D单位个数、财政总收入、种子用量、农用化肥施用量、R&D经费内部支出、节水灌溉机械、农药使用量、公路里程为关键指标，耕整机械等指标为基础指标。其中，关键指标中科技创新基础类指标占据多数，创新科技成果转化类指标次之，创新环境及生产力指标与创新研究能力指标占据数目最少，分别占据各自指标类别的1/2、1/3、1/3、5/6，反映出科技创新基础、科技成果转化与粮食产量关系密切，加大基础资源的投入与科技创新成果的转化是提升粮食产量的关键。

第三节　粮食生产科技创新效率评估

本节基于上一节诊断得到的粮食生产科技创新关键因素及基础因素，建立 DEA - Malmquist 指数模型。首先，对河南省各个决策单元不同时期数据进行动态效率分析；其次，将科技成果转化指标按照粮食生产过程分为产前、产中、产后产出指标，对不同类型投入指标与其各阶段产出指标进行效率分析，剖析河南省粮食生产中科技创新效率，判断河南省粮食生产科技创新发展状况，从而为粮食生产科技创新效率的进一步提高提供理论依据。

一、评价指标体系构建

为探究农业科技创新与粮食生产投入产出效率，将上一节中粮食生产科技创新基础能力、环境及生产能力、研究能力和成果转化能力的影响因素作为投入指标，粮食产量作为产出指标，分别测算科技创新的四类能力与粮食产量之间的投入产出效率，深入剖析各类科技创新能力与粮食产量之间的关系。在测算过程中，考虑到基础因素和关键因素均为粮食生产科技创新不可或缺的技术因素，不仅测算了关键投入指标的粮食生产科技创新效率，而且探究了基础投入指标的粮食生产科技创新效率情况。

此外，将科技成果转化指标根据粮食生产分为产前、产中与产后产出指标，将上一节灰色关联分析法筛选出的关键因素与基础因素（除去科技成果转化类指标）作为投入指标，对河南省粮食生产科技创新效率进行评价。具体流程详见图7-2。

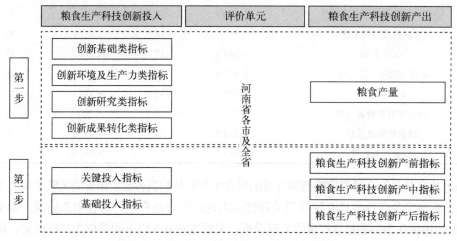

图7-2 粮食生产科技创新效率评价概念框架

二、粮食生产科技创新效率评价模型建立

由于传统DEA模型测算的是同一时期不同决策单元的静态相对效率，而Malmquist指数方法是通过本期到下期生产率的变化测算Malmquist全要素生产率指数，所以将Malmquist指数与DEA结合便能够实现对效率动态变化的分析。因此，本节考虑到粮食生产科技创新系统的多因素交互作用复杂特点，借助DEA-Malmquist指数模型对河南省粮食生产科技创新效率进行测算分析，可为河南省粮食科技发展提供决策依据。DEA-Malmquist指数模型公式如下（赵彦茜等，2019）：

$$Tfpch = Effch \times Techch = Sech \times Pech \times Techch$$

$$= \left(\frac{E_0^{t+1}(x^{t+1}, y^{t+1})}{E_0^t(x^t, y^t)} \right) \times \left[\left(\frac{E_0^t(x^t, y^t)}{E_0^{t+1}(x^t, y^t)} \right) \times \left(\frac{E_0^{t+1}(x^{t+1}, y^{t+1})}{E_0^{t+1}(x^{t+1}, y^{t+1})} \right) \right]^{\frac{1}{2}} \quad (7-7)$$

$$Effch = \frac{E_0^{t+1}(x^{t+1}, y^{t+1})}{E_0^t(x^t, y^t)} \tag{7-8}$$

$$Techch = \left[\frac{E_0^t(x^t, y^t)}{E_0^{t+1}(x^t, y^t)} \times \frac{E_0^t(x^{t+1}, y^{t+1})}{E_0^{t+1}(x^{t+1}, y^{t+1})}\right]^{\frac{1}{2}} \tag{7-9}$$

式（7-7）～（7-9）中，x^t 和 x^{t+1} 分别为 t 和 $t+1$ 时期的投入，y^t 和 y^{t+1} 分别为 t 和 $t+1$ 时期的产出，E_0^t 和 E_0^{t+1} 分别为 t 和 $t+1$ 时期的生产距离函数，分别表示全要素生产率在 t 和 $t+1$ 时期的实际产出量与生产前沿面之间的距离变化，值越大表示实际生产越接近生产前沿面。$Tfpch$ 为全要素生产率指数，$Techch$ 为技术进步变化指数（表示生产前沿面的变动对生产率的贡献程度），$Effch$ 为技术效率变化指数（表示技术效率的变化对生产率的贡献程度，也是对生产前沿面的追赶情况），$Pech$ 为纯技术效率变化指数，$Sech$ 为规模效率变化指数。

当 $Tfpch$ 值大于 1 时，表示粮食生产科技创新全要素生产率提高，粮食生产技术条件改善，小于则相反；当 $Techch$ 指数大于 1 时，表示粮食生产科技创新技术进步，反之则退步；当 $Effch$ 指数大于 1 时，表示粮食生产科技创新相对技术效率得到提升，反之则为下降；当 $Pech$ 指数大于 1 时，表示粮食生产科技创新纯技术效率、规模效率的提高，其变化程度直接反映出各自对应粮食生产技术效率变化的影响。

三、河南省粮食生产科技创新效率结果分析

1. 粮食生产各类科技创新能力效率测算

基于粮食生产科技创新效率评价指标数据，运用 DEA-Malmquist 指数测算河南省各市及全省粮食生产科技创新效率。利用 DEAP2.1 软件计算得出 2010—2019 年河南省各市及全省粮食生产科技创新基础能力、创新环境及生产能力、创新研究能力和创新成果转化能力。DEA-Malmquist 指数及其分解指标计算结果如表 7-3 至表 7-6 所示。

粮食生产科技创新基础是支撑各市及全省科技创新活动以及提升科技创新能力的重要基础，反映出各市及全省对粮食生产科技创新的重视程度和各指标的投入水平。从河南省各城市粮食生产科技创新基础能力类指标全要素生产率变动值（表 7-3）来看，2010—2019 年，$Tfpch$ 指数值大于 1 的有 7 个决策单元，分别是开封、鹤壁、新乡、濮阳、漯河、济源以及河南全省，表明河南省以及这些市在 2010—2019 年总体上的粮食生产科技创新全要素生产率得到了提高，生产技术条件得到了改善。其中，鹤壁市的 $Tfpch$ 指数为 1.048，居于 19 个决策单元之首；新乡、濮阳及全省的五类指数值均大于等于 1，这意味着，2010—2019 年，全省特别是新乡、濮阳两市的科技创新基础能力类指标投入产出整体效率有了一定程度的提高，为效率有效地区。新乡市粮食生产科技创新 $Tfpch$ 指数增长的主要原因是技术效率变化，$Effch$ 指数增长了 1.3%，而濮阳粮食生产科技创新 $Tfpch$ 指数升高的主要原因是技术进步，其 $Techch$ 指数增长了 0.5%，但其技术变化指数以及纯技术和规模效率指数均未发生变化。

除以上 $Tfpch$ 指数值大于 1 的 7 个决策单元外，其余城市 2010—2019 年 $Tfpch$ 指数值均小于 1，显示出这些城市科技基础能力类指标全要素生产率呈下降态势，创新基础类生产技术条件仍需要提高。其中，下降最为明显的是信阳市，$Tfpch$ 指数下降了 15%，技术变化指数、技术进步指数与规模效率指数均呈下降态势，且技术进步指数的下降是导

致 $Tfpch$ 指数值大幅度下降的主要原因。整体而言，全省粮食生产科技创新基础类指标 $Tfpch$ 指数增长了 0.4%，但河南省存在明显的各市间资源配置不均的现象，基础设施薄弱的市在近年河南省大力推广农业技术设施的政策下，生产效率得到了显著提升，而像郑州、洛阳等基础投入"多而散"的市，应加速资源的有效整合、提高基础类投入的利用效率。因此，河南省粮食生产科技创新基础能力在技术效率与技术进步方面均有提升的空间。

表 7-3 2010—2019 年河南省各城市创新基础能力与粮食产量投入产出效率

决策单元	$Effch$	$Techch$	$Pech$	$Sech$	$Tfpch$
郑州	0.971	1.005	0.968	1.003	0.976
开封	1.003	1.002	1.020	0.984	1.006
洛阳	0.981	1.006	0.980	1.001	0.987
平顶山	0.995	1.000	0.998	0.998	0.995
安阳	0.996	1.000	1.010	0.987	0.997
鹤壁	0.999	1.050	1.000	0.999	1.048
新乡	1.013	1.002	1.011	1.002	1.016
焦作	0.983	1.007	0.984	0.999	0.990
濮阳	1.000	1.005	1.000	1.000	1.005
许昌	0.994	0.986	1.026	0.969	0.980
漯河	0.994	1.028	1.000	0.994	1.021
三门峡	1.066	0.923	1.177	0.906	0.984
南阳	1.024	0.926	1.016	1.008	0.949
商丘	0.986	0.888	0.988	0.998	0.876
信阳	0.965	0.881	1.000	0.965	0.850
周口	1.000	0.983	1.000	1.000	0.983
驻马店	1.000	0.940	1.000	1.000	0.940
济源	0.981	1.025	1.000	0.981	1.005
河南全省	1.002	1.002	1.000	1.002	1.004
平均值	0.997	0.981	1.009	0.989	0.978

改善粮食生产科技创新环境及提升生产能力是河南省针对全省粮食生产特点所采取的相关政策，通过政策设计、法治框架、文化教育氛围等方面为农业科技创新提供良好的创新环境，不仅有利于规划本土资源，还能吸引聚集其他省份及国家资源，实现依靠科技创新提高粮食单产。从河南省各市创新基础能力与粮食产量投入产出效率（表 7-4）来看，2010—2019 年，仅河南省全省数据的 $Tfpch$ 指数值大于1，且仅增长了 0.1%，少于基础能力类指标中 $Tfpch$ 指数值大于1的决策单元数目。河南省各市在创新环境及生产力类指标的全要素生产率均呈下降态势，$Tfpch$ 指数值均小于1，其中降幅最为明显的是郑州和漯河，$Tfpch$ 指数分别下降了 10.8%、10.1%。其中，郑州与漯河的 $Effch$ 指数、$Techch$ 指数、$Pech$ 指数均呈现下降态势，其 $Sech$ 指数均有较小幅度的增长，分别增长了 0.1%、1.2%，显示出两市的创新环境及生产力类的生产技术进步以及技术效率仍需

提高。分析得知，河南省各市粮食生产科技创新环境及生产力类指标投入产出效率均呈下降态势的主要原因是 $Techch$ 指数均小于 1，即河南省在创新能力及生产力类指标方面，技术进步仍有较大的提升空间。河南省各市应依托高校整合教育资源、制定适合各基层的农业政策法规，依托"三区"人才支持计划、科技人员专项计划，以科技特派员为桥梁，建立省、市、县、乡、村立体化农业教育培训体系，为粮食生产科技创新的发展提供良好的教育环境与政策环境，从而提高粮食综合生产能力。

表 7-4　2010—2019 年河南省各市创新环境及生产力类指标与粮食产量投入产出效率

决策单元	Effch	Techch	Pech	Sech	Tfpch
郑州	0.950	0.939	0.949	1.001	0.892
开封	0.999	0.913	1.001	0.997	0.912
洛阳	0.990	0.953	1.002	0.988	0.943
平顶山	1.016	0.917	1.008	1.008	0.933
安阳	0.999	0.918	0.998	1.000	0.917
鹤壁	1.021	0.897	1.014	1.007	0.916
新乡	1.007	0.916	1.006	1.001	0.922
焦作	1.017	0.912	1.019	0.998	0.928
濮阳	0.994	0.913	0.988	1.005	0.907
许昌	0.993	0.915	0.990	1.002	0.908
漯河	0.996	0.903	0.983	1.012	0.899
三门峡	1.015	0.909	1.000	1.015	0.923
南阳	0.998	0.953	1.005	0.992	0.951
商丘	1.021	0.941	1.023	0.999	0.961
信阳	0.977	0.930	0.978	0.999	0.909
周口	1.003	0.958	1.003	1.000	0.961
驻马店	0.995	0.940	1.000	0.999	0.940
济源	1.015	0.895	1.000	1.015	0.908
河南全省	1.000	1.001	1.000	1.000	1.001
平均值	1.000	0.927	0.998	1.002	0.927

　　粮食生产科技创新研究是前期的科技创新成果，也是科技创新发展的理论基础，反映了全省及各市科研创新能力与水平。从河南省及各市创新研究类指标与粮食产量投入产出效率（表 7-5）来看，2010—2019 年，$Tfpch$ 指数大于 1 的有濮阳与周口两市，增幅分别为 1.9% 与 1.1%，相较基础能力类指标中 $Tfpch$ 指数值大于 1 的决策单元数目要少，但比创新环境及生产力类指标要多，表明濮阳与周口两市在 2010—2019 年创新研究类指标的投入产出方面，整体效率有了一定程度的提高。濮阳 $Tfpch$ 指数的增幅主要得益于技术进步，$Techch$ 指数增加了 2.2%，而 $Effch$ 指数整体降低了 0.2%，且是由 $Sech$ 指数的降低引起的。周口的 $Tfpch$ 指数增加了 1.1%，是由 $Techch$ 指数的增加引起的，而其 $Effch$ 指数、$Pech$ 变化指数和 $Sech$ 指数均未发生变化。

除濮阳与周口两市实现了全要素生产效率提升之外，其余市在 2010—2019 年 $Tfpch$ 指数均小于 1，表明这些市的创新研究类指标的全要素生产率呈下降态势。其中下降最明显的有商丘、信阳，$Tfpch$ 指数分别下降了 24.1%、25.7%，两市的 $Effch$ 指数、$Techch$ 指数、$Pech$ 指数及 $Sech$ 指数均呈下降态势，$Techch$ 指数下降最多，这也是导致其全要素生产率下降的主要原因。郑州、开封、安阳、新乡、商丘、信阳、驻马店、济源 8 个城市的 $Tfpch$ 指数值都在 0.9 以下，全要素生产效率也有显著下降态势。整体上，河南省创新研究类指标的投入产出效率有下降趋势，且粮食生产科技创新研究类技术进步有待提高，河南省各市应根据区域优势及地理特点依托省级、国家级科研平台，分区域构建跨部门、跨区域、跨学科创新平台，对各个城市创新资源进行整合，形成协同合力，强化基础问题研究，深挖重大农业科技创新问题，增强粮食科技创新能力。

表 7-5　2010—2019 年河南省各市创新研究类指标与粮食产量投入产出效率

决策单元	$Effch$	$Techch$	$Pech$	$Sech$	$Tfpch$
郑州	0.942	0.938	0.960	0.982	0.884
开封	1.026	0.816	0.999	1.027	0.838
洛阳	0.956	1.013	0.980	0.976	0.969
平顶山	0.955	0.956	0.989	0.965	0.913
安阳	0.978	0.897	0.990	0.988	0.878
鹤壁	0.916	1.031	1.000	0.916	0.944
新乡	0.999	0.865	1.000	0.999	0.864
焦作	0.987	0.919	0.986	1.001	0.907
濮阳	0.998	1.022	1.044	0.956	1.019
许昌	0.988	0.997	0.984	1.003	0.985
漯河	0.898	1.017	0.836	1.074	0.914
三门峡	0.888	1.014	0.937	0.948	0.900
南阳	1.012	0.927	1.004	1.008	0.938
商丘	0.908	0.836	0.967	0.939	0.759
信阳	0.907	0.819	0.944	0.962	0.743
周口	1.000	1.011	1.000	1.000	1.011
驻马店	1.001	0.851	0.996	1.005	0.851
济源	0.855	0.977	1.000	0.855	0.836
河南全省	1.002	0.910	1.000	1.002	0.912
平均值	0.957	0.935	0.979	0.978	0.895

农业科技水平是衡量农业现代化程度的重要标志，粮食生产科技创新成果转化是提升现实生产力的重要抓手。从河南省各市创新成果转化类指标与粮食产量投入产出效率（表 7-6）来看，2010—2019 年，全要素生产率变动值大于 1 的仅有鹤壁市，增长了 2.0%，其增长原因是 $Techch$ 指数的增长，而 $Effch$ 指数、$Pech$ 指数和 $Sech$ 指数均未发生变化，反映了在 2010—2019 年鹤壁市创新成果转化类投入产出效率逐步提高。其余城市的 $Tfpch$ 指数均小于 1，表明这些城市的创新成果转化类指标的全要素生产率呈下降

趋势。其中，下降最为明显的是南阳市，$Tfpch$ 指数下降了 10.2%，导致其下降的主要原因是 $Techch$ 指数降幅较大，而其技术变化指数以及纯技术和规模效率指数均趋近或等于 1，未发生变化。除鹤壁与南阳两市以外，其余决策单元的全要素生产率下降幅度较小，均值为 2.1%。整体来看，河南省创新成果转化类指标的投入产出效率呈下降趋势，其主要原因是技术进步的下降。因此，河南省各市科研院所间、学科间、课题组间应根据自身优势搭建产学研用协同创新平台，建立一支懂研究、推广、市场、管理、知识产权等一定专业知识的专业成果转化团队，促使研究成果的推广更加贴合实际生产，将科研成果谱写在农田之上。

综上所述，四类投入指标相较之下，粮食生产科技创新基础能力类指标中的全要素生产率变动值大于 1 的决策单元数目均最多，创新研究类次之，其次是创新成果转化类，最后则是创新环境及生产力类指标，这说明相较于其他类型的指标，河南省各市在 2010—2019 年创新基础能力类指标投入产出效率呈上升态势。

表 7-6　2010—2019 年河南省各市创新成果转化类指标与粮食产量投入产出效率

决策单元	$Effch$	$Techch$	$Pech$	$Sech$	$Tfpch$
郑州	1.003	0.989	1.005	0.998	0.992
开封	1.007	0.984	1.011	0.995	0.990
洛阳	1.000	0.934	1.000	1.000	0.934
平顶山	1.006	0.959	1.003	1.003	0.964
安阳	0.999	0.996	1.000	0.999	0.994
鹤壁	1.000	1.020	1.000	1.000	1.020
新乡	1.008	0.985	1.010	0.997	0.992
焦作	1.000	0.989	1.000	1.000	0.989
濮阳	1.007	0.983	1.005	1.002	0.989
许昌	1.000	0.961	1.000	1.000	0.961
漯河	0.997	0.988	0.998	1.000	0.985
三门峡	1.059	0.922	1.000	1.059	0.977
南阳	1.000	0.898	1.000	1.000	0.898
商丘	1.005	0.980	1.006	0.999	0.984
信阳	1.000	0.941	1.000	1.000	0.941
周口	1.010	0.973	1.003	1.007	0.983
驻马店	1.000	0.986	1.000	1.000	0.986
济源	0.996	0.994	1.000	0.996	0.990
河南全省	1.026	0.971	1.000	1.026	0.996
平均值	1.006	0.971	1.002	1.004	0.977

综合 2010—2019 年河南省各市粮食生产各类科技创新指标投入产出效率均值分布（图 7-3）来看，河南省整体投入产出效率呈下降态势，豫东地区（开封、商丘、周口）中商丘市的 $Tfpch$ 指数均值降幅最大，周口市 $Tfpch$ 指数均值降幅最小，开封、商丘、周口三市 $Tfpch$ 指数均值为 0.939，降幅为 6.1%；豫西地区（洛阳、三门峡）$Tfpch$ 指数

均值为 0.952，降幅为 4.8%；豫南地区（南阳、信阳、驻马店）$Tfpch$ 指数均值为 0.949，降幅为 5.1%；豫北地区（安阳、鹤壁、新乡、济源、焦作、濮阳）$Tfpch$ 指数均值为 0.958，降幅为 4.2%；豫中地区（郑州、平顶山、许昌、漯河）$Tfpch$ 指数均值为 0.950，降幅为 5%。其中，豫北地区降幅最小，豫东地区降幅最大，河南省 $Tfpch$ 指数整体下降了 2.2%。从 2010—2019 年河南省各市四类指标全要素生产率变化的主要原因来看，技术进步起着主导作用，这表明河南省粮食生产科技创新投入产出效率的提升需要借助技术的创新与进步。

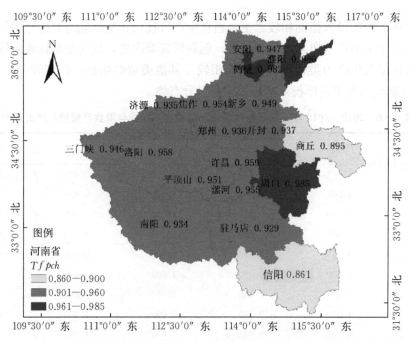

图 7-3　2010—2019 年河南省各市粮食生产各类科技创新指标投入产出效率均值分布

2. 粮食生产各环节科技创新效率测算

为深入剖析科技创新在粮食生产各环节的投入产出效率，以河南省粮食生产过程为对象，将科技创新成果转化类指标划分为产前、产中、产后产出指标。其中，产前指标为种子用量，产中指标为耕整机械数量、节水灌溉机械数量、农用化肥施用量与农药使用量，产后指标为联合收割机数量。将上一节得到的关键因素、基础因素（均刨除科技成果转化类指标）作为投入指标，测算河南省粮食生产各阶段效率，结果如表 7-7 至表 7-9 所示。

育种技术是粮食生产产前环节的主要科技创新指标，种质是粮食生产的"芯片"，能否很好地掌握种子的选育技术、生产技术，能否将优质品种推广到田间地头，关乎国家粮食安全和人民安居乐业。从河南省各市粮食生产科技创新关键投入指标与产前指标投入产出效率（表 7-7）来看，2010—2019 年 $Tfpch$ 指数大于 1 的有新乡、濮阳两市，表明这两市总体上关键投入指标全要素生产率处于较好水平且呈上升态势，新乡全要素生产率提高的主要原因是关键投入指标技术效率的提高，濮阳提高的原因为技术进步。其中，濮阳的 $Effch$、$Techch$ 与 $Tfpch$ 指数均大于 1，说明该市产前关键技术创新投入与粮食生产产出效率逐步优化，粮食生产科技创新在这期间达到了较好的状态。基础投入指标在

2010—2019 年的 $Tfpch$ 指数值中，洛阳、平顶山、安阳、鹤壁、漯河、三门峡、南阳、周口 8 市以及河南全省都有增幅，其中，安阳、鹤壁、漯河、南阳的 $Effch$、$Techch$ 指数均大于 1，为效率有效地区。洛阳和周口全要素生产率的增长主要得益于技术进步，平顶山与三门峡 $Tfpch$ 指数增长是由于技术效率的增长，而安阳、鹤壁、漯河与南阳均是由 $Effch$ 指数与 $Techch$ 指数共同增长而引起 $Tfpch$ 指数的增幅。在所有 $Tfpch$ 指数中，信阳的基础指标的 $Tfpch$ 指数下降幅度最大，下降了 11.8%，主要原因为技术效率下降。

　　综上所述，2010—2019 年，关键要素投入与基础要素投入产出整体效率分别有 2 个和 8 个市有一定程度的提高，基础投入指标 $Tfpch$ 值大于 1 的个数高于关键投入指标，这说明河南省产前基础投入指标投入产出效率总体上呈上升态势。由分析结果可知，河南省产前环节整体的技术效率不高，各市应该加强关键指标在产前环节的利用效率。其中，对于 $Effch$ 小于 1、$Techch$ 大于 1 的市，应侧重于优化配置投入要素来改进技术效率。对于 $Effch$ 大于 1、$Techch$ 小于 1 的市，应当改变传统的育种模式，以生物育种技术为核心，通过分子技术、基因工程技术等育种技术，深入挖掘农业基因资源、有效利用种质创新，提高产前纯技术效率以及规模效率，加快技术进步。同时应加强省内以及与其他省市之间的合作交流，引进新品种、新技术，从而提高粮食生产产前阶段的科技创新效率，从根源上提高粮食生产科技创新效率。

表 7 - 7　2010—2019 年河南省各市粮食生产科技创新关键投入指标、
基础投入指标与产前指标投入产出效率

决策单元	关键投入指标			基础投入指标		
	$Effch$	$Techch$	$Tfpch$	$Effch$	$Techch$	$Tfpch$
郑州	0.972	1.013	0.984	0.975	1.018	0.992
开封	1.005	0.994	1.000	1.005	0.968	0.973
洛阳	0.988	0.985	0.973	0.981	1.033	1.013
平顶山	0.999	0.974	0.973	1.012	0.990	1.002
安阳	0.997	0.975	0.972	1.012	1.007	1.019
鹤壁	1.001	0.994	0.994	1.050	1.006	1.056
新乡	1.016	0.989	1.004	1.009	0.988	0.998
焦作	0.995	1.002	0.997	0.993	1.001	0.994
濮阳	1.001	1.017	1.018	1.038	0.962	0.998
许昌	0.997	0.983	0.980	0.990	1.009	0.999
漯河	1.000	0.999	0.999	1.014	1.004	1.018
三门峡	0.973	0.949	0.923	1.103	0.942	1.038
南阳	0.998	0.988	0.986	1.002	1.033	1.035
商丘	0.995	0.951	0.947	0.984	0.947	0.932
信阳	0.963	0.916	0.882	0.959	0.892	0.856
周口	1.000	0.992	0.992	1.000	1.063	1.063
驻马店	1.000	0.949	0.949	1.000	0.973	0.973
济源	0.992	0.995	0.987	1.006	0.984	0.990
河南全省	1.000	0.960	0.960	1.000	1.009	1.009
平均值	0.994	0.980	0.974	1.006	0.990	0.997

与良种配套的栽培技术，为实现粮食安全稳产增产、节本增效提供了技术支持。面对粮食需求的持续增长以及耕地面积、水资源等条件约束，通过改善产中环节的栽培管理措施，发挥粮食品种的产量潜力也是尤为重要的技术手段。从河南省各市粮食生产科技创新关键投入指标与产中指标投入产出效率（表 7 - 8）来看，河南省及各市的全要素生产率变动值均小于 1，为效率非有效地区。基础投入指标在 2010—2019 年的 $Tfpch$ 指数中大于 1 的有洛阳、鹤壁、漯河、三门峡、南阳、周口以及全省，说明这 6 个市以及河南全省在生产中基础投入要素投入产出整体效率有所提高。其中，洛阳、南阳和周口 $Tfpch$ 指数的提高主要得益于基础投入指标的技术进步，鹤壁、漯河、三门峡 $Tfpch$ 指数增长是由于技术效率的增长。在所有 $Tfpch$ 指数中，信阳的基础投入指标在 2010—2019 年 $Tfpch$ 指数下降最为明显，下降了 14.5%，其下降原因主要是技术进步指数的降低，下降了 11.8%。综上所述，基础投入指标全要素生产率变动值大于 1 的决策单元数目比关键投入指标要多，这说明河南省产中基础投入指标投入产出效率总体呈上升态势，但产中关键投入指标与基础投入指标的全要素生产率变动值大于 1 的决策单元总数目比产前的要少，说明河南省在粮食生产产中阶段的投入产出效率比产前要低。且整体上，河南省各市在粮食生产产中环节的技术进步有待提高。因此，河南省各市在发展农业科技创新时，应当更加注重关键投入指标在产中环节的技术进步，可以通过借助现代化信息技术、物联网等技术，组建智能化田间管理系统，通过分析粮食生产各时期的合理生长条件，因地制宜制定精准播种、有效灌溉、精准施肥等个性化、智慧化、节本增效的生产路径。同时，加强绿色生产技术科技攻关，不断加快绿色技术成果推广，集成绿色技术模式，加强良种良法配套、农机农艺结合、生产生态协同，更加注重低碳环保、减少有害化肥农药农资使用量、高效利用绿色农资。例如，根据豫东部分地区土壤缺钾，豫西部分地区土壤缺锌等特点，进行测土配方施肥，依据各地区灌溉习惯与季节性缺水等特点进行针对性灵活灌溉，从而提高田间管理技术的精准化以及农机农艺的一体化，实现产中技术的进步。

表 7 - 8　2010—2019 年河南省各市粮食生产科技创新关键投入指标、
基础投入指标与产中指标投入产出效率

决策单元	关键投入指标			基础投入指标		
	$Effch$	$Techch$	$Tfpch$	$Effch$	$Techch$	$Tfpch$
郑州	0.979	0.984	0.964	1.005	0.971	0.976
开封	1.000	0.958	0.958	0.999	0.957	0.956
洛阳	0.991	0.973	0.964	0.992	1.011	1.003
平顶山	0.988	0.953	0.942	1.014	0.957	0.970
安阳	0.996	0.962	0.958	1.023	0.977	0.999
鹤壁	0.979	0.961	0.941	1.079	0.972	1.049
新乡	1.000	0.965	0.965	0.998	0.969	0.968
焦作	0.987	0.976	0.963	0.999	0.970	0.969

（续）

决策单元	关键投入指标			基础投入指标		
	$Effch$	$Techch$	$Tfpch$	$Effch$	$Techch$	$Tfpch$
濮阳	1.000	0.994	0.994	1.030	0.953	0.982
许昌	0.950	0.965	0.917	0.952	0.986	0.939
漯河	1.000	0.978	0.978	1.062	0.943	1.001
三门峡	1.013	0.898	0.910	1.171	0.898	1.051
南阳	1.000	0.941	0.941	1.000	1.033	1.035
商丘	1.000	0.917	0.917	1.000	0.976	0.976
信阳	0.975	0.884	0.861	0.969	0.882	0.855
周口	1.000	0.957	0.957	1.000	1.014	1.014
驻马店	1.000	0.918	0.918	1.000	0.930	0.930
济源	0.983	0.960	0.944	0.993	0.958	0.951
河南全省	1.000	0.936	0.936	1.000	1.002	1.002
平均值	0.992	0.951	0.943	1.014	0.958	0.971

　　农业机械化作为现代农业科技创新的物质载体是农业生产中的先进生产力，机械化收获技术是全程机械化的重要环节，而智能收获技术、机械化节粮减损技术、绿色生态保质储粮技术等粮食生产产后技术同样是保障粮食产量与质量的重要技术。从河南省各市粮食生产科技创新关键投入指标与产后指标投入产出效率（表7-9）来看，$Tfpch$指数大于1的有洛阳、鹤壁、漯河、三门峡、周口以及河南全省，说明这5个市及全省在关键指标投入产出整体效率上有所提高，而且此生产阶段相较于产前、产中的$Tfpch$指数大于1的决策单元数目都要多。其中，洛阳与周口增幅原因主要是技术进步，鹤壁、漯河、三门峡$Tfpch$指数增长是由于技术效率的增长。基础投入指标在2010—2019年除信阳外的其他城市$Tfpch$指数均大于1，这说明河南省除信阳以外的其他各市在产后基础投入指标投入产出整体效率有了提高。其中，鹤壁、新乡、焦作、商丘、周口、驻马店、济源全要素生产率的增长主要得益于技术进步，三门峡$Tfpch$指数变化源于技术变化，其余各市的$Tfpch$指数增长均是由于$Effch$指数与$Techch$指数共同增长引起。在所有$Tfpch$指数中，商丘的关键投入指标在2010—2019年下降最为明显，其原因为技术效率的降低，下降了12.1%。综上所述，基础投入指标全要素生产率变动值大于1的决策单元数目多于关键投入指标全要素生产率变动值大于1的决策单元数目，河南省产后基础投入指标投入产出效率总体上呈上升态势，且关键投入指标与基础投入指标的全要素生产率变动值大于1的决策单元数目多于产前、产中，说明河南省产后投入产出效率高于产前与产中，但关键投入指标技术效率仍有待提高。因此，为提高产后科技创新效率，河南省应当在保障科技仪器设备等基础类指标投入的基础上，同样加强农业机械、智能储粮等产后技术的创新，实现智能测产、联合收获、绿色生态保质储粮等农机装备智能化，提高收获技术及储藏技术等产后技术研发水平。其中，$Effch$小于1、$Techch$小于1的城市，不仅要加大

产后环节农业技术的创新与投入，提高技术水平，更应积极推广技术成果，积极探索不同形式的发展，有望通过技术效率的提升推动投入产出率的提高。

表 7-9　2010—2019 年河南省各市粮食生产科技创新关键投入指标、
基础投入指标与产后指标投入产出效率

决策单元	关键投入指标			基础投入指标		
	$Effch$	$Techch$	$Tfpch$	$Effch$	$Techch$	$Tfpch$
郑州	1.005	0.971	0.976	1.027	1.097	1.126
开封	0.999	0.957	0.956	1.010	1.039	1.049
洛阳	0.992	1.011	1.003	1.004	1.110	1.115
平顶山	1.014	0.957	0.970	1.033	1.044	1.078
安阳	1.023	0.977	0.999	1.056	1.055	1.114
鹤壁	1.079	0.972	1.049	1.000	1.111	1.111
新乡	0.998	0.969	0.968	0.995	1.065	1.060
焦作	0.999	0.970	0.969	0.938	1.084	1.017
濮阳	1.030	0.953	0.982	1.054	1.044	1.101
许昌	0.952	0.986	0.939	1.016	1.107	1.125
漯河	1.062	0.943	1.001	1.037	1.022	1.060
三门峡	1.171	0.898	1.051	1.090	0.988	1.077
南阳	1.000	0.976	0.976	1.079	1.120	1.208
商丘	1.000	0.879	0.879	1.000	1.016	1.016
信阳	0.950	0.992	0.942	0.947	0.970	0.918
周口	1.000	1.014	1.014	1.000	1.106	1.106
驻马店	1.000	0.930	0.930	1.000	1.026	1.026
济源	0.993	0.958	0.951	0.995	1.026	1.022
河南全省	1.000	1.002	1.002	1.000	1.002	1.081
平均值	1.018	1.024	1.042	1.014	1.057	1.072

综合 2010—2019 年河南省各市粮食生产科技创新产前、产中、产后各阶段的全要素生产率变动值的均值来看（图 7-4），产前、产中、产后 3 阶段科技创新活动出现不规律的"高—低"发展趋势，但整体上产后的投入产出效率要高于其余两阶段。同时，在2010—2019 年，技术进步是引起河南省各市各生产阶段全要素生产率变化的主要原因，且基础投入指标的投入产出效率高于关键投入指标，这与前述不同类型指标与粮食产量投入产出效率的发展趋势类似，表明技术进步与创新是河南省粮食生产科技创新效率提升的必由之路。而基础投入指标与粮食生产各阶段的投入产出效率得到提高的主要原因是随着河南省"藏粮于技"政策的实施，基础投入指标的投入不断提高，生产技术的创新环境得到了保障，部分市在一定程度上填补了种质资源创新、良种栽培与农业机械化的技术空白，而以 R&D 机构个数为主的关键投入指标由于其周期长、耗资较大等特点，导致其与粮食生产指标的投入产出效率较低。

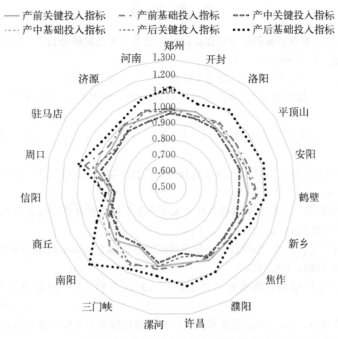

图 7-4 2010—2019 年河南省各市粮食生产不同阶段科技创新效率变化趋势

　　基于 DEA－Malmquist 指数模型对河南省粮食生产科技创新效率进行测算分析，可以得出科技创新要素投入对提高粮食综合生产能力具有重要影响，但各投入要素的影响程度不尽相同。整体而言，河南省粮食生产科技创新要素投入比例与技术进步匹配度较低，创新要素的资源配置效率有待提高。因此，河南省各市在粮食生产发展中，应强化粮食生产基础研究和关键技术的研究开发，加强科技创新主体创新能力与应用能力的建设，创新集成系列技术含量高、适应性强的增粮技术体系。利用生物生态科学技术、农业工程科学技术、农业经济管理科学技术、物联网技术等生产技术，实现粮食生产的现代化、机械化、精准化、智能化、绿色化，并通过创新循环系统在粮食生产专家、农户、政府等主体间进行的调节与指导，将粮食生产产前、产中、产后的技术环节融合起来，实现产前、产中、产后的有机结合与协同创新，从而驱动传统农业科技创新的发展，实现种粮、收粮、储粮的科技现代化以及绿色化。改善粮食生产产前、产中、产后阶段投入不均衡的状况，合理优化资源投入渠道，通过实施政策引导社会力量加入农业科技创新市场。同时注重科技经费等关键指标的投入效率，为科技创新增添动力，为技术进步与成果转化提供基础保障，实现科技创新进步驱动粮食生产从传统生产方式到现代生产方式的实质性改变。

本 章 小 结

　　本章首先构建了包括粮食生产科技创新的基础能力子系统、环境及生产能力子系统、研究能力子系统和成果转化能力子系统的粮食生产科技创新影响因素集；其次，提出改进的灰色关联分析模型，诊断影响河南省粮食生产科技创新的关键因素与基础因素；最后，在此基础上，利用投入产出效率分析的思想，测算河南省粮食生产各类科技创新能力的效率及各环节的科技创新效率。

参 考 文 献

白云涛，林巧文，2016. 农业资源利用与粮食综合生产能力的灰色关联分析——以河北省为例 [J]. 中国农业资源与区划，37（09）：57-61.

陈洁，2019. 实施科技兴粮战略的现状、问题及对策 [J]. 人民论坛，（32）：34-36.

陈萌山，2014. 加快体制机制创新 提升农业科技对现代农业发展的支撑能力 [J]. 农业经济问题，35（10）：4-7.

陈秧分，李先德，2013. 中国粮食产量变化的时空格局与影响因素 [J]. 农业工程学报，29（20）：1-10.

程长明，陈学云，2020. 安徽省粮食生产现代化与科技创新协调发展研究 [J]. 中国农业资源与区划，41（09）：163-171.

崔钊达，余志刚，张培鸽，2021. 保护性耕作技术采用有助于提高粮食生产技术效率吗？——以玉米为例 [J]. 农林经济管理学报，20（04）：458-467.

丁璐扬，李华晶，杨传喜，2021. 中国农业科技资源配置系统耦合协调的时空分异及驱动力研究 [J]. 科学管理研究，39（06）：106-116.

杜娟，2013. 基于 DEA 模型的我国农业科技创新投入产出分析 [J]. 科技进步与对策，30（08）：82-85.

高旺盛，王小龙，杨富裕，等，2021. 农业科技强国评价指标体系与中国实现度分析 [J]. 中国农业大学学报，26（12）：1-10.

耿宇宁，刘婧，2019. 劳动力转移与技术进步对粮食产量的门槛效应分析 [J]. 经济问题，（12）：96-103.

郭华，史佳林，李瑾，等，2022. 现代农业科技创新体系评估分析 [J]. 新疆农业科学，59（01）：242-250.

郝瑞彬，2016. 2003—2014 年中国粮食单产变化驱动力灰色关联分析 [J]. 资源开发与市场，32（11）：1308-1313.

何悦，漆雁斌，2019. 城镇化发展对粮食生产技术效率的影响研究*——基于我国 13 个粮食主产区的面板数据 [J]. 中国农业资源与区划，40（03）：101-110.

何泽军，李莹，2018. 基于 DEA-Malmquist 指数法中国农业全要素生产率变化特征分析 [J]. 河南农业大学学报，52（05）：839-844.

贺汉魂，2017. 农地公有："藏粮于地"、"藏粮于技"的制度保障——重读马克思土地所有制思想 [J]. 当代经济研究，（02）：29-36.

侯琳，冯继红，2019. 基于超效率 DEA 和 Malmquist 指数的中国农业生产效率分析 [J]. 河南农业大学学报，53（02）：316-324.

黄杰，陈香玉，李成贵，2022. 双"四极"推广：农业科研院所科技推广服务新模式——以北京市农林科学院为例 [J]. 科技管理研究，42（03）：73-79.

姜松，王钊，黄庆华，等，2012. 粮食生产中科技进步速度及贡献研究——基于 1985—2010 年省级面板数据 [J]. 农业技术经济，（10）：40-51.

李炳军，张淑华，2022. 基于系统思考的粮食生产科技创新因素分析 [J]. 科技管理研究，42（02）：129-136.

李航飞，2020. 基于数据包络分析的我国农业生产效率区域差异分析 [J]. 科技管理研究，40（01）：59-66.

李昊儒，毛丽丽，梅旭荣，等，2018. 近 30 年来我国粮食产量波动影响因素分析 [J]. 中国农业资源与区划，39（10）：1-10，16.

李淑芳，2019. 中国精准农业推广对策研究［J］. 科学管理研究，37（04）：125-130.

李心慧，朱嘉伟，王旋，等，2016. 基于主成分分析的河南省粮食产量影响因素分析［J］. 河南农业大学学报，50（02）：268-274.

梁俊芬，方伟，万忠，等，2020. 中国省域农业科技创新能力评价：基于绿色发展视角［J］. 科技管理研究，40（09）：60-67.

刘春明，陈旭，2019. 我国粮食生产技术效率及影响因素研究——基于省际面板数据的 Translog-SFA 模型的分析［J］. 中国农机化学报，40（08）：201-207.

刘浩然，吴克宁，宋文，等，2019. 黑龙江粮食产能及其影响因素研究［J］. 中国农业资源与区划，40（07）：164-170.

刘青利，杨铭，2015. 河南粮食生产影响因素的改进广义灰关联度分析［J］. 河南科学，33（06）：1007-1013.

刘瑶，张凤荣，谢臻，等，2019. 耕地利用视角下全国粮食生产时空特征演变［J］. 中国农业大学学报，24（11）：173-182.

罗慧，赵芝俊，2020. 偏向性技术进步视角下中国粳稻技术进步方向及其时空演进规律［J］. 农业技术经济，（03）：42-55.

毛世平，杨艳丽，林青宁，2019. 改革开放以来我国农业科技创新政策的演变及效果评价——来自我国农业科研机构的经验证据［J］. 农业经济问题，（01）：73-85.

沈琼，王少朋，张兆瑞，2018. 农业技术创新对粮食生产效益的影响分析［J］. 农林经济管理学报，17（06）：669-677.

生秀东，2018. 巩固提升我国粮食产能的制度分析［J］. 中州学刊，（11）：58-63.

孙杰，周力，应瑞瑶，2019. 精准农业技术扩散机制与政策研究——以测土配方施肥技术为例［J］. 中国农村经济，（12）：65-84.

孙涛，郭杰，欧名豪，2021. 江苏省耕地产量差及生产限制性因子分析［J］. 农业现代化研究，42（6）：1037-1047.

唐建，Jose V，2016. 粮食生产技术效率及影响因素研究——来自 1990—2013 年中国 31 个省份面板数据［J］. 农业技术经济，（09）：72-83.

王琛，吴敬学，钟鑫，2015. 我国农业部门资本投入对粮食生产技术效率的影响研究——基于空间计量经济面板模型的实证［J］. 科技管理研究，35（10）：97-103.

王丹，杜旭，郭翔宇，2021. 中国省域农业科技创新能力评价与分析［J］. 科技管理研究，41（01）：1-8.

王丹，赵新力，杜旭，等，2021. 国家农业科技创新系统生态演化研究［J］. 中国软科学，（12）：41-49，83.

王瑾，邓春晖，赖晓璐，等，2022. 加强农业科技创新 持续推进藏粮于技［J］. 农业经济，（03）：20-21.

辛岭，高睿璞，蒋和平，2018. 我国粮食主产区粮食综合生产能力评价［J］. 中国农业资源与区划，39（09）：37-45.

杨传喜，张俊飚，赵可．2011. 农业科技资源与农业经济发展关系实证［J］. 中国人口·资源与环境，21（03）：113-118.

杨铭，刘青利，2015. 基于改进广色关联度的河南省粮食生产影响因素分析［J］. 西南师范大学学报（自然科学版），40（09）：174-180.

杨思雨，蔡海龙，2021. 农机社会化服务对玉米生产技术效率的影响研究［J］. 中国农业资源与区划，42（04）：118-125.

杨旭，李竣，2015. 优化农技推广体系的内在经济逻辑分析［J］. 科学管理研究，33（03）：88-91.

杨宗翰，雷良海，岳桂宁，等，2019. 农业科技研发支出与科技创新对农业生产的促进作用［J］. 南方农业学报，50（12）：2855－2864.

姚辉，赵础昊，高启杰，2021. 农户与农业技术扩散有机衔接的网络路径演变［J］. 农村经济，（12）：117－125.

姚林香，黄菊萍，2014. 中部六省科技投入与创新能力比较［J］. 改革，（06）：105－112.

苑严伟，白慧娟，方宪法，等，2018. 玉米播种与测控技术研究进展［J］. 农业机械学报，49（09）：1－18.

曾雅婷，李宾，吕亚荣，2018. 中国粮食生产技术效率区域差异及其影响因素——基于超越对数形式随机前沿生产函数的测度［J］. 湖南农业大学学报（社会科学版），19（06）：13－21，36.

张贞，马赛，汪权方，2017. 基于Pearson灰色关联熵的粮食产量主影响因子识别——以河南省为例［J］. 干旱区资源与环境，31（09）：43－48.

张志新，孙振亚，林立，2022. 农业技术进步、规模效率与粮食安全——以东北三省粳稻、玉米为例［J］. 资源开发与市场，38（02）：178－185.

赵和楠，侯石安，2021. 乡村振兴战略下土地治理投入对粮食生产的影响——"藏粮于地""藏粮于技"一体推进的经验证据［J］. 贵州社会科学，（05）：153－160.

赵丽娟，张玉喜，潘方卉，2019. 政府R&D投入、环境规制与农业科技创新效率［J］. 科研管理，40（02）：76－85.

周振亚，罗其友，李全新，等，2015. 基于节粮潜力的粮食安全战略研究［J］. 中国软科学，（11）：11－16.

Chen F R，Zhao Y F，2019. Determinants and Differences of Grain Production Efficiency Between Main and Non－main Producing Area in China［J］. Sustainability，11（19）：5225.

Chen Q Q，Zhang J B，Huo Y，2016. A study on research hot－spots and frontiers of agricultural science and technology innovation－visualization analysis based on the Citespace III［J］. Agricultural Economic－Zemedelska Ekonomika，62（09）：429－445.

Fan S G，2000. Research investment and the economic returns to Chinese agricultural research［J］. Journal of Productivity Analysis，14（2）：163－182.

Kang H，Zhang Z，Xu L，et al.，2016. Characterization of wheat：Psathyrostachys huashanica small segment translocation line with enhanced kernels per spike and stripe rust resistance［J］. Genome，59（04）：221－229.

Li B J，He C H，Hu L P，et al.，2012. Dynamical analysis on influencing factors of grain production in Henan Province based on grey systems theory［J］. Grey Systems：Theory and Application，2（01）：45－53.

Li Q F，Kang G L，Li X F，et al.，2009. Factors Influencing Grain Production of Henan Province Based on Gray Correlation［J］. Asian Agricultural Research，1（05）：23－27.

Li S T，Zhang D J，Xie Y，et al.，2021. Analysis on the spatio－temporal evolution and influencing factors of China's grain production［J］. Environmental Science and Pollution Research，29（16）：23834－23846.

Naveen G，Humphreys E，Eberbach P L，et al.，2021. Effects of tillage and mulch on soil evaporation in a dry seeded rice－wheat cropping system［J］. Soil and Tillage Research，209：104976.

Qiu J L，Wheeler S S，Reed M，et al.，2021. When vector control and organic farming intersect：Pesticide residues on rice plants from aerial mosquito sprays［J］. The Science of the total environment，773：144708.

Shi M，Paudel K，Chen F B，2021. Mechanization and efficiency in rice production in China［J］. Journal of Integrative Agriculture，20（07）：1996－2008.

Wang L，Qi Z R，Pang Q H，et al. ，2021. Analysis on the agricultural green production efficiency and driving factors of urban agglomerations in the middle reaches of the Yangtze River ［J］. Sustainability，13 （01）：97.

Wang W，Guo L W，2021. Sources of production growth in Chinese agriculture：empirical evidence from penal data results 2001－2018 ［J］. Applied Economics，53 （44）：5135－5157.

Xiong R Y，Xie J X，Chen L M，et al. ，2021. Water irrigation management affects starch structure and physicochemical properties of Indica rice with different grain quality ［J］. Food Chemistry，347：129045.

Yang Z H，Wang D，Du T Y，et al. 2018. Total－factor energy efficiency in China's agricultural sector：trends，disparities and potentials ［J］. Energies，11 （04）：853.

Zayats L，Samsonovich V，2019. Stages of the development of agricultural production in the republic of Belarus：to the 100th anniversary of the ministry of agriculture and food of the republic of Belarus ［J］. Proceedings of the National Academy of Science of Belarus－agrarian Series，57 （01）：7－18.

Zhao Y Z，Jiang Q X，Wang Z L，2019. The System Evaluation of Grain Production Efficiency and Analysis of Driving Factors in Heilongjiang Province ［J］. Water，11 （05）：1073.

Zhou C S，Zhang R G，Ning X J，et al. ，2020. Spatial－temporal characteristics in grain production and its influencing factors in the Huang－Huai－Hai Plain from 1995 to 2018 ［J］. International journal of environmental research and public health，17 （24）：E9193.

Zhu C J，Singh S P，Comer S L，2013. Comparative research on Sino－US agricultural innovation model in science and technology ［J］. Asian Agricultural Research，5 （05）：18－23.

第八章　粮食供需的多维结构平衡

粮食安全战略的核心已从单纯追求自给率转向在确保总供给量和自给率的前提下，强调粮食品质和品种结构的合理性，在这一背景下，对国内粮食供需的结构平衡进行科学和量化的分析显得尤为重要。本章将从粮食总量与品种平衡、质量等级平衡以及区域性平衡3个维度，深入探讨粮食供需平衡性问题，旨在揭示影响国内粮食供需缺口的多因素机制，为构建解决国内粮食供应问题的长效机制提供理论支持。

第一节　粮食供需结构平衡问题

马克思指出，物质资料的生产构成了人类社会生存和发展的基石，其中，食物作为基础的物质生活资料，具有至关重要的地位。农业生产，作为人类历史上最初的生产活动，其重要性不言而喻。本节将针对当前国内粮食生产的实际状况进行深入的问题挖掘，并进一步梳理粮食供需的相关研究。

一、粮食供需面临的问题

深入研究粮食供需结构平衡对农业供给侧结构性改革和国家粮食安全保障具有重要意义。2015年中央农村工作会议明确指出，农业供给侧结构性改革应注重提高农业供给体系的质量和效率，以实现供应数量充足、品种和质量契合消费者需求。2017年中央一号文件强调，当前农业发展已进入新的历史阶段，主要矛盾集中在供给侧的结构性和体制性问题。因此，改革的着力点应在体制机制创新上，以农业供给侧结构性改革为主线，促使农业跨越发展难关，转换和接续发展动能，开拓农业现代化的新境界。

自2004年以来，国内粮食生产呈现出"十七连丰"的良好态势，连续6年稳定在6 500亿 kg以上。至2020年，全国粮食人均占有量超过470 kg，连续多年高于人均400 kg的国际粮食安全标准线，为粮食安全提供了坚实保障。然而，受到国际经济复苏乏力和终端消费疲软等多方面因素的影响，国内粮食产量虽然连年有所提升，但依然面临库存居高不下、粮食进口量逐年增加、国内外粮食价格倒挂等问题。这些因素加剧了国内粮食阶段性供需矛盾，导致国内粮食市场出现扭曲，对粮食生产和流通环节构成了巨大的挑战。具体而言，国内粮食供需主要面临以下问题。

1. 粮食品种的供需不均衡

近年来，国内粮食品种结构的不平衡矛盾愈发突出。具体而言，玉米和稻谷呈现阶段性过剩，而大豆供需缺口逐渐扩大。一方面，玉米和稻谷产量持续增加，导致供应过剩。

另一方面，国际市场上价格低廉的玉米替代品如大麦、高粱和木薯干以及各种渠道的低价进口大米数量不断增加，进一步加剧了玉米和稻谷的供需矛盾。此外，尽管大豆的生产效益下降，但其消费量却持续增长，这一现象也导致大豆的进口量逐年上升。

2. 粮食产量、进口量及库存量齐高

2022 年粮食总产量达到 6 865.5 亿 kg，连续 8 年维持在 6 500 亿 kg 以上的稳定水平。然而，在国际粮价冲击的影响下，部分粮食及其替代品的进口量急剧增加。随着经济进入新常态，国内粮食消费量也逐渐呈现出缓慢增长的趋势，国内粮食库存逐年累积，粮食收储矛盾日益凸显。

3. 高质量粮食需求得不到满足

首先，各地区和不同品种的粮食质量标准不统一，导致了评价体系的片面性和市场流通的难度增加。其次，现行的质量控制体系并不完善，缺乏有效的质量跟踪机制和相应的惩罚措施，从而降低了全链条质量管理的执行力。同时，农业生产中的农药残留和重金属污染问题愈发严重，引发食品安全及营养价值的多重担忧，加之高品质粮食品种的研发和推广相对滞后，导致市场对高品质粮食的需求得不到充分满足。

4. 粮食区域性失衡

区域性失衡在粮食生产中表现为包括结构趋同、区域调拨困难以及加剧的区域利益冲突，这些问题不仅受限于主产区与主销区之间有效的利益协调机制，也受到各地自给粮食政策的影响。具体而言，缺乏良好的区域间协调机制，往往导致经济相对落后的省份补贴经济发达的省份，同时还使主产区独立承担较高的粮食安全风险和责任。

5. 托市政策遭遇"两板一箱"的困境

托市政策在实施过程中面临复杂的市场困境，特别是成本"地板"与价格"天花板"之间的价格扭曲以及农业补贴接近"黄箱"上限的问题。这些因素导致粮食价格补贴的空间受限，而实施成本逐渐增加，使得政策的边际效用呈现递减趋势（刘玹泽等，2016；张越杰和王军，2017；蒋辉和张康洁，2016）。这一系列的问题不仅限制了托市政策的效能，也加剧了其实施中的复杂性和风险。

二、粮食供需的相关研究

粮食供需问题一直是学者们关注的热点问题，学者们从多层次、多角度对粮食生产和消费格局进行科学探索，本节在现有研究基础上，主要从粮食供需平衡、粮食供需影响因素两个方面对粮食供需的相关研究进行梳理。

1. 粮食供需平衡

关于粮食供需平衡的问题，学界观点多样。李志强和李哲敏（2001）发现，粮食总量增长趋势与需求增长不匹配，并且这种不匹配还因粮食品种结构与需求结构不同步以及区域粮食供需不协调而加剧。中国中长期粮食供求平衡分析课题组认为，未来粮食供求将从总量平衡转为供给不均，缺口逐渐增大，特别是在饲料用粮和小麦方面。然而，王德文和黄季焜（2001）认为粮食过剩问题是地区性和短期性的。总体来说，尽管对粮食总量的供需平衡没有达成一致观点，但学术界普遍认同存在结构性和区域性的粮食供需矛盾。

关于粮食供需平衡的路径与策略，尚丽和李瑞瑞（2017）集中分析了国际和国内粮食

价格的变动趋势，进而研究了粮食供需与国际价格波动的关系，提出了一系列保障粮食安全的建议。吉春林（2018）针对粮食主销区之一的上海进行研究，指出由于耕地有限和高度市场化，该地区粮食对外依存度高，价格波动敏感性增强，因此提出建立粮食安全保障系统的必要性。另一方面，王菁（2013）以江苏省金坛市为研究对象，采用 SWORT 法分析，提出应重点加强粮食播种面积和生产扶持，以及农田水利和物流体系的建设。万慧瑾（2013）也强调了粮食流通的重要性，提出各级政府应加强物流体系和其他基础设施建设，以实现粮食供需平衡。在进一步研究中，毛学峰等（2015）运用多种统计学方法和 GIS 空间叠加技术，研究了粮食供需平衡的时空和区域差异，提出了相应的整治措施。胡甜（2015）则采用复杂网络理论，深入研究了全球主要国家和地区的粮食流动空间网络。张进等（2018）则使用 ArcGIS 工具，从区域和时空角度分析了粮食供需结构和空间分布特征。

2. 粮食供需影响因素

对于粮食生产影响因素，巫琦玲和张葵（2017）运用多元线性回归模型，选择了2000—2015 年的样本数据进行研究。这一研究以粮食产量为因变量，考虑了诸如粮食播种面积、有效灌溉面积、农业机械总动力、化肥施用折纯量、受灾面积和成灾面积等多个自变量。结果表明，粮食播种面积、化肥施用折纯量和受灾面积是粮食产量的显著影响因素。Downing 等（1992）则从气候的角度切入，认为气候是影响粮食产量的主要因素。Roger 等（2019）在分析印度粮食作物产量时得出结论：水利灌溉对粮食产量有相对较大的影响。Sunil 等（2020）利用随机生产函数模型研究后发现，气候对粮食产量的影响几乎可以忽略不计。而从政策方面看，Murat 等（2020）通过应用 village - level 一般均衡模型，得出了一个与直觉相反的结论，即收入支持政策并不能有效地促进粮食产量的提升。

在粮食需求影响因素的研究中，牟新娣等（2018）通过基于中国科学院大学生网络的全国范围内的粮食消费抽样调查，分析了微观层面的粮食需求特征及其影响因素，研究发现，居民粮食摄入量呈下降趋势，并在地区、年龄和收入方面存在显著差异，特别是粮食摄入量与居民年龄之间，存在明显的倒"U"型关系。吴石磊等（2016）、王松梅（2015）从多个维度探讨了影响粮食消费的主要因素，包括社会文化因素如饮食习惯和居民粮食消费偏好，经济类因素如居民的收入水平和粮食价格，以及技术因素如饲料用粮、种子用粮和粮食损耗。张沛琪（2013）则采用了更为全面的方法，从人均 GDP、人均粮食生产、饮食习惯、科技水平、粮食价格和人口结构等多个角度入手，对影响粮食消费的主要因素进行了深入的研究和分析。

在粮食供需影响因素的分析方法上，吴红霞等（2017）选择湖北省作为研究对象，应用基于 C - D 生产函数的偏最小二乘回归模型来探讨 2000—2014 年湖北省的粮食产量影响因素。姜新（2019）则将灰色关联度分析与人工神经网络相结合，用于粮食产量预测的主要和客观因素指标的确定。庄道元等（2010）采用柯布-道格拉斯生产函数模型，发现耕种面积和化肥是影响粮食产量的主要因素。孙萍和陈锐（2008）通过改进的 C - D 函数模型，发现种植面积、有效灌溉以及化肥的有效投入量是决定粮食产量的关键因素，同时也指出机械化率低和劳动力投入与产出率低会影响粮食产量增长。马会宁等（2015）则运用汇总求均值法、多项式回归模型和灰色关联分析模型，针对河南省洛阳市粮食产量及其影响因素进行了定性和定量分析，研究结果显示，有效土层厚度、地貌类型和灌溉保证率是影响粮食产量的主要因素。

第二节 粮食供需结构平衡现状

本节从粮食供需质量、供需品种结构及粮食区域生产情况 3 个方面，对粮食供需结构平衡现状进行分析，明确粮食供需存在的问题，为后续深入研究奠定基础。

一、粮食供需质量现状

随着居民收入水平的提升，粮食消费逐渐朝向高质量和高品质发展。然而，目前国内粮食的生产质量尚未达到消费者对高品质粮食的需求水平，加上生产成本偏高以及国际粮食贸易壁垒较低，导致国际粮食在国内市场的竞争力增强，引发出库存居高不下、粮食进口数量不断增长、国内外粮食价格倒挂等一系列问题。尽管政府已经采取了多项措施以提升粮食质量，但质量问题仍十分严峻。因此，提高粮食质量水平成为一个需要长期持续关注的重要问题。

粮食数量的增加并未伴随着质量和品质的提升，从储备粮拍卖结果来看，粮食成交率相当低。以 2016 年为例，早籼稻的拍卖成交率仅为 0.97%，并且成交集中在几个特定地区。而进口水稻的价格与国内储备早籼稻也相差不多，表明国内粮食在价格方面并没有明显优势。中粮网数据显示，至 2018 年末，各类储备粮食的去库存任务基本完成，政策性粮食成交量创历史新高。然而，由于质量问题频发，消费者和企业对国内商品粮的信心大受影响。"以陈顶新"和"转圈粮"等事件增加了储备粮食的风险，并引发了公众对储备粮食质量的担忧。随着生活水平的提高，人们对粮食质量的要求也在不断升级，现有的粮食供给质量已难以满足这一需求。

基于此，本节旨在研究粮食消费质量等级与生产质量等级之间的关系，为政府在制定提升粮食质量政策时提供理论支持。

二、粮食供需品种结构性现状

中国粮食供需品种结构性现状呈现出多元化和动态变化的特点。在供给结构方面，主要的粮食种类包括稻米、小麦、玉米和大豆等受气候和土壤条件影响而在地区间呈现差异。在需求结构上，随着人们生活水平的提升，口粮在总粮食需求中所占比重逐渐下降，对肉、蛋、奶等食品的需求以及饲料用粮和工业用粮的需求逐渐增加，特别是由于食品加工、酿酒、生物制药等行业的快速发展，工业用粮需求也呈上升趋势。同时，高品质粮食如有机粮食等，由于消费者对粮食质量和安全性的日益关注，其需求也在逐渐增加。因此，中国粮食供需品种结构性现状是一个需要综合多方面因素进行管理和规划的复杂体系。

在讨论中国粮食的广泛含义时，通常包括谷物类、豆类和薯类三大类，更狭义的定义则仅包括禾本科作物，诸如稻谷、小麦、玉米、高粱和谷子，还有其他谷物如大麦、青稞和燕麦等。为了具体分析，选取了玉米、小麦、稻谷和大豆这 4 种主要粮食作物。1997—

2021年国内主要粮食品种产量及进口量如表8-1所示。

表8-1　1997—2021年国内主要粮食品种产量及进口量

单位：万 t

年份	小麦		大豆		玉米		稻谷	
	产量	进口量	产量	进口量	产量	进口量	产量	进口量
1997	12 328.90	186.00	1 473.15	280.10	10 430.87	0	20 073.48	33.00
1998	10 972.60	149.00	1 515.18	319.70	13 295.40	0	19 871.30	24.00
1999	11 388.00	45.00	1 424.53	431.70	12 808.63	0	19 848.73	17.00
2000	9 963.60	88.00	1 540.90	1 041.60	10 599.98	0.03	18 790.77	24.00
2001	9 387.30	69.00	1 540.56	1 394.00	11 408.77	3.61	17 758.03	27.00
2002	9 029.00	63.00	1 650.54	1 131.00	12 130.76	0.63	17 453.85	24.00
2003	8 648.80	45.00	1 539.32	2 074.00	11 583.02	0.01	16 065.56	26.00
2004	9 195.18	726.00	1 740.15	2 023.00	13 028.71	0.23	17 908.76	76.00
2005	9 744.51	354.00	1 634.78	2 659.00	13 936.54	3.90	18 058.84	52.00
2006	10 846.59	61.00	1 508.18	2 824.00	15 160.30	6.50	18 171.83	73.00
2007	10 929.80	10.00	1 272.50	3 082.00	15 230.05	53.50	18 603.40	49.00
2008	11 246.41	4.31	1 554.16	3 744.00	16 591.40	4.90	19 189.57	32.97
2009	11 511.51	90.00	1 498.15	4 255.00	16 397.36	68.35	19 510.30	36.00
2010	11 518.08	123.07	1 508.33	5 480.00	17 724.51	157.21	19 576.10	38.82
2011	11 740.09	125.81	1 448.53	5 264.00	19 278.11	175.25	20 100.09	59.78
2012	12 102.36	370.10	1 301.09	5 838.00	20 561.41	520.00	20 423.59	236.86
2013	12 192.64	553.51	1 195.10	6 338.00	21 848.90	326.46	20 361.22	227.11
2014	12 620.84	300.00	1 215.40	7 140.31	21 564.63	259.77	20 650.74	257.90
2015	13 018.52	300.59	1 178.15	8 169.19	22 463.16	473.03	20 822.52	337.69
2016	12 884.50	341.00	1 295.87	8 391.00	21 955.15	316.69	20 707.51	356.00
2017	13 433.39	442.00	1 350.00	9 553.00	25 907.07	282.52	21 267.59	403.00
2018	13 144.10	309.90	1 596.70	8 803.10	25 717.39	352.40	21 212.90	348.91
2019	13 359.60	348.80	1 809.20	8 851.10	26 077.89	479.30	20 961.40	296.21
2020	13 425.40	837.60	1 960.20	10 032.70	26 066.50	1 129.60	21 185.96	334.82
2021	13 694.40	977.00	1 639.50	9 652.00	27 255.06	2 835.00	21 284.24	496.00

　　由表8-1可知，1997—2021年，国内主要粮食品种产量呈现稳定增长的趋势。在2012年之前，年度稻谷产量最高，其次是玉米，然后是小麦和大豆。但从2012年开始，年度玉米产量超过了稻谷，成为产量最高的品种，而大豆产量依旧最低。小麦年度产量相对稳定，但进口量从2012年开始明显增加，特别是在2020年和2021年，玉米进口量大幅增加。与其他3种粮食品种相比，大豆的年度产量持续偏低，但进口量则显著高于其他品种，说明国内大豆供应不足，需求则持续旺盛。玉米表现出持续增长的产量和波动性增长的进口量，主要由两方面因素引起：一是实施临储政策鼓励玉米种植；二是进口玉米的价格低于国内价格，导致大量玉米进口。这种高产量和高进口量并存的现象无疑加重了国

家财政负担。相对而言，稻谷产量相对稳定，但自 2012 年起，进口量显著增加，表明国内对稻谷的需求潜力在不断增长。

三、粮食区域生产情况

粮食区域是特定经济区域，与普通的行政区域和经济协作区有所不同，划分原则侧重于地理位置上具有相似的粮食生产、消费或资源环境特点，粮食区域主要是由长期粮食生产活动形成的。当前，根据粮食生产状况，我国粮食区域主要被划分为三大类：粮食主产区、粮食主销区和产销平衡区。粮食主产区主要集中在东部和东北部，包括辽宁、河北、山东等 13 个省份；粮食主销区则多集中在包括东南沿海的发达地区，例如上海和广东等 7 个省份；产销平衡区主要位于西部和西南部地区，包括山西、宁夏、西藏等 11 个省份，该划分方式反映了地理和经济、人口发展的不同需求。例如，粮食主产区多位于地理条件优越、经济相对发达的东部和东北部地区，而粮食主销区主要位于人口密集、经济高度发达的东南沿海地区，产销平衡区则多在地理环境复杂、经济相对落后的西部和西南地区。这样的区域划分有助于更精确地把握各地的粮食供需状况，进而制定更为合理的粮食政策。

本节用粮食生产集中度来表示区域粮食生产情况，生产集中度可用每个省份粮食产量在当年占全国粮食产量的比重衡量。

1. 粮食主产区生产情况

在粮食主产区，特定几个省份常常在整体粮食产量中占据主导地位，这通常与作物种类和种植条件有关。在此以黑龙江、河南为例进行分析，这些地区通常是水稻和小麦的主要生产地。根据表 8-2 显示，2006—2011 年，黑龙江省的生产集中度从 6.39 增至 9.17，可能由于受到农业政策支持和土地整合的影响，或者全球粮食价格上涨的推动造成；2011—2015 年，生产集中度继续略有增长至 10.28，表明增长空间可能因达到一定规模而有所减少；然而 2017 年生产集中度降至 9.83，可能与外部经济因素或农业政策调整有关。2017—2021 年，生产集中度再次上升至 11.52，表明这段时间内农业政策或技术可能有所改进，进而推动生产进一步集中。观察生产集中度的波动性，大多数年份的数据都处于 9~11 之间，说明黑龙江省的粮食生产相对稳定。从整体趋势来看，生产集中度从 2006 年的 6.39 增至 2021 年的 11.52，接近翻倍，这反映出该省在这段时间内农业生产效率和规模化程度均有显著提升。

表 8-2　全国 31 个省份 2006—2021 年生产集中度

省份	年份															
	2006	2007	2008	2009	2010	2011	2012	2013	2014	2015	2016	2017	2018	2019	2020	2021
北京	0.2	0.22	0.2	0.24	0.24	0.21	0.21	0.19	0.16	0.11	0.10	0.09	0.05	0.04	0.05	0.06
天津	0.28	0.28	0.29	0.28	0.29	0.29	0.28	0.27	0.29	0.29	0.29	0.32	0.32	0.34	0.34	0.37
河北	5.37	5.58	5.66	5.5	5.48	5.45	5.55	5.51	5.59	5.54	5.41	5.61	5.63	5.63	5.67	5.60
山西	2.2	2.06	2.01	1.94	1.77	1.99	2.09	2.16	2.18	2.19	2.03	2.14	2.10	2.05	2.13	2.08
内蒙古	3.43	3.63	3.61	4.03	3.73	3.95	4.18	4.29	4.61	4.54	4.55	4.51	5.40	5.50	5.47	5.62

（续）

省份	年份															
	2006	2007	2008	2009	2010	2011	2012	2013	2014	2015	2016	2017	2018	2019	2020	2021
辽宁	3.61	3.61	3.66	3.52	3.00	3.23	3.56	3.51	3.65	2.89	3.22	3.41	3.33	3.66	3.49	3.72
吉林	5.33	5.47	4.89	5.37	4.63	5.2	5.55	5.67	5.9	5.82	5.87	6.03	5.52	5.84	5.68	5.92
黑龙江	6.39	7.72	6.9	7.99	8.2	9.17	9.75	9.77	9.97	10.28	10.18	9.83	11.41	11.30	11.26	11.52
上海	0.22	0.22	0.22	0.22	0.23	0.22	0.21	0.21	0.19	0.19	0.18	0.16	0.16	0.14	0.14	0.14
江苏	5.86	6.22	6.24	6.01	6.09	5.92	5.79	5.72	5.69	5.75	5.73	5.62	5.56	5.58	5.57	5.49
浙江	1.68	1.55	1.45	1.47	1.49	1.41	1.37	1.31	1.22	1.25	1.21	1.22	0.91	0.89	0.90	0.91
安徽	5.38	5.73	5.78	5.72	5.78	5.64	5.49	5.58	5.45	5.63	5.55	6.09	6.11	5.99		
福建	1.48	1.27	1.27	1.23	1.26	1.21	1.18	1.12	1.1	1.1	1.06	1.06	0.76	0.74	0.75	0.74
江西	3.63	3.81	3.8	3.7	3.77	3.58	3.59	3.54	3.52	3.53	3.46	3.47	3.33	3.25	3.23	3.21
山东	8.09	8.22	8.27	8.06	8.13	7.93	7.75	7.65	7.52	7.57	7.58	7.63	8.09	8.07	8.14	8.06
河南	9.47	10.3	10.5	10.2	10.2	9.95	9.7	9.56	9.49	9.51	9.76	9.65	10.11	10.09	10.20	9.58
湖北	4.5	4.21	4.36	4.21	4.35	4.24	4.18	4.14	4.16	4.26	4.35	4.14	4.32	4.10	4.07	4.05
湖南	5.53	5.33	5.37	5.31	5.47	5.21	5.15	5.1	4.86	4.94	4.83	4.79	4.59	4.33	4.50	4.50
广东	2.88	2.49	2.56	2.35	2.48	2.41	2.38	2.37	2.19	2.24	2.19	2.21	1.81	1.87	1.89	1.87
广西	3.07	2.87	2.78	2.64	2.76	2.58	2.5	2.52	2.53	2.45	2.47	2.09	2.01	2.05	2.03	
海南	0.32	0.33	0.35	0.35	0.35	0.33	0.33	0.34	0.32	0.31	0.30	0.29	0.22	0.22	0.22	0.21
重庆	2.41	1.62	2.17	2.18	2.14	2.12	1.97	1.93	1.91	1.89	1.86	1.89	1.64	1.62	1.62	1.60
四川	6.63	5.74	6.03	5.94	6.02	5.9	5.76	5.62	5.63	5.56	5.54	5.65	5.31	5.27	5.26	5.25
贵州	2.38	2.08	2.19	2.19	2.2	2.04	1.54	1.83	1.71	1.88	1.90	1.93	1.61	1.58	1.58	1.60
云南	3.13	2.93	2.91	2.87	2.97	2.8	2.93	2.97	3.03	3.07	3.02	3.09	2.83	2.82	2.83	2.83
西藏	0.19	0.19	0.19	0.18	0.17	0.17	0.16	0.16	0.16	0.16	0.16	0.17	0.16	0.16	0.15	0.16
陕西	2.15	2.09	2.13	2.1	2.13	2.13	2.09	2.11	2.02	1.97	1.97	1.99	1.86	1.85	1.90	1.86
甘肃	1.73	1.62	1.64	1.68	1.71	1.75	1.78	1.88	1.89	1.91	1.88	1.85	1.75	1.75	1.80	1.80
青海	0.19	0.2	0.21	0.19	0.19	0.19	0.18	0.17	0.17	0.17	0.17	0.16	0.16	0.16	0.16	0.16
宁夏	0.62	0.65	0.64	0.62	0.64	0.65	0.63	0.64	0.62	0.62	0.60	0.60	0.60	0.56	0.57	0.54
新疆	1.81	1.8	1.73	1.76	2.17	2.14	2.14	2.16	2.29	2.33	2.45	2.45	2.29	2.30	2.37	2.54

　　2006—2008 年，河南省的生产集中度从 9.47 增至 10.50，这一显著的增长可能是由于农业政策、土地整合和技术进步等多方面因素的综合影响。然而，在 2008—2011 年，生产集中度出现了降幅，从 10.50 降至 9.95，这可能与全球经济环境以及国内外市场需求变动有关。2011—2015 年，生产集中度相对稳定，在 9.49～9.70 之间波动，显示出农业生产在这几年内基本保持稳定。2015—2018 年，生产集中度再次上升，从 9.51 增至

10.11，这个上升可能与新一轮的农业支持政策或农业技术更新有关。进入 2018—2021 年，生产集中度先是出现微小的波动，在 10.11～10.20 之间，但在 2021 年下降至 9.58，这可能与近年的农业政策调整、气候变化或其他外部因素有关。总体而言，河南省的生产集中度波动范围相对较小，在 9.47～10.5 之间，没有出现明显的长期上升或下降趋势，而是在一个相对高的水平上进行波动，这一现象表明该省农业生产具有一定程度的稳定性。

2. 粮食主销区生产情况

在粮食主销区，粮食进口是主要依赖，因此本地的粮食生产通常不会特别集中，在此以上海和广东为例进行分析。2006—2010 年，上海市的生产集中度在 0.22～0.23 之间，相对稳定，这表明即使在高度工业化和城市化的条件下，农业生产仍然维持了一定程度的稳定性。然而，2010—2016 年生产集中度逐渐下降，从 0.23 降至 0.18，这个下降可能与土地利用的变化以及工业化和城市化的加速进程有关，导致农业土地和生产逐渐受到压制。2016—2021 年，生产集中度继续下滑，从 0.18 减少到 0.14，这一变化更为明显，可能受到政策导向、土地利用以及环境保护等多重因素的影响。从整体趋势来看，上海市的生产集中度持续下降，从 2006 年的 0.22 减至 2021 年的 0.14，总体下降约 36%。这一变化可能意味着对外来粮食的依赖逐年增加。

2006—2010 年，广东省的生产集中度经历了一系列波动，从 2.88 下降到 2.35，然后稍微回升至 2.48，这种波动反映了当地农业生产的不稳定性。2010—2016 年，生产集中度开始呈现相对稳定的态势，在 2.48～2.19 之间小幅波动，这或许表明农业生产逐渐走向稳定，尽管仍存在局部波动。然而，2016—2021 年生产集中度明显下降到 1.87，这一显著的下降趋势可能与地区经济的高速发展和农地逐渐被工业及住宅用地取代有关。从整体趋势来看，从 2006 年的 2.88 减少至 2021 年的 1.87，生产集中度总体下降了大约 35%，这表明广东省农业生产逐渐减弱，同时对其他地区或国际粮食供应的依赖性增加。

3. 粮食产销平衡区生产情况

粮食产销平衡区通常有足够的生产能力来满足当地的需求，但生产不如主产区那样高度集中，比较有代表性的省份为陕西和云南。2006—2011 年，陕西省的生产集中度表现出相对稳定的态势，一直处于 2.09～2.15 的区间，这或许表明在这一时期内，陕西省的农业生产格局并未经历显著变动。然而，2011—2016 年生产集中度出现下滑，从 2.13 降至 1.97，下降幅度较为有限，这表明农业结构发生了细微的改变，比如作物种植多样化增加或者农业与其他经济活动（如旅游和工业）的平衡有所调整。2016—2021 年，生产集中度在 1.97～1.86 之间波动，表现出相对稳定的下降趋势，这一阶段的轻微波动可能受到多重因素影响，如气候变化、土地使用政策或市场需求等。总体来看，陕西省的农业生产集中度在这段时间里表现出渐缓的下降趋势，并受到多种因素的复杂影响。

2006—2011 年，云南省生产集中度从 3.13 下降到 2.8，降幅约为 10.5%。这种下降主要归因于作物种植的多样化和生产结构的相对分散。随后，在 2011—2016 年，生产集中度从 2.8 回升至 3.02，上涨了大约 7.9%，这一上升反映了主导作物（例如稻米、茶叶）生产量的增加，或者与特定农业政策或市场需求变动有关。2016—2021 年，生产集中度在 2.83～3.09 之间波动，显示出农业生产格局的相对稳定性。综合观察 2006—2021 年的变化，生产集中度从 3.13 降到 2.83，总体降幅约为 9.6%。尽管降低幅度相对较小，但这期间生产集中度仍出现了多次上升和下降，表明了该省农业生产的复杂性和多元性。

第三节 粮食总量及品种平衡

当前阶段，中国的粮食产量受到资源和环境因素的严重制约。作为一个多人口、土地和水资源有限的国家，结合全球气候变化和环境污染等不利因素，粮食产量的持续增长面临多重阻碍。与此同时，由于人口增长和消费结构的升级，粮食需求预计将持续增长，导致粮食供需总量长期处于紧张平衡状态。尽管稻谷和小麦等主食作物的产量得到了绝对保障，并且库存相对充足，但优质强筋小麦、玉米、大豆等特定作物的产量不足，造成供需紧张，这一现象进一步暴露了粮食供需在品种结构上的矛盾。本节将通过量化分析稻谷、小麦、玉米和大豆这四大粮食作物的生产、需求以及供需缺口，来深入探讨粮食总量与品种平衡间存在的问题。

一、粮食需求总量

在中国，粮食需求可细分为两大类别、四大品种和四大用途。两大类别包括食物用粮和非食物用粮，食物用粮为满足人们直接和间接食品消费需求的粮食，可分为口粮和饲料用粮，而非食物用粮主要包括工业用粮和种子用粮。小麦、玉米、稻谷、大豆四大品种的需求量占粮食总需求的90%。四大用途是指口粮、饲料用粮、工业用粮、种子用粮。本节主要集中在对四大粮食品种的需求总量以及各自在口粮、饲料用粮、种子用粮、工业用粮方面的需求量进行统计分析。关于2011—2021年中国在小麦、玉米、大豆和稻谷方面的需求总量，具体数据见表8-3。

表8-3 2011—2021年全国小麦、玉米、大豆、稻谷需求总量

单位：万t

年份	小麦	玉米	大豆	稻谷
2011	11 665.00	18 675.00	7 100.00	19 510.00
2012	11 765.00	18 585.00	7 335.00	19 590.00
2013	11 600.00	18 585.00	7 650.00	19 625.00
2014	11 765.00	17 195.00	8 460.00	19 595.00
2015	10 960.00	18 112.00	8 858.00	19 455.00
2016	11 400.00	20 010.00	9 775.00	19 430.00
2017	11 195.00	23 200.00	10 428.00	19 342.00
2018	12 820.00	30 351.00	9 776.00	20 812.00
2019	11 845.00	29 101.00	11 315.00	21 118.00
2020	14 895.00	25 200.00	11 453.00	21 787.00
2021	14 666.42	28 301.00	11 173.00	22 634.00

根据表8-3的数据，2011—2021年，小麦的需求总量呈现出较大波动的态势。特别是在2015年，需求量跌至最低，为10 960万t，但在2020年异常增至14 895万t，这一

波动可能与出口减少和疫情有关。相对而言，玉米的需求总量从 2015 年开始明显上升，尤其在 2017—2018 年，需求从 23 200 万 t 激增至 30 351 万 t，这一增长或许与饲料行业的快速发展和生物燃料的广泛应用有关。大豆的需求总量也持续上升，特别是在 2018 年以后，需求从 9 776 万 t 增至 11 315 万 t，这可能意味着大豆在食品和饲料产业中的地位越来越重要。稻谷需求则相对平稳，仅略有增长，从 2011 年的 19 510 万 t 上升到 2021 年的 22 634 万 t，这一稳定的需求量反映了人口增长和消费习惯的相对稳定性。

根据表 8 - 4 的数据，4 种主要粮食（小麦、玉米、大豆和稻谷）在几乎所有用途上均表现出需求增长趋势，在饲料和工业用途方面尤其明显。然而，这一增长并不均衡。具体而言，小麦在工业用途的需求增长明显高于口粮需求，而玉米和大豆则在饲料需求方面有显著增长。从波动性角度来看，饲料用途的需求最不稳定。在这一方面，玉米和小麦的需求波动性显著，这可能与畜牧业的周期性、饲料价格以及可用替代品等因素有关。工业需求同样呈现显著变化，特别是小麦和玉米在工业用途上的需求，不仅有大幅度增长，还有明显波动，这或许与工业用途的多样性和经济周期有关。相对而言，在稳定性方面，口粮和种子需求表现得更为稳定，尤其稻谷的口粮需求相对稳定并呈现出缓慢但持续的增长趋势。在种子用途上，四种主要粮食的需求基本维持在一个相对稳定的范围内，反映了种植面积和种植技术的稳定性。

表 8 - 4　2011—2021 年四大粮食（口粮、饲料用粮、种子用粮、工业用粮）的需求量

单位：万 t

品种	用途	年份								
		2011	2014	2015	2016	2017	2018	2019	2020	2021
小麦	口粮	8 200	8 500	8 400	8 400	8 350	9 350	9 230	8 386	10 471
	工业用粮	1 140	1 215	1 200	1 200	1 250	1 200	920	1 034	1 613
	饲料用粮	1 700	1 500	800	1 200	980	1 800	1 600	1 493	1 987
	种子用粮	625	550	560	600	615	470	600	575	595
玉米	口粮	1 325	1 065	1 092	1 150	1 150	1 865	1 208	1 888	1 552
	工业用粮	5 750	4 000	4 300	5 400	7 800	7 800	8 000	7 800	8 689
	饲料用粮	11 200	11 650	12 220	13 000	13 800	19 000	18 000	17 800	20 481
	种子用粮	400	480	500	460	450	126	350	508	310
大豆	口粮	1 100	1 150	1 250	1 350	1 500	1 454	1 471	1 690	1 600
	工业用粮	5 900	7 100	7 400	8 100	8 550	8 563	8 804	9 949	9 191
	饲料用粮	30	150	150	250	300	298	320	240	256
	种子用粮	70	60	58	75	78	72	62	107	79
稻谷	口粮	16 055	16 200	16 440	16 375	16 514	18 097	18 030	17 991	18 095
	工业用粮	1 350	1 310	1 085	1 135	1 005	1 116	1 089	1 110	1 144
	饲料用粮	1 675	1 655	1 430	1 410	1 263	1 464	1 290	1 553	1 474
	种子用粮	430	430	500	510	560	537	553	532	570

2011—2018 年，小麦的口粮需求量虽有波动，但整体上维持在一个相对稳定的范围内。然而，2018—2021 年该需求量显著增加了约 12.0%，达到 10 471 万 t，这一显著增

长可能与某种社会经济因素的变化有关。同样值得注意的是，2019—2021 年，小麦在工业用途方面的需求量从 920 万 t 激增至 1 613 万 t，增长近 75%，这一增长趋势意味着小麦在工业领域找到了新的应用场景或者工业生产活动有所增加。至于小麦的饲料需求，2015 年达到最低点 800 万 t，但在接下来的几年里有所回升，尤其是在 2018 年和 2021 年，分别达到了 1 800 万 t 和 1 987 万 t 的峰值，这一需求的波动性与畜牧业的周期性、饲料价格或可用替代品等多种因素有关。

在 2018 年，玉米口粮需求达到峰值，为 1 865 万 t，然而到了 2021 年，该需求量下降至 1 552 万 t。尽管如此，与 2011 年相比，口粮需求整体上仍然呈现增长趋势。从工业应用角度来看，自 2017 年以来，玉米的工业需求稳步增加，从 7 800 万 t 增长到 2021 年的 8 689 万 t，这一增长趋势与玉米在多个工业应用方面如生物燃料和塑料制造逐渐增加的使用有关。另外，在饲料需求方面，从 2011 年的 11 200 万 t 增长到 2021 年的 20 481 万 t，呈现近 83% 的显著增长，这一显著的需求增长可归因于畜牧业的快速扩张以及高蛋白饲料需求的增加。

在口粮需求方面，大豆从 2011 年的 1 100 万 t 增加到 2021 年的 1 600 万 t，显示出约 45% 的增长，这一变化可能与消费者对高蛋白食品日益增长的需求有关。从工业需求的角度考虑，大豆在 2011—2021 年之间从 5 900 万 t 增加到 9 191 万 t，呈现近 56% 的增长，这种增长趋势与大豆油和大豆蛋白在食品以及其他工业产品中的广泛应用密切相关。在饲料需求方面，尽管大豆饲料需求量相对较小，但在 2011—2021 年间出现了显著的增长，几乎增加了 8.5 倍，这一显著增长可能与特定种类家畜对大豆饲料的增加需求有关。

在口粮需求方面，稻谷从 2011 年的 16 055 万 t 逐渐增加到 2021 年的 18 095 万 t，整体呈现出缓慢但稳定的增长趋势，这种稳定增长很可能与人口增长和稳定的消费习惯有关。从工业需求角度来看，稻谷在 2011—2021 年呈现出缓慢的下降趋势，但在 2021 年出现了小幅度的回升，这一变化可能与工业用途的多样性或者某些新兴工业应用的出现有关。在饲料需求上，稻谷虽然整体需求不大，但却呈现出一定程度的波动，这种波动可能是由多种因素驱动的，包括市场供需关系、价格波动等。综合来看，稻谷在各个需求领域中都表现出不同程度的变化。其中，口粮需求相对稳定，工业需求呈下降趋势但有所回升，而饲料需求则相对波动。

二、粮食总产量

2011—2021 年全国小麦、玉米、大豆、稻谷总产量见表 8-5。

表 8-5 2011—2021 年全国小麦、玉米、大豆、稻谷总产量

单位：万 t

年份	小麦	玉米	大豆	稻谷
2011	11 740.09	19 278.11	1 448.50	20 100.09
2012	12 253.98	22 955.90	1 305.00	20 653.23
2013	12 371.03	24 845.32	1 195.10	20 628.56
2014	12 823.52	24 976.44	1 215.40	20 960.91
2015	13 255.52	26 499.22	1 178.50	21 214.19

（续）

年份	小麦	玉米	大豆	稻谷
2016	13 318.83	26 361.31	1 359.50	21 109.42
2017	13 424.13	25 907.08	1 528.20	21 267.59
2018	13 144.05	25 717.39	1 596.70	21 212.90
2019	13 359.63	26 077.89	1 809.20	20 961.40
2020	13 425.38	26 066.52	1 960.20	21 185.96
2021	13 694.45	27 255.06	1 639.50	21 284.24

根据表 8 - 5，不同种类的粮食总产量在 2011—2021 年间呈现出各自独特的变化趋势。小麦总产量从 2011 年的 11 740.09 万 t 增长到 2021 年的 13 694.45 万 t，整体上升约 16.65%。尽管如此，2018 年的产量有所下降，这可能与气候、土壤或政策因素有关。玉米总产量从 2011 年的 19 278.11 万 t 增长到 2021 年的 27 255.06 万 t，增长幅度显著，约为 41.38%，特别是 2015—2016 年，产量有明显的上升。大豆总产量也显示出增长趋势，从 2011 年的 1 448.50 万 t 增至 2020 年的 1 960.20 万 t，总体增长约 35.33%。值得注意的是，2019—2020 年大豆产量有显著增长，这可能与市场需求和政府政策有关。与之相比，稻谷总产量在这一时期内变化不大，从 2011 年的 20 100.09 万 t 微增至 2021 年的 21 284.24 万 t，基本稳定在 2.1 亿 t 左右。稻谷作为基础食品，其产量表现出相对的稳定性。在供需关系方面，玉米和稻谷总产量相对较高，这可能会对价格产生影响。相反，大豆和小麦的产量相对较低，可能存在供不应求的情况。综合来看，小麦和玉米在总产量方面呈现出稳定增长的趋势，大豆则表现出加速增长的势头，而稻谷产量则相对稳定。

三、粮食总量及品种供需平衡分析

基于上述小麦、玉米、大豆、稻谷四大粮食需求及生产情况，本节测算了四大粮食的供需缺口，对供需总量及品种平衡性进行分析（表 8 - 6）。其中，供需缺口为正，表明供给大于需求，供给过剩；反之，表明供给小于需求，供给不足。

表 8 - 6　2011—2021 年全国小麦、玉米、大豆、稻谷的供需缺口

单位：万 t

年份	小麦	玉米	大豆	稻谷
2011	75.09	603.11	− 5 651.50	590.09
2012	488.98	4 370.90	− 6 030.00	1 063.23
2013	771.03	6 260.32	− 6 454.90	1 003.56
2014	1 058.52	7 781.44	− 7 244.60	1 365.91
2015	2 295.52	8 387.22	− 7 679.50	1 759.19
2016	1 918.83	6 351.31	− 8 415.50	1 679.42
2017	2 229.13	2 707.08	− 8 899.80	1 925.59
2018	324.05	− 4 633.61	− 8 179.30	400.90
2019	1 514.63	− 3 023.11	− 9 505.80	− 156.60
2020	− 1 469.62	866.52	− 9 492.80	− 601.04
2021	− 971.97	− 1 045.94	− 9 533.50	− 1 349.76

根据表 8-6，大豆的供需缺口持续呈现负数，绝对值大，表明大豆供应一直无法满足需求，尤其从 2015 年开始，这一缺口逐年扩大。虽然总体上缺口为负，但其大小存在波动，可能受到国际市场和进口量的影响。与之不同，玉米的供需缺口大多数年份为正数，并且相对较大，意味着供应大于需求。不过，在 2018—2019 年需求开始超过供应，而 2014—2017 年的供需缺口有明显缩小，可能由于需求增加或供应减少。小麦的供需缺口在大多数年份为正数，显示供应一般超过需求。但到 2020 年，缺口转为负数，暗示近年可能存在供应不足的风险。相对而言，稻谷在 2019 年以前的供应大多超过需求。然而，从 2019 年开始，需求逐渐超过供应，导致缺口逐年增大，这可能与需求增长或供应下降有关。总体来看，各类农产品的供需缺口都在不断变化，反映出多种影响因素和潜在的市场风险。

第四节 粮食质量等级平衡

随着社会经济水平的提升以及物质消费的多样化，对粮食需求的侧重点已从纯粹的数量需求转向更多维度，包括产品的安全卫生、外观特性和质量等因素。在安全卫生条件具备的前提下，消费者对于粮食质量等级的期望逐渐提高，优质粮食产品的选购逐步成为主导的消费观念。针对这一趋势，依据各类粮食的质量等级标准，对粮食生产和需求进行详细的等级分类，焦点将集中在小麦、玉米、大豆和稻谷这四大类粮食的质量等级及供需平衡现状分析上。

一、粮食质量等级的划分

按照国家标准，按照容量、不完善粒、杂质含量、水分以及色泽、气味将小麦质量等级分为一等至五等及等外（表 8-7）。

表 8-7 小麦质量等级标准

等级	容量/(g/L)	不完善粒/%	杂质/%		水分/%	色泽、气味
			总量	矿物质		
一等	≥790	≤6	≤1	≤0.5	≤12.5	正常
二等	≥770	≤6	≤1	≤0.5	≤12.5	正常
三等	≥750	≤8	≤1	≤0.5	≤12.5	正常
四等	≥730	≤8	≤1	≤0.5	≤12.5	正常
五等	≥710	≤10	≤1	≤0.5	≤12.5	正常
等外	<710	—	≤1	≤0.5	≤12.5	正常

按照容量、不完善粒、杂质含量、水分以及色泽、气味将玉米分为一等至五等及等外（表 8-8）。

表 8-8 玉米质量等级标准

等级	容量/(g/L)	不完善粒/%	杂质/%	水分/%	色泽、气味
一等	≥720	≤4	≤1	≤14	正常
二等	≥685	≤6	≤1	≤14	正常
三等	≥650	≤8	≤1	≤14	正常
四等	≥620	≤10	≤1	≤14	正常
五等	≥590	≤15	≤1	≤14	正常
等外	＜590	≤15	≤1	≤14	正常

大豆质量等级标准按照完整粒率、损伤粒率、热损伤粒率、杂质含量、水分含量以及气味、色泽分为一等至五等及等外（表 8-9）。

表 8-9 大豆质量等级标准

等级	完整粒率/%	损伤粒率/%	热损伤粒率/%	杂质/%	水分/%	气味、色泽
一等	≥95	≤1	≤0.2	≤1	≤13	正常
二等	≥90	≤1	≤0.2	≤1	≤13	正常
三等	≥85	≤1	≤0.5	≤1	≤13	正常
四等	≥80	≤1	≤1	≤1	≤13	正常
五等	≥75	≤1	≤3	≤1	≤13	正常
等外	＜75	—	—	—	—	正常

稻谷主要分为籼稻和粳稻，其中籼稻又分为早籼稻、晚籼稻和籼糯稻，粳稻又分为粳稻谷和粳糯稻谷，按照其出糙率、整精米率、杂质含量、水分含量以及色泽、气味分为一等至五等及等外（表 8-10）。

表 8-10 稻谷质量等级标准

种类	等级	出糙率/%	整精米率/%	杂质/%	水分/%	色泽、气味
早籼稻谷、晚籼稻谷和籼糯稻谷	一等	≥79	≥50	≤1	≤13.5	正常
	二等	≥77	≥50	≤1	≤13.5	正常
	三等	≥75	≥50	≤1	≤13.5	正常
	四等	≥73	≥50	≤1	≤13.5	正常
	五等	≥71	≥50	≤1	≤13.5	正常
	等外	＜71	—	—	—	—
粳稻谷、粳糯稻谷	一等	≥81	≥60	≤1	≤14.5	正常
	二等	≥79	≥60	≤1	≤14.5	正常
	三等	≥77	≥60	≤1	≤14.5	正常
	四等	≥75	≥60	≤1	≤14.5	正常
	五等	≥73	≥60	≤1	≤14.5	正常
	等外	＜73	—	—	—	—

二、粮食生产质量等级

根据主要粮食品种的质量等级标准，查阅统计中华粮网、国家粮食和物资储备局及中国统计年鉴等网站数据，汇总得到2011—2021年小麦、玉米、大豆、稻谷四大类粮食生产质量等级（表8-11）（由于部分年份数据存在缺失，仅统计计算了2011年和2014—2021年数据）。

表8-11 全国主要粮食品种生产等级

单位：万t

品种	质量等级	2011年	2014年	2015年	2016年	2017年	2018年	2019年	2020年	2021年
小麦	一等	4 343.83	5 780.34	5 962.48	5 965.52	5 671.12	6 401.18	8 563.50	8 793.64	8 298.81
	二等	4 109.03	3 609.56	3 723.30	3 749.39	4 087.88	3 930.09	3 099.43	2 926.74	3 875.52
	三等	2 465.42	1 817.40	1 874.67	1 919.79	2 141.27	1 104.10	1 162.29	1 194.86	1 150.33
	四等	587.00	782.49	807.15	734.42	726.73	1 380.10	347.35	349.06	260.19
	五等	234.80	959.18	989.41	335.00	246.57	197.16	133.60	107.40	82.17
	等外	65.74	239.80	247.35	180.38	103.82	131.44	53.44	53.70	27.39
玉米	一等	8 675.15	14 534.56	14 219.18	16 707.87	17 482.85	22 219.83	20 653.70	18 533.28	20 277.79
	二等	7 518.46	5 563.67	6 446.93	3 842.15	5 385.01	3 060.37	4 120.31	5 708.56	6 622.99
	三等	2 506.15	1 315.44	1 639.81	1 317.31	1 401.58	437.20	1 069.19	1 485.79	354.32
	四等	385.56	129.39	134.78	65.87	245.89	0.00	234.70	260.67	0.00
	五等	192.78	21.56	22.46	0.00	73.77	0.00	0.00	78.20	0.00
	等外	0.00	0.00	0.00	0.00	0.00	0.00	0.00	0.00	0.00
大豆	一等	11.59	226.06	305.90	283.40	230.40	360.85	441.44	848.77	506.61
	二等	420.07	449.70	345.00	444.60	790.56	777.59	844.90	327.35	760.73
	三等	506.99	354.90	384.10	497.90	313.92	325.73	307.56	392.04	288.55
	四等	260.74	138.56	75.90	49.40	61.92	97.40	141.12	260.71	50.82
	五等	72.43	41.32	0.00	24.70	27.36	20.76	34.37	131.33	16.40
	等外	0.00	4.86	39.10		15.84	14.37	39.80	0.00	16.40
稻谷	一等	5 125.52	7 682.08	9 370.13	7 537.53	7 122.32	5 706.27	5 010.42	8 008.31	7 151.49
	二等	8 944.54	8 673.31	8 183.25	8 479.73	8 081.70	9 545.81	10 398.19	9 300.65	9 088.35
	三等	4 020.02	3 262.82	2 561.17	3 613.46	4 046.06	4 475.92	4 528.25	3 071.97	4 022.71
	四等	1 306.51	743.43	353.98	776.53	1 001.09	954.58	775.67	529.65	808.80
	五等	402.00	144.56	249.87	196.72	417.12	318.19	188.68	190.67	212.84
	等外	301.50	144.56	104.11	103.54	187.70	212.13	62.89	84.74	0.00

根据表8-11的数据可知，在小麦质量等级的分布中，一等小麦的数量虽经历波动但总体上升，由2011年的4 343.83万t增至2021年的8 298.81万t，所占比重从36.8%提

高到 60.6%。二等和三等小麦的数量及其在总量中的比重均呈现波动下降趋势。二等小麦的比重从 2011 年的 34.8%降至 2021 年的 28.3%；三等小麦的比重也从 2011 年的 20.9%降至 2021 年的 8.4%。四等、五等及等外小麦的数量和比重均呈先增加后减少趋势，但转折点不同，四等质量小麦在 2018 年达到峰值随后下降，而五等和等外小麦的数量和占比在 2015 年开始下降。

一等质量的玉米在数量及比重上，2011—2018 年呈增长趋势，2018 年后有所下降，由 2018 年的 22 219.83 万 t 和 86.4%降低至 2021 年的 20 277.79 万 t 和 74.4%。二等质量的玉米在数量和比重的变化趋势与一等质量玉米相反，开始呈降低趋势，2018 年后逐渐增长。对于三等至五等质量等级的玉米，无论是数量还是所占比重都呈波动下降趋势。

对于大豆的质量等级，一等品种的数量经历了一个先上升后下降再上升的阶段，在这个过程中，2020 年的比重和数量达到了最高点，分别是 43.3%和 848.77 万 t。二等品种的大豆数量在经历波动的同时，呈现出先上升后回落的态势，其在总产量中的比重从 2011 年的 33%增加至 2017 年的 54.9%，随后 2021 年又降至 46.4%。三等品种的大豆数量和比重均呈波动下降趋势，由 2011 年 506.99 万 t，占比 39.9%，降至 2021 年 288.55 万 t，占比 17.6%。四等和五等品种的大豆数量和比重均较小，呈现先降低后回升的趋势。在 2014 年之后，开始出现了等级之外的大豆，尽管数量和占比较小，但也需要加强关注。

在稻谷的质量等级分布中，一等品种的数量经历了先升后降再回升的变化，其占比在 2015 年达到峰值，为 45%。二等品种的数量在小幅波动中有所增长，其占比大多分布在 40%~50%区间内。三等品种在数量和占比上呈先降后增的趋势，2019 年数量和占比达到峰值，分别为 4 528.25 万 t、21.6%。四等、五等及等级之外的稻谷数量和占比总体呈下降趋势。

三、粮食需求质量等级

需求驱动生产，优质粮食能以更高价格和更大销售量实现生产者利润的显著提升，经济激励也推动生产者从生产全链条的多个环节提升粮食质量。本节依据粮食的四大用途，即口粮、饲料用粮、工业用粮和种子用粮，对小麦、玉米、稻谷和大豆的需求进行质量等级分类。口粮作为国内最主要的粮食需求，虽然占粮食总需求量的比例逐年下降，但仍超过 50%。随着生活水平和膳食结构的改善，人均口粮消费量从 2008 年的 51.24%下降至 2017 年的 42%。因口粮需求的特殊性，本项研究中将四大主要粮食品种的口粮需求定位为三等以上的质量等级。相对而言，饲料用粮作为第二大用途，在总量和比重上均呈稳定增长，从 1995 年的 12 912 万 t 增至 2017 年的 16 343 万 t。鉴于饲料用粮对粮食质量的要求相对较低，研究中将其需求定为三等及以下的质量等级。作为粮食用途的第三大类别，工业用粮遍布食品、医药、化工、酒精、制酒和淀粉等多个生产行业。在粮食总消费量中，工业用粮从 2008 年的 7 350 万 t 增至 2017 年的 18 605 万 t，增长幅度超过一倍，年均增速达到 15.3%。综合各行业和品种特点，将小麦、玉米、大豆和稻谷在工业用途中的需求按照 60%、10%、20%、30%的比例划分为三等以上的质量等级。这一综合分析为粮食生产和需求的质量等级平衡提供了全面的视角。

通过查阅资料数据，计算得到 2011 年、2014—2021 年 4 种主要粮食品种的需求等级（表 8-12）。

表 8 - 12　全国主要粮食品种需求等级

单位：万 t

品种	消费等级	年份								
		2011	2014	2015	2016	2017	2018	2019	2020	2021
小麦	三等以上	9 395	9 658	9 800	9 720	9 840	10 540	10 382	9 582	12 034
	三等及以下	2 270	2 108	1 280	1 680	1 480	2 280	1 968	1 907	2 632
玉米	三等以上	8 595	6 710	7 114	8 310	10 780	11 691	11 358	11 976	12 599
	三等及以下	10 080	10 485	10 998	11 700	12 420	17 100	16 200	16 020	18 433
大豆	三等以上	2 350	2 630	2 788	3 045	3 288	3 239	3 293	3 786	3 517
	三等及以下	4 750	5 830	6 070	6 730	7 140	7 148	7 363	8 199	7 609
稻谷	三等以上	16 890	17 023	17 266	17 226	17 376	18 969	18 910	18 856	19 008
	三等及以下	2 620	2 572	2 190	2 205	1 967	2 245	2 053	2 330	2 275

注：数据来自中华粮网、中国统计年鉴、国家粮食和物资储备局等网站及推算得到。

　　根据表 8 - 12，2011 年、2014 年—2021 年，三等以上小麦需求量从 9 395 万 t 增至 12 034 万 t，显示出一种稳定的上升态势。尤其在 2018—2021 年间，需求量显著上升，这可能与经济增长和食品消费升级有关。相对而言，三等及以下小麦需求波动显著，但自 2018 年起也出现上升态势，这可能与饲料和工业需求有关。玉米在 2011—2014 年的三等以上需求有所下滑，但之后逐渐回升，表明在食品和其他高端用途中对玉米的需求具有一定的弹性。而三等及以下玉米需求则持续上升，特别是自 2017 年以后，这与养殖业的扩张可能有直接关系。对于大豆，三等以上的需求整体上也呈增长趋势，反映了食品工业，特别是健康食品领域逐渐增加的应用需求。三等及以下大豆需求的增长速度更为显著，这可能与大豆油和豆粕在工业和饲料用途中的增加有关。三等以上稻谷的需求整体稳定，增长速度较缓，这可能是因为主食消费基本保持稳定。三等及以下稻谷的需求有较小波动，整体增长速度相对于三等以上稻谷来说，要缓慢一些。

四、粮食质量等级结构平衡分析

　　基于上述全国主要粮食质量等级划分，测算全国主要粮食质量等级缺口，对全国主要粮食质量等级结构平衡进行分析（表 8 - 13）。

表 8 - 13　2011—2021 年全国主要粮食质量等级结构平衡分析

单位：万 t

品种	消费等级	年份								
		2011	2014	2015	2016	2017	2018	2019	2020	2021
小麦	三等以上	−942.14	−268.10	−114.22	−5.09	−81.00	−208.74	1 280.93	2 139.38	140.92
	三等及以下	1 082.96	1 690.87	2 638.58	1 489.59	1 738.39	532.84	−271.33	−201.98	−1 112.94
玉米	三等以上	7 598.61	13 388.23	13 552.11	12 240.02	12 087.86	13 589.19	13 416.00	13 066.17	14 301.45
	三等及以下	−6 995.51	−9 018.61	−9 200.95	−10 316.82	−10 698.76	−16 662.80	−14 896.11	−14 195.35	−18 079.14

（续）

品种	消费等级	年份								
		2011	2014	2015	2016	2017	2018	2019	2020	2021
大豆	三等以上	−1 918.34	−1 954.24	−2 137.10	−2 317.00	−2 267.04	−2 100.33	−2006.89	−2 610.17	−2 249.72
	三等及以下	−3 909.84	−5 290.36	−5 570.90	−6 158.00	−6 720.96	−6 689.65	−6 840.23	−7 414.58	−7 236.47
稻谷	三等以上	−2 819.94	−667.61	287.38	−1 208.74	−2 171.98	−3 716.54	−3 502.97	−4 280.17	−2 789.54
	三等及以下	3 410.03	1 723.37	1 079.13	2 485.25	3 684.97	3 716.02	3 502.20	4 279.73	2 769.61

由表 8-13 可知，小麦多年来的平衡状况存在显著波动。三等及以上质量为负数值表明存在缺口，而三等及以下质量为正数值则表明有盈余。高质量小麦的缺口从 2011 年开始急剧减少，并在 2019 年转变为显著盈余，但在 2021 年又回落至轻微盈余。相反，低质量小麦的盈余在 2015 年之前增加，随后出现剧烈下降，到 2019 年转为缺口。玉米在 2011—2021 年间持续显示出高质量等级的盈余，其中 2018 年达到高峰，此后相对稳定，这表明了高质量玉米供应的良好维持。然而，低质量玉米缺口加深，特别是从 2018 年开始，这可能表明高质量玉米的过度生产是以牺牲低等级玉米为代价的。大豆在两个质量类别中持续显示出缺口，到此阶段期末，高质量大豆的状况略有改善。低质量大豆的缺口在这些年中加剧，到 2021 年达到最糟糕的状况，这表明国内在大豆需求方面存在挑战。稻谷的状况与小麦类似，也经历了波动。高质量稻谷从显著缺口转为 2015 年的盈余，之后又出现逐渐增加的缺口。然而，低质量稻谷一直保持盈余，但在 2021 年下降明显，这可能反映了生产或消费偏好向高质量稻谷转变。

总的来说，中国粮食生产能力、质量控制和消费模式之间存在复杂的相互作用。总体趋势显示了国家提升粮食质量的努力，这一点通过玉米的高质量盈余以及小麦和稻谷临时盈余得到证明。然而，持续的缺口，特别是在高质量大豆和稻谷中，指向了满足国内优质粮食需求的潜在差距，这需要在农业规划和贸易政策中进行战略性调整。

第五节　粮食供需区域性平衡

由于地区资源禀赋、地理区位条件等原因，各地区粮食生产布局存在一定差异，从区域角度对粮食供需结构问题进行研究，有助于找到粮食产销区域间平等合作、风险共担的新途径，促进各区域间的粮食合理分工与合作，有效解决粮食区域间的矛盾，从而实现粮食供需的区域性结构平衡。

一、粮食产量区域性分析

根据中国农村统计年鉴数据及粮食生产分区，将全国各生产区域小麦、玉米、大豆、稻谷生产情况绘制成表格，见表 8-14。

表 8-14 2011—2021 年全国各区域小麦、玉米、大豆及稻谷的产量

时间	小麦			玉米		
	主产区	主销区	产销平衡区	主产区	主销区	产销平衡区
2011	9 814.8	134.8	1 790.5	15 087.6	307.9	3 882.6
2012	6 597.3	133.9	1 850.9	15 917.9	316.7	4 327.0
2013	6 730.6	122.4	1 730.9	16 965.1	319.6	4 564.1
2014	10 637.8	121.4	1 861.7	16 775.6	281.3	4 508.0
2015	10 909.7	126.8	1 982.0	17 627.8	289.3	4 546.2
2016	11 398.1	109.3	1 819.5	20 983.2	252.2	5 126.0
2017	11 564.2	120.9	1 748.3	20 676.6	243.6	4 986.7
2018	11 330.7	111.5	1 702.2	20 548.5	226.7	4 942.6
2019	11 584.7	103.3	1 671.7	20 925.6	240.4	4 911.8
2020	11 618.3	113.7	1 693.5	20 738.1	233.7	5 094.7
2021	11 792.3	134.8	1 767.2	21 699.9	249.7	5 305.7

时间	大豆			稻谷		
	主产区	主销区	产销平衡区	主产区	主销区	产销平衡区
2011	1 230.7	47.4	170.3	14 828.1	2 504.9	2 770.2
2012	1 082.6	60.2	162.3	15 018.8	2 494.9	2 910.1
2013	981.4	58.2	156.4	15 071.2	2 376.8	2 913.3
2014	1 001.2	61.0	154.1	15 248.1	2 430.5	2 972.1
2015	971.4	61.2	146.1	15 478.9	2 400.4	2 943.1
2016	1 075.9	59.5	159.2	15 341.9	2 396.7	2 968.9
2017	1 328.7	38.9	160.8	16 444.3	2 119.7	2 703.7
2018	1 392.8	41.3	162.5	16 373.9	2 164.0	2 675.0
2019	2 065.0	43.6	162.4	16 149.1	2 183.4	2 628.2
2020	1 754.9	42.5	162.6	16 348.5	2 217.7	2 619.5
2021	1 454.1	40.9	144.3	16 474.1	2 233.8	2 579.9

关于各区域小麦产量，主产区小麦产量在 2012 和 2013 年出现骤降，2014 年回升至 10 637.8 万 t，随后持续稳步增加至 2021 年 11 792.3 万吨；主销区和产销平衡区小麦产量在 2011—2021 年间变化幅度均较小，呈小幅波动趋势。关于各区域玉米产量，主产区玉米产量在 2011 年到 2021 年间不断增长，2015 年增长较为显著，由 17 627.8 万 t 增至 20 983.2 万 t。主销区玉米产量先小幅增长，2014 年开始波动减少；产销平衡区的玉米产量虽然在 2017—2019 年间略有降低，但总体来看，2021 年较 2011 年玉米产量有明显提升。关于各区域大豆产量，主产区大豆产量在 2015 年之前呈下降趋势，随后不断增长至 2019 年的 2 065 万 t，2020 年和 2011 年的大豆产量又有所回落。主销区和产销平衡区大豆产量均较少，主销区大豆产量呈先增后降趋势，而产销平衡区与之相反，大豆产量先降后增。关于各区域稻谷产量，主产区稻谷产量在 2011—2021 年间持续增长，展现出稳定的发展态势；稻谷主销区产量在 2017 年之前呈波动下降趋势，随后不断增长；产销平衡区在 2016 年之前稻谷产量不断提升，随后大幅降低至 2017 年的 2 703.7 万 t，此后呈小幅降低趋势。

二、粮食需求区域性分析

对于粮食的需求分析，除居民食用消费外，还包括饲料用粮需求、工业用粮需求、种子用粮需求、损耗以及出口等。其中对粮食的出口分析一般用于全国粮食整体的供需分析上，而对于区域粮食的供需分析则不考虑出口这一因素。由于统计年鉴及各大粮食数据网站没有统一地对粮食进行分区域的统计数据，因此在对不同区域粮食的需求进行分析时，需单独收集各个省份粮食的各种用途数据，再进行分区域计算分析。各主要品种粮食的消费情况计算如下。

1. 口粮消费

口粮需求总量主要取决于居民收入水平和人口数量。当居民收入在贫困线以下时，居民收入是制约粮食消费的重要因素，此时随着居民收入的提高，口粮消费会急剧增加，而当居民收入达到一定水平后，口粮消费对收入的弹性就会降低。根据统计年鉴、各地城乡居民人均口粮消费及城乡居民人口数，对各地粮食口粮消费量及分区结果进行计算（表8-15）。

表8-15　全国三大区域口粮需求量

单位：万t

年份	主产区	主销区	产销平衡区
2011	10 725.84	3 286.64	4 201.78
2012	10 772.06	3 353.37	4 158.56
2013	10 818.47	3 421.46	4 115.79
2014	10 865.09	3 490.92	4 073.46
2015	11 013.45	3 286.07	4 451.46
2016	10 622.24	3 258.67	4 218.29
2017	10 500.34	3 188.94	4 123.64
2018	10 356.47	3 196.42	3 973.08
2019	10 679.60	3 276.56	3 999.44
2020	11 323.41	3 725.49	4 319.16
2021	11 747.07	3 669.62	4 428.53

注：数据根据中国统计年鉴和各省份统计年鉴数据计算而得，城镇居民的原粮消费量是以原粮与成品粮按1：0.8的比例折算而得。

根据表8-15可知，主产区粮食口粮需求占比最大，超过60%；其次是产销平衡区，主销区的粮食口粮需求占比最小。主产区和主销区的粮食口粮需求量在2011—2021年间均呈先增加后降低再增加的趋势；而产销平衡区粮食口粮需求量的变化趋势与二者相反，先逐年降低，在2015年突然增至最高点4 451.46万t，随后开始新一轮的降低，直至2022年粮食口粮需求量才有所回升。

2. 饲料用粮

养殖业的快速发展，带动了饲料产业的迅猛增长，饲料用粮已成为除居民食用消费以外的又一个主要需求点。以农业农村部信息中心提出的各种畜禽产品、水产品的饲料报酬率来进行计算，各畜禽产品、水产品的饲料报酬率分别为：猪肉1：2.8，牛肉1：1.0，羊肉1：0.3，禽肉1：2.0，禽蛋1：2.0，奶1：0.33，养殖水产品1：0.8。以此数据为基础计算出各种畜禽产品、水产品的饲料用量。由于饲料消费中包括饲料用粮、谷皮、豆粕、鱼粉、饲草以及加工业副产品等，要想得到饲料用粮的数量必须去除其他部分，但由于豆粕、加工业副产品等用于饲料的数量难以估算，将饲料用量扣除粮食谷皮量的余额作为饲料用粮量的近似值。粮食谷皮量按粮食产量的 20％计算，用这个比率计算的结果会大于谷皮的真实数量，但可以看作是包括了豆粕、加工业副产品等其他饲料。三大区域的饲料用粮需求量计算结果见表 8-16。

表 8-16　全国三大区域饲料用粮需求量

单位：万 t

年份	主产区	主销区	产销平衡区
2011	19 727.72	2 124.73	2 400.29
2012	20 898.90	3 272.44	2 551.86
2013	17 576.18	3 337.47	2 753.51
2014	21 160.03	3 308.69	2 895.69
2015	12 704.79	3 304.91	2 900.96
2016	12 727.31	3 308.50	2 761.83
2017	11 344.10	3 981.11	3 001.38
2018	10 742.22	2 836.78	3 106.95
2019	8 762.14	3 177.72	2 851.08
2020	9 061.03	3 368.36	2 944.01
2021	11 095.05	3 469.95	3 685.05

由表 8-16 可知，主产区饲料用粮量在早期（特别是 2012 年和 2014 年）达到高峰，表明该时期农业生产力强劲。然而，从 2015 年产量开始下降，到 2019 年跌至最低点，这种下降可能反映了资源限制、政策调整或市场需求变化的影响。到了 2021 年，产量有所恢复，显示出该区域在应对挑战后逐渐恢复生产力。主销区的饲料用粮消费总体呈现出增长的趋势。消费的增加反映了对饲料用粮需求的持续增长，这可能与畜牧业的扩张和消费习惯的变化有关。虽然 2017 年出现了消费高峰，但之后又略有下降，这可能是市场调整或价格变化的结果。产销平衡区整体展现了平稳的增长趋势，这表明在该区域，饲料用粮的生产与消费达到了一种相对平衡的状态。这种相对稳定的增长可能源于有效的区域协调和供需管理策略。

整体来看，表 8-16 揭示了中国饲料用粮市场的动态变化。主产区的波动表明了农业生产受到多种因素的影响，而主销区的消费增长反映了市场需求的持续扩大。产销平衡区的稳定增长则显示了有效管理和区域协调的成果。这一时期的变化，反映了中国在协调农业生产和市场需求之间关系、寻求平衡所作出的努力。各区域的不同动态变化表明了地理、经济和政策因素在农业生产和消费中的重要作用。随着市场需求的持续变化和政策的调整，中国的饲料用粮产销格局可能会继续演变，以适应国内外市场的需求和挑战。

3. 工业用粮

工业用粮主要包括酿酒、酒精、淀粉加工等行业对粮食的需求。关于工业制品用粮的折算采用：白酒耗粮系数 1∶2.3、啤酒 1∶0.15、淀粉 1∶1.5、酒精 1∶3；副食品用粮折算按照副食品与粮食之比 0.8∶1 计算。各区域的工业用粮计算结果见表 8-17。

表 8-17　全国三大区域工业用粮需求量

单位：万 t

年份	主产区	主销区	产销平衡区
2011	9 910.73	912.03	1 355.28
2012	9 396.94	864.75	1 285.02
2013	9 497.88	874.04	1 298.82
2014	9 549.76	878.81	1 305.92
2015	9 802.09	902.03	1 340.42
2016	11 098.75	1 021.36	1 517.74
2017	13 040.24	1 200.02	1 832.03
2018	13 037.00	1 355.29	1 674.75
2019	13 254.05	1 142.49	1 769.61
2020	14 184.46	1 260.63	1 968.14
2021	16 000.85	1 451.08	2 395.46

由表 8-17 可知，主产区工业用粮需求量从 2011 年的 9 910.73 万 t 增至 2021 年的 16 000.85 万 t，中后期显示出持续的增长态势。这一趋势反映了该区域工业发展的迅速和对粮食资源的需求增加。特别是从 2016 年起，需求量的显著增加揭示了工业化加速及对粮食的依赖增强。主销区的工业用粮需求量呈现出相对稳定的增长模式，从 2011 年的 912.03 万 t 增长至 2021 年的 1 451.08 万 t。尽管整体上呈上升趋势，但某些年份如 2018 年和 2019 年出现的波动，表明了市场需求和经济活动的不断变化。产销平衡区的工业用粮需求量从 2011 年的 1 355.28 万 t 显著增加至 2021 年的 2 395.46 万 t。这种整体的增长趋势表明该区域在满足工业需求的同时保持了生产和消费的良好平衡。

表 8-17 数据整体上显示了中国工业用粮需求量的持续增长，这种增长反映了中国工业化的深入发展和对农业资源日益增长的依赖。各区域的需求量变化揭示了不同地区在工业和农业发展上的特点及其之间的相互作用。这一时期的稳定增长体现了中国在工业化进程中对粮食资源管理的重视，同时也指向了未来政策和资源分配的关键方向。随着经济的持续发展，工业对粮食的需求预计将保持增长态势，这需要通过有效的资源管理和政策调整来确保粮食安全和可持续发展。

4. 种子用粮

随着技术的发展与进步，每亩粮食作物的种子用粮量在逐渐地减少，根据《全国农产品成本收益资料汇编》的数据，最终的种子用粮需求量按稻谷 3 kg、玉米 2.6 kg、小麦 12 kg、大豆 4.5 kg、红薯折粮 10 kg 乘以其播种面积计算，并将各区域各省份五大粮食品种产量占整个省份粮食产量的比重作为系数，折算出各省份总的种子用粮需求量。查阅 31 个省份各粮食作物的播种面积并将其按照分区进行计算，三大区域种子用粮需求量的最终计算结果如表 8-18 所示。

表 8-18　全国三大区域种子用粮需求量

单位：万 t

年份	主产区	主销区	产销平衡区
2011	535.09	26.34	141.51
2012	541.96	26.07	141.04
2013	546.35	25.23	140.58
2014	550.09	24.81	139.53
2015	553.49	24.75	140.94
2016	598.15	21.78	135.21
2017	591.93	21.65	131.28
2018	588.69	21.28	126.98
2019	576.43	23.66	124.63
2020	572.11	21.10	123.90
2021	601.28	21.35	130.35

由表 8-18 可知，主产区种子用粮需求量从 2011 年的 535.09 万 t 稳步增长至 2016 年的 598.15 万 t，随后，种子用粮需求小幅下降至 2020 年的 572.11 万 t，2021 年又有所回升，需求量达到 601.28 万 t。尽管期间有小幅下降，但种子用粮在 2011—2021 年间总体上有所增长。这一变化趋势可能是该时期粮食主产区种植结构、种子使用效率、农民种粮意愿等因素共同作用的结果。主销区的种子用粮需求量从 2011 年的 26.34 万 t 逐年下降至 2021 年的 21.35 万 t。这表明主销区的种植活动有所减少，或者种植效率有所提高，减少了对种子的需求。主销区的需求量相对较低，可能由于该区域更依赖于外部种子供应，或者是由于非农业用地的扩展导致的种植面积减少。在产销平衡区，种子用粮需求量也呈现出逐年下降的趋势，从 2011 年的 141.51 万 t 减少到 2021 年的 130.35 万 t，这也在一定程度上反映出该区域在种植结构和效率上的调整。

表 8-18 数据整体上显示出中国三大区域在种子用粮需求上的不同发展模式。主产区作为核心种植区域，其需求量的增长显示了其在农业生产中的持续重要性。而主销区和产销平衡区的需求量下降则反映了这些区域在种植技术和效率上的进步，以及可能采取的种植结构调整。这些趋势体现了中国农业现代化的进程，随着技术的发展和市场的调整，不同区域的种子用粮需求将继续演变，以适应农业生产的新需求和挑战。

三、粮食区域性供需结构平衡分析

基于上述对全国三大区域供需实际情况测算三大区域的供需缺口，对区域性供需结构平衡性进行分析，如表 8-19 所示。

表 8-19　全国三大区域粮食供需结构平衡分析

单位：万 t

年份	主产区	主销区	产销平衡区
2011	10 787.66	−68.10	4 716.52
2012	7 778.80	−1 157.56	5 272.38

（续）

年份	主产区	主销区	产销平衡区
2013	12 127.89	−1 359.74	5 171.79
2014	12 402.82	−1 318.11	5 154.76
2015	10 914.03	−4 640.03	783.67
2016	13 752.65	−4 792.61	1 440.54
2017	14 537.14	−5 868.65	511.13
2018	14 921.55	−4 866.28	600.61
2019	17 452.84	−5 049.68	629.32
2020	15 318.79	−5 767.98	215.09
2021	11 976.14	−5 952.76	−842.33

由表 8-19 可知，主产区粮食供应量经历了波动增长的过程，从 2011 年的 10 787.66 万 t 波动变化至 2021 年的 11 976.14 万 t。尽管 2019 年达到了 17 452.84 万 t 的高峰，但之后又有所下降。这一趋势表明主产区在增加粮食生产方面取得了成效，但供应量的波动也反映了生产存在不稳定因素。主销区的粮食供需平衡持续呈现负值，从 2011 年的 −68.10 万 t 急剧下降到 2021 年的 −5 952.76 万 t。这一显著的负平衡变化表明主销区的粮食需求远远超过了当地的供应能力，反映了该区域内粮食消费需求的显著增长。产销平衡区的粮食供需平衡从 2011 年的 4 716.52 万 t 波动变化至 2021 年的 −842.33 万 t，这表明该区域在早期能够较好地保持供需平衡，但随着时间的推移，面临着日益增长的供需挑战。

表 8-19 整体上显示了中国各区域在粮食供需平衡方面的不同挑战。主产区虽然增加了粮食产量，但仍未能满足主销区日益增长的需求。主销区的持续负平衡和产销平衡区供需的逐年紧张突显了粮食需求增长的速度远超过当地生产能力。这种趋势反映了粮食生产与消费之间的区域不平衡，凸显了提高粮食生产效率、优化粮食分配和增强区域间协调的紧迫性。

第六节 粮食供需结构平衡的影响因素分析

由供需现状可知，小麦、玉米、大豆、稻谷四大类粮食存在不同程度的供给不足和供给过剩的情况。本节将灰色关联模型和熵权法进行结合，基于改进的灰色组合模型对影响小麦、玉米、大豆及稻谷四大类粮食供需缺口的各种影响因素进行研究，丰富粮食供需影响因素研究。

一、粮食供需缺口的关键影响因素辨识

1. 粮食生产及需求影响因素集

选取 2011—2020 年中国粮食供需缺口（X_0）作为主要研究对象，同时，基于当前全

国社会经济发展的实际，从粮食供给和需求的两个维度，选择以下因素作为影响粮食供需缺口波动的关联因子。

X_1：各品种粮食作物播种面积，反映一定时期内小麦、玉米、大豆、稻谷的播种面积，是粮食品种供给变化的最直接影响因素。

X_2：各主要粮食品种单位面积产量，是技术进步、投入变化、制度创新、灾害气候等各种因素效应的综合反映。

X_3：受灾面积，是影响农作物生产的直接因素，短期内对粮食供应产生直接的影响。

X_4：农业机械总动力，反映了一定时期内农业的机械化水平，是粮食供给的直接影响因素。

X_5：人口数量，是粮食需求的直接影响因素。

X_6：人均可支配收入，指一定时期国内人均可支配收入的金额，是社会发展水平的一个象征，代表了人民的生活水平，人民的生活水平很大程度上会影响粮食的消费结构，是粮食需求的重要影响因素（陈印军等，2016；Tang 等，2018；常国庆等，2014）。具体指标分配见表 8-20。

表 8-20　粮食供需缺口影响因素指标

一级指标	二级指标	代号	单位
供给	播种面积	X_1	10^3 hm²
	单位面积产量	X_2	kg/hm²
	受灾面积	X_3	10^3 hm²
	农业机械总动力	X_4	10^7 W
需求	人口数量	X_5	万人
	人均可支配收入	X_6	元

2. 因素辨识模型

粮食供需结构性问题是一项复杂的系统工程，涉及来自多领域、多环节和多过程的不同层次和不同等级的要素，加之劳动力技术水平、自然环境、气候条件、市场行情等信息的不明确，存在信息的不完整性、不确定性问题。灰色系统理论是研究少数据、贫信息、不确定性问题的有效方法，为研究粮食供需结构的影响因素提供了新思路。

本节基于灰色关联分析理论，辨识粮食供需的关键影响因素。传统灰色关联计算过程中将各因素设置为相同的权重，但实际上，各因素携带信息的重要性不同，其权重也应有所差异。基于此，运用信息熵理论，对传统灰色关联模型进行改进。

令各个因素的权重系数为 $a(k)$，$k=1, 2, \cdots, M$，且 $\gamma_i = \sum_{j=1}^{M} \varepsilon_i(j) a(j)$，$i=1, 2, \cdots, m_k$。

熵的概念源于热力学，熵权法是利用指标监测值所包含信息量的大小来计算权重，所以，如果某个评价指标的信息熵越小，就表明其提供的信息量也就越多，在综合评价中所起的作用越大，反之亦然（闫立萍等，2014）。

原始数据矩阵 $X = [x_{ij}]_{n \times m}$，$x_{ij} \geqslant 0$（$i = 1, 2, \cdots, n$；$j = 1, 2 \cdots, m$）中，n 为对象数，m 为评价指标数，由于熵中的变量取值范围为 $[0, 1]$，为了确保符合要求，采用归一化的方法对原始评价数据进行预处理，即 $P_{ij} = x_{ij} / \sum_{j=1}^{m} x_{ij}$，处理后矩阵为 $P_{ij} = [p_{ij}]_{n \times m}$。其相对于系统中的某个指标 x_{ij}，信息熵为 $E_j = -k \sum_{i=1}^{n} [p_{ij} \ln p_{ij}]$。式中，$k = 1/\ln n$。第 j 个指标的熵权为 $W_j = \dfrac{1 - E_j}{m - \sum\limits_{j=1}^{m} E_j}$。

3. 粮食供需缺口影响因素辨识

基于各粮食品种供需差的特点，利用基于熵权法的灰色关联模型及各影响指标的确立对其关联度进行计算，结果如表 8-21 所示。

表 8-21 主要粮食品种供需缺口影响因素的灰色关联度

粮食品种	关联度					
	X_1	X_2	X_3	X_4	X_5	X_6
小麦	0.847 3	0.843 8	0.837 5	0.843 5	0.780 5	0.833 3
玉米	0.796 9	0.793 0	0.777 7	0.795 1	0.740 6	0.810 8
大豆	0.964 3	0.977 6	0.959 5	0.983 3	0.872 4	0.995 3
稻谷	0.911 5	0.912 5	0.895 0	0.916 9	0.826 4	0.934 7

表 8-21 展示了主要粮食品种供需缺口影响因素的灰色关联度，对于小麦而言，播种面积（X_1）的关联度最高，达到 0.847 3，这表明播种面积的变动对小麦的供需缺口有决定性影响。单位面积产量（X_2）的关联度紧随其后，说明产量效率也是一个重要因素。受灾面积（X_3）的关联度稍低，这可能是由于小麦耐旱能力较强，受自然灾害影响较小。农业机械总动力（X_4）与播种面积和单位面积产量的关联度接近，反映了机械化水平对小麦生产的重要支撑作用。人口数量（X_5）和人均可支配收入（X_6）的关联度相对较低，可能是因为小麦是基础食品，其消费受到这些因素的影响较小。

玉米的关联度分析结果显示，对玉米供需缺口影响最大的因素是人均可支配收入（X_6），关联度高达 0.810 8，表明居民收入水平可显著改变玉米种植结构和需求水平，从而影响玉米供需缺口。随后，关联度从大到小依次是播种面积（X_1）、农业机械总动力（X_4）、单位面积产量（X_2）三者与玉米供需缺口的关联度均大于 0.79，也是影响玉米供需缺口的重要因素。受灾面积（X_3）和人口数量（X_5）对玉米供需缺口的影响相对较小，尤其是人口数量（X_5），其关联度不足 0.75。

大豆的单位面积产量（X_2）和农业机械总动力（X_4）的关联度极高，分别为 0.977 6 和 0.983 3，说明在大豆生产中，提高单产和农业现代化水平是极为关键的。特别值得注意的是，人均可支配收入（X_6）的关联度高达 0.995 3，这可能反映了大豆产品（如大豆油和豆制品）作为人们饮食结构中的重要组成部分，其需求量与居民的经济水平紧密相连。

稻谷的关联度分析显示，播种面积（X_1）、单位面积产量（X_2）和农业机械总动力（X_4）的关联度均较高，表明这些生产性因素对稻谷供需平衡有显著的正面影响。人均可支配收入（X_6）的关联度也较高，表明随着经济水平的提升，人们对稻谷及其加工产品的需求可能增加。

二、主产区粮食供给影响因素差异性分析

粮食主产区在中国的粮食产量中占据着重要地位，每年提供约 75% 的粮食供应，为维护粮食安全提供了坚实的支持。因此，深入研究粮食主产区的粮食生产状况及其受影响的因素对保障粮食安全至关重要。考虑到粮食安全的极端重要性，以及实施针对性农业支持政策的必要性，深入分析新形势下粮食产量波动和增长的影响因素具有现实重要性，这有助于建立稳定增长的粮食产量机制，并对粮食供需产生深远影响。尽管当前对粮食生产的研究已经取得了许多有价值的成果，但存在一些限制。首先，大部分研究局限于考虑单一变量与粮食产量之间的关系，未考虑其他可能影响的因素，因此，估计结果的可靠性受到了挑战。其次，多数研究基于单一省份的局部数据或全国范围的时间序列数据，较少进行粮食主产区各省份之间的对比分析，导致样本量相对较小，难以比较各地区之间的影响因素差异（张锦宗等，2017；周霖等，2017；罗建美等，2016）。鉴于粮食生产中存在许多因素和数据难以获取的问题，本节采用灰色关联分析与熵权法相结合的方法，以 13 个粮食主产省份作为研究对象，这些省份的粮食产量总和占据了全国粮食产量的 75% 左右。选择 2006—2017 年的数据，运用基于熵权法的灰色组合模型，对各个因素在粮食主产区各省份间的影响进行深入研究。

1. 粮食主产省粮食供给现状

粮食主产区包括东北 3 个省（黑龙江、吉林、辽宁），黄淮海 3 个省（河北、山东、河南），长江中下游 5 个省（江西、江苏、安徽、湖南、湖北）及内蒙古、四川共 13 个省。对粮食主产区 2012—2020 年粮食产量及粮食播种面积均值进行分析，结果如下：粮食产量最多的前 3 个省分别为黑龙江、河南和山东；几大区域中，东北地区的黑龙江，黄淮海地区的河南，长江中下游区域中的江苏，粮食产量分别在各自所在区域中是最大的。在粮食作物播种面积中，排在前三位的依旧是黑龙江、河南和山东。从几大区域来看，在东北地区，播种面积最大的是黑龙江；在黄淮海区域中，播种面积最大的是河南；在长江中下游地区，安徽的播种面积是最大的，这和各地区的地形地貌有较大关系。

2. 主产区粮食供给影响因素集

本节选取的系统因素为粮食主产区各省粮食总产量。考虑到当前缺乏单独针对粮食的要素总量统计数据，采用权重系数法，将广义农业中用于粮食生产的要素投入剥离出来。所选取的 11 中影响因素指标为：化肥施用折纯量（Z_1）、农业农村劳动力（Z_2）、农业机械总动力（Z_3）、农药使用量（Z_4）、粮食作物播种面积（Z_5）、农业总产值（Z_6）、粮食作物单位面积产量（Z_7）、农作物受灾面积（Z_8）、地方财政农林水事务支出（Z_9）、农用塑料薄膜使用量（Z_{10}）、农业生产资料指数（Z_{11}）（表 8-22）。

表 8 - 22　粮食供给影响因素集

系统因素	具体指标	单位
	化肥施用折纯量（Z_1）	万 t
	农业农村劳动力（Z_2）	万人
	农业机械总动力（Z_3）	10^7 W
	农药使用量（Z_4）	万 t
	粮食作物播种面积（Z_5）	10^3 hm^2
粮食总产量	农业总产值（Z_6）	亿元
	粮食作物单位面积产量（Z_7）	kg/hm^2
	农作物受灾面积（Z_8）	10^3 hm^2
	地方财政农林水事务支出（Z_9）	亿元
	农用塑料薄膜使用量（Z_{10}）	t
	农业生产资料指数（Z_{11}）	/

3. 主产区粮食供给影响因素的异质性分析

根据粮食生产影响因素指标的确定及组合的关联分析方法，计算得出粮食主产区各影响因素与粮食产量的灰色关联度（表 8 - 23）及排序情况（表 8 - 24）。

表 8 - 23　全国粮食主产省粮食生产影响因素的灰色关联度

省份	γ_1	γ_2	γ_3	γ_4	γ_5	γ_6	γ_7	γ_8	γ_9	γ_{10}	γ_{11}
黑龙江省	0.679	0.581	0.891	0.596	0.670	0.805	0.879	0.793	0.711	0.676	0.591
吉林省	0.748	0.641	0.853	0.656	0.936	0.833	0.848	0.785	0.681	0.723	0.739
辽宁省	0.716	0.668	0.864	0.731	0.834	0.665	0.841	0.589	0.840	0.687	0.740
河北省	0.761	0.976	0.704	0.710	0.953	0.582	0.930	0.807	0.687	0.753	0.705
山东省	0.760	0.773	0.659	0.701	0.923	0.604	0.884	0.631	0.757	0.735	0.704
河南省	0.774	0.854	0.779	0.699	0.895	0.671	0.879	0.713	0.792	0.701	0.692
江西省	0.726	0.958	0.583	0.750	0.905	0.646	0.852	0.608	0.617	0.667	0.722
江苏省	0.763	0.829	0.718	0.696	0.861	0.632	0.886	0.618	0.660	0.683	0.697
安徽省	0.757	0.818	0.684	0.668	0.885	0.627	0.909	0.621	0.802	0.696	0.705
湖南省	0.708	0.836	0.727	0.711	0.931	0.729	0.896	0.679	0.766	0.742	0.743
湖北省	0.706	0.908	0.733	0.730	0.924	0.762	0.930	0.652	0.805	0.728	0.731
内蒙古自治区	0.721	0.680	0.941	0.652	0.719	0.901	0.881	0.924	0.752	0.616	0.670
四川省	0.701	0.614	0.656	0.737	0.761	0.634	0.928	0.841	0.654	0.708	0.699

表 8 - 24　全国粮食主产省粮食生产影响因素的灰色关联度排序

省份	影响因素排序
黑龙江省	$\gamma_3>\gamma_7>\gamma_6>\gamma_8>\gamma_9>\gamma_1>\gamma_{10}>\gamma_5>\gamma_4>\gamma_{11}>\gamma_2$
吉林省	$\gamma_5>\gamma_3>\gamma_7>\gamma_6>\gamma_8>\gamma_1>\gamma_{11}>\gamma_{10}>\gamma_9>\gamma_4>\gamma_2$
辽宁省	$\gamma_3>\gamma_7>\gamma_9>\gamma_5>\gamma_{11}>\gamma_4>\gamma_1>\gamma_{10}>\gamma_2>\gamma_6>\gamma_8$
河北省	$\gamma_2>\gamma_5>\gamma_7>\gamma_3>\gamma_1>\gamma_{10}>\gamma_4>\gamma_{11}>\gamma_9>\gamma_6$
山东省	$\gamma_5>\gamma_7>\gamma_2>\gamma_1>\gamma_9>\gamma_{10}>\gamma_{11}>\gamma_4>\gamma_3>\gamma_8>\gamma_6$
河南省	$\gamma_5>\gamma_7>\gamma_2>\gamma_1>\gamma_9>\gamma_8>\gamma_{10}>\gamma_4>\gamma_{11}>\gamma_6$
江西省	$\gamma_2>\gamma_5>\gamma_7>\gamma_1>\gamma_{11}>\gamma_{10}>\gamma_6>\gamma_9>\gamma_8>\gamma_3$
江苏省	$\gamma_7>\gamma_5>\gamma_2>\gamma_1>\gamma_3>\gamma_{10}>\gamma_4>\gamma_6>\gamma_8$
安徽省	$\gamma_7>\gamma_5>\gamma_2>\gamma_1>\gamma_{11}>\gamma_{10}>\gamma_3>\gamma_4>\gamma_6>\gamma_8$
湖南省	$\gamma_5>\gamma_7>\gamma_2>\gamma_{11}>\gamma_1>\gamma_{10}>\gamma_6>\gamma_3>\gamma_4>\gamma_8$
湖北省	$\gamma_7>\gamma_5>\gamma_2>\gamma_9>\gamma_6>\gamma_3>\gamma_{11}>\gamma_4>\gamma_{10}>\gamma_1>\gamma_8$
内蒙古自治区	$\gamma_3>\gamma_8>\gamma_7>\gamma_1>\gamma_9>\gamma_6>\gamma_5>\gamma_2>\gamma_{11}>\gamma_4>\gamma_{10}$
四川省	$\gamma_7>\gamma_8>\gamma_5>\gamma_4>\gamma_{10}>\gamma_1>\gamma_{11}>\gamma_3>\gamma_9>\gamma_6>\gamma_2$

从表 8-23、表 8-24 可以看出，由于区域生产条件及生产技术的不同，不同生产影响因素对粮食产量的影响程度不尽相同。从地理位置上来说，由于相邻省份资源环境、地理位置的相似性，导致其影响因素的影响程度会有不同程度的相似性。例如东北地区的粮食影响因素中，处于前几名的均存包括农业机械总动力、粮食作物播种面积和粮食作物单位面积产量。由于东北地区具有区域优势和土地资源优势，地广人稀且土地资源肥沃，加之土地平坦、耕作成本较低，较适合大规模机械化生产，所以在其粮食生产影响因素排名中，农业机械总动力占有较重要的地位。

在黄淮海及长江中下游地区的粮食生产影响因素中，粮食播种面积、粮食作物单位面积产量和农业农村劳动力均排在前三位，这说明由于地理优势的原因，两大地区均处于平原区域，使其粮食生产的影响因素排序具有相似性。粮食的土地投入、农业投入增加和粮食单产水平对黄淮海地区及长江中下游地区的粮食主产区的生产起到重要作用。另外，地区粮食总产量不断增加的原因还得益于农村农业劳动力的不断增加。例如四川粮食生产的前三位影响因素为粮食作物单位面积产量、农业农村劳动力、粮食播种面积，这是由于四川地貌类型以平原、丘陵、山地、高原为主，中部为四川盆地，很难利用大型机械进行生产，因此农村农业劳动力对其粮食生产起到重要作用。

三、粮食供需结构平衡的政策建议

1. 缩小供需缺口

粮食播种面积和产量在小麦和玉米的供需平衡中具有重要影响，主要涉及粮食供给方面。然而，粮食产量在当前情况下已经接近极限，因此在无法显著提高产量的情况下，扩大耕地面积成为一种具有实际意义的调控方法。人均可支配收入是影响玉米、大豆和稻谷供需缺口的最大共同因素，这表明人民生活水平在粮食供需中占据重要地位，主要涉及粮食需求方面。随着人民生活水平的提高，粮食需求也会发生一定变化。农业机械总动力是影响大豆和稻谷供需缺口的主要因素之一，在粮食生产中具有重要作用。因此，应加强对农业机械化水平的关注，致力于提高农业机械化水平。

2. 因地制宜

粮食主产区可以通过引进高产稳产的作物品种和现代农业技术来提升粮食产量与效率。同时，加强农业基础设施建设，如改善灌溉系统和加强仓储物流设施，以及鼓励农业多样化，促进作物轮作和多样化种植，以提高土壤质量和减少对单一作物的依赖。对于粮食主销区，重点应放在提高粮食分配和运输效率上，同时优化粮食消费结构，通过倡导合理的饮食习惯和减少粮食浪费来实现。此外，发展城市近郊农业也能有效减少运输成本。在产销平衡区，维持生产与需求的平衡至关重要，需要根据市场需求调整种植结构，并通过建立农产品市场信息系统增强农民对市场变化的响应能力。此外，发展特色农业并通过品牌建设提升市场竞争力也是关键。这些措施的实施需要政府、农业企业、科研机构和农民的协同合作，结合科技创新、市场机制和政策支持，以实现粮食供需的持续平衡和农业的可持续发展。

本 章 小 结

本章根据粮食生产及需求现状，从粮食总量、品种的平衡、粮食质量等级供需结构平衡及区域粮食供需结构平衡3个方面，对粮食供需结构平衡进行多维分析；在此基础上，综合运用灰色关联模型和熵权法，分析粮食供需缺口影响因素及粮食主产区粮食供给的关键影响因素，并提出相应政策建议，为相关部门制定政策提供科学的理论依据。

参 考 文 献

胡甜，2015. 基于耕地质量的我国粮食供需平衡研究［D］. 北京：中国地质大学.

吉春林，2018. 乐山粮食市场供需现状调查及对策建议［J］. 粮食问题研究，（01）：25-28.

姜新，2019. 河南省粮食产量影响因素和预测方法研究［J］. 中国农学通报，35（01）：154-158.

蒋辉，张康洁，2016. 粮食供给侧结构性改革的当前形势与政策选择［J］. 农业经济问题，37（10）：8-17，110.

李志强，李哲敏，2001. 我国近期粮食安全形势分析［J］. 中国食物与营养，（01）：54-55.

刘珉泽，王曙光，张宽，杨启智，2016. 供给侧改革视角下我国粮食生产、流通的思考建议［J］. 地理与地理信息科学，32（06）：112-116，124.

马会宁，陈伟强，程道全，房阿曼，2015. 耕地地力评价因素对粮食产量的影响以河南省洛阳市为例［J］. 江西农业学报，27（07）：100-103.

毛学峰，刘靖，朱信凯，2015. 中国粮食结构与粮食安全：基于粮食流通贸易的视角［J］. 管理世界，（03）：76-85.

牟新娣，李秀婷，董志，董纪昌，苗晋瑜，2018. 基于微观调查数据的我国粮食需求影响因素研究［J］. 科技促进发展，14（10）：915-926.

尚丽，李瑞瑞，2017. 国际粮食价格波动对我国粮食供需平衡的影响研究［J］. 粮食与油脂，30（02）：93-96.

孙萍，陈锐，2008. 影响粮食产量的因素分析及对策建议［J］. 天津理工大学学报，（05）：51-53.

万慧瑾，2013. 金坛市粮食安全问题及其对策研究［D］. 江苏：苏州大学.

王德文，黄季焜，2001. 双轨制度下中国农户粮食供给反应分析［J］. 经济研究，（12）：55-65，92.

王菁，2013. 城市粮食安全对策研究以上海地区为例 [D]. 上海：上海交通大学.

王松梅，2015. 影响粮食消费的主要因素 [J]. 当代经济，（22）：40-42.

巫琦玲，张葵，2017. 基于回归分析的粮食产量影响因素分析 [J]. 粮食科技与经济，42（06）：35-37，45.

吴红霞，李荆荆，聂艳，童秋英，吴西子，2017. 基于偏最小二乘回归模型的湖北省粮食产量影响因素分析 [J]. 湖北农业科学，56（13）：2553-2559.

吴石磊，王学真，高峰，2016. 国际粮食供给和国际粮食需求波动影响因素分析 [J]. 统计与决策，（20）：171-174.

张进，王诺，卢毅可，林婉妮，2018. 世界粮食供需与流动格局的演变特征 [J]. 资源科学，40（10）：1915-1930.

张沛琪，2013. 江苏省粮食消费影响因素分析与中长期粮食生产——消费平衡预测：以近 10 年为例 [D]. 江苏：南京农业大学.

张越杰，王军，2017. 推进粮食产业供给侧结构性改革的难点及对策 [J]. 经济纵横，（02）：110-114.

庄道元，陈超，杨丽，2010. 影响我国粮食综合生产能力因素的实证分析——基于 1983—2006 年数据 [J]. 科技管理研究，30（08）：202-203，215.

Downing T E，1992. Climate change and vulnerable places：global food security and country studies in Zimbabwe，Kenya，Senegal and Chile. Environment Change Unit [J]，University of Oxford，5（6）：28-30.

Roger W. Buckland，1997. Implications of Climatic Variablity for Food Security in the Southern Afeican Development Community（SADC）[J]. Internet Journal for African Studies，（23）：336-343.

Sunil Kanwar，2006. Relative Profitability，Supply Shifters and Dynamics Output Response in a developing Economy [J]. Journal policy Modeling，（28）：67-88.

Stephen Devadoss，Murat Isik，2006. An analysis of the impact of climate change on crop yields and yield variability [J]. Applied Economics. 38（07）：835-844.

第九章 农业碳排放与粮食生产管理趋势预测

农业碳排放来源多样且构成复杂，导致农业碳排放总量大且波动性强；预测农业碳排放变化趋势有助于把握农业低碳发展方向，科学制定碳减排政策措施，对实现农业可持续发展具有重要意义。粮食生产作为农业发展的重心，受多因素交互影响，研究气象要素、科技创新等关键因素对粮食生产影响趋势的变化规律，可为粮食作物精准种植提供支持，以形成更科学合理的粮食生产管理决策。

第一节 农业碳排放趋势预测

基于农业碳排放的复杂性、不确定性特征，将灰色预测模型与神经网络相结合，构建基于核优化灰色 BP 神经网络预测模型，从总量和效率两个维度分别对农业碳排放量和农业碳效率进行趋势预测，可为政府制定低碳农业发展措施提供重要依据。

一、基于核优化的灰色 BP 神经网络预测模型

农业碳排放受生产方式、技术水平、生态环境及社会经济环境等多因素综合影响，不仅具有灰色不确定性，而且具有错综复杂的非线性交互特征。将灰色预测模型与 BP 神经网络模型结合，能够在一定程度上解决灰变量及变量间复杂非线性关系的问题。传统灰色 BP 神经网络模型在对单变量时间序列预测时存在矛盾的一面：一方面，GM（1，1）模型对小样本数据的预测精度较高，如果时间序列过长，样本量过大，GM（1，1）模型的小样本预测优势就不能凸显出来（Wu 等，2013）；另一方面，BP 神经网络模型的建立需要输入多个特征值，对于单变量的时间序列预测，通常使用前 $n-1$ 年的数据来得到第 n 年的预测值，建模数据会在原有基础上减少 $n-1$ 个，如果数据量较小，BP 神经网络在训练过程中可能会产生过拟合现象。

针对灰色 BP 神经网络模型在预测单变量时间序列方面的不足，本节在传统灰色 BP 神经网络模型的基础上引入核函数，通过变换特征空间的维数，建立核函数优化的灰色 BP 神经网络模型（KGM-BPNN），弥补现有灰色 BP 神经网络模型在预测单变量时间序列方面的局限性，并将改进模型应用于河南省农业碳排放总量和农业碳效率的预测，探究河南省农业低碳化发展趋势，为河南省农业碳减排相关政策的制定提供量化参考和科学依据，同时也为农业碳排放相关研究提供新方法、新工具。

1. 核方法

核方法是在 Vapnik（1999）提出的支持向量机（SVM）模型的基础上发展起来的，

通过函数映射的方法将低维特征空间中的点升至多维特征空间，可以有效地使线性模型非线性化。本节采用高斯核函数对特征数据进行维数提升，利用泰勒级数对高斯核函数进行维数变换。

对于 x 和 y 两个变量，$k(x, y)$ 表示关于 x、y 的高斯核函数：

$$k(x, y) = [\varphi(x), \varphi(y)] = e^{-\sigma \| x-y \|^2} = e^{-\sigma(x^2 - 2xy + y^2)} = e^{-\sigma(x^2 + y^2)} e^{-\sigma 2xy} \tag{9-1}$$

式中，$\varphi(x)$、$\varphi(y)$ 是关于 x 和 y 的映射函数，可将低维空间中的点映射到高维空间中；$[\varphi(x), \varphi(y)]$ 是 $\varphi(x)$ 和 $\varphi(y)$ 的内积；σ 表示高斯核函数带宽。

$k(x, y)$ 的泰勒级数展开可以表示为：

$$
\begin{aligned}
k(x, y) &= e^{-\sigma(x^2 + y^2)} e^{-\sigma 2xy} \\
&= e^{-\sigma(x^2 + y^2)} \left(1 + \frac{2\sigma xy}{1!} + \frac{(2\sigma xy)^2}{2!} + \cdots + \frac{(2\sigma xy)^n}{n!} \right) \\
&= e^{-\sigma(x^2)} e^{-\sigma(y^2)} \left(1 + \sqrt{\frac{2\sigma}{1!}} x \sqrt{\frac{2\sigma}{1!}} y + \sqrt{\frac{(2\sigma)^2}{2!}} x^2 \sqrt{\frac{(2\sigma)^2}{2!}} y^2 + \cdots + \sqrt{\frac{(2\sigma)^n}{n!}} x^n \sqrt{\frac{(2\sigma)^n}{n!}} y^n \right) \\
&= e^{-\sigma(x^2)} \begin{bmatrix} 1 \\ \sqrt{\dfrac{2\sigma}{1!}} x \\ \sqrt{\dfrac{(2\sigma)^2}{2!}} x^2 \\ \vdots \\ \sqrt{\dfrac{(2\sigma)^n}{n!}} x^n \end{bmatrix}^T e^{-\sigma(y^2)} \begin{bmatrix} 1 \\ \sqrt{\dfrac{2\sigma}{1!}} y \\ \sqrt{\dfrac{(2\sigma)^2}{2!}} y^2 \\ \vdots \\ \sqrt{\dfrac{(2\sigma)^n}{n!}} y^n \end{bmatrix}^T
\end{aligned} \tag{9-2}
$$

得到映射函数 $\varphi(x)$ $\varphi(y)$：

$$\varphi(x) = e^{-\sigma(x^2)} \begin{bmatrix} 1 \\ \sqrt{\dfrac{2\sigma}{1!}} x \\ \sqrt{\dfrac{(2\sigma)^2}{2!}} x^2 \\ \vdots \\ \sqrt{\dfrac{(2\sigma)^n}{n!}} x^n \end{bmatrix}^T \tag{9-3}$$

$$\varphi(y) = e^{-\sigma(y^2)} \begin{bmatrix} 1 \\ \sqrt{\dfrac{2\sigma}{1!}} y \\ \sqrt{\dfrac{(2\sigma)^2}{2!}} y^2 \\ \vdots \\ \sqrt{\dfrac{(2\sigma)^n}{n!}} y^n \end{bmatrix}^T \tag{9-4}$$

2. KGM－BPNN 模型建模过程及步骤

基于核方法，构建核优化的 KGM－BPNN 组合预测模型，具体步骤如图 9－1 所示。由于农业碳排放总量和农业碳效率均使用 KGM－BPNN 模型进行预测，本节以农业碳排放总量趋势预测为例，描述 KGM－BPNN 模型构建步骤。

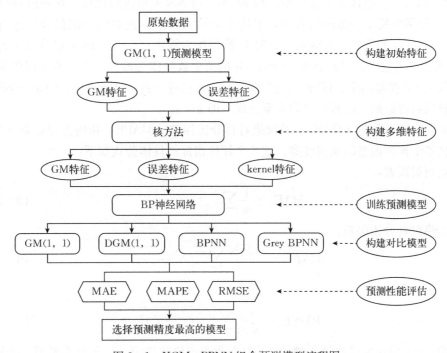

图 9－1　KGM－BPNN 组合预测模型流程图

步骤 1：原始数据二维特征空间构建。由于单变量时间序列不具有任何的特征值数据，可认为其特征空间的维数为 0。由于核方法无法提高 0 维空间的维数，利用 GM（1，1）模型构造出农业碳排放量的原始二维特征序列。首先将原始数据输入 GM（1，1）模型中，通过 GM（1，1）模型得到农业碳排放量的预测值，将实际值分解为 GM（1，1）拟合值和误差值，构造农业碳排放量的 GM 特征 X 以及误差特征 Y，然后可以得到其 GM 特征序列 $X=(x_1, x_2, x_3, \cdots, x_m)$ 和误差特征序列 $Y=(y_1, y_2, y_3, \cdots, y_m)$，并得到农业碳排放量的二维特征空间 Q 以及二维空间上的坐标点 (x_1, y_1)，(x_2, y_2)，$\cdots$ (x_m, y_m)。

步骤 2：基于核函数的空间升维。将步骤 1 中得到的二维特征空间 Q 中的坐标点通过核函数映射到 n 维特征空间 ψ 中，得到特征空间 ψ 中的坐标点 $(z1_1, z2_1, \cdots, zn_1)$，$(z1_2, z2_2, \cdots, zn_2)$，$\cdots$，$(z1_m, z2_m \cdots, zn_m)$。在这个过程中，构造出了农业碳排放量新的 n 维特征序列：GM 特征序列 $Z1=(z1_1, z1_2, \cdots, z1_m)$、误差特征序列 $Z2=(z2_1, z2_2, \cdots, z2_m)$ 以及核特征序列 $Zi=(zi_1, zi_2, zi_3, \cdots, zi_m)$，$i=3, 4, \cdots, n$。

步骤 3：BP 神经网络训练。将步骤 2 中得到的农业碳排放量 n 维特征序列 $Zi=(zi_1, zi_2, zi_3, \cdots, zi_m)$（$i=1, 2, \cdots, n$）作为 BP 神经网络的输入值，农业碳排放量作为输出值，对 BP 神经网络进行训练，构建核优化的 BP 神经网络预测模型（KGM－BPNN），最终得到农业碳排放量预测值。

同理可得农业碳排放效率的预测值。

3. KGM - BPNN 模型与基准模型的比较

为验证 KGM - BPNN 模型的有效性，选择灰色 BP 神经网络、BP 神经网络、GM（1，1）和 DGM（1，1）模型作为基准模型，与 KGM - BPNN 模型进行比较。在灰色 BP 神经网络、BP 神经网络模型训练的过程中，采用滚动输入法的方式对农业碳排放量进行预测，即 2001—2003 年的数据作为输入，2004 年数据作为输出；2002—2004 年数据作为输入，2005 年数据作为输出，以此类推，以前 3 年的历史数据作为输入，去预测第四年的数据。为了与灰色 BP 神经网络、BP 神经网络模型的输入保持一致并进行对比，KGM - BPNN 模型采用核函数将原始二维特征空间升至三维，即 $n=3$。

选取平均绝对误差（MAE）、平均绝对百分比误差（MAPE）和均方根误差（RMSE）用于评估各个预测模型的预测性能。这 3 个评价指标的具体公式如下：

平均绝对误差：

$$MAE = \frac{1}{m} \sum_{i=1}^{m} | s_i - \overline{s_i} | \qquad (9-5)$$

平均绝对百分比误差：

$$MAPE = \frac{100\%}{m} \sum_{i=1}^{m} \frac{| s_i - \overline{s_i} |}{s_i} \qquad (9-6)$$

均方根误差：

$$RMSE = \sqrt{\frac{1}{m} \sum_{i=1}^{m} (s_i - \overline{s_i})^2} \qquad (9-7)$$

其中，s_i 为农业碳排放量预测值，$\overline{s_i}$ 为农业碳排放量均值，m 为样本数量。上述 3 个评价指标的值越小，模型预测的精度越高。

二、河南省农业碳排放量趋势预测

为明晰未来河南省农业碳排放量的发展趋势，基于 2001—2020 年河南省碳排放量历史数据，预测 2021—2025 年河南省农业碳排放量，可为河南省发展低碳农业提供决策依据。

在预测 2021—2025 年河南省农业碳排放量之前，首先对模型的有效性进行验证。选取河南省 2001—2017 年农业碳排放量作为训练样本，2018—2020 年农业碳排放量作为测试样本，分别运用 GM（1，1）、DGM（1，1）、Grey BPNN、BPNN、KGM - BPNN 预测模型，对 2001—2020 年河南省农业碳排放量进行拟合，并测算其 MAE、MAPE、RMSE 值，结果见表 9 - 1。

表 9 - 1　不同模型的农业碳排放拟合结果

年份	Raw data	GM（1，1）	DGM（1，1）	Grey BPNN	BPNN	KGM - BPNN
2001	673.581 1	673.581 1	673.581 1	—	—	673.580 7
2002	703.896 0	722.866 6	723.099 6	—	—	703.880 8
2003	701.054 1	741.417 1	741.634 2	—	—	701.138 1

（续）

年份	Raw data	GM (1, 1)	DGM (1, 1)	Grey BPNN	BPNN	KGM‑BPNN
2004	728.742 1	760.443 6	760.643 8	741.057 6	720.214 2	725.686 7
2005	759.267 4	779.958 4	780.140 7	779.492 1	780.068 8	758.652 8
2006	791.026 3	799.974 0	800.137 3	802.962 1	795.071 5	792.425 8
2007	827.728 5	820.503 3	820.646 5	831.114 0	825.057 1	826.454 2
2008	861.561 8	841.559 4	841.681 4	861.794 8	859.509 7	861.718 9
2009	896.521 9	863.155 9	863.255 4	891.434 1	936.728 9	896.641 5
2010	928.378 9	885.306 5	885.382 5	915.652 3	982.883 1	927.245 0
2011	951.139 1	908.025 6	908.076 7	930.462 4	947.903 5	950.622 9
2012	965.728 0	931.327 8	931.352 6	935.682 4	949.768 4	966.657 1
2013	978.998 0	955.227 0	955.225 1	938.295 1	974.569 4	978.567 4
2014	990.193 5	979.741 3	979.709 5	945.306 8	1 003.169 7	990.817 9
2015	1 003.547 4	1 004.883 9	1 004.821 5	943.261 3	1 033.253 9	1 000.961 5
2016	1 001.725 8	1 030.671 6	1 030.577 1	937.248 6	1 046.691 0	1 000.671 9
2017	986.707 6	1 057.121 1	1 056.993 0	937.752 9	1 053.112 7	986.611 4
训练集 MAE	25.692 4	25.705 9	26.852 8	22.177 6	0.828 8	
训练集 MAPE	0.029 4	0.029 4	0.028 3	0.023 8	0.001 0	
训练集 RMSE	31.094 9	31.095 5	33.903 9	0.154 2	1.191 6	
2018	966.044 2	1 084.249 4	1 084.085 9	987.794 5	1 037.836 4	963.547 4
2019	937.364 8	1 112.073 9	1 111.873 3	969.206 2	988.960 2	939.329 1
2020	920.664 1	1 140.612 4	1 140.372 9	943.623 6	866.375 1	919.504 0
测试集 MAE	170.954 2	170.753 0	15.206 9	59.225 5	1.873 7	
测试集 MAPE	0.182 5	0.182 3	0.016 0	0.062 8	0.002 0	
测试集 RMSE	175.947 9	175.745 1	18.940 2	59.898 5	1.952 6	

注：Raw data 表示农业碳排放的原始数据，Grey BPNN、BPNN 分别表示灰色 BP 神经网络、BP 神经网络模型的测度结果。

对比各模型在训练阶段和测试阶段的 MAE、MAPE、RMSE 值发现，KGM‑BPNN 的预测性能要优于其他模型，因此，选用 KGM‑BPNN 模型对河南省 2021—2025 年的农业碳排放进行预测，预测结果如表 9‑2 所示。

表 9‑2　基于 KGM‑BPNN 模型的 2021—2025 年河南省农业碳排放量预测

单位：万 t

年份	2021	2022	2023	2024	2025
农业碳排放量	905.704 9	897.065 4	892.012 3	889.187 4	887.666 4

由表 9‑2 可知，2021—2025 年，河南省农业碳排放量呈现持续下降的趋势，年均下降幅度为 0.726 0%，可预测 2025 年河南省农业碳排放量将下降至 887.666 4 万 t，但仍高于 2001 年的初始值，说明未来河南省仍存在较大的碳减排潜力。

基于表9-2的预测结果，结合2001—2020年河南省实际农业碳排放量，绘制河南省农业碳排放的整体趋势变化图（图9-2）。2021—2025年河南农业碳排放的下降速度持续放缓，进入下降瓶颈期，未来河南省需要进一步采取新的有效碳减排措施，充分激发和增强农业碳减排潜力，推动农业低碳发展。

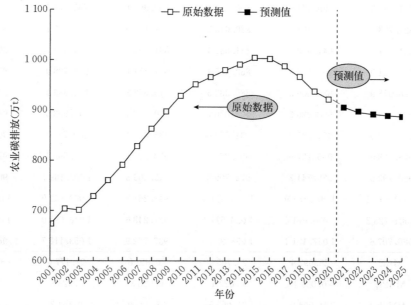

图9-2　2001—2025年河南省农业碳排放量变化趋势

三、河南省农业碳效率趋势预测

在预测河南省农业碳效率之前，仍需通过比较分析对预测模型的有效性进行验证。选取河南省2001—2017年农业碳效率作为训练样本，2018—2020年农业碳效率作为测试样本，通过对比GM（1，1）、DGM（1，1）、BP神经网络、灰色BP神经网络以及KGM-BPNN模型的拟合结果，选择最佳模型对2021—2025年河南省农业碳效率进行预测。

表9-3分别列出了GM（1，1）、DGM（1，1）、BP神经网络、灰色BP神经网络、和KGM-BPNN模型的农业碳效率拟合结果以及MAE、RMSE和MAPE的值。

表9-3　不同模型的河南省农业碳效率拟合结果

年份	Raw data	GM（1，1）	DGM（1，1）	Grey BPNN	BPNN	KGM-BPNN
2001	1.000 0	1.000 0	1.000 0	—	—	0.999 8
2002	1.000 0	0.928	0.929 5	—	—	1.000 0
2003	1.000 0	0.904	0.905 6	—	—	1.000 0
2004	1.000 0	0.881	0.882 3	0.996 9	1.007 1	0.946 5
2005	0.851 7	0.859	0.859 6	0.704 6	0.787 0	0.851 7
2006	0.729 2	0.837	0.837 4	0.709 0	0.762 6	0.762 0

（续）

年份	Raw data	GM (1, 1)	DGM (1, 1)	Grey BPNN	BPNN	KGM – BPNN
2007	0.701 1	0.816	0.815 9	0.705 0	0.745 2	0.719 3
2008	0.709 6	0.795	0.794 9	0.695 4	0.730 9	0.709 2
2009	0.695 4	0.774	0.774 4	0.689 3	0.717 3	0.710 2
2010	0.709 0	0.755	0.754 5	0.689 5	0.704 0	0.708 2
2011	0.693 6	0.735	0.735 0	0.690 6	0.692 5	0.700 4
2012	0.702 1	0.717	0.716 1	0.686 7	0.686 1	0.691 5
2013	0.684 7	0.698	0.697 7	0.681 5	0.688 5	0.686 3
2014	0.682 4	0.681	0.679 7	0.685 3	0.701 7	0.688 1
2015	0.687	0.663	0.662 2	0.697 2	0.726 4	0.697 7
2016	0.727 8	0.646	0.645 2	0.712 6	0.762 7	0.715 5
2017	0.757	0.63	0.628 5	0.731 5	0.809 5	0.747 9
训练集	MAE	0.060 6	0.060 6	0.020 7	0.026 0	0.010 5
	MAPE	0.077 8	0.077 9	0.026 4	0.035 2	0.013 4
	RMSE	0.074 6	0.074 5	0.041 4	0.187 7	0.017 2
2018	0.816 5	0.614	0.612 4	0.757 9	0.863 6	0.826 7
2019	1.000 0	0.598	0.596 6	0.797 9	0.920 1	0.995 2
2020	1.181 7	0.583	0.581 2	0.859 6	0.973 4	1.182 9
测试集	MAE	0.401 1	0.402 7	0.194 3	0.111 8	0.005 4
	MAPE	0.385 6	0.387 2	0.182 2	0.104 6	0.006 1
	RMSE	0.432 5	0.434 0	0.222 2	0.131 7	0.006 5

注：Raw data 表示农业碳效率的原始数据，Grey BPNN、BPNN 分别表示灰色 BP 神经网络、BP 神经网络模型的测度结果。

为便于更好地对比不同模型的预测精度，绘制出各个模型的拟合效果图（图 9 - 3）。

由图 9 - 3 可知，由于 GM（1，1）和 DGM（1，1）模型具有线性结构，这两个模型的预测结果显示 2002—2020 年农业碳效率的变化与时间呈现负的线性关系，并不能描述农业碳效率的非线性变化情况。BP 神经网络对单变量时间序列预测时需采用滚动输入法，会将部分输入值损失掉，所以无法得到 2001—2003 年的拟合值。由于其在预测的过程中呈现出"吞噬数据"的缺点，会导致训练集数据减少，从而影响了模型的精度。灰色 BP 神经网络继承了 BP 神经网络"吞噬数据"的缺点，所以也无法得到 2001—2003 年的拟合值，且图 9 - 3 中显示出测试阶段农业碳效率的预测结果与实际情况相差较大。KGM - BPNN 模型通过核方法，将低维特征数据转化为高维特征数据，实现了特征数据的"信息增殖"，其训练集和测试集的精度都比较高，能够较好地描述河南省 2001—2020 年农业碳效率的真实变化情况。因此，KGM - BPNN 模型更适合于河南省农业碳效率的预测。

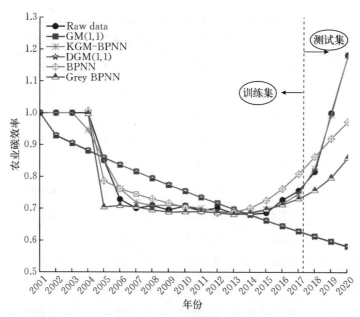

图 9-3　不同预测模型的拟合效果对比

图 9-4 为不同模型的预测精度比较，GM（1，1）和 DGM（1，1）模型的预测效果较为相似，在所有的模型中精度最差，MAE、RMSE、MAPE 均高于其他模型，尤其是在测试阶段中的精度要远差于训练阶段，这表明 GM（1，1）和 DGM（1，1）模型的泛化能力较差；BPNN、Grey BPNN 模型测试阶段的预测效果也低于训练阶段，其泛化能力也较差；KGM-BPNN 在训练阶段、测试阶段的 MAE、RMSE 和 MAPE 的值均远低于其他模型，且测试阶段的 3 个评价指标值均低于训练阶段，表明 KGM-BPNN 具有较强的泛化能力。

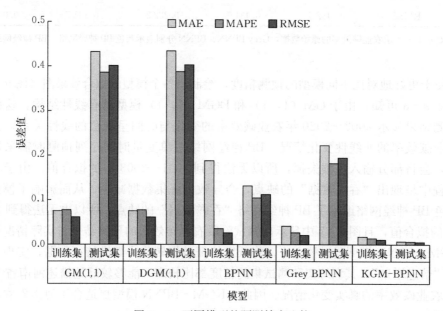

图 9-4　不同模型的预测精度比较

为进一步验证 KGM-BPNN 模型相对于灰色 BP 神经网络模型具有更高的有效性和更小的局限性，将研究周期缩短一年，选取 2002—2020 年农业碳效率值进行建模；为使预测效果更清晰、更显著，将所选取的数据按照 70％∶15％∶15％ 的比例将数据划分为训练集、验证集、测试集，并对 KGM-BPNN 模型和灰色 BP 神经网络模型的回归效果进行展示（图 9-5、图 9-6）。图中横坐标表示目标输出，即农业碳效率实际值，纵坐标表示预测输出和目标输出之间的拟合函数；回归值 R 代表预测输出和目标输出之间的相关性，R 介于 0～1 之间。R 值越接近 1，表明预测和目标输出之间的关系越密切，R 值越接近 0，表示预测和目标输出之间的关系随机性越大，若 R=1 表示过度拟合。

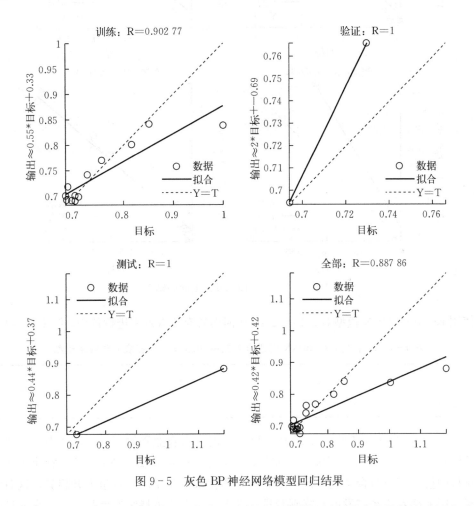

图 9-5　灰色 BP 神经网络模型回归结果

对比图 9-5 和图 9-6 可发现，灰色 BP 神经网络模型在预测过程中的验证集和测试集均出现了过拟合的现象，而 KGM-BPNN 模型的训练集、验证集、测试集均保持着良好的拟合效果，这表明在时间序列长度有限的情况下，时间序列长度的较小变动会对灰色 BP 神经网络模型的预测精度产生巨大影响，灰色 BP 神经网络模型对时间序列的长度具有更高的要求，其局限性较大。综上，KGM-BPNN 模型具有更小的局限性和更高的有效性。

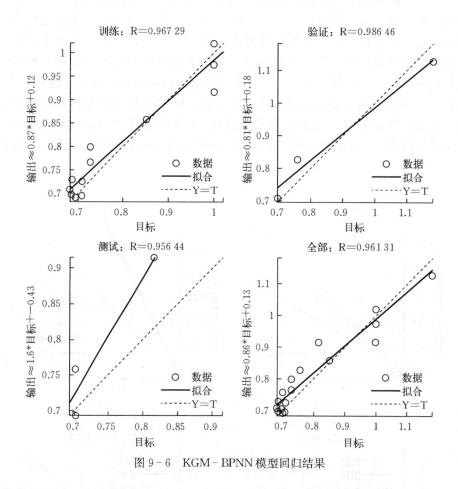

图 9-6　KGM-BPNN 模型回归结果

使用 KGM-BPNN 模型对 2021—2025 年河南省农业碳效率进行预测，结果见表 9-4。

表 9-4　基于 KGM-BPNN 模型的 2021—2025 年河南省农业碳效率预测

年份	2021	2022	2023	2024	2025
农业碳效率	1.267 6	1.295 8	1.308 0	1.315 8	1.321 2

将表 9-4 中的预测结果结合 2001—2020 年河南省农业碳效率，绘制河南省农业碳效率的整体趋势图（图 9-7）。2021—2025 年，河南省农业碳效率均大于 1，农业经济发展与碳排放的投入产出组合达到平衡，农业碳效率在未来 5 年内一直呈上升趋势，这对河南省乃至全国平衡农业经济发展与降碳减排，推进落实农业可持续发展是一个可喜的良好局面。但是未来 5 年内，河南省农业碳效率的上升速度将会趋于平缓，平均年增长幅度为 2.288 4%。这表明，按照目前的农业生产状况，河南省农业经济发展与降碳之间的动态平衡至少在未来 5 年内可以继续维持，但这种动态平衡的效果会逐渐减弱。因此，河南省要想更好地适应未来发展绿色农业的需要，避免农业碳效率在未来出现停滞状态，就需要继续优化和调整当前的农业生产战略以及当前的降碳减排措施。

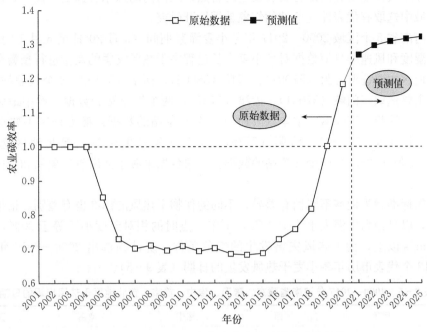

图 9-7　2021—2025 年河南省农业碳效率变化趋势

第二节　农业气象灾害预警分析

农业气象灾害具有季节性、局部性、多发性与并发性的特点，如果防御措施不恰当或不及时，就会造成农作物减产，并带来巨大经济损失，严重影响我国农业的高质量发展。开展及时、有效的农业气象灾害预警工作，并根据灾害预测情况制定应急方案，可减少灾害带来的农业经济损失，为农作物生产保驾护航。本节对影响小麦生产的干热风及干旱灾害、影响玉米生产的干旱及连阴雨灾害进行预警分析，为科学制订小麦、玉米生产计划，有效预防与控制灾害提供科学依据。

一、河南省冬小麦生产的干热风灾害预警

干热风是冬小麦在灌浆乳熟期发生的一种严重的自然气象灾害，干热风对作物的危害，主要是高温低湿的燥热天气导致空气和土壤的蒸发量显著增大，农作物蒸腾加剧，体内水分平衡失调，冬小麦在乳熟中后期遇到干热风，麦穗会被烤得无法灌浆，麦粒干瘪，粒重下降，冬小麦产量将受到严重影响（张志红等，2015）。而河南省又是冬小麦的主产区，为此研究冬小麦生产过程中干热风气象灾害发生的时空演变趋势，对干热风气象灾害的发生作出科学准确的预测（李红忠等，2015），对于提前预防规避冬小麦生长过程中由于干热风气象灾害发生导致的减产有重要意义。

1. 河南省干热风灾害概况

河南省因南北跨度大，东西地势高差悬殊，全省范围内气象灾害的发生存在较大差

异。为了详细具体地研究河南省灾害发生的特点，从河南的豫东、豫西、豫中、豫南、豫北5个区域中选取有代表性气象站的气象数据展开研究。

利用河南省5个区域2000—2017年冬小麦灌浆期间（5月20日至6月10日）的气温、相对湿度和风速的日值数据对冬小麦生长过程中干热风灾害的发生进行预警分析。其中，豫东地区主要选取开封（57091）、商丘（58005）、西华（57193）3个气象站的数据；豫西地区主要选取三门峡（57051）、孟津（57071）两个气象站的数据；豫中地区选取许昌（57089）、郑州（57083）、宝丰（57181）3个气象站的数据；豫南地区主要选取南阳（57178）、驻马店（57290）、信阳（57297）3个气象站的数据；豫北地区选取新乡（53986）、安阳（53898）两个气象站的数据。气象数据来源于河南省气象局和中国气象数据网。

干热风标准因为地域不同稍有差异，不同的作物干热风的标准也有差别。根据河南省气候特点，以日最高气温大于等于32℃，下午2点时的相对湿度小于等于30%，同时风速达到2 m/s以上，为干热风灾害发生的气象条件，统计筛选出2000—2017年河南省5个区域13个代表市历年冬小麦干热风发生的日期（表9-5）。

表9-5　2000—2017年河南省豫东、豫西、豫中、豫南、豫北地区干热风出现的日期

年份	豫东		豫西		豫中		豫南		豫北	
	月	日	月	日	月	日	月	日	月	日
2000	5	20	5	21	5	20	5	22	5	20
2001	5	20	5	23	5	20	5	21	5	20
2002	5	25	5	26	5	27	5	26	5	25
2003	5	30	5	28	5	29	5	30	5	29
2004	5	24	5	19	5	22	5	20	5	20
2005	6	3	6	12	6	11	6	10	6	2
2006	5	30	5	29	5	29	5	23	5	30
2007	5	25	5	20	5	25	5	20	5	26
2008	5	28	6	9	5	28	5	29	6	1
2009	6	3	6	3	5	31	5	31	6	2
2010	5	24	5	30	5	24	6	17	6	1
2011	5	31	5	31	5	31	5	31	5	30
2012	6	8	6	10	5	28	5	28	6	1
2013	6	5	5	20	5	21	5	21	6	1
2014	5	20	6	10	5	21	5	29	6	7
2015	6	8	6	5	6	8	6	10	6	1
2016	6	16	6	12	6	16	6	14	6	1
2017	5	25	5	26	5	25	5	27	6	10

根据表9-5所示，从横向和纵向两个维度来分析河南省2000—2017年干热风发生的时空演变趋势。从横向维度来看，2000—2017年河南省干热风灾害的发生时间有3个转折点，分别是2005年、2009年、2015—2016年。在2005年之前，河南省5个区域每年干热风发生的时间都在5月下旬，且5个区域每年干热风发生的时间很接近；在2005年，

河南省 5 个区域干热风发生的时间均往后推迟至 6 月上旬；2006—2008 年期间，5 个区域的干热风灾害发生时间又回到了 5 月下旬，且每年 5 个区域干热风发生的时间相差不大；至 2009 年，5 个区域干热风灾害发生的时间大致在 6 月上旬发生又一次波动；随后在 2010—2014 年，5 个区域干热风灾害的发生时间每年稍有差异，相对于 2000—2004 年，2010—2014 年 5 个区域的干热风灾害发生时间整体上往后推迟，但是有的区域在 5 月下旬发生，有的区域在 6 月上旬发生，且 6 月上旬发生的次数增多；2015—2016 年间，5 个区域的干热风灾害发生的时间均在 6 月上旬，再次出现河南省 5 个区域整体发生干热风灾害的时间往后推迟的现象。不难看出，在 2000—2017 年，河南省 5 个区域的干热风发生的时间以 3～5 年为周期，发生一次整体波动。从纵向维度来看，2000—2017 年间豫中和豫南地区干热风发生在 5 月下旬多一些，豫北地区自 2005 年之后，干热风发生的时间几乎都在 6 月上旬，从相关资料查询到干热风发生在 5 月 29 日之前会对冬小麦灌浆期造成危害，因此，5 个区域中冬小麦干热风发生成灾次数最少的是豫北地区，其次是豫东和豫西地区，干热风成灾次数最多的是豫中和豫南地区。总体来看，5 个区域干热风成灾发生的次数均在减少，这与科技进步以及科学的防范密切相关。

2. 基于灰色 GM（1，1）模型的干热风灾害预测

灰色系统理论中的灰色灾变预测实际上是异常值的预测，依据评判标准确定异常值，灾变预测的主要任务是通过灰色预测模型测算出下一个或几个异常值出现的时刻，对灾变进行预警分析，从而及早采取预防措施。根据表 9 - 5 中河南省 2000—2017 年 5 个区域干热风发生的时间序列数据，对河南省干热风发生时间进行预测，以干热风发生在 5 月 29 日前为干热风成灾时间。

利用 GM（1，1）模型进行河南省干热风灾害预测，结果发现：豫东地区在 2023 年、2030 年可能干热风成灾；豫西地区在 2023 年和 2034 年可能干热风成灾；豫中地区在 2021 年和 2025 年可能干热风成灾；豫南地区在 2021 年和 2026 年可能干热风成灾；而豫北地区未来可能不会有干热风成灾现象。基于预测结果，提出以下干热风防御措施。

（1）调整农业种植结构和模式。种植结构优化方面：通过植树造林、改善生态环境等调节麦区的气候，起到防风固沙、减小蒸发的作用，从而减轻干热风对冬小麦的危害；再者营造防护林和冬小麦间作可增加湿度、降低温度、降低风速，增加农田空气湿度和土壤中的水分保持，削弱冬小麦蒸腾强度，同时也增大了根系吸水能力，从而有效地改善冬小麦灌浆的农田气候，使冬小麦灌浆速度明显增加，减轻干热风对冬小麦的危害，对冬小麦稳产高产有一定的保护作用。种植模式调整方面：对农耕时节来说，小满、芒种是冬小麦的关键生长期，有"小满不满，麦有一险"的古谚，含义是在小满这个时节冬小麦若还没有灌浆乳熟，就很容易受到干热风的危害（杨霏云，2013）。从播种时间的早晚来看，播种晚的冬小麦更容易受到干热风的危害，农谚有"早谷晚麦，十年九坏"，说的就是这个道理。所以冬小麦的耕种时间可以根据农耕物候图科学合理地适当提前，从而使冬小麦在小满时节之前完成灌浆，可控制性地趋利避害，来充分挖掘气象资源的潜力，提高农作物的经济效益（赵俊芳等，2012）。

（2）优种优育。加大农业科技的投入，科学技术是第一生产力，农业科技的进步必将增强冬小麦适应气象灾害变化的能力，优选优育具有抗性的冬小麦新品种是应对气象灾害的最根本最直接有效的对策之一，所以在未来气候变化的压力之下，应大力支持新品种的研发，尤其是对耐高温、抗灾害、抗旱涝等抗逆性品种的研究。同时各地也要因地制宜，积极引进并推广优良品种和高新技术，增强粮食作物自身的抗逆性，在气候异常变化的情况下，确保粮食作物稳产、高产、高效、高质。

（3）加强农田水利设施建议。农田水利设施建设是现代农业生产的基础，也是粮食生产过程中抗灾减灾最有力的保障。冬小麦干热风的危害主要发生在5月下旬到6月上旬，是在高温低湿并伴有一定风速的情况下发生的，而水分匮乏是河南省冬小麦生产的主要限制性因素之一，因此在这个阶段，提高灌溉水平，可以在一定范围内减弱由于高温对粮食产量的负面影响（成林，2011）。在冬小麦灌浆期间使土壤保持适宜的水分，有助于稳定粒重，加大对农田灌溉的投入，增加有效灌溉面积，是冬小麦灌浆期抵御干热风和干旱灾害的有效途径。

（4）科学防治。一种方法是用氯化钙、复方阿司匹林等药剂处理种子。另一种方法是在冬小麦生育后期干热风来临之前，为提高麦秆内磷钾含量以增强冬小麦抵御干热风的能力，可在冬小麦拔节期、孕穗前期，喷洒浓度为20%左右去渣澄清的草木灰水、或者在冬小麦孕穗期、抽穗期和扬花期，各喷一次0.2%~0.4%的磷酸二氢钾溶液50~75 kg/亩；为加速冬小麦后期发育，增强其抗逆性和结实性，可在冬小麦扬花期喷施硼肥、锌肥或者在扬花后1周，每公顷喷750 kg原液稀释5 000倍的NV、BN、ME、复合剂；若要显著增强冬小麦的抗逆性，提升灌浆速度和籽粒饱满度，可在灌浆期喷20 ppm[①]浓度的萘乙酸，或每亩喷施浓度为0.1%的氯化钙溶液50~75 kg、浓度为1 000 mg/kg的石油助长剂浓度为0.2%的硫酸锌溶液。以上几种方法均有助于籽粒淀粉形成，使冬小麦灌浆速度加快，从而在一定程度上有效地防御或减弱干热风对冬小麦的危害。采用化学药剂喷洒，是一种有灾抗灾、无灾增产的速效措施，但从根本上讲，还应采取综合防御措施，才能有效地战胜干热风对冬小麦的危害。

（5）灾害预测预报。中国自古以来就有"预则立不预则废"防患于未然的思想意识。全球气候的变化导致了气象灾害的频繁发生，灾害强度和频率的增加，对粮食生产以及社会经济造成了严重的损失，当务之急是要提高气象灾害的预报和监测的精准度，但是目前我国气象服务的作用并没有充分地体现出来，因此有关公共服务部门要合理规划建设气象监测预报服务的工作，一方面要加大对气象监测设施的投入，另一方面也要促进各种气象资源的共享并做到资源充分利用。完善监测预警系统，提高对气象灾害监测和预警防范的能力，加强应急反应能力，提前做好防御工作，为粮食生产应对气象灾害提供有力的预防保障。

（6）提高气候适应意识。气象灾害发生时，农民应对灾害的态度在一定程度上对粮食产量也是有影响的，应该通过多种宣传渠道和新闻媒介，大力广泛宣传教育，提高粮食种植户的素质和心态，面对灾害不能慌不能乱，更不能消极低沉，要告知广大农民朋友全球气候变暖导致的灾害将会愈来愈频繁，但是这并不可怕，要有积极应对气候变化的危机感和责任感，让农民有适应气候变化的意识，自觉开展应对气候变化的行动。

二、河南省冬小麦生产的干旱灾害预警

干旱是世界上最常见的自然灾害，同时也是对农业生产造成严重影响的农业气象灾害

---

① ppm：是百万分比的缩写，表示溶质质量占全部溶液质量的百万分之一，常用于极低浓度的测量。

之一，可直接造成农作物受灾、减产或绝收，还可能影响社会与经济活动。本节对影响冬小麦生产的干旱灾害进行预警分析，有助于及时采取防御措施，为河南省冬小麦稳定高效生产提供有力保障。

1. 河南省干旱灾害概况

河南省特殊的地理位置造就了其干旱灾害全年均有发生的特点。春旱北部多于南部，夏旱持续时间长，秋旱发生频率相对较低。2010 年全省大部分地区呈现不同程度的旱情，河南省全年粮食作物种植面积约为 960 万 hm²，作物受旱面积大约为 130 万 hm²，因干旱造成的粮食减产可达 12 万 t，经济作物损失约 1.2 亿元；2014 年 7 月，秋粮受旱面积以每天 15.3 万 hm² 的规模扩增，全省秋粮受旱面积达 154 万 hm²，其中轻度干旱 113.3 万 hm²，严重干旱 40.67 万 hm²（赵映慧，2017）；2016 年全省干旱受灾面积为 173.3 千 hm²，当年粮食较上年减产 2%。可见干旱灾害对河南省粮食生产具有严重的破坏作用。因此，对河南省进行干旱监测预警分析，提前规避干旱对冬小麦生长的危害，对河南省粮食安全生产具有重要意义。

根据河南省地理位置及气候特点和数据可获得性选取原则，以郑州（57083）、卢氏（57067）、信阳（57297）、安阳（53898）气象站 1990—2015 年的降水距平百分率月值数据，分别代表豫中、豫西、豫南和豫北区域冬小麦生育期的干旱情况，由于豫东地区的降水距平百分率月值数据在气象数据网中缺失，暂不分析豫东地区干旱情况。河南省处于黄淮海冬小麦种植区，黄淮海旱区是我国发生干旱面积最大、频次最高的地区，从 3 月到 10 月的粮食生产期内春旱的频次最高，有"十年九旱"的说法，几乎每年都有一般干旱的发生，对于一般的干旱做预警分析意义不大，仅对河南省豫中、豫西、豫南和豫北地区重旱灾害的发生进行预警。

降水距平百分率是衡量干旱程度的重要指标，表示某一时段降水偏离同期平均状态的程度，可以直接将降水异常导致的干旱反映出来。其计算公式为：

$$\bar{P} = \frac{1}{n} \sum_{i=1}^{n} P_i \tag{9-8}$$

$$P_a = \frac{P_i - \bar{P}}{\bar{P}} \times 100\% \tag{9-9}$$

其中，P_a 为该时期的降水距平百分率；P_i 为某一年某一日期的降水量；$\bar{P}$ 为多年同期降水量的平均值；n 为年数（杨汪洋等，2019）。通过查询相关文献资料，干旱程度可根据降水距平百分率划分为一般干旱和重旱，划分标准如表 9-6 所示。

表 9-6　干旱程度划分标准

旱期	一般干旱（月降水量距平百分率）	重旱（月降水量距平百分率）
连续 3 个月以上	−50%～−25%	−50%以上
连续 2 个月	−80%～−50%	−80%以上
1 个月	−80%以上	

从中国气象数据网获取郑州、卢氏、信阳、安阳气象站 1990—2015 年的月降水量距平百分率数据参见（参见附表 1）。

基于干旱标准中重旱发生的条件，从 4 个气象站中筛选出在 1990—2015 年豫中、豫西、豫南、豫北地区冬小麦生长期内发生重旱的年份（表9-7）。

表9-7　河南省1990—2015年重旱发生统计结果

年份	豫中	豫西	豫南	豫北
1990	0	1	1	0
1991	0	0	1	0
1992	0	1	0	1
1993	0	0	0	0
1994	0	0	0	0
1995	1	1	1	1
1996	0	0	1	0
1997	0	0	0	1
1998	1	1	1	1
1999	1	1	1	1
2000	1	1	1	0
2001	1	1	1	1
2002	1	0	0	0
2003	0	0	1	0
2004	0	1	0	0
2005	0	0	0	1
2006	0	0	0	0
2007	1	0	0	0
2008	0	0	1	1
2009	0	1	0	0
2010	1	0	1	1
2011	0	0	0	0
2012	0	0	0	0
2013	0	0	0	0
2014	1	1	0	0
2015	0	0	0	1

注：0代表此年份冬小麦生长期内没有发生重旱；1代表此年份冬小麦生长期内发生重旱。

2. 基于灰色GM（1，1）模型的重旱灾变预警分析

根据表9-7中河南省1990—2015年重旱发生的统计数据，对河南省豫中、豫西、豫南和豫北地区未来发生重旱的时间进行灾害预测。预测结果表明，豫中、豫西、豫南、豫北地区分别可能在2020年、2025年、2023年、2019年发生重旱。基于预测结果以及河南省水土资源条件，可从以下几个方面采取防御措施。

（1）坚持"开源节流"。首先要适当开源。在缺水地区要适度开发，避免影响生态环境，在富水地区也要注意避免不讲效益多开少用的现象。适当开源，不但指大规模的蓄、调、提、引工程，也包括因地制宜建设必要的中小型工程，以利用当地各种水资源，如建设坑塘来引蓄降雨，建立地下水库进行地下水的调蓄，或者在特殊情况下临时抽取深层地下水等。其次，在节流方面，要加强科学管理，促进灌溉节水。因地制宜，推广先进的灌溉技术，如渠道防渗、低压管道输水、喷灌和微灌等灌溉新技术。同时，也要清楚地认识到，节水灌溉的潜力有一半在管理上。我国的实践经验也表明，必须要有健全的管理体制，科学的管理制度，才能保证和促进节水灌溉工作的顺利进行，各项先进节水技术才能得以有效地应用和推广。为此，各个灌区必须健全管理体制，制定必要的规章制度，要有严明的职责分工和熟悉业务的管理人员，采取组织的和经济的手段加强管理。

（2）保证城市生活用水充足的前提下，统筹规划农业、工业用水和航运需求。《中华人民共和国水法》中明确规定："开发利用水资源应当首先满足城乡居民生活用水，统筹兼顾农业、工业用水和航运需要。"城市生活用水关系到千家万户的日常生活，而且用水短缺会造成社会秩序混乱，故应优先于其他一切用水。城市生活用水应首先考虑地表水资源，坚持地表水资源和地下水资源相结合使用的原则，尽量不挤占其他用水。对于农业、工业和航运用水的统筹兼顾，应根据不同地区、不同时段和不同供水条件的具体情况来确定。工业用水创造的经济价值，一般高于农业和其他用水。人们通常称水是工业的"血液"，过去在某些地区，为了大力发展工业，就挤占农业用水，对农业生产造成不利影响。因此，政府应注意尽量将一些耗水量大的工业和企业不要设在缺水地区。最重要的是，在作物用水的关键时期，更要做好紧急调度，全力保障农业收成。

（3）加强节水农业研究。农业用水量占总用水量的 80% 以上，是用水大户，而当前水资源的浪费又十分严重，如何挖掘节水潜力，是解决当前水资源不足的关键所在。根据自然特点和农业生产条件，在引黄灌区、平原井灌区、水库灌区、小水源灌区和信阳水稻灌区等有代表性的重点地区，建设节水农业试验区，以期提高水资源的整体利用率，最终实现农业增产。实验研究应将重点放在作物节水灌溉制度、节水灌溉技术、作物合理结构和布局、节水型的耕作施肥栽培以及高产、耐旱、节水的作物新品种等多方面的综合技术体系研究。

三、河南省玉米生产的干旱灾害预警

干旱是造成玉米减产的重要气象灾害之一，区域降雨偏少或时空分布不均导致玉米生育阶段水分短缺，进而造成玉米减产。基于灰色灾变预测模型对河南省玉米生育期干旱灾害发生情况进行预测，为提前制订应对措施做好防御工作，避免或者降低因干旱灾害造成的经济损失，为保障河南省玉米稳产增产提供理论依据。

相关研究表明，降水量在 350 mm 以下，就会发生干旱。如果在玉米播种期间发生干旱，会导致玉米无法出苗；如果在玉米拔节前后出现雨水不足，会直接造成玉米质量下降；灌浆期无雨会造成籽粒不饱满，甚至是缺失，从而严重影响玉米的产量（马春萍，2018）。本节主要对一般干旱及重旱（大旱）进行研究，干旱程度划分标准同表 9-6 中的干旱程度划分标准。

本节所使用的气象数据来源于《中国气象数据网》，主要对降水数据进行分析。考虑到各地市的地理位置及数据的可获得性、代表性等原则，选取 1990—2019 年河南省豫东、豫西、豫中、豫南、豫北 5 个地区有代表性的市进行分析，豫东的商丘市（58005），豫西的三门峡市（57051），豫中的许昌市（57089），豫南的信阳市（57297），豫北的安阳市（53898）。由《中国气象数据网》获得河南省商丘市、三门峡市、许昌市、信阳市、安阳市的降水数据，以降水数据为基础，通过计算得到降水距平百分率（参见附表2）。

1. 一般干旱预警

依据一般干旱灾害划分标准，筛选出1990—2019年河南省5个代表市发生一般干旱的年份（表9-8），其中0代表该年份玉米生长期未发生一般干旱，1代表该年份玉米生长期发生一般干旱。

表9-8 河南省5个代表市一般干旱情况

年份	商丘	三门峡	许昌	信阳	安阳
1990	1	0	0	1	0
1991	0	0	1	0	0
1992	0	0	0	0	0
1993	0	1	1	0	0
1994	1	0	0	0	1
1995	0	0	1	1	1
1996	1	0	0	0	0
1997	1	0	0	1	1
1998	1	0	1	0	1
1999	0	1	1	1	1
2000	1	0	0	0	1
2001	1	0	1	1	0
2002	1	1	1	1	1
2003	0	0	0	0	0
2004	0	0	0	0	0
2005	0	0	0	0	0
2006	0	0	0	0	0
2007	1	0	1	1	0
2008	0	0	1	0	0
2009	0	0	1	0	0
2010	0	0	1	0	0
2011	0	0	1	0	0
2012	0	0	1	0	0
2013	1	1	1	0	1
2014	0	0	0	0	0
2015	0	0	0	0	1
2016	0	0	0	1	0
2017	0	0	0	0	0
2018	1	1	0	0	0
2019	1	0	0	1	0

　　利用灰色灾变预测模型对河南省玉米生育期一般干旱灾害发生情况进行预测，预警得到：豫东地区商丘市玉米生育期从最近一次一般干旱发生年份（2019 年）算起，4 年之后（2023 年）可能会再次发生一般干旱；豫西地区三门峡市玉米生育期从最近一次一般干旱发生年份（2018 年）算起，5 年之后（2024 年）可能会再次发生一般干旱；豫中地区许昌市玉米生育期从最近一次一般干旱发生年份（2018 年）算起，2 年之后（2020 年）可能会再次发生一般干旱；豫南地区信阳市玉米生育期从最近一次一般干旱发生年份（2019 年）算起，4 年之后（2023 年）可能会再次发生一般干旱；豫北地区安阳市玉米生育期从最近一次一般干旱发生年份（2016 年）算起，4 年之后（2020 年）可能会再次发生一般干旱。

　　2. 重旱预警

　　依据重旱灾害发生标准，依次筛选出 1990—2019 年间河南省 5 个代表市发生重旱的年份（表 9 - 9），其中 0 代表该年份玉米生长期未发生重旱，1 代表该年份玉米生长期发生重旱。

表 9 - 9　河南省 5 个代表市重旱情况

年份	商丘	三门峡	许昌	信阳	安阳
1990	0	0	0	0	0
1991	0	0	0	0	0
1992	0	0	0	0	0
1993	0	0	0	0	0
1994	0	1	0	0	1
1995	0	0	0	0	0
1996	0	0	0	0	0
1997	1	0	0	0	1
1998	0	0	0	0	0
1999	0	0	0	0	0
2000	0	0	0	0	0
2001	0	0	0	1	0
2002	1	0	0	0	0
2003	0	0	0	0	0
2004	0	0	0	0	0
2005	0	0	0	0	0
2006	0	0	0	0	0
2007	0	0	0	0	0
2008	0	0	0	0	0
2009	0	0	0	0	0
2010	0	0	0	0	0

（续）

年份	商丘	三门峡	许昌	信阳	安阳
2011	0	0	0	0	0
2012	0	0	0	0	0
2013	0	0	0	0	0
2014	0	0	0	0	0
2015	0	0	0	0	0
2016	0	0	0	0	0
2017	0	0	0	0	0
2018	0	0	0	0	0
2019	0	0	0	1	0

由表 9-9 可知，豫东地区商丘市近 30 年在 1997 年、2002 年的玉米生育期发生过重旱；豫西地区三门峡市近 30 年仅在 1994 年的玉米生育期发生过重旱；豫中地区许昌市近 30 年来在玉米生育期未发生过重旱；豫南地区信阳市近 30 年在 2001 年、2019 年的玉米生育期发生过重旱；豫北地区安阳市近 30 年在 1994 年、1997 年的玉米生育期发生过重旱，整体来看，近 15 年上述代表市仅发生过 1 次重旱灾害。因此，未来河南省整个区域重旱发生频率预计较小。

综上所述，近 30 年来，豫中地区的许昌市玉米生育期一般干旱发生频次最高，但从未发生过重旱；豫东地区的商丘市玉米生育期一般干旱发生频次较高，重旱发生频次最高；豫北地区的安阳市玉米生育期一般干旱发生频次仅次于豫东地区的商丘市，重旱发生频次与豫东地区相同；豫南地区的信阳市玉米生育期一般干旱发生频次仅次于豫北地区的安阳市，重旱发生频次最高；豫西地区的三门峡市玉米生育期一般干旱发生频次最低，重旱发生频次次于豫东地区的商丘市、豫南地区的信阳市、豫北地区的安阳市。豫西地区的三门峡市玉米生育期从最近一次一般干旱发生年份算起，5 年之后可能会再发生一般干旱；豫东地区的商丘市、豫南地区的信阳市、豫北地区的安阳市玉米生育期从最近一次一般干旱发生年份算起，4 年之后可能会再发生一般干旱；豫中地区的许昌市玉米生育期从最近一次一般干旱发生年份算起，2 年之后可能会再发生一般干旱。此外，最近 10 年除信阳市在玉米生育期发生过重旱外，其余地市均未发生过重旱。预防干旱灾害可从以下几方面着手。

（1）干旱灾害风险意识培训。干旱灾害作为一种自然灾害，其发生具有不可控性，但我们可以提前对相关人员做好干旱灾害防治的培训工作，以减轻其发生所造成的损失。通过培训使人们认识到干旱灾害的实际发生过程及不同程度的干旱所带来的危害，了解对于不同程度的干旱灾害应采取何种预防措施，使人们能够科学合理地预防干旱灾害的发生。

（2）资源合理配置。通过对各地区干旱发生情况进行综合评估，结合各地区农业发展状况，了解各区域相关农业资源的需求情况，进而对农业资源进行合理的调配，保证各地区农业资源充足，具备抵御干旱灾害的能力。此外，对发展水平较低的乡（镇），政府可给予适当的政策补贴，以保证抗旱资源需求得到满足。

（3）抗旱玉米品种的培育。"藏粮于技"战略的提出，为粮食安全生产提供了政策支撑。从源头上抓起，通过培育耐旱的玉米品种，保证河南省玉米生产免受干旱灾害的影响，同时为玉米质量和产量的提高提供了保障。

（4）科学的种植方式。玉米不同生长阶段对水分的需求不同，其整个生长周期对水分的需求基本上遵循"前期少，中期多，后期偏多"的规律。玉米苗期植株小，对水分的需求较少，保持一定程度的干旱对产量的增加有益；玉米到达拔节期，对水分的需求逐渐增加；穗期对水分需求相对较多；玉米吐丝期，对水分的需求较大；吐丝期到籽粒形成，对水分的需求与吐丝期相比，相对较少；抽雄期易发生"卡脖旱"；抽雄期到灌浆期对水分的需求达到顶峰，缺水会对玉米产量造成巨大影响；乳熟期到成熟期对水分的需求开始降低，但仍然需要大量的水分。缺水会使穗粒重降低，进而造成减产，玉米生长后期土壤中水分含量应保持较高的水平。根据玉米不同生长阶段对水分的需求，保证水分的供给，以保障玉米稳产增产。

四、河南省玉米花期及灌浆期连阴雨灾害预警

连阴雨天气情况下，作物易烂种、烂秧。秋季农作物正处于灌浆期、成熟期，连阴雨频繁发生会严重影响农作物的产量及品质。如果不对连阴雨天气采取预防措施，将会对农业生产造成不利影响，甚至会造成农作物颗粒无收。本节主要运用灰色马尔科夫模型对河南省玉米花期及灌浆期连阴雨灾害发生情况进行预测。

1. 灰色马尔科夫模型

连阴雨灾害发生情况具有随机波动性较大的特征，而马尔科夫预测模型通过研究系统的现状，求得系统的状态转移概率，构建马尔科夫链，据此求解得出系统将来可能变化至某种状态的概率，是一种研究随机的、变化的数学过程的预测模型，其建模核心在于掌握系统的状态转移规律，适合于描述随机波动性较大的预测问题。因此，采用马尔科夫模型对连阴雨灾害发生情况进行预测。

马尔科夫预测模型建模机理可描述为：设 $P_{ij}^{(k)} = P(X_{m+k}=j \mid X_m=i)$，$(i, j) \in I$，表示在 m 时刻系统处于状态 i 的条件下，在 $m+k$ 时刻系统处于状态 j 的概率，即经过 k 步系统的转移概率。将 $P_{ij}^{(k)}$ 依次排序，可以得到如下矩阵：

$$P^{(k)} = \begin{bmatrix} P_{11}^{(k)} & P_{12}^{(k)} & \cdots & P_{1n}^{(k)} \\ P_{21}^{(k)} & P_{22}^{(k)} & \cdots & P_{2n}^{(k)} \\ \vdots & \vdots & & \vdots \\ P_{n1}^{(k)} & P_{n2}^{(k)} & \cdots & P_{nn}^{(k)} \end{bmatrix} \quad (9-10)$$

公式（9-10）为马尔科夫链的 k 步状态转移概率矩阵。其中，$\sum_{j=1}^{n} P_{ij}^{(k)} = 1$。

若 $M_{ij}(k)$ 为由状态 $\otimes_i$ 经过 k 步转移到状态 $\otimes_j$ 的原始数据样本数，M_i 为处于状态 $\otimes_i$ 的原始数据样本数，则状态转移概率可表示为：

$$P_{ij}^{(k)} = \frac{M_{ij}(k)}{M_i} \quad (i, j=1, 2, \cdots, n) \quad (9-11)$$

2. 数据收集与整理

本节分别选取 2013—2019 年河南省豫东、豫西、豫中、豫南、豫北 5 个区域有代表

性的 13 个市的玉米生产气象数据进行分析预测，相对应的 13 个气象站分别为安阳市（53898）、新乡市（53986）、三门峡市（57051）、洛阳市、郑州市（57083）、许昌市（57089）、开封市（57091）、南阳市（57178）、平顶山市、周口市、驻马店市（57290）、信阳市（57297）、商丘市（58005），其中洛阳市、平顶山市、周口市的气象数据观测值分别选用孟津（57071）、宝丰（57181）、西华（57193）气象站的观测数据来代替。所选气象资料包括日降水量（0.1 m）和光照时长（h），数据来源于《中国气象数据网》。

参考成林等（2012）对花期连阴雨的相关研究，确定连阴雨灾害划分标准：连阴雨过程可表示为连续 3 d 或 3 d 以上有降水（日降水量≥0.1 mm）；在大于 3 d 的连阴雨过程中，允许 1 d 无降水，但该日日照应小于 2 h；在微量降水的连阴雨过程中，要求该日日照应小于 4 h；同时规定，连阴雨年是指各区域≥2/3 台站同时发生一次连阴雨过程。连阴雨对夏玉米生长中后期影响最为严重，因而本节选取河南省玉米花期及灌浆期的数据资料进行分析。通过查阅相关资料确定玉米花期气象数据的统计时段为 7 月 23 日至 8 月 8 日，玉米灌浆期气象数据的统计时段为 8 月 9 日至 8 月 30 日。

按照连阴雨灾害的划分标准，得到河南省 13 个市连阴雨灾害的发生情况（表 9 - 10）。其中，发生连阴雨灾害为 1，不发生连阴雨灾害为 0。

表 9 - 10　河南省 13 市连阴雨灾害发生情况

市	日期	年份						
		2013	2014	2015	2016	2017	2018	2019
安阳	7.29~8.8	0	1	1	1	1	0	1
	8.9~8.30	0	1	0	0	1	1	1
新乡	7.29~8.8	0	1	1	1	1	1	0
	8.9~8.30	0	1	1	0	0	0	0
三门峡	7.29~8.8	0	1	1	1	1	1	1
	8.9~8.30	0	1	1	0	1	1	0
洛阳	7.29~8.8	0	1	1	1	1	1	1
	8.9~8.30	0	1	0	0	0	1	0
郑州	7.29~8.8	1	1	1	0	1	0	1
	8.9~8.30	0	1	0	0	0	0	1
许昌	7.29~8.8	1	1	1	1	1	0	1
	8.9~8.30	0	1	0	0	1	1	0
开封	7.29~8.8	0	1	1	1	1	0	1
	8.9~8.30	0	0	0	0	0	1	1
南阳	7.29~8.8	1	1	0	1	0	1	0
	8.9~8.30	1	0	1	0	1	0	1
平顶山	7.29~8.8	1	1	0	1	1	0	1
	8.9~8.30	0	0	0	1	0	0	0
周口	7.29~8.8	1	1	0	0	1	1	0
	8.9~8.30	1	1	1	0	0	1	0

市	日期	年份						
		2013	2014	2015	2016	2017	2018	2019
驻马店	7.29~8.8	1	1	0	1	1	1	1
	8.9~8.30	1	1	1	0	1	1	1
信阳	7.29~8.8	0	1	0	1	1	0	1
	8.9~8.30	1	1	0	0	1	1	1
商丘	7.29~8.8	1	0	0	1	1	1	1
	8.9~8.30	1	0	0	0	0	1	0

依据连阴雨年的划分标准，可以判定河南省 2014 年、2016 年、2017 年、2018 年、2019 年为连阴雨年，据此可对河南省连阴雨年进行预测。

3. 连阴雨预警结果分析

以省会城市郑州为例，设定不发生连阴雨灾害为 M_1，发生连阴雨灾害为 M_2，由此可得：

$$M_{11}(1)=2, M_{12}(1)=3, M_{21}(1)=3, M_{22}(1)=5$$

状态转移概率为：

$$p_{11}^{(1)}=\frac{3}{5}, \quad p_{12}^{(1)}=\frac{2}{5}, \quad p_{21}^{(1)}=\frac{3}{8}, \quad p_{22}^{(1)}=\frac{5}{8}$$

其状态转移概率矩阵为：

$$P_1^{(1)}=\begin{bmatrix} \frac{3}{5} & \frac{2}{5} \\ \frac{3}{8} & \frac{5}{8} \end{bmatrix}$$

由于郑州市 2019 年玉米灌浆期遭遇连阴雨，依据最大概率准则，可得：

$$\max\{p_{11}^{(1)}, p_{12}^{(1)}\}=p_{11}^{(1)}=\frac{5}{8}$$

据此可以预测，郑州市 2020 年玉米花期可能会遭受连阴雨灾害。

同理可得安阳市 $P_2^{(1)}$、新乡市 $P_3^{(1)}$、三门峡市 $P_4^{(1)}$、洛阳市 $P_5^{(1)}$、许昌市 $P_6^{(1)}$、开封市 $P_7^{(1)}$、南阳市 $P_8^{(1)}$、平顶山市 $P_9^{(1)}$、周口市 $P_{10}^{(1)}$、驻马店市 $P_{11}^{(1)}$ 的状态转移概率矩阵如下：

$$P_2^{(1)}=\begin{bmatrix} \frac{1}{5} & \frac{4}{5} \\ \frac{3}{8} & \frac{5}{8} \end{bmatrix} \quad P_3^{(1)}=\begin{bmatrix} \frac{1}{2} & \frac{1}{2} \\ \frac{3}{7} & \frac{4}{7} \end{bmatrix} \quad P_4^{(1)}=\begin{bmatrix} \frac{1}{4} & \frac{3}{4} \\ \frac{1}{3} & \frac{2}{3} \end{bmatrix} \quad P_5^{(1)}=\begin{bmatrix} \frac{1}{3} & \frac{2}{3} \\ \frac{4}{7} & \frac{3}{7} \end{bmatrix} \quad P_6^{(1)}=\begin{bmatrix} \frac{1}{5} & \frac{4}{5} \\ \frac{5}{8} & \frac{3}{8} \end{bmatrix}$$

$$P_7^{(1)}=\begin{bmatrix} \frac{1}{5} & \frac{4}{5} \\ \frac{3}{8} & \frac{5}{8} \end{bmatrix} \quad P_8^{(1)}=\begin{bmatrix} \frac{1}{2} & \frac{1}{2} \\ \frac{3}{7} & \frac{4}{7} \end{bmatrix} \quad P_9^{(1)}=\begin{bmatrix} \frac{4}{7} & \frac{3}{7} \\ \frac{2}{3} & \frac{1}{3} \end{bmatrix} \quad P_{10}^{(1)}=\begin{bmatrix} \frac{3}{5} & \frac{2}{5} \\ \frac{3}{8} & \frac{5}{8} \end{bmatrix} \quad P_{11}^{(1)}=\begin{bmatrix} 0 & 1 \\ \frac{2}{11} & \frac{9}{11} \end{bmatrix}$$

由马尔科夫预测结果可知，2020 年，安阳市、三门峡市、洛阳市、许昌市、开封市、驻马店市、信阳市 7 个市的玉米花期可能会遭受连阴雨灾害，而平顶山市、周口市 2 个市的玉米花期可能不会遭受连阴雨灾害；新乡市、南阳市、商丘市 3 个市的玉米花期是否会遭受连阴雨灾害的情况无法确定。

由于新乡市与安阳市接壤，而 2020 年安阳市的玉米花期可能会遭受连阴雨灾害，因而预测 2020 年新乡市的玉米花期可能会遭受连阴雨灾害；南阳市周围有三门峡市、洛阳市、平顶山市、驻马店市、信阳市，除平顶山市外，其余 4 个市 2020 年的玉米花期均可能会遭受连阴雨灾害，因而预测 2020 年南阳市的玉米花期也可能会遭受连阴雨灾害；商丘市与开封市、周口市接壤，2020 年开封市的玉米花期可能会遭受连阴雨灾害，而 2020 年周口市的玉米花期可能不会遭受连阴雨灾害。从地图可以看出，商丘市和周口市接壤更多且更倾向于周口市方向，因而预测 2020 年商丘市的玉米花期也可能不会遭受连阴雨灾害。

同理可得，所选河南省 13 个市 2020 年玉米灌浆期、2021 年玉米花期及 2021 年玉米灌浆期遭受连阴雨灾害情况，如表 9 - 11 所示。

表 9 - 11　河南省 13 市连阴雨灾害发生情况预测

市	2020 年		2021 年	
	7 月 29 日至 8 月 8 日	8 月 9 日至 8 月 30 日	7 月 29 日至 8 月 8 日	8 月 9 日至 8 月 30 日
安阳	1	1	1	1
新乡	1	1	1	1
三门峡	1	1	1	1
洛阳	1	0	1	0
郑州	1	1	1	1
许昌	1	0	1	0
开封	1	1	1	1
南阳	1	1	1	1
平顶山	0	0	0	0
周口	0	0	0	0
驻马店	1	1	1	1
信阳	1	1	1	1
商丘	0	0	0	0

由表 9 - 11 可知，河南省 2020 年与 2021 年玉米花期及灌浆期可能会遭受大规模的连阴雨灾害，2020 年与 2021 年将会是连阴雨年。

预警结果表明：2020 年及 2021 年均为连阴雨年，河南省玉米花期及灌浆期将会遭受连阴雨灾害，各市应提前做好防范，减轻连阴雨灾害对玉米生长的影响。通过开沟排水、中耕松土，保障土壤的透气性，降低土壤湿度，防止渍（害）发生；耐涝、抗倒伏品种的选用可在一定程度上缓解连阴雨天气带来的不利影响；配套的灌溉、排涝设施、设定恰当的施肥量、选定合适的除虫除草时间、进行准确的气象预报、配置完备的科研设施和机构，可保障玉米科学生产；同时政府要加大玉米生产农户的保险支持力度，使农户较少承担连阴雨等自然灾害的风险，确保其收入的稳定；此外，政府可通过采取一定的管理手段和措施，合理组织分配玉米生产中诸如劳动力、资金、技术、农机具、信息、保险等资源，最大限度地减少资源的浪费，实现资源最优配置及组合的目的，促进玉米生产大丰收。

第三节　科技创新对粮食生产变化趋势的影响

依靠科技进步提高单产是实现粮食产量持续增长的主要途径。本节探究河南省粮食生产的科技创新体系结构，研究系统内各因素之间的交互作用关系，建立仿真预测模型，进行系统的量化分析与关系表达，通过政策情境的动态趋势模拟，为河南省粮食生产科技创新持续高效发展提供决策依据。

一、基于 SD(System Dynamics，即系统动力学)- GM 的粮食生产科技创新模型

1. 研究方法与建模步骤

柯布—道格拉斯生产函数（C－D 生产函数）是由数学家 Cobb 和经济学家 Douglas 首先提出，后经由 Solow 等经济学家的不断完善，广泛应用于生产活动投入产出的实证研究中。本节以 C－D 生产函数为基础，将灰色系统模型与 C－D 生产函数进行结合对粮食生产科技创新系统进行研究，通过将 GM（1，1）模拟值作为最小二乘回归的原始数据，在一定程度上消除了数据波动导致的参数估计误差，因而灰色 C－D 生产函数在实践效果中更加令人满意。以粮食生产科技创新为系统，假设系统的行为模式是由系统内部的信息反馈机制决定，将灰色系统理论与系统动力学相结合，建立粮食生产科技创新系统动力学模型，通过 Vensim 软件与仿真语言研究粮食生产科技创新系统机构、功能和行为之间的动态关系，以发现系统的最佳结构和功能。

综上，基于 SD - GM 粮食生产科技创新模型构建步骤如下：

步骤 1：结构分析。构建粮食生产科技创新系统因果反馈回路图。

步骤 2：模型构建。绘制粮食生产科技创新系统流图，构建系统方程及表函数等。

根据数据特征及其增长率构建相应的表函数。运用 EGM 模型与系统辅助变量等构建经费投入变化量与从业人员变化量方程，以灰色系统理论和 C－D 生产函数为基础构建农业生产指数模型：$\hat{Y} = Ae^\rho \hat{F}^\alpha \hat{P}^\beta \hat{M}^\gamma \hat{E}^\mu$。

式中，$\hat{Y}$ 为粮食单产的 GM（1，1）模拟值，$\hat{F}$ 为单位化肥投入的 GM（1，1）模拟值，$\hat{P}$ 为单位农药投入的 GM（1，1）模拟值，$\hat{M}$ 为人机动力指数的 GM（1，1）模拟值，$\hat{E}$ 为单位经费投入的 GM（1，1）模拟值。

步骤 3：模型精度检验。通过仿真模拟对模型进行不断地调试、检验、修改与完善。

步骤 4：输出仿真结果与预测结果。

步骤 5：政策分析。

2. 粮食生产科技创新系统因果回路分析

将粮食生产科技创新整体作为系统，该系统涵盖整个河南省范围内，与粮食生产的科技创新因素密切相关的变量都划入系统界限内部，保证系统边界的封闭性，同时假设自然生产条件是相对稳定的。基于第七章构建的粮食生产科技创新评价指标体系以及相关文献资料的研究，总结归纳出科技创新经费投入、从业人员、农业技术因子等因素，即"人、

财、物"3 个主体因素，粮食生产科技创新系统的系统动力学变量（表 9-12）。

表 9-12 粮食生产科技创新系统的系统动力学变量

变量名称	含义	单位
Cultivated land area	耕地面积	10^3 hm^2
Increase of cultivated land area	耕地面积增加量	无量纲
Decrease of cultivated land area	耕地面积减少量	无量纲
Cultivated land area increasing factor	耕地面积增加因子	无量纲
Cultivated land area reduction factor	耕地面积减少因子	无量纲
Cultivated land safety baseline	耕地安全基线	10^3 hm^2
Sown area of grain	粮食播种面积	10^3 hm^2
Multiple cropping index	复种指数	无量纲
Grain output	粮食产出	万 t
Grain output per hectare	粮食单产	kg/hm^2
Output ability index	农业生产指数	无量纲
ESTIGP	粮食生产科技创新经费投入	万元
Amount of change in expenditures	经费投入变化量	无量纲
Adjustment factor of expenditures	经费调整因子	无量纲
Expenditures input per hectare	单位经费投入	千元/hm^2
Fertilizer input	化肥投入量	万 t
Pesticide input	农药投入量	万 t
Agricultural machinery power	农机总动力	10^5 kW
Fertilizer input per hectare	单位化肥投入	10^2 kg/hm^2
Pesticide input per hectare	单位农药投入	10 kg/hm^2
Sex ratio	男女性别比	无量纲
Agricultural machinery power per hectare	单位农机总动力	kW/hm^2
Man-machine dynamic index	人机动力指数	无量纲
PSTIGP	粮食生产科技创新从业人员	人
Amount of change of personnel	从业人员变化量	无量纲
Personnel per hectare	单位从业人员	人/hm^2
Personnel adjustment factor	从业人员调整因子	无量纲
Technical progress	技术进步	无量纲
Grain consumption	粮食消费	万 t
Grain self-sufficiency rate	粮食自给率	无量纲
Self-sufficiency rate adjustment factor	自给率调整因子	无量纲
Protection factors of agricultural scientific and technological innovation personnel policy	农业科技创新从业政策保护因子	无量纲
Influencing factors of comprehensive agricultural subsidy policy	农资综合补贴政策影响因子	无量纲

　　根据变量之间的相互作用关系，建立粮食生产科技创新系统主要变量间的因果反馈回路图（图9-8）。

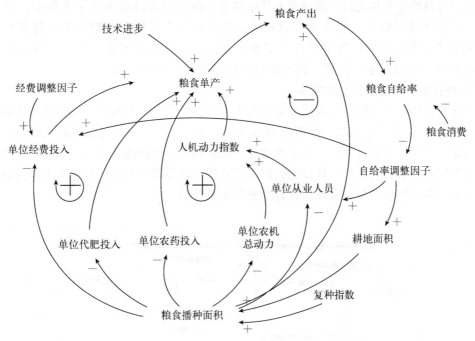

图9-8　系统主要变量间的因果反馈回路图

　　回路1：粮食产出$\xrightarrow{+}$粮食自给率$\xrightarrow{-}$自给率调整因子$\xrightarrow{+}$耕地面积$\xrightarrow{+}$粮食播种面积$\xrightarrow{-}$单位从业人员/单位化肥投入/单位农药投入/人机动力指数$\xrightarrow{+}$粮食单产$\xrightarrow{+}$粮食产出。

　　这条反馈回路说明了农业技术因子的投入与粮食产量之间存在的关系。当粮食自给率不足之时，政府可通过加大经费投入、粮食生产科技从业人员保护政策等方式，吸引科技人员从事粮食生产科研工作，以及高素质农民从事现代化粮食种植，通过政策补贴手段给粮食生产科技人才市场增添活力，促使农业技术进步得到提高，生态化肥、农药、机械使用效率得到提升，从而提高产量，保障粮食生产安全，因此回路1为正反馈回路。

　　回路2：粮食产出$\xrightarrow{+}$粮食自给率$\xrightarrow{-}$自给率调整因子$\xrightarrow{+}$耕地面积$\xrightarrow{+}$粮食播种面积$\xrightarrow{+}$粮食产出。

　　这条回路说明了政府通过实施"藏粮于地"等政策，用调节播种面积的手段来保护粮食产量与耕地红线。该反馈回路整体是负向的，具体影响机制是当粮食自给不足时，政策鼓励科技创新以及耕地的保护，通过提高耕地质量、利用效率等措施，避免粮食自给率的下降，具有自我调节的作用。

　　回路3：粮食产出$\xrightarrow{+}$粮食自给率$\xrightarrow{-}$自给率调整因子$\xrightarrow{+}$单位经费投入/单位从业人员$\xrightarrow{+}$粮食单产$\xrightarrow{+}$粮食产出。

这条反馈回路整体为负向反馈,在粮食自给率不足、粮食需求增大的情况下作出相应的反应。科技经费的投入与农资综合补贴等政策的实施是提升粮食生产效率的重要方面,可以在粮食自给率不足之时,通过调节补贴政策,即当粮食自给率水平下降时,加强经费投入与相关补贴政策,使得单位面积科技创新从业人员增多,粮食生产技术水平提高,粮食产量随之增加。当粮食自给率水平提高时,补贴政策减弱会导致科技创新从业人员转移到其他行业,因此,该回路具有稳定粮食自给的作用。

3. 粮食生产科技创新系统模型

基于粮食生产科技创新系统主要变量的因果反馈回路图,利用 Vensim 软件绘制系统流图(图 9-9),主要包括科技创新经费投入、农业技术因子以及科技创新从业人员三大主体因素。其中,为分析相应政策对粮食生产的影响,参考徐建玲等(2014)的研究成果及现行政策,针对提高单产、科技创新以及农业技术进步等加入相应政策因子作为辅助变量,从而为保障粮食产量,实现粮食自给充足提供思路。

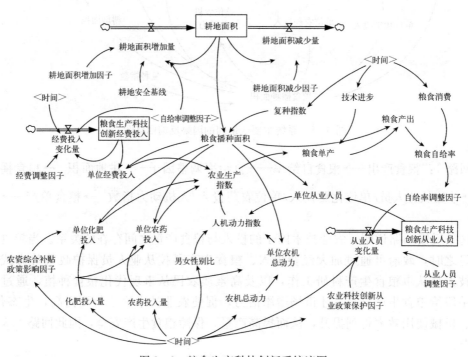

图 9-9　粮食生产科技创新系统流图

4. 模型参数和方程的确定

系统动力学主要强调的是系统结构,粮食生产科技系统存在信息模糊、数据不完整的现象,而灰色系统理论的特点可对其进行弥补,同时可以基于灰色系统理论对于数据类型没有特别要求的特点,寻找系统要素之间的关系,构建表函数。系统模型中相关参数主要通过《河南统计年鉴》《河南科技统计年鉴》《中国统计年鉴》官网数据确定,或进行估算;针对具有非线性特征的变量及方程,利用灰色生产函数、灰色预测模型与 SD 理论的优势,将灰色系统理论与 SD 理论进行融合构建表函数与逻辑函数(Jia,2018),尝试以科技创新为视角构建粮食生产体系模型,得到系统模型主要参数与方程(表 9-13)。

表 9 - 13 系统模型部分主要方程与参数

变量	方程及逻辑关系
粮食产出	粮食产出＝粮食单产×粮食播种面积/10 000
耕地面积	耕地面积＝INTEG（耕地面积增加量－耕地面积减少量，8 177.45）
耕地面积增加量	耕地面积增加量＝max（耕地安全基线－耕地面积）×耕地面积增加因子×自给率调整因子，0）
耕地面积减少量	耕地面积减少量＝耕地面积×耕地面积减少因子
粮食播种面积	粮食播种面积＝耕地面积×复种指数
农业生产指数	农业生产指数＝EXP（7.082 54）×人机动力指数$^{（0.117\,228）}$×单位化肥投入$^{（1.124\,96）}$×单位农药投入$^{（－1.233\,3）}$×单位经费投入$^{（－0.179\,951）}$
人机动力指数	人机动力指数＝单位从业人员×单位农机总动力×男女性别比
单位从业人员	单位从业人员＝粮食生产科技创新从业人员/（粮食播种面积×1 000）
从业人员变化量	从业人员变化量＝IF THEN ELSE（Time＝2010，2309，（1－EXP（0.124））×（2309－1 023.53/0.124）×从业人员调整因子×自给率调整因子×EXP（－0.124×（Time－2010））×农业科技创新从业政策保护因子
单位农机总动力	单位农机总动力＝农机总动力×10/粮食播种面积×农资综合补贴政策影响因子
单位化肥投入	单位化肥投入＝化肥投入量/粮食播种面积×100×农资综合补贴政策影响因子
单位农药投入	单位农药投入＝农药投入量/粮食播种面积×1 000×农资综合补贴政策影响因子
单位经费投入	单位经费投入＝粮食生产科技创新经费投入/（粮食播种面积×100）
经费投入变化量	经费投入变化量＝IF THEN ELSE（Time＝2010，54 691.6，粮食生产科技创新经费投入×（1＋0.034 497 2×自给率调整因子）×经费调整因子）
粮食自给率	粮食自给率＝粮食产出/粮食消费

二、模型检验

模型是对现实世界的简化、抽象，均有一定的误差，无法完全反映现实，而模型检验是确保所构建模型的现实性和精确性的主要实施手段，也是构建模型至关重要的一环。同时，一个可行的 SD 模型需要通过模型结构、模型参数以及模型运行结果的检验。

1. 模型结构检验

系统的行为表现是由系统模型结构所决定的，系统是否基于粮食生产科技创新系统的基本原理及现实经验共同建立而成是模型结构检验的核心（钟永光，2013）。在粮食生产科技创新体系中，粮食自给率影响着从业人员、经费投入变化量与耕地面积，调节播种面积，进而影响粮食产量，同时粮食产量受农业技术因子的影响，决定着粮食生产是否能够自给自足。在建模过程中，通过查找相关文献，基于系统动力学内部运行原理与实际数据，运用灰色预测模型与灰色生产函数构建变量之间的关系方程，最后系统因果关系图、流图以及模型嵌套公式均满足粮食生产等相关基本原理和基本规律。因此，本节构建的模型结构具有科学性和可行性，能够通过结构检验。

2. 模型运行结果检验

模型运行结果检验（也称为历史值检验）是选择模型历史时刻为仿真的初始点，得到系统模拟值后使用历史数据（实际值）对仿真结果进行精度检验，进而验证系统模型的有效性。基于粮食生产科技创新模型，运行系统可以获得主要变量的仿真值（表 9-14）。

表 9-14 粮食生产科技创新系统仿真结果

年份	粮食生产科技创新经费投入/10^4 元	粮食生产科技创新投入人员/人	粮食播种面积/10^3 hm^2	粮食单产/（kg/hm^2）	粮食产出/10^7 kg
2010	228 913.00	15 639.00	9 740.16	5 719.23	5 570.62
2011	283 605.00	17 948.00	9 856.30	5 490.67	5 411.77
2012	305 843.00	18 764.00	10 413.60	5 614.02	5 846.24
2013	329 826.00	19 485.00	10 672.90	5 698.12	6 081.52
2014	355 689.00	20 121.00	10 959.10	5 804.15	6 360.81
2015	383 581.00	20 684.00	11 143.00	5 900.11	6 574.51
2016	412 957.00	20 833.00	11 221.20	5 951.30	6 678.09
2017	444 571.00	20 960.00	10 911.70	6 009.03	6 556.89
2018	478 667.00	21 092.00	10 844.40	6 099.16	6 614.16
2019	515 524.00	21 249.00	10 740.00	6 177.79	6 634.92

注：因篇幅限制，涉及变量实际值见《河南省统计年鉴》《河南科技统计年鉴》《中国统计年鉴》，下同。其中，粮食单产＝（粮食总产量×10 000）/粮食播种面积；粮食生产科技创新经费投入＝科技创新经费投入×农业生产总值/生产总值×粮食播种面积/农作物总播种面积；粮食生产科技创新从业人员＝科技创新从业人员×农业生产总值/生产总值×粮食播种面积/农作物总播种面积。

以河南省粮食总产出、粮食单产、播种面积、科技创新从业人员、科技创新经费投入为主要变量，分别进行平均相对误差检验和关联度检验，其他变量的检验过程与其类似。

① 将原始序列记为 $X^{(0)}$，其模拟值序列和残差序列分别记为 $\bar{x}^{(0)}$ 和 $\varepsilon^{(0)}$，称 $\Delta_k = \left| \dfrac{\varepsilon(k)}{x^{(0)}(k)} \right|$ 为 k 点模拟相对误差，称 $\bar{\Delta} = \dfrac{1}{n} \sum_{k=1}^{n} \Delta_k$ 为平均相对误差。给定 α，当 $\bar{\Delta} < \alpha$ 且 $\Delta_n < \alpha$ 成立时，称模型为残差合格模型。通常认为，相对误差小于 0.1 则可认为模型具有较好的有效性，具体精度等级可参考表 9-15。

表 9-15 精度检验等级参照表

精度等级	一级精度	二级精度	三级精度	四级精度
相对误差 α	0.01	0.05	0.10	0.20
关联度 ε_0	0.90	0.80	0.70	0.60

② 由于对各因素进行精度检验，无需对绝对量或者变化速率类型的关联度有所倾向，本节利用传统灰色绝对关联度检验、灰色相对关联度与灰色综合关联度共同检验模型的精

度。若对于给定的 $\varepsilon_0 > 0$，有 $\gamma > \varepsilon_0$，则称模型为关联度合格模型。

粮食生产科技创新系统各变量的精度测算结果如表 9 - 16 所示。由表 9 - 15 和表 9 - 16 可知，粮食生产科技创新系统各变量的平均相对误差均小于 0.05，介于一级精度与二级精度之间，且均通过了关联度检验，绝对关联度、相对关联度以及综合关联度均在 0.87 之上，体现出系统运行得到的仿真值与实际值之间有较好的关联性。整体来说，本节构建的模型精度达到了二级以上。

表 9 - 16　系统模型精度测算结果

类别	粮食生产科技创新经费投入	粮食生产科技创新从业人员	粮食播种面积	粮食单产	粮食产出
平均相对误差	0.025 3	0.045 1	0.001 4	0.017 0	0.017 7
灰色绝对关联度	0.995 5	0.879 8	0.978 8	0.999 9	0.975 9
灰色相对关联度	0.997 1	0.967 7	0.984 8	0.999 9	0.977 8
灰色综合关联度	0.996 3	0.923 7	0.981 8	0.999 9	0.976 9

3. 模型参数检验

SD 模型方程中的参数反映变量之间的关系，模型参数设置的精确性和合理性决定系统模型运行结果的准确性。参数估计检验可以通过调整模型参数，比较模型参数的灵敏性以及运行结果的稳定性。通过调整耕地面积变量、科技创新经费投入变量以及科技创新从业人员变量在仿真方程中的参数系数，将各变量参数分别进行 -10%、+10% 的调整后，分析其对模型的影响程度及模型的稳定性。

将粮食生产科技创新经费投入变量的仿真方程中，对经费投入变化量系数分别进行 -10%、+10% 的调整，通过运行系统模型，比较运行结果与历史数据的误差率（表 9 - 17）。

表 9 - 17　参数检验结果对比表

年份	粮食播种面积/10^3 hm²			粮食单产/kg/hm²			粮食产出/10^7 kg		
				+10%					
	仿真值	实际值	相对误差%	仿真值	实际值	相对误差%	仿真值	实际值	相对误差%
2010	9 740.16	9 740.17	0.000 1	5 719.23	5 730.72	0.200 5	5 570.62	5 581.82	0.200 7
2011	9 856.30	9 859.87	0.036 2	5 490.67	5 815.41	5.584 2	5 411.77	5 733.92	5.618 3
2012	10 413.60	10 434.56	0.200 9	5 606.70	5 652.73	0.814 4	5 838.62	5 898.38	1.013 2
2013	10 672.90	10 697.43	0.229 3	5 683.28	5 631.07	0.927 1	6 065.69	6 023.80	0.695 4
2014	10 959.10	10 944.97	0.129 1	5 781.49	5 604.04	3.166 5	6 335.98	6 133.60	3.299 5
2015	11 143.00	11 126.30	0.150 1	5 869.42	5 815.25	0.931 5	6 540.32	6 470.22	1.083 4
2016	11 222.60	11 219.55	0.027 2	5 913.16	5 791.69	2.097 4	6 636.09	6 498.01	2.125 0
2017	10 914.20	10 915.13	0.008 5	5 963.28	5 977.25	0.233 8	6 508.45	6 524.25	0.242 2
2018	10 847.40	10 906.08	0.538 0	6 045.35	6 096.52	0.839 3	6 557.65	6 648.91	1.372 6

（续）

年份	粮食播种面积/ $10^3 \ hm^2$			粮食单产/ kg/hm^2			粮食产出/ $10^7 \ kg$		
	+10%								
	仿真值	实际值	相对误差%	仿真值	实际值	相对误差%	仿真值	实际值	相对误差%
2019	10 742.30	10 734.54	0.072 3	6 115.73	6 237.21	1.947 7	6 569.70	6 695.36	1.876 8
平均相对误差			0.139 2			1.674 2			1.752 7
	−10%								
年份	仿真值	实际值	相对误差%	仿真值	实际值	相对误差%	仿真值	实际值	相对误差%
2010	9 740.16	9 740.17	0.000 1	5 719.23	5 730.72	0.200 5	5 570.62	5 581.82	0.200 7
2011	9 856.30	9 859.87	0.036 2	5 490.67	5 815.41	5.584 2	5 411.77	5 733.92	5.618 3
2012	10 413.60	10 434.56	0.200 9	5 621.40	5 652.73	0.554 3	5 853.92	5 898.38	0.753 8
2013	10 672.90	10 697.43	0.229 3	5 713.11	5 631.07	1.456 9	6 097.52	6 023.80	1.223 8
2014	10 959.10	10 944.97	0.129 1	5 827.06	5 604.04	3.979 7	6 385.92	6 133.60	4.113 7
2015	11 143.00	11 126.30	0.150 1	5 931.19	5 815.25	1.993 7	6 609.14	6 470.22	2.147 1
2016	11 219.90	11 219.55	0.003 1	5 989.96	5 791.69	3.423 4	6 720.64	6 498.01	3.426 1
2017	10 909.00	10 915.13	0.056 2	6 055.44	5 977.25	1.308 1	6 605.89	6 524.25	1.251 3
2018	10 840.90	10 906.08	0.597 6	6 153.79	6 096.52	0.939 4	6 671.24	6 648.91	0.335 8
2019	10 737.00	10 734.54	0.022 9	6 240.85	6 237.21	0.058 3	6 700.82	6 695.36	0.081 5
平均相对误差			0.142 6			1.949 9			1.915 2

由表 9-17 可知，当经费投入变化量对仿真方程中参数系数分别进行+10%、−10% 的调整时，仿真值与实际值之间的误差普遍有不同幅度的增长，但增长幅度较小，证明模型参数设置合理，仿真方程稳定有效。同理，可对系统流图中其他仿真方程系数分别进行+10%、−10% 的调整，为避免赘述，农业生产指数系数与从业人员变化量方程系数在±10% 的系统运行参数调整误差趋势图，分别见图 9-10 和图 9-11，其中将系数未经过调整的系统仿真结果作为基准方案进行对比分析。通过分析得知，将农业生产指数系数上调 10% 得到的粮食单产与粮食产出的平均相对误差分别为 10.388 3%、10.400 7%，下调 10% 的平均相对误差分别为 9.927 4%、9.930 4%，调整农业生产指数仿真方程系数得到的仿

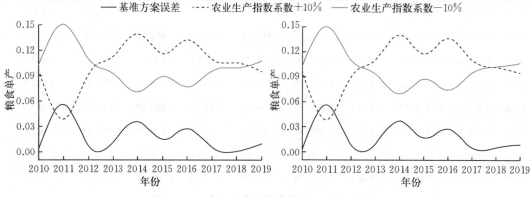

图 9-10　农业生产指数参数调整误差趋势图

真值与实际值之间的误差有较大幅度的增加，误差精度降为 4 级。在将从业人员变化量调整系数分别上调 10% 与下调 10% 时，粮食生产科技创新从业人员、粮食单产与粮食总产量的平均相对误差分别为 4.555 0%、1.762 8%、1.799 3%（+10%）与 4.737 5%、1.656 9%、1.735 4%（−10%），误差精度均有所下降。可以发现仿真方程系数的改变均导致了系统模拟值与实际值的相对误差率的增大，其效果与经费变化量仿真方程系数的改变一致，验证了仿真方程及参数设置的合理性和有效性。

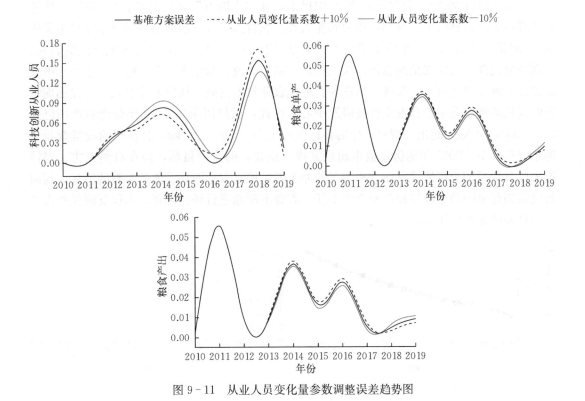

图 9−11　从业人员变化量参数调整误差趋势图

三、基于科技创新的粮食生产政策情景仿真

粮食生产政策情景分析，旨在未来粮食生产的政策环境和实施措施等不确定条件下，假定某种政策或现象所发挥的趋势将随时间推移持续到未来，对某一或多种粮食生产政策改变的情境假设下所引起的系统模型的动态变化进行模拟，通过对各种模拟结果进行定性定量描述分析，探寻粮食生产科技创新系统发展态势的路径和原因，并探索可能的措施和方向。在情景分析中，选择粮食生产科技创新系统模型中直接受政策影响的变量作为政策变量，通过调整政策以改变该政策参数值，进而运用系统动力学模型对各种政策实施的效果以及模型的动态变化结果进行仿真模拟。结合前文构建的粮食生产科技创新系统模型及相关学者的研究，选取科技创新从业保护政策、农资综合补贴政策以及农业技术进步率的提高这几个方面进行情景仿真实验，并对实验结果进一步分析。

1. 当前政策背景下的系统仿真结果及分析

假设未来粮食生产政策与当前保持一致，即粮食生产补贴水平与农业技术进步参照现行标准及增长水平，且模型中外生变量不变，运用粮食生产科技创新系统已构建的模型运行惯性仿真预测未来的系统态势，得到的主要变量的仿真预测结果趋势图如图 9-12 所示。由仿真结果可知，科技创新经费投入一直处于平稳增长趋势，科技创新从业人员增长较为缓慢，粮食单产在 2011 年出现波动后逐渐呈平稳上升趋势，粮食产出与播种面积趋势相一致，呈波动上升趋势，但由于耕地面积的限制以及科技进步等因素影响，播种面积趋于平缓。河南省人民政府发布的《河南省国民经济和社会发展第十四个五年规划和二〇三五年远景目标纲要》（简称《纲要》）中提出，在"十四五"开局起步、"三农"工作重心实现历史性转移的关键时刻，作为农业大省、农村人口大省的河南如何谋篇布局至关重要。《纲要》提出，2025 年粮食综合生产能力大于 $6\,500\times10^7$ kg，坚守耕地红线的目标，并强调坚决扛稳粮食安全的重任，深入实施"藏粮于地、藏粮于技"战略，推进高标准农田建设和种业自主创新，实现生物育种、现代农业技术突破，加快人才引入，建设面向世界的农机装备制造中心和农业科技研发中心。因此，虽然河南省 2019 年粮食总产出已达 $6\,695.36\times10^7$ kg，超出《纲要》中的目标生产能力 $6\,500\times10^7$ kg，且在当前政策背景下的系统仿真中，2025 年的仿真值也超额完成《纲要》的生产目标，但在自然灾害、经济冲击以及新冠肺炎疫情等突如其来情况的冲击下，粮食安全面临着前所未有的挑战，河南省仍需担起全国乃至世界粮食安全的重任，需要不断地进行科技创新，不仅要确保粮食产量而且要确保粮食质量。

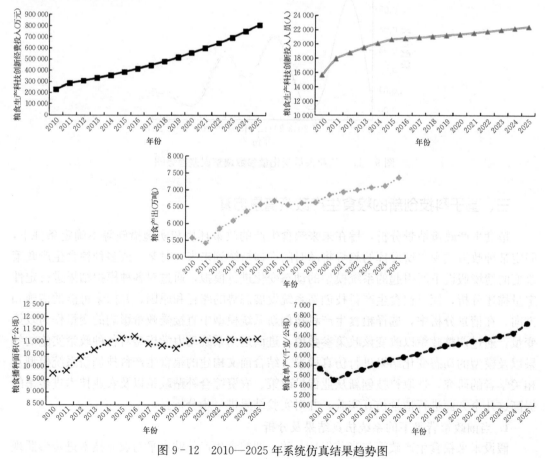

图 9-12　2010—2025 年系统仿真结果趋势图

2. 政策调整方案的情景仿真结果及分析

以粮食增产为视角选取科技创新从业保护、农资综合补贴政策以及农业技术进步为主要调整方案，为进一步分析调整不同政策的仿真结果，将当前政策背景的仿真结果作为基准方案（Benchmark plan），其中科技创新从业保护政策、农资综合补贴政策以及农业技术进步均作为系统的外生变量处理，科技创新从业保护政策、农资综合补贴政策在模型仿真时取值均为 1，农业技术进步取值为 0。参考相关文献及系统模型检验结果，将各政策影响因子对系统具有促进效应的外生变量设定为影响大小增加 1%，通过比较分析各政策调整后仿真结果与基准方案的变化趋势，对粮食生产状况进行评价。分别对单项、两两组合以及 3 项组合政策的调整进行仿真，即共设计 7 个政策调整方案（Plan 1~7）。

（1）单项政策方案仿真结果及分析。单项政策的调整方案包括科技创新从业保护政策（Plan 1）、农资综合补贴政策（Plan 2）以及农业技术进步（Plan 3）共 3 种调整方案。

Plan 1：科技创新从业保护政策影响增加 1%

科技创新从业保护政策直接影响粮食单产，为了解该政策改变对系统仿真趋势的影响，Plan 1 设定在当前政策背景下，只调整科技创新从业保护政策影响增加 1%，即科技创新从业保护政策取值为 1.01，得到仿真结果如表 9-18 所示。

当科技创新从业保护政策影响增加时，由于河南省从事粮食生产的科技从业人员总人数较低，科技创新从业人员增加幅度较小，导致粮食单产与粮食总产变化较小，相较于 2025 年的基准方案均增加了 0.005 6%，而播种面积没有发生变化。可见，科技创新从业保护政策影响的提高，虽有使粮食产量增加的趋势，但该方案如果增幅较小则达不到粮食产量有较高提高的效果，且单独执行效果不佳。整体来说，科技创新从业保护政策对粮食安全具有较小的正向促进作用，粮食总产量与播种面积均达到了《纲要》目标。

表 9-18　基准方案与 Plan 1 仿真结果对比

年份	基准方案				Plan 1			
	粮食生产科技创新从业人员（人）	粮食播种面积/10^3 hm²	粮食单产/kg/hm²	粮食产出/10^7 kg	粮食生产科技创新从业人员（人）	粮食播种面积/10^3 hm²	粮食单产/（kg/hm²）	粮食产出/10^7 kg
2020	21 382.00	11 042.90	6 212.12	6 859.98	21 382.00	11 042.90	6 212.12	6 859.98
2021	21 580.00	11 074.10	6 271.91	6 945.59	21 582.00	11 074.10	6 271.97	6 945.67
2022	21 794.00	11 074.90	6 328.70	7 008.95	21 799.00	11 074.90	6 328.84	7 009.11
2023	22 019.00	11 098.20	6 381.44	7 085.56	22 025.00	11 098.20	6 384.66	7 085.79
2024	22 246.00	11 080.40	6 437.42	7 132.91	22 254.00	11 080.40	6 437.72	7 133.24
2025	22 473.00	11 133.70	6 631.43	7 383.23	22 484.00	11 133.70	6 631.80	7 383.64

Plan 2：农资综合补贴政策影响增加 1%

农资综合补贴政策是按照一定标准，对购买农用机械、绿色农用物料、实施标准农田建设等的农户给予直接补贴，可以直接提高粮食生产效率，直接影响播种面积及粮食单产。为了解该政策改变对系统仿真趋势的影响，Plan 2 设定在当前政策背景下，只调整农资综合补贴政策影响增加 1%，即农资综合补贴政策取值为 1.01，得到仿真结果见表 9-19。

表 9 - 19 基准方案与 Plan 2 仿真结果对比

年份	基准方案			Plan 2		
	粮食播种面积/ 10^3 hm²	粮食单产/ (kg/hm²)	粮食产出/ 10^7 kg	粮食播种面积/ 10^3 hm²	粮食单产/ (kg/hm²)	粮食产出/ 10^7 kg
2020	11 042.90	6 212.12	6 859.98	11 042.90	6 212.67	6 860.59
2021	11 074.10	6 271.91	6 945.59	11 074.10	6 272.46	6 946.19
2022	11 074.90	6 328.70	7 008.95	11 074.90	6 329.26	7 009.58
2023	11 098.20	6 381.44	7 085.56	11 098.10	6 385.00	7 086.15
2024	11 080.40	6 437.42	7 132.91	11 080.40	6 437.99	7 133.58
2025	11 133.70	6 631.43	7 383.23	11 133.50	6 632.00	7 383.77

当农资综合补贴政策影响增加 1% 时，与 Plan 1 相似，粮食单产与粮食总产均有较小幅度的提高，相较基准方案分别提高了 0.008 6% 与 0.007 3%，而播种面积有较小幅度的下降，下降了 200 hm²。总体上，农资综合补贴政策的提高对粮食生产具有促进作用，且该方案比 Plan 1 增幅略大，粮食总产量与播种面积均达到了《纲要》目标，但农资综合补贴对粮食增产等方面的激励作用不高，单独执行该政策较难满足不断提高的粮食综合生产能力的战略要求。

Plan 3：农业技术进步率提高 1%

依靠科技进步提高单产是实现粮食产量持续增长的主要途径，通过将农业技术进步率提高 1%，可以仿真预测播种面积与粮食生产水平，以及各影响变量需要达到的水平，对农业技术进步及粮食生产具有指导意义。为了解该变量改变对系统仿真趋势的影响，Plan 3 设定在当前政策背景下，只将农业技术进步率提高 1%，即农业技术进步取值为 0.01，得到仿真结果如表 9 - 20 所示。

表 9 - 20 基准方案与 Plan 3 仿真结果对比

年份	基准方案			Plan 3		
	粮食播种面积/ 10^3 hm²	粮食单产/ (kg/hm²)	粮食产出/ 10^7 kg	粮食播种面积/ 10^3 hm²	粮食单产/ (kg/hm²)	粮食产出/ 10^7 kg
2020	11 042.90	6 212.12	6 859.98	11 042.90	6 234.29	6 884.46
2021	11 074.10	6 271.91	6 945.59	11 073.30	6 294.17	6 969.72
2022	11 074.90	6 328.70	7 008.95	11 075.50	6 351.14	7 034.18
2023	11 098.20	6 381.44	7 085.56	11 096.80	6 406.96	7 109.66
2024	11 080.40	6 437.42	7 132.91	11 082.80	6 460.20	7 159.70
2025	11 133.70	6 631.43	7 383.23	11 127.90	6 654.60	7 405.17

与基准方案相比，农业技术进步率提高 1% 时，播种面积减少了 5 800 hm²，粮食单产与总产量分别增加了 23.17 kg/hm²、21.94×10^7 kg，增长率分别达到了 0.349 4% 与 0.297 2%，增长幅度较大，该变量的提高对粮食生产的促进作用较为明显，粮食总产量与播种面积均达到了《纲要》目标。由于在农业资源禀赋及土地资源等约束的条件下，随着大力推进农业关键技术研究，"藏粮于地，藏粮于技"战略的实施，以及现代农业装备逐步完善及农作物精准化田间管理技术的推进，致使当播种面积下降时粮食作物产量仍然

可以持续增长，这与中国粮食生产现状保持一致，符合河南省省情。且在单项政策调整中，农业技术进步率的提高对粮食增产的影响最为显著。

（2）两项政策组合方案仿真结果及分析。为探究不同方案相结合对系统仿真的影响效果是否起到叠加效应，将3项政策两两组合共同调节系统。

Plan 4：科技创新从业保护政策影响增加1%，农资综合补贴政策影响增加1%

两项政策同时作用的效果在图9-13中得到了体现，当科技创新从业保护政策与农资综合补贴政策两项政策单独调整时，粮食单产水平分别提高了0.005 6%与0.008 6%。当两项政策同时作用时，粮食单产增加了0.9 kg/hm²，增幅为0.015 3%，大于单项政策提高效果，同时也略大于两项政策单项提高效果之和。播种面积下降幅度为0.001 8%，该下降幅度大于单项政策，等于两项政策单项降幅之和。这表明随着科技创新政策的幅度加大，以增加播种面积来提高粮食产量的"粗放低效"生产模式逐步转变为以科技创新带动增产的精准化高效现代粮食生产，同时保证耕地红线，落实"藏粮于地，藏粮于技"战略。因此，相较2025年的基准方案，粮食总产量从7 383.23×10⁷ kg增长至7 384.18×10⁷ kg，增长幅度为0.013 8%。整体来说，科技创新从业保护政策与农资综合补贴政策影响的同时提高，使单产和总产量都得到了不同程度的提高，播种面积也在《纲要》目标之内，粮食生产综合能力有增强趋势。

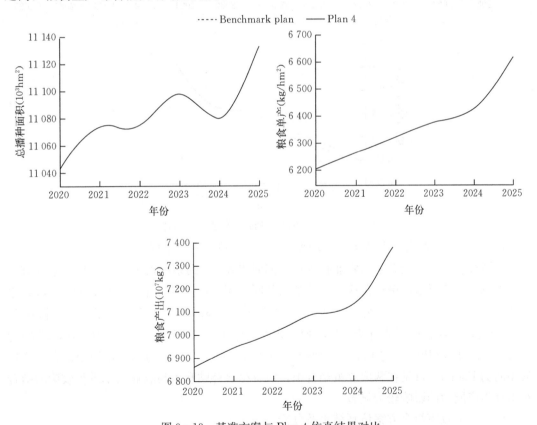

图9-13　基准方案与Plan 4仿真结果对比

Plan 5：科技创新从业保护政策影响增加1%，农业技术进步率提高1%

该方案在当前政策背景下，将科技创新从业保护政策影响与农业技术进步率分别提高

1%，得到系统模型仿真结果趋势（图9-14）。从图9-14可以看出，Plan 5中政策影响与农业技术进步的同时提高，使单产和总产量均有了提升，播种面积仍呈下降趋势，三者增减幅度分别为＋0.378 9%、＋0.325 8%、－0.052 5%，粮食总产量达到了7 405.58×10⁷ kg，增幅大于单项政策提高效果与这两项政策单项提高之和，且增幅显著高于Plan 4的两项政策调整效果。可见，科技创新从业保护政策与农业技术进步率的提高对粮食生产具有显著的正向作用。

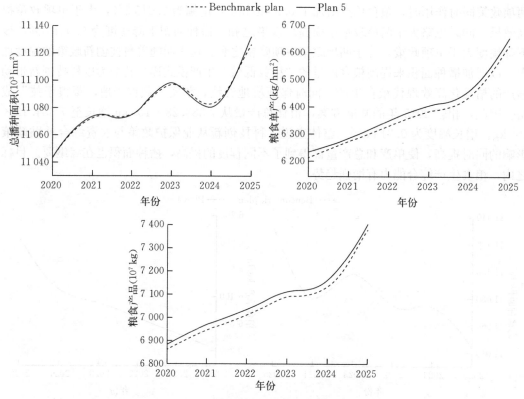

图9-14 基准方案与Plan 5仿真结果对比

Plan 6：农资综合补贴政策影响增加1%，农业技术进步率提高1%

农资综合补贴政策影响与农业技术进步同时提高1%的系统模拟仿真结果与基准方案对比如图9-15所示，单产在这两项政策的共同作用下由基准方案的6 631.43 kg/hm² 增至6 655.18 kg/hm²，增幅为0.382 3%，播种面积下降到11.127 8×10⁶ hm²，降幅为0.053 4%，粮食总产量在单产和播种面积共同作用下增产了22.49×10⁷ kg，增幅为0.327 8%。相较Plan 4与Plan 5，Plan 6的调整使得粮食单产与总产量增幅最大，增幅最小的为Plan 4。可见在两项政策结合中，农资综合补贴政策与农业技术进步政策的结合对粮食生产能力的影响较为显著。

（3）三项政策组合方案仿真结果及分析。

Plan 7：科技创新从业保护政策影响增加1%，农资综合补贴政策影响增加1%，农业技术进步率提高1%

在系统政策仿真模拟中，由于政策对系统的影响程度和作用不尽相同，多项政策的同

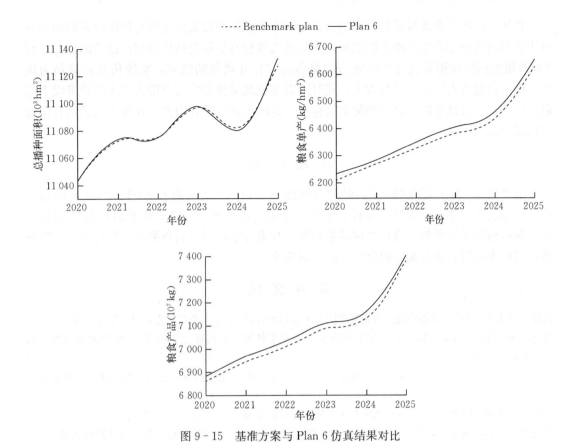

图 9-15　基准方案与 Plan 6 仿真结果对比

时改变经系统模拟后也可能存在相互增强或者相互削弱的影响。为分析政策之间的影响效果，在科技创新从业保护政策、农资综合补贴政策与农业技术进步同时提高的情况下，仿真分析粮食生产科技创新系统的发展趋势，结果如表 9-21 所示。具体来说，从表 9-21 中结果来看，播种面积、粮食单产、总产量均为所有方案中变动最大的，播种面积由基准方案的 11.134×10^6 hm^2 降至 11.128×10^6 hm^2，降幅为 0.053 4%，保障了河南省耕地红线，单产与总产量分别增加了 24.12 kg/hm^2、22.90×10^7 kg，达到了河南省《纲要》"十四五"粮食生产计划，增幅分别达到了 0.388 3% 与 0.333 8%，均大于单项政策提高效果，粮食单产与粮食产出的增幅同时大于这 3 项政策单项提高效果之和。

表 9-21　基准方案与 Plan 7 仿真结果对比

| 年份 | 基准方案 | | | Plan 7 | | |
	粮食播种面积/10^3 hm^2	粮食单产/（kg/hm^2）	粮食产出/10^7 kg	粮食播种面积/10^3 hm^2	粮食单产/（kg/hm^2）	粮食产出/10^7 kg
2020	11 042.90	6 212.12	6 859.98	11 042.90	6 234.84	6 885.07
2021	11 074.10	6 271.91	6 945.59	11 073.30	6 294.79	6 970.39
2022	11 074.90	6 328.70	7 008.95	11 075.50	6 351.84	7 034.97
2023	11 098.20	6 381.44	7 085.56	11 096.70	6 407.73	7 110.50
2024	11 080.40	6 437.42	7 132.91	11 082.80	6 461.06	7 160.59
2025	11 133.70	6 631.43	7 383.23	11 127.80	6 655.55	7 406.13

整体上，从 7 个政策调整方案的仿真结果来看，单项政策作用时与两项政策同时调整时均有提高粮食综合生产能力的趋势，但较难实现较高的粮食持续性增产稳产的目标；而 3 项政策的同时作用对粮食生产能力的提高具有相互增强的效果，系统仿真效果最为理想。由于河南省农民人口基数较大，同时改善多项政策势必给政府带来不小的政策成本与财政压力，而且政策的最终贯彻落实也存在一定的不确定性，因此，在多项政策组合实施时仍需多加斟酌。

本 章 小 结

本章构建基于核优化的灰色 BP 神经网络预测模型，对河南省 2021—2025 年的农业碳排放量及碳效率进行预测，分析二者未来变化趋势；然后，建立基于 SD‑GM 的粮食生产科技创新系统模型，设计单项政策和组合政策方案，对不同政策方案进行仿真预测分析，以探索可行政策方案对粮食生产的影响规律。

参 考 文 献

成林，刘荣花，2012. 河南省夏玉米花期连阴雨灾害风险区划 [J]. 生态学杂志，31 (12)：3075‑3079.

成林，张志红，常军，2011. 近 47 年来河南省冬小麦干热风灾害的变化分析 [J]. 中国农业气象，32 (03)：456‑460，465.

李红忠，朱新玉，史本林，等，2015. 黄淮海平原典型农区冬小麦干热风灾害的变化分析——以商丘为例 [J]. 地理研究，34 (03)：466‑474.

马春萍，李斌，杨丽，2018. 气候条件对玉米生长发育的影响 [J]. 吉林农业，(19)：123.

徐建玲，丁毅，刘洪辞，2014. 基于系统动力学的江苏粮食安全情景分析 [J]. 中央财经大学学报，(05)：95‑104.

杨霏云，朱玉洁，刘伟昌，2013. 华北冬麦区干热风发生规律及风险区划 [J]. 自然灾害学报，22 (03)：112‑121.

杨汪洋，贺炳彦，尚雨，2019. 基于 TRMM 降水数据的陕西省干旱分析 [J]. 河南科学，37 (05)：814‑820.

张志红，成林，李书岭，等，2015. 干热风天气对冬小麦生理的影响 [J]. 生态学杂志，34 (03)：712‑717.

赵俊芳，赵艳霞，郭建平，等，2012. 过去 50 年黄淮海地区冬小麦干热风发生的时空演变规律 [J]. 中国农业科学，45 (14)：2815‑2825.

赵映慧，郭晶鹏，毛克彪，等，2017. 1949‑2015 年中国典型自然灾害及粮食灾损特征 [J]. 地理学报，72 (07)：1261‑1276.

钟永光，贾晓菁，钱颖，2013. 系统动力学（第二版）[M]. 北京：科学出版社.

Jia S W，2018. A dynamic analysis of a motor vehicle pollutant emission reduction management model based on the SD‑GM approach [J]. Discrete Dynamics in Nature and Society，2512350.

Vapnik V N，1999. An overview of statistical learning theory [J]. IEEE Transactions on Neural Networks，10 (05)：988‑999.

Wu L F，Liu S F，Yao L G，et al.，2013. The effect of sample size on the grey system model [J]. Applied Mathematical Modelling，37 (09)：6577‑6583.

附表 1　1990—2015 年郑州、卢氏、信阳和安阳的月降水距平百分率

年份	月份	月降水距平百分率				年份	月份	月降水距平百分率			
		郑州	卢氏	信阳	安阳			郑州	卢氏	信阳	安阳
1990	1	176	152	102	396	1992	6	−37	16	−16	−66
1990	2	443	113	152	462	1992	7	−29	−22	−39	−58
1990	3	236	−33	39	269	1992	8	23	11	−30	−21
1990	4	−1	17	21	−11	1992	9	98	81	68	16
1990	5	13	−26	−24	108	1992	10	−71	−9	5	−48
1990	6	188	74	−21	−20	1992	11	−52	−33	−65	−9
1990	7	−35	−22	−45	31	1992	12	52	61	−32	−55
1990	8	7	−63	−64	13	1993	1	82	53	173	94
1990	9	−29	−54	−60	5	1993	2	52	81	91	4
1990	10	−98	−56	−66	−91	1993	3	−30	65	69	−60
1990	11	108	52	95	67	1993	4	108	32	−69	87
1990	12	−49	13	−68	−86	1993	5	−46	22	18	−56
1991	1	−14	−21	−38	−23	1993	6	55	87	−48	97
1991	2	−3	33	65	−100	1993	7	−67	−57	−58	−21
1991	3	128	57	67	219	1993	8	−17	−9	−8	28
1991	4	−46	−25	−44	1	1993	9	−57	−42	−41	−40
1991	5	58	51	98	50	1993	10	−22	−68	−80	101
1991	6	−1	−19	91	−34	1993	11	261	233	50	361
1991	7	−57	−53	−28	−4	1993	12	−100	−95	−55	−100
1991	8	−42	−24	44	−43	1994	1	−70	−76	−36	−88
1991	9	−49	−37	−25	29	1994	2	−44	11	−3	−81
1991	10	−94	−88	−99	−79	1994	3	−42	−36	−42	−61
1991	11	−5	−45	−80	−66	1994	4	148	101	46	176
1991	12	9	95	91	31	1994	5	−27	−93	−20	12
1992	1	−92	−100	−9	−90	1994	6	200	116	−20	80
1992	2	−78	−100	−85	−100	1994	7	25	36	−55	106
1992	3	9	97	76	−11	1994	8	−52	−68	24	−53
1992	4	−57	4	−57	−90	1994	9	−93	−42	−66	−81
1992	5	155	42	−6	48	1994	10	34	33	−11	80

（续）

年份	月份	月降水距平百分率				年份	月份	月降水距平百分率			
		郑州	卢氏	信阳	安阳			郑州	卢氏	信阳	安阳
1994	11	57	−53	62	183	1997	10	−95	−73	−60	−82
1994	12	62	38	146	234	1997	11	66	6	104	26
1995	1	−100	−63	−64	−100	1997	12	−54	−98	13	34
1995	2	−100	−100	−76	−77	1998	1	13	19	72	13
1995	3	−39	−14	−55	−31	1998	2	100	−31	−10	78
1995	4	−66	−30	53	−67	1998	3	126	121	52	−5
1995	5	−78	−63	−5	−93	1998	4	−1	−9	55	142
1995	6	−33	−66	−29	−10	1998	5	189	144	73	164
1995	7	33	2	44	−15	1998	6	−53	−31	−74	277
1995	8	37	53	10	22	1998	7	60	48	9	−7
1995	9	−85	−62	−86	−90	1998	8	66	169	128	103
1995	10	95	46	125	6	1998	9	−99	−79	−80	−99
1995	11	−90	−87	−100	−99	1998	10	−84	−54	−69	−95
1995	12	−87	−90	−2	−100	1998	11	−98	−90	−97	−100
1996	1	−89	−42	−35	−79	1998	12	−60	−56	23	72
1996	2	48	−29	−71	−29	1999	1	−100	−100	−80	−100
1996	3	−52	−54	1	−48	1999	2	−100	−88	−69	−100
1996	4	−11	−15	−59	62	1999	3	22	45	1	−12
1996	5	−70	−43	−48	−40	1999	4	−3	4	17	−26
1996	6	−76	−27	95	−41	1999	5	−48	−13	−24	−72
1996	7	−14	−10	84	−15	1999	6	−56	−13	−61	15
1996	8	66	16	−46	67	1999	7	37	−65	−96	−32
1996	9	64	54	8	−27	1999	8	−13	−61	−6	−31
1996	10	10	35	−3	−44	1999	9	30	−21	−50	−45
1996	11	42	187	267	16	1999	10	54	10	90	32
1996	12	−100	−100	−99	−100	1999	11	−76	−10	−25	−63
1997	1	−13	148	−30	−94	1999	12	−100	−100	−100	−100
1997	2	13	97	8	77	2000	1	199	45	58	302
1997	3	48	27	107	217	2000	2	−85	−9	−55	−79
1997	4	−28	18	−46	6	2000	3	−100	−86	−90	−100
1997	5	27	−33	−55	−73	2000	4	−78	−55	−88	16
1997	6	−69	−49	−34	−84	2000	5	−65	−45	−8	−81
1997	7	−74	−14	36	−53	2000	6	−31	71	189	−64
1997	8	−70	−45	−86	−77	2000	7	56	−3	15	164
1997	9	1	−10	−21	45	2000	8	−22	13	27	−92

（续）

年份	月份	月降水距平百分率				年份	月份	月降水距平百分率			
		郑州	卢氏	信阳	安阳			郑州	卢氏	信阳	安阳
2000	9	36	−2	105	149	2003	8	136	90	−16	75
2000	10	63	8	128	151	2003	9	44	125	−65	168
2000	11	−1	−25	−7	10	2003	10	247	107	73	254
2000	12	−50	−74	−22	−100	2003	11	50	38	6	−12
2001	1	378	145	150	438	2003	12	63	61	36	76
2001	2	68	−12	22	234	2004	1	−76	−90	32	−100
2001	3	−94	−73	−74	−96	2004	2	48	−9	−39	62
2001	4	−79	16	−68	−58	2004	3	−81	−54	−25	−99
2001	5	−99	−27	−72	−98	2004	4	−70	−74	−75	−24
2001	6	20	28	−84	9	2004	5	36	−24	−11	63
2001	7	−37	−8	−88	16	2004	6	70	−43	−9	14
2001	8	−42	−45	−72	−64	2004	7	70	3	−31	13
2001	9	−81	−60	−98	−31	2004	8	8	−20	82	33
2001	10	−17	22	21	−8	2004	9	29	50	−29	−10
2001	11	−98	−90	−89	−94	2004	10	−91	−48	−85	−91
2001	12	286	225	329	59	2004	11	80	−52	−7	115
2002	1	23	−2	−82	56	2004	12	50	187	86	117
2002	2	−100	−51	−15	−95	2005	1	−100	−76	−67	−100
2002	3	−12	−38	8	−53	2005	2	−31	−19	−8	77
2002	4	−34	−42	33	−20	2005	3	−66	−75	−27	−86
2002	5	85	64	59	82	2005	4	−66	−77	65	−87
2002	6	58	117	121	−25	2005	5	−3	−17	4	35
2002	7	−42	−27	22	−62	2005	6	112	7	−21	−14
2002	8	31	−57	−70	−53	2005	7	38	21	122	−36
2002	9	−41	−37	−63	8	2005	8	5	58	63	−40
2002	10	−61	−36	−28	−75	2005	9	72	75	8	374
2002	11	−87	−73	−81	−100	2005	10	−22	95	−22	−54
2002	12	172	208	263	250	2005	11	−78	−91	−45	−83
2003	1	−13	19	−35	−19	2005	12	−77	−74	−78	−67
2003	2	108	208	75	78	2006	1	193	84	64	2
2003	3	14	−29	71	52	2006	2	48	156	7	−4
2003	4	−57	45	57	52	2006	3	−81	−31	−96	−90
2003	5	−42	−45	−24	−40	2006	4	−7	52	81	24
2003	6	126	8	94	7	2006	5	13	47	−35	57
2003	7	−27	−4	31	−43	2006	6	32	−6	−12	12

（续）

年份	月份	月降水距平百分率				年份	月份	月降水距平百分率			
		郑州	卢氏	信阳	安阳			郑州	卢氏	信阳	安阳
2006	7	17	1	−22	−49	2009	6	−21	−26	−4	−53
2006	8	44	−54	−55	−19	2009	7	−19	23	−72	−15
2006	9	−35	67	98	26	2009	8	140	40	−13	52
2006	10	−100	−38	−67	−95	2009	9	4	−28	−44	151
2006	11	163	−32	26	100	2009	10	−79	−42	−57	−53
2006	12	−44	−36	28	−22	2009	11	109	191	37	156
2007	1	−100	−100	−90	−100	2009	12	−89	−23	47	−95
2007	2	13	67	88	−27	2010	1	−98	−100	−82	−81
2007	3	126	36	69	237	2010	2	10	−73	12	136
2007	4	−60	−97	−14	−79	2010	3	−46	−3	21	−54
2007	5	−57	−63	13	39	2010	4	38	−25	37	−2
2007	6	−11	−45	−24	−14	2010	5	−63	6	−36	−51
2007	7	−2	183	282	−54	2010	6	−70	−23	−55	−69
2007	8	103	−51	2	28	2010	7	−2	104	88	−35
2007	9	−94	−21	−87	−22	2010	8	59	61	−9	97
2007	10	−59	−30	−59	−58	2010	9	82	−3	1	232
2007	11	−60	−61	−61	−93	2010	10	−94	−49	−66	−81
2007	12	−14	136	32	−21	2010	11	−93	−73	−79	−100
2008	1	93	79	108	98	2010	12	−100	−56	−87	−100
2008	2	−79	8	−86	−4	2011	1	−100	−74	−93	−100
2008	3	−93	−29	−25	−86	2011	2	126	87	21	165
2008	4	129	−17	103	161	2011	3	−90	−64	−47	−96
2008	5	2	−40	−33	6	2011	4	−61	−44	−71	−71
2008	6	−61	−8	−39	84	2011	5	−38	33	−64	8
2008	7	99	38	102	3	2011	6	−94	−52	−36	−62
2008	8	−48	−34	100	−68	2011	7	−55	−21	−21	−47
2008	9	−17	−25	−61	−27	2011	8	22	−2	−15	2
2008	10	−71	−18	−23	−92	2011	9	227	277	−59	160
2008	11	−42	−5	−84	−87	2011	10	−13	−28	−18	−8
2008	12	−68	−100	−96	−100	2011	11	426	224	61	361
2009	1	−100	−100	−77	−100	2011	12	−41	77	−11	−31
2009	2	151	72	34	103	2012	1	−80	−82	−63	−50
2009	3	−39	−15	−24	31	2012	2	−100	−99	−79	−100
2009	4	24	−22	33	47	2012	3	−41	11	−1	28
2009	5	43	168	14	105	2012	4	35	−85	−83	97

（续）

年份	月份	月降水距平百分率				年份	月份	月降水距平百分率			
		郑州	卢氏	信阳	安阳			郑州	卢氏	信阳	安阳
2012	5	−79	−53	−34	−88	2014	3	−75	2	−86	−97
2012	6	−89	−77	40	−26	2014	4	84	55	162	283
2012	7	−43	−27	−69	3	2014	5	−10	−14	−39	−22
2012	8	55	−6	−3	22	2014	6	−59	−48	−19	81
2012	9	36	−10	92	−32	2014	7	−66	−83	−45	−22
2012	10	−60	−51	−39	−65	2014	8	−51	20	13	−48
2012	11	−48	−56	−39	−26	2014	9	200	124	125	347
2012	12	−7	−33	64	148	2014	10	−61	−39	−27	−85
2013	1	−46	−93	3	31	2014	11	−19	95	44	−67
2013	2	−38	9	−34	128	2014	12	−99	−92	−96	−100
2013	3	−76	−68	−64	−100	2015	1	36	69	−6	−56
2013	4	−8	−2	−43	−50	2015	2	−91	−67	−32	−76
2013	5	77	162	39	35	2015	3	−41	5	−10	−65
2013	6	−77	−75	−47	−67	2015	4	158	121	31	146
2013	7	−69	1	−12	38	2015	5	29	−20	6	50
2013	8	−53	−19	32	−59	2015	6	63	25	67	4
2013	9	−87	−87	44	−74	2015	7	−43	−2	−53	−47
2013	10	−31	−61	−84	−67	2015	8	4	15	−32	−51
2013	11	49	127	−55	−28	2015	9	−74	−20	−63	−35
2013	12	−100	−100	−87	−91	2015	10	66	−4	−71	−42
2014	1	−99	−85	−65	−100	2015	11	260	96	92	387
2014	2	90	89	49	286	2015	12	−89	−88	−58	−100

附表2　河南省5个代表市降水距平百分率

年份	月份	商丘	三门峡	许昌	信阳	安阳
1990	6	58	73	34	−20	−22
1990	7	42	−67	12	−48	35
1990	8	25	−17	50	−63	18
1990	9	−95	−39	−49	−50	−21
1991	6	−28	−4	11	91	−35
1991	7	24	46	−74	−32	−1
1991	8	−67	−68	−55	49	−41
1991	9	16	11	10	−4	−3
1992	6	−49	11	−77	−16	−67

（续）

年份	月份	商丘	三门峡	许昌	信阳	安阳
1992	7	−30	−11	−20	−43	−57
1992	8	11	83	42	−28	−17
1992	9	−9	32	15	113	−13
1993	6	−47	48	−42	−48	93
1993	7	−44	17	−79	−61	−18
1993	8	−5	41	−39	−5	34
1993	9	−78	−88	−79	−25	−55
1994	6	154	34	55	−20	76
1994	7	−20	−1	2	−57	112
1994	8	−10	−77	−22	28	−51
1994	9	−89	−80	−66	−57	−86
1995	6	−34	−39	−39	−29	−12
1995	7	6	−2	110	36	−13
1995	8	96	−22	63	14	28
1995	9	−79	−28	−92	−82	−93
1996	6	−38	43	24	96	−42
1996	7	−74	10	−25	74	−12
1996	8	−61	33	−3	−44	75
1996	9	96	22	92	36	−45
1997	6	−70	−50	−31	−34	−84
1997	7	−54	28	−14	28	−51
1997	8	−72	−43	−74	−85	−76
1997	9	−15	−19	16	0	9
1998	6	−43	−57	0	−74	268
1998	7	6	22	−82	3	−5
1998	8	38	109	13	136	112
1998	9	−100	−79	−96	−74	−99
1999	6	−70	−8	−27	−61	13
1999	7	32	−23	52	−96	−30
1999	8	−75	−82	−93	−3	−28
1999	9	18	−27	52	−37	−59
2000	6	143	−26	101	190	−65
2000	7	122	−26	94	9	172
2000	8	−89	33	−6	31	−91

（续）

年份	月份	商丘	三门峡	许昌	信阳	安阳
2000	9	103	−55	29	160	87
2001	6	−6	−16	−49	−84	6
2001	7	52	−56	105	−89	20
2001	8	−70	−61	−22	−71	−63
2001	9	−99	−20	−96	−97	−48
2002	6	68	19	10	122	−27
2002	7	−62	−80	−27	15	−61
2002	8	−80	−28	−79	−69	−50
2002	9	−53	−15	−46	−53	−19
2003	6	85	39	88	95	4
2003	7	43	17	8	23	−41
2003	8	112	81	116	−13	83
2003	9	−7	121	10	−55	101
2004	6	−33	50	78	−9	12
2004	7	119	62	119	−34	17
2004	8	68	6	30	88	40
2004	9	51	31	23	−10	−32
2005	6	6	−24	22	−21	−16
2005	7	36	−61	−7	110	−34
2005	8	−24	−3	−17	68	−37
2005	9	157	55	57	36	256
2006	6	31	−24	158	−11	9
2006	7	−12	−28	2	−26	−47
2006	8	−29	−72	0	−54	−15
2006	9	−40	27	−13	151	−5
2007	6	23	−7	13	−23	−16
2007	7	14	189	149	261	−52
2007	8	71	−39	20	5	34
2007	9	−84	−77	−89	−83	−41
2008	6	33	−49	−88	−39	80
2008	7	−16	−32	50	91	6
2008	8	48	4	−37	107	−66
2008	9	−51	−28	14	−51	−45
2009	6	15	−51	2	−4	−54

（续）

年份	月份	商丘	三门峡	许昌	信阳	安阳
2009	7	−41	−49	−13	−73	−13
2009	8	−9	46	14	−11	60
2009	9	−31	−35	7	−29	88
2010	6	−44	2	−64	−55	−69
2010	7	−25	112	−20	78	−32
2010	8	55	42	196	−6	106
2010	9	154	−21	145	28	149
2011	6	−25	−58	−68	−36	−63
2011	7	−62	−37	−53	−25	−45
2011	8	−1	9	20	−12	7
2011	9	160	270	146	−48	95
2012	6	−69	−74	−88	41	−28
2012	7	168	136	8	−71	6
2012	8	−50	14	−68	0	27
2012	9	5	−40	−2	144	−49
2013	6	−92	−75	−76	−51	−66
2013	7	−40	−28	−16	−1	33
2013	8	18	−18	−60	49	−56
2013	9	−67	−93	−78	50	−81
2014	6	−9	−25	−48	−25	88
2014	7	−11	−64	−90	−38	−24
2014	8	−75	26	−33	27	−44
2014	9	152	128	143	135	224
2015	6	70	91	81	54	7
2015	7	−20	−68	−41	−47	−49
2015	8	−45	91	36	−23	−48
2015	9	−12	−15	−57	−62	−53
2016	6	−16	41	73	61	36
2016	7	30	14	5	55	210
2016	8	−37	−30	−8	−72	1
2016	9	9	−28	−42	−55	−89
2017	6	7	8	−32	−39	52
2017	7	−34	−9	−33	34	3
2017	8	46	14	−23	41	8

（续）

年份	月份	商丘	三门峡	许昌	信阳	安阳
2017	9	85	47	167	181	−75
2018	6	−60	33	−54	−57	−67
2018	7	−60	30	−61	−9	34
2018	8	187	−89	37	−31	45
2018	9	−39	31	−56	−63	−17
2019	6	41	94	35	4	−9
2019	7	−89	−41	−62	−66	−64
2019	8	24	17	0	−55	5
2019	9	−57	11	−65	−98	21

图书在版编目（CIP）数据

农业碳排放与粮食生产管理 / 李炳军等著.
-- 北京：中国农业出版社，2025.5. -- ISBN
978-7-109-32951-5

Ⅰ. S210.4；X511；F326.11

中国国家版本馆 CIP 数据核字第 2025P614U4 号

农业碳排放与粮食生产管理

NONGYE TANPAIFANG YU LIANGSHI SHENGCHAN GUANLI

中国农业出版社出版

地址：北京市朝阳区麦子店街 18 号楼

邮编：100125

责任编辑：刁乾超　　文字编辑：陈亚芳

版式设计：王　怡　　责任校对：吴丽婷

印刷：中农印务有限公司

版次：2025 年 9 月第 1 版

印次：2025 年 9 月北京第 1 次印刷

发行：新华书店北京发行所

开本：787mm×1092mm　1/16

印张：17.5

字数：426 千字

定价：88.00 元